融合型·新形态教材
复旦学前云平台 fudanxueqian.com

"十二五"职业教育国家规划教材
经全国职业教育教材审定委员审定

语文教程

（第三版）

主　编　苏艳霞　丁春锁
副主编　张　欣　王亚丽
编　者（按姓氏笔画排列）

丁春锁　王亚丽　王向东　王　杰　王　颖　王继承
石　英　刘志旺　严虹焰　苏艳霞　李英华　杨　俐
肖　健　吴　敏　张　卉　张　运　张　英　张　欣
陈　洁　陈彧洁　欧阳晓华　罗晓红　周武凤　赵　琰
侯庆田　姜大胜　郭海燕　康　军　蒋　薇　雷锦霞

复旦大学出版社

内容提要

本教材紧扣党的二十大报告精神，围绕立德树人根本任务，为提高学前教育专业学生的人文素质和培养应用型人才进行编写。在充分考虑使用者在知识储备、接受能力、专业特点等各方面情况的基础上，上编阅读欣赏以人文精神为主线，以主题为单元，按题材选择文章，并适当增加现当代文学作品的选用比例，拉近教材和学生之间的距离，通过这种主题式的阅读与学习，帮助学生建构自己的精神家园。下编写作实践侧重于幼儿教师常用的一些应用类文体，全面提升学生的写作能力。本教材充分体现了人文性，兼顾工具性、时代性，突出针对性、应用性。为了方便教学，书中设计了"单元导读""阅读提示"和"思考与练习"，同时制作了教学课件，丰富教师的教学资源，使语文教学科学化、立体化。可登录复旦学前云平台（www.fudanxueqian.com）下载资源。

复旦学前云平台
数字化教学支持说明

为提高教学服务水平，促进课程立体化建设，复旦大学出版社学前教育分社建设了"复旦学前云平台"，为师生提供丰富的课程配套资源，可通过"电脑端"和"手机端"查看、获取。

【电脑端】

电脑端资源包括PPT课件、电子教案、习题答案、课程大纲、音频、视频等内容。可登录"复旦学前云平台"www.fudanxueqian.com浏览、下载。

Step 1 登录网站"复旦学前云平台"www.fudanxueqian.com，点击右上角"登录/注册"，使用手机号注册。

Step 2 在"搜索"栏输入相关书名，找到该书，点击进入。

Step 3 点击【配套资源】中的"下载"（首次使用需输入教师信息），即可下载。音频、视频内容可通过搜索该书【视听包】在线浏览。

【手机端】

PPT 课件、音视频、阅读材料：用微信扫描书中二维码即可浏览。

  扫码浏览

【更多相关资源】

更多资源，如专家文章、活动设计案例、绘本阅读、环境创设、图书信息等，可关注"幼师宝"微信公众号，搜索、查阅。

平台技术支持热线：029-68518879。

"幼师宝"微信公众号

第三版编写说明

一、关于本书的编写理念

本教材第三版紧密围绕党的二十大报告最新精神,坚持立德树人根本任务,秉持"价值观塑造、能力锻造、人格养成、知识传递"理念。上编"阅读欣赏"设立"理想责任""道义良知""教育之梦""敬畏生命""山川撷英"等主题单元,内容积极向上,旨在培养学生热爱祖国和家乡的情怀,树立民族自信和文化自信,确立崇高理想和使命感。下编"写作实践"在各类文体写作中嵌入关爱学生、教书育人等职业道德规范和教育理念,主张以人为本、因材施教,注重学用相长、知行合一,引导学生培养职业道德和专业素养,旨在使学生习得专业知识与树立正确、崇高的理想信念并举。

本教材在充分考虑使用者在知识储备、接受能力、专业特点等各方面情况的基础上,打破文体的界限,以人文精神为主线,以提高学前教育专业大学生人文素质和培养应用型人才为目的,充分体现人文性,兼顾时代性,突出针对性、应用性。

本教材以人文精神为主线,以主题为单元,按题材选择文章,打破文学史的脉络,打破文体界限,将古今中外的名篇佳作兼收并蓄,希望通过这种编写体例,将不同时代、不同国别、不同风格、不同体裁的同一主题的作品,呈现在学生的面前;同时,增加现当代作品的选用比例,拉近教材和学生之间的距离;充分考虑当代大学生所处的时代,安排了诸如"理想责任""情谊无价""教育之梦"等有针对性的单元。这种编排方式,便于对学生的心灵形成比较有力的触动,更好地调动他们的情感,引发共鸣,促使学生养成深入思考的习惯,进而在人生态度、道德情操、审美情趣等方面,对他们产生一定的影响,帮助其形成健全的人格和高尚的审美趣味。钱理群说:"在阅读好书中构建自己的精神家园。"本书的编写意图之一,就是通过这种主题式的学习、阅读,帮助大学生建构自己的精神家园。应用性主要体现在下编"写作实践"中,侧重于幼儿教师常用的一些应用类文体的写作。

教材应随着教学改革的推进而相应完善,在广泛征求教材使用学校的意见后,本教材编写组对《语文教程》进行了修订。新版《语文教程》在保持原有框架的前提下,与时俱进,更换"科技博览""教育之梦"等单元篇目,特别是紧跟时代要求,增加课程思政元素,突出大学语文的化育功能。

二、关于本书的框架结构

本教材分上下两编,上编为阅读欣赏,下编为写作实践。

"阅读欣赏"部分按题材和主旨分单元编写,共安排十四个单元,每个单元选择六篇(组)文章。全书注重框架结构的整体建构,选文强调古今中外及各种文体的搭配,并考虑到内容轻重的搭配、不同语言风格的搭配,使全书形成一个有机的整体。

"情谊无价""爱情如歌""往事追忆"单元旨在展现人类健康、丰富的情感世界;"敬畏生命""智者箴言""道义良知""理想责任"单元旨在展示对生命的思索,对良知的呼唤,对人类的反思,对自然的敬畏;"山川撷英""地域风情"单元旨在带领学生领略自然山川之秀美,风土人情之丰富;"女性天空"单元旨在展示女性的世界和特殊的风采;"教育之梦"单元旨在展现教育的理想和追求;"真美寻踪"单元旨在培养健康的审美趣味;"科技博览"单元旨在展示科技说明文这一特殊文体,培养学生的科学精神;"恒星闪烁"单元名家名篇则是对全书的一个补充。总之,这些单元内容的安排,从修身、处世、道德、责任、情感、审美、思辨等方面为学生提供了求索的空间、人文精神的滋养。

当然,按题材和主题划分单元,各单元之间难免存在主旨交叉的现象,编者针对单元的主题有所侧重,但学生却可以一文多用,不必拘泥;教者在侧重单元主旨的同时,又应注意选文之间的互相联系,将教材用好用活。

"写作实践"部分共安排八个单元,分别为计划、总结、演讲稿、教育小论文、自荐书、小小说写作、散文写作、诗歌写作。将各类文体的写作技巧与经典范文相结合,对学生的写作能力具有实际指导意义。

三、关于教学方面的设想和建议

本教材"阅读欣赏"部分共选文八十四篇,其中二十八篇(每个单元两篇,为加"＊"篇目)为自读课文,只提供简洁的阅读提示和作者介绍。如此安排,旨在适应教师和学生的多种需求,也可部分缓解佳作太多而选目有限的矛盾。因此,本教材兼备"教本"和"读本"双重功能。

为了方便教学,给师生提供一定的参照,书中设计了"单元导读""阅读提示"和"思考与练习",并特别制作了教学资料包,其中既有一般的知识性介绍,也注重阅读及思考方法的提示,既有一般的解读性思考练习,也重视拓展思辨性的思考练习。当然,使用本教材的教师,也可不受这些限制,我们只是抛砖引玉,提供一些教学辅助性材料。

"写作实践"部分,可以每个学期安排三次作文,内容可根据实际情况灵活安排。

本书参编人员分工如下。上编阅读欣赏第一单元:张欣、张卉;第二单元:王亚丽;第三单元:张欣、张英;第四单元:郭海燕;第五单元:侯庆田;第六单元:苏艳霞、王亚丽;第七单元:王颖、王继承;第八单元:王亚丽;第九单元:李英华;第十单元:蒋薇、肖健;第十一单元:石英、雷锦霞;第十二单元:刘志旺;第十三单元:吴敏、欧阳晓华;第十四单元:王颖、严虹焰。下编写作实践第一单元:杨俐、陈彧洁;第二单元:姜大胜、赵琰;第三单元:张运;第四单元:罗晓红;第五单元:陈洁;第六单元:王杰;第七单元:王向东、周武凤;第八单元:康军、丁春锁。全书由苏艳霞、王亚丽、王颖统稿。

本教材选用了大量文学作品,其中部分文章的著作权人未能联系上,稿酬暂存出版社。敬请有关著作权人与出版社联系(fudanxueqian@163.com),届时将奉上稿酬。

对于教材中的不足和错误之处,恳请专家、学界同仁批评指正。

目 录

上编 阅读欣赏

第一单元 往事追忆
（4）•唐诗四首
　　•寄李十二白二十韵（节选）
　　　　………………………… 杜　甫
　　•天末怀李白 ………………… 杜　甫
　　•沙丘城下寄杜甫 …………… 李　白
　　•鲁郡东石门送杜二甫 ……… 李　白
（5）•我的一位国文老师 ………… 梁实秋
（7）•十八岁和其他 ……………… 杨　子
（10）•给亡妇 ……………………… 朱自清
（13）•*忆傅雷 …………………… 杨　绛
（16）•*童年琐忆 …………… [法]罗曼•罗兰

第二单元 理想责任
（19）•离骚（节选） ……………… 屈　原
（21）•少年中国说（节选） ……… 梁启超
（24）•我的信仰 …………… [德]爱因斯坦
（26）•相信未来 ………………… 食　指
（27）•*就任北京大学之演说 …… 蔡元培
（29）•*一场瓦格纳作品音乐会（节选）
　　　　………………… [美]薇拉•凯瑟

第三单元 女性天空
（33）•*女性的天空 …………… 周殿富
（35）•李清照词三首 …………… 李清照
　　•如梦令
　　•一剪梅
　　•声声慢
（36）•致橡树 ………………… 舒　婷

（37）•大围巾 …………… [美]辛茜娅•奥齐克
（40）•母亲的厨房 ……………… 张　洁
（44）•*跨越百年的美丽 ………… 梁　衡

第四单元 山川撷英
（49）•张家界 …………………… 卞毓方
（50）•尼亚加拉大瀑布 ……… [英]狄更斯
（52）•孔庙•孔府•孔林——曲阜
　　　　三日游感印 ……………… 臧克家
（55）•瓦尔登湖（节选）
　　　　………………… [美]亨利•戴维•梭罗
（57）•*敦煌沙山记 ……………… 贾平凹
（59）•*登大雷岸与妹书 ………… 鲍　照

第五单元 智者箴言
（62）•谈读书 ………………… [英]培　根
（64）•论快乐 ……………………… 钱锺书
（66）•工作与人生 ……………… 王小波
（67）•*哲思语粹
　　•梁实秋语录 ……………… 梁实秋
　　•无梦楼随笔（节选） ……… 张中晓
　　•人与永恒（节选） ………… 周国平
（72）•《老子》五章 ……………… 老　子
（74）•*论幸福生活（节选）
　　　　………………… [古罗马]塞涅卡

第六单元 敬畏生命
（77）•敬畏生命（节选）
　　　　………………… [法]阿尔贝特•史怀泽

（79）	・兰亭集序……………………王羲之	（138）	・*蝴蝶……………〔丹麦〕安徒生
（81）	・命若琴弦(节选)……………史铁生		
（84）	・最后一片叶子………〔美〕欧·亨利		**第十单元　地域风情**
（88）	・*奶奶…………〔美〕雷·布莱德伯里	（142）	・秦腔…………………………贾平凹
（91）	・*散文二篇	（145）	・箱子岩………………………沈从文
	・石缝间的生命………………林　希	（148）	・北京的春节…………………老　舍
	・敬畏生命…………………张全民	（151）	・山城遗事(节选)
			…〔英〕彼得·梅尔
	第七单元　科技博览	（154）	・*江南的冬景………………郁达夫
（95）	・极小，但很神奇(节选)………何　佳	（155）	・*根(节选)……〔美〕亚历克斯·哈利
（99）	・嫦娥四号月背软着陆的重大		
	意义………………………欧阳自远		**第十一单元　真美寻踪**
（103）	・*蟋蟀的住宅……………〔法〕法布尔	（160）	・漫谈"想诗"…………………金开诚
（105）	・中国建筑的特征……………梁思成	（163）	・梅圣俞诗集序………………欧阳修
（108）	・《梦溪笔谈》三则……………沈　括	（165）	・"慢慢走，欣赏啊！"——人生的
	・陨星		艺术化……………………朱光潜
	・磁石指南	（168）	・建筑艺术……………………李泽厚
	・石油	（171）	・*我与绘画的缘分
（110）	・*5G这张网改变了什么？……孔德晨		…〔英〕温斯顿·丘吉尔
		（173）	・*美从何处寻………………宗白华
	第八单元　情谊无价		
（114）	・多年父子成兄弟……………汪曾祺		**第十二单元　道义良知**
（116）	・古典诗词二首	（178）	・我的赞誉——雨果给巴
	・玉蝴蝶……………………柳　永		特雷的信……………〔法〕雨果
	・岁暮到家…………………蒋士铨	（180）	・*感悟珍珠港………………张抗抗
（117）	・项脊轩志……………………归有光	（182）	・未来(说真话之五)…………巴　金
（118）	・睡莲花开的声音……〔德〕海勒克诺	（184）	・*呵旁观者文………………梁启超
（120）	・*听听那冷雨………………余光中	（187）	・金缕曲·赠梁汾……………纳兰性德
（123）	・*兄弟俩(节选)……………肖复兴	（188）	・十首足矣……………………刘心武
	第九单元　爱情如歌		**第十三单元　恒星闪烁**
（127）	・古典诗词四首	（192）	・*登徒子好色赋……………宋　玉
	・上邪………………汉乐府民歌	（193）	・唐诗宋词三首
	・无题………………………李商隐		・春江花月夜………………张若虚
	・钗头凤……………………陆　游		・长恨歌……………………白居易
	・生查子……………………欧阳修		・水龙吟·登建康赏心亭…辛弃疾
（129）	・现代诗歌二首	（196）	・秋夜…………………………鲁　迅
	・山路………………………席慕蓉	（197）	・清塘荷韵……………………季羡林
	・致克恩……………〔俄〕普希金	（199）	・巴黎圣母院(节选)……〔法〕雨果
（131）	・游园…………………………汤显祖	（204）	・*羊脂球(节选)……〔法〕莫泊桑
（132）	・黛玉葬花……………………曹雪芹		
（136）	・*沙漠中的饭店……………三　毛		

第十四单元　教育之梦

(212) ・《论语》《学记》六则
　　　・《论语》四则
　　　・《学记》二则
(213) ・教学合一 ……………… 陶行知
(215) ・永远的校园 …………… 谢　冕
(217) ・给我一个班,我就心满意足了
　　　………………………… 薛瑞萍

(220) ・*《傅雷家书》二则
　　　・傅雷致傅敏的一封信
　　　・傅雷致成家榴的一封信
(222) ・*劳动教育和个性发展(节选)
　　　………………〔苏〕苏霍姆林斯基

下编　写作实践

(227) 第一单元　计划
(232) 第二单元　总结
(240) 第三单元　演讲稿
(251) 第四单元　教育小论文

(257) 第五单元　自荐书
(260) 第六单元　小小说写作
(269) 第七单元　散文写作
(275) 第八单元　诗歌写作

上编 阅读欣赏

第一单元 往事追忆

单元导读

　　时间流逝,每个人的一生都如沧海一粟,面对漫漫历史长河,个人的悲欢离合微不足道。但生命就是在不断的积累中延续,后人只有站在前辈的肩上,才能看得更广,走得更远。时光逝去不可再追回,但在逝去的时光中却可以看到曾经的足迹。追寻逝去的时光,可以将曾经的足迹从已经消逝的时间之河中打捞上来,并使之永恒。这些足迹是对生活本原的一次确认与追怀,是对生命流逝的一次回眸与首肯。这些足迹像一颗颗发光的珍珠,珍藏在人们心灵中或深或浅的地方。追忆则将这些闪光的珍珠连缀起来,让它们充分显现自己的价值。追忆成功喜悦的往事,可以给人带来慰藉和快乐,增强憧憬未来的信心和勇气;追忆悲伤的往事,却也蕴含着甜美的忧郁,能给人独特感受。同时,追忆往事又可以弥补当下生活中的缺陷和不足,从而促使人们更好地认清和把握现实。

　　追忆的目的是为审视过去,启迪未来。朗费罗曾说:"不要老叹息过去,它是不再回来的;要明智地改善现在。要以不忧不惧的坚决意志投入扑朔迷离的未来。"本单元的文章,有追忆逝去岁月的,有回忆好友的,有怀念师长的,也有悼念亡妻的。在这些追忆中,不仅可以看到作者笔端流淌的深厚的情感,更能感受到字里行间所蕴含的那种对生活、对生命的无限的热情和期盼,以及面对困难不气馁、遭遇困境不放弃的精神。这种精神像航标一样,帮助和启迪青年们拨开生活的重重迷雾,迎接风雨,挑战困难,直面挫折。

　　生活有酸,有甜,有苦,有辣,我们也就在这酸甜苦辣的四字真言中起落沉浮,追忆往事,审视现在,憧憬未来,体味人生的真谛。苏联作家奥斯特洛夫斯基曾说:"人的一生应当这样度过,当回首往事的时候,他不致因为虚度年华而悔恨,也不致因为过去的碌碌无为而羞愧。"让我们沿着祖辈的足迹,描绘出更加亮丽的人生风景线。

1 唐诗四首

【阅读提示】

> 中国是一个"诗的国度",从现实主义的源头《诗经》到浪漫主义的源头《楚辞》,从汉魏乐府到六朝古诗,从唐诗宋词到元曲,诗在中国文学中占有举足轻重的位置。如果将中国古代诗歌喻为一条灿烂的银河,这条银河中最灿烂的星群,无疑是唐诗宋词,而唐诗更是一朵璀璨的奇葩,在大开大合中完成了承前启后、继往开来的重任。在唐诗中,李白和杜甫是并起的双峰,他们两人就像两颗光彩夺目的明珠,镶嵌在盛唐历史上,给泱泱大唐锦上添花。但他们两人的诗却又有截然不同的格调,用音符来比喻,李白是高音升调,"银瓶乍破水浆迸",杜甫是低音降调,"幽咽泉流冰下滩"。这样两位格调不同的人物却谱写了一段动人的友谊。从本文这四首两人互忆的诗作,我们可以领略到"语有尽而忆无边",短短数语却是绵长回忆;从两人的回忆中也显示出两位伟大诗人不同的人生态度和创作风格。

寄李十二白①二十韵(节选)

杜 甫

昔年有狂客②,号尔谪仙人③。笔落惊风雨,诗成泣鬼神④。声名从此大,汩没⑤一朝伸。文采承殊渥⑥,流传必绝伦⑦。龙舟移棹晚⑧,兽锦⑨夺袍新。

天末⑩怀李白

杜 甫

凉风起天末,君子⑪意如何?鸿雁几时到,江湖秋水多。文章憎命达⑫,魑魅喜人过⑬。应共冤魂语⑭,投诗赠汨罗⑮。

---

① 李十二白:即李白。李白在本家族弟兄中排行十二,故称李十二白。 ② 狂客:指贺知章。他自号"四明狂客"。 ③ 号尔:称你。尔,指李白。贺知章初见李白时,曾称李白为"谪仙人"。 ④ 惊风雨:使风雨惊起。泣鬼神:使鬼神哭泣。钟嵘《诗品》:"动天地,感鬼神,莫近于诗。" ⑤ 汩(gǔ)没:沉沦,埋没。 ⑥ 文采:辞采,才华。承:承受。殊渥:特殊的优待。渥,沾润。此指李白被唐玄宗召见,赐食,命供奉翰林。 ⑦ 流传:辗转传播。《杜诗详注》说此处是指李白所作《清平调》三首。绝伦:特异,超出众人。 ⑧ 龙舟:皇帝乘坐的船。棹:船桨。此指唐玄宗傍晚泛舟白莲池,召李白登舟作序。 ⑨ 兽锦:上绣兽形的锦袍。 ⑩ 天末:犹天边。 ⑪ 君子:指李白。 ⑫ "文章"句:意谓有文才的人总是薄命遭忌。 ⑬ "魑魅"句:意谓山精水鬼在等着你经过,以便出而吞食,犹"水深波浪阔,无使蛟龙得"。一憎一喜,遂令诗人无置身地。 ⑭ "应共"句:因屈原被谗含冤,投江而死,与李白之受枉流放有共通处,往夜郎又须经过汨罗,故也应有可以共语处。 ⑮ 汨罗:汨罗江,屈原自沉处。

沙丘①城下寄杜甫

李 白

我来竟何事？高卧②沙丘城。城边有古树，日夕连秋声③。鲁酒不可醉，齐歌空复情④。思君若汶水，浩荡寄南征⑤。

鲁郡⑥东石门送杜二甫

李 白

醉别复几日，登临⑦遍池台。何时石门路，重有金樽开？秋波⑧落泗水，海色明徂徕⑨。飞蓬各自远，且尽手中杯！

【思考与练习】

通过阅读这四首诗，我们可以感受到李杜二人在追忆往事的时候采取了不同的抒写方式，结合李白和杜甫的其他诗作，比较他们两人的诗风有何不同，分析造成这种不同的因素是什么。

2　我的一位国文老师⑩

梁实秋

【阅读提示】

> 这是一篇怀念老师的文章。作者运用幽默与夸张的手法展示了"国文先生"徐锦澄老师的"趣"与"奇"。先从老师与众不同的音容笑貌入手，接下来便讲述了自己与老师不同一般的交往，种种的机缘，让作者能够记住这位"很凶"的老师。文章详细记述了老师经典的酒后骂人、讲解国文的眉飞色舞、朗读文章的一字不苟、修改文章的不惜笔墨等往事，运用幽默风趣的语言，谈笑间就让一位博学、性格古怪而对教学一丝不苟的老师的形象活灵活现。作者采用了欲扬先抑的手法，文章波澜起伏，在字里行间看到了作者对老师的敬慕怀念之意。

我在十八九岁的时候，遇见一位国文先生，他给我的印象最深，使我受益也最多，我至今不能忘记他。

---

① 沙丘：城名，其地与汶水相近。　② 高卧：这里指闲居。　③ 日夕：朝暮。连：连续不断。秋声：指秋天风吹草木的肃杀声。　④ 鲁、齐：指当时诗人所在的山东。空复情：徒有情意。两句意为：饮鲁酒不能醉，听齐歌也不足以取乐。　⑤ 君：指杜甫。浩荡：广阔壮大的样子。南征：向南远行的人。这里指杜甫。两句意为：思念你的心情像北来的汶水，滔滔不绝地紧随你向南远行。　⑥ 鲁郡：今山东兖州一带。　⑦ 登临：登山临水。　⑧ 秋波：秋水的波浪花。　⑨ 海色：晓色，因拂晓时天色微明如海气朦胧。明：使动用法。徂徕（cú lái）：徂徕山，在山东泰安。　⑩ 选自《梁实秋散文》，人民文学出版社，2005年版。

先生姓徐,名锦澄,我们给他取的绰号是"徐老虎",因为他凶。他的相貌很古怪,他的脑袋的轮廓是有棱有角的,很容易成为漫画的对象。头很尖,秃秃的,亮亮的,脸形却是方方的,扁扁的,有些像《聊斋志异》绘图中的夜叉的模样。他的鼻子眼睛嘴好像是过分的集中在脸上很小的一块区域里。他戴一副墨晶眼镜,银丝小镜框,这两块黑色便成了他脸上最显著的特征。我常给他画漫画,勾一个轮廓,中间点上两块椭圆形的黑块,便惟妙惟肖。他的身材高大,但是两肩总是耸得高高,鼻尖有一些红,像酒糟的,鼻孔里常常的藏着两筒清水鼻涕,不时地吸溜着,说一两句话就要用力的吸溜一声,有板有眼有节奏,也有时忘了吸溜,走了板眼,上唇上便亮晶晶的吊出两根玉箸,他用手背一抹。他常穿的是一件灰布长袍,好像是在给谁穿孝,袍子在整洁的阶段时我没有赶得上看见,余生也晚,我看见那袍子的时候即已油渍斑斑。他经常是仰着头,迈着八字步,两眼望青天,嘴撇得瓢儿似的。我很难得看见他笑,如果笑起来,是狞笑,样子更凶。

我的学校是很特殊的。上午的课全是用英语讲授,下午的课全是国语讲授。上午的课很严,三日一问,五日一考,不用功便被淘汰,下午的课稀松,成绩与毕业无关。所以每到下午上国文之类的课程,学生们便不踊跃,课堂上常是稀稀拉拉的不大上座,但教员用拿毛笔的姿势举着铅笔点名的时候,学生却个个都到了,因为一个学生不只答一声到。真到了的学生,一部分从事午睡,微发鼾声,一部分看小说如《官场现形记》①、《玉梨魂》②之类,一部分写"父母亲大人膝下"式的家书,一部分干脆瞪着大眼发呆,神游八表③。有时候逗先生开玩笑。国文先生呢,大部分都是年高有德的,不是榜眼,就是探花,再不就是举人。他们授课不过是奉行故事,乐得敷敷衍衍。在这种糟糕的情形之下,徐老先生之所以凶,老是绷着脸,老是开口就骂人,我想大概是由于正当防卫吧。

有一天,先生大概是多喝了两盅,摇摇摆摆的进了课堂。这一堂是作文,他老先生拿起粉笔在黑板上写了两个字,题目尚未写完,当然照例要吸溜一下鼻涕,就在这吸溜之际,一位性急的同学发问了:"这题目怎样讲呀?"老先生转过身来,冷笑两声,勃然大怒:"题目还没有写完,写完了当然还要讲,没写完你为什么就要问?……"滔滔不绝的吼叫起来,大家都为之愕然。这时候我可按捺不住了。我一向是个上午捣乱下午安分的学生,我觉得现在受了无理的侮辱,我便挺身分辩了几句。这一下我可惹了祸,老先生把他的怒火都泼在我的头上了。他在讲台上来回的踱着,吸溜一下鼻涕,骂我一句,足足骂了我一个钟头,其中警句甚多,我至今还记得这样的一句:

"×××!你是什么东西?我一眼把你望到底!"

这一句颇为同学们所传诵。谁和我有点争论遇到纠缠不清的时候,都会引用这一句"你是什么东西?我把你一眼望到底!"当时我看形势不妙,也就没有再多说,让下课铃结束了先生的怒骂。

但是从这一次起,徐先生算是认识我了。酒醒之后,他给我批改作文特别详尽。批改之不足,还特别的当面加以解释,我这一个"一眼望到底"的学生,居然成为一个受益最多的学生了。

徐先生自己选辑教材,有古文,有白话,油印分发给大家。《林琴南致蔡子民书》是他讲得最为眉飞色舞的一篇。此外如吴敬恒的《上下古今谈》,梁启超的《欧游心影录》,以及张东荪的时事新报社论,他也选了不少。这样新旧兼收的教材,在当时还是很难得的开通的榜样。我对于国文的兴趣因此而提高了不少。徐先生讲国文之前,先要介绍作者,而且介绍得很亲切,例如他讲张东荪的文字时,便说:"张东荪这个人,我倒和他一桌上吃过饭。……"这样的话是相当的可以使学生们吃惊的,吃惊的是,我们的国文先生也许不是一个平凡的人吧,否则怎样会能够和张东荪一桌上吃过饭!

徐先生于介绍作者之后,朗诵全文一遍。这一遍朗诵可很有意思。他打着江北的官腔,咬牙切齿的大声读一遍,不论是古文或白话,一字不苟的吟咏一番,好像是演员在背台词,他把文字里的蕴藏着的意义好像都给宣泄出来了。他念得有腔有调,有板有眼,有情感,有气势,有抑扬顿挫,我们听了之后,好像是已经理会到原文的意义的一半了。好文章掷地作金石声,那也许是过分夸张,但必须可以

---

① 《官场现形记》:长篇小说,清末李宝嘉著,以谴责晚清官场的黑暗为主题。　② 《玉梨魂》:言情小说,清末徐枕亚著。　③ 八表:八方之外,指极远的地方。

琅琅上口,那却是真的。

徐先生之最独到的地方是改作文。普通的批语"清通""尚可""气盛言宜",他是不用的。他最擅长的是用大墨杠子大勾大抹,一行一行的抹,整页整页的勾;洋洋千余言的文章,经他勾抹之后,所余无几了。我初次经此打击,很灰心,很觉得气短,我掏心挖肝的好容易诌出来的句子,轻轻的被他几杠子就给抹了。但是他郑重的给我解释一会,他说:"你拿了去细细的体味,你的原文是软爬爬的,冗长,懈啦光唧①的,我给你勾掉了一大半,你再读读看,原来的意思并没有失,但是笔笔都立起来了,虎虎有生气了。"我仔细一揣摩,果然。他的大墨杠子打的是地方,把虚泡囊肿的地方全削去了,剩下的全是筋骨。在这删削之间见出他的工夫。如果我以后写文章还能不多说废话,还能有一点点硬朗挺拔之气,还知道一点"割爱"的道理,就不能不归功于我这位老师的教诲。

徐先生教我许多作文的技巧。他告诉我:"作文忌用过多的虚字。"该转的地方,硬转;该接的地方,硬接。文章便显着朴拙而有力。他告诉我,文章的起笔最难,要突兀矫健,要开门见山,要一针见血,才能引人入胜,不必兜圈子,不必说套语。他又告诉我,说理说至难解难分处,来一个譬喻,则一切纠缠不清的论难都迎刃而解了,何等经济,何等手腕!诸如此类的心得,他传授我不少,我至今受用。

我离开先生已将近五十年了,未曾与先生一通音讯,不知他云游何处,听说他已早归道山②了。同学们偶尔还谈起"徐老虎",我于回忆他的音容之余,不禁还怀着怅惘敬慕之意。

【思考与练习】

1. 作者在回忆徐老师时采用欲扬先抑的手法,抓住了老师的哪些特点来写?采用这样的方法进行回忆,有怎样的表达效果?从中可以看到作者对徐老师有着怎样的情感?

2. 作为未来的教师,用新时期的观点来看徐锦澄老师,你觉得他的身上有哪些可取和不可取之处?对你的启发是什么?

3. 现在的社会讲求人人平等,这样的观点和"师道尊严"的主张是否相悖?你怎样看待这个问题?

3 十八岁和其他

杨 子

【阅读提示】

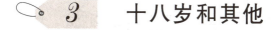

《十八岁和其他》是台湾作家杨子在儿子十八岁生日那天写给他的一封信。全文溢满了一位父亲的蜜语柔情,写尽了一位父亲的胶着纠结的矛盾、小心翼翼的试探和委婉曲折的诉求,感人至深。

十七八岁是个什么概念?心理学的研究表明,这个年龄的孩子充满了独立的意识和反叛的渴望。在这样的年龄,自尊心强,人变得非常敏感,对父母的教育有时表现出强烈的反感和不以为然。他们好幻想,喜欢冲动,对一切事物充满了好奇。如何与这个年龄阶段的孩子沟通,

---

① 懈啦光唧:北京方言。原指精神不紧张,随随便便,马马虎虎。此指文章结构松散,语言乏味,缺乏表现力。
② 归道山:旧时称人死为归道山。道山,传说中的仙山。

怎样让这个年龄阶段的孩子有一个积极、健康向上的成长心智,台湾作家杨子以自己的感受为这个年龄阶段的孩子和他们的父母提供了一种交流的平台。平等、对话、理解,这是打通两代人隔阂的最好方式。父母对这个年龄阶段的孩子成长的关爱完全可以不用我们一般人惯用的强制约束手段,而是向孩子表达出自己的那种充分的理解和尊重。什么是爱呢?杨子在这篇文章中告诉我们,平等理念下的交流就是对孩子的爱。而孩子如何去理解父母的这份让人感动一生的爱意,同样也需要理解与尊重,也需要对话与交流,在相互的交流里学会对父母感恩。

一、十八岁

东东:想到今天是你十八岁的生日,我有一份"孩子长大了"的欣慰,也有一份似水流年的迷惘。似乎,抱着初生的你到医生处诊治你的"脱肠",半夜喊破喉咙把医生从睡梦中叫起,那种焦急忧虑,还像是昨天的事。似乎,你刚能坐起,我在院子里为你拍照,假日带你坐在脚踏车前头藤椅上到处炫耀,那种激动喜悦,也还是昨天的事。怎么,昨天和今天,竟是十八年的光阴了!诗人说:"在东方似是晨曦初露,乍回身,已是大地明亮。"这正可引来描述我突然想起你已是十八岁的心情。你也许会笑我,我就是那么时常把你看作缠绕身边的孩子呢!

十八岁有许许多多令人沉湎眷恋的回忆。我不知道我对你的爱,十八年来是否夹杂有一些不经心的、任性的以及成人对孩子不够了解的责备,而曾使你难过。我读过一个父亲因对孩子无端发脾气,伤了孩子的心,而事后深表懊悔的文章。一位日本作家也说:"当孩子在你身边的时候,多宠爱他们吧。不要等到你不能宠爱他们时再来后悔。"东东,假如人生能够重来一次,我真会情愿溺爱你的!

孩子长大了,许多父母都会感到一些无法再把握孩子童年的惆怅。因为,孩子长大了,便不再整天粘着你了,他有了自己的思想、朋友和活动天地;他不再那么依顺,他甚至开始反叛了。但是,对于我,反倒高兴有了一个可以谈话的朋友了。有什么事情可以比自己的孩子长大得能够兼为挚友更令人满意开怀的啊!人生如有知己,应该以自己的孩子为最。是不?

东东,让我以这样的心情来祝贺你的十八岁生日。

二、两代人的矛盾

"父与子"时常被看作是对立的两方,意味着思想的冲突,观念的差异,新与旧的不同,进步与保守的矛盾。下一代往往在下意识中受到这流行观念的影响,好像一开始便必然处在与上一代对立的地位。孩子,我希望我们不致有这么令人不愉快的关系。其实,在这"两代的矛盾"中,许多做父母的"错",都依然是出自于爱——纵使是自以为是的爱。你也许听过、读过父母干涉儿女婚姻一类的故事,譬如反对爱女嫁给穷小子等等,无论你如何指责这一类的行为,你依然不能抹煞它根本的动机——关怀子女的幸福。

在"两代的矛盾"中,可能有一部分是源于父母的愚昧和落伍,但也有一部分是出自下一代对父母经验的无条件否定,出自年轻人的盲目反抗与追求"成熟"、"独立"的急躁。不过,一切悲剧的造成,都由于父母与子女间有时不能像朋友般地把问题摊出来谈谈,大家尽可能地过一种较随便的、不拘束的、较多接触的共同生活。东东,美国作家劳伦斯著有一本叫作《我的父亲》的书(你可以在我的书架上找到),在他的描写里,他父亲一样犯有许多惹儿女烦厌的"严父"怪癖。但是,就因为他们父子彼此多了点"友情"和理解,两代间的关系充满了和谐的快乐。孩子,我从小丧父,没有享受过父爱,也没有机会服从或反抗父亲。但是,即使对于温柔慈祥的母爱,我也曾犯过盲目反抗的错误。等到了解"可怜天下父母心"的深情时,已是后悔莫及!

孩子，我可能有许多错误，你也可能有许多错误，可是，希望你踏进"反抗"的年龄时，能够避免流行的"父与子"观念的感染，避免撷拾一些概念、术语，轻率地对父母下评断。而我，当你踏进"反抗"的年龄时，能够对你们"下一代"有更深的了解与同情，在思想上不至于老旧得太追不上属于你的时代。

孩子，我真希望你们兄妹，把父母看作可以谈心的知己，让我们共享你们的喜乐，分担你们的烦恼。

三、读书的苦乐

现在你正为准备大专联考而深感读书之苦，我像其他的父母一样，虽然极端同情你却不能不鼓励你，甚至鞭策你尽全力去争取这一场残酷竞争的胜利。说起来是非常令人诧异的，享受过自由自在的读书生活的我们这一代，在思想上、制度上却布置了一个叫你们憎厌的读书环境。自以为爱护下一代的我们，却使你们读书受到那么长时期（从幼稚园到大学）的身心折磨。我记得故乡老家后院临天井的小书房里，曾祖母曾挂了一条横幅，写着"读书最乐"四个字。我年少时常为这四个字所表现的意思所感动，并引起共鸣。我们这一代人是较幸运的，虽然我们读书也曾感到"光宗耀祖"、"十年寒窗"一类的传统压力，但并没有像你们这样喘不过气来的考试与升学的逼迫。你们高中国文课本里也许还有蒋士铨①的《鸣机夜课图记》。你可以从这篇文章中读出昔人读书之苦，但也一定能感受到那洋溢于文字中的读书乐。以我来说，从连环图画、《西游记》到《红楼梦》；从郁达夫到屠格涅夫；从徐志摩到吉辛；从新月派的诗到美国惠特曼的《草叶集》，我们少年时代，读书真到了废寝忘食的快乐程度。我现在闭着眼能清晰地看到自己一面吃饭一面读书（不是功课）的"迷样子"（祖母的话）。我在你这个年龄，曾经捧着肖洛霍夫的《静静的顿河》，整夜地不睡觉，等到发觉窗外泛白，才意犹未足地合起书本起床。这正是当前长年为考试、升学烦恼紧张的你们所难以想象的读书"闲"趣。

东东，你来信说，希望我不要对你期望太高，你对于选择科系的"志愿"也表示了独特的意见。孩子，坦率地说，我无法抑制你的期望，我虽不致横蛮专制到干涉你对"志愿"的选择，但也实在希望你能考进大学。我不能在自己孩子面前唱反升学主义的高调，尽管我希望你能从心所欲地享受读书之乐。我祈祷你能够随意读书，不再为"功课"苦恼的日子快些来临。那时你可叫作一个率性读书的人。在学问的海洋中，有无数的蓬莱仙岛，涉猎其中，其乐融融。

孩子，扯起你的帆去遨游吧。

四、恋　　爱

听说你有了一位还谈得来的"女朋友"了。十八岁正是做彩色梦的年龄。我完全了解十八岁男孩对初恋的憧憬。可是，我也知道十八岁的年龄，对于爱情，会有非常简单的定义。想起感情的生活，我有难以说明的歉疚、忏悔和创伤，因此，我要劝你珍惜爱情。不要把感情上的冲动和爱情附会在一起；不要让这样的冲动，成了爱情的负债。

多姿多彩的爱情生活是罗曼蒂克的，但我宁愿你在爱河中只饮一勺。因为真正令人心灵颤动的爱，不能求之于泛滥的感情中。古今中外许多爱情故事的可歌可泣，便由于有真的倾心和忠贞。东东，记住：在我们的社会里，女孩子依然是较弱较易受损害的一方（屠格涅夫笔下的罗亭感慨地说，女孩子的心像黄金）。在感情生活上最痛苦的莫过于因为自己的轻浮，而负上内心不愿承受的责任；或者，因自己的薄幸，而终生受到良心的谴责！

一个能爱而又能被爱的人是幸福的，曾经爱而又被爱的人生是美好的。但是，即使爱而失落也酿成醇香的回忆。所以，假如你不幸在爱情的天地里折了翅膀，不妨哭，但不要庸俗！

---

① 蒋士铨（1725—1784），清代戏曲家、文学家，与袁枚、赵翼合称江右三大家。

五、青　　春

十八岁使我想起初长彩羽、引吭试啼的小公鸡，使我想起翅膀甫健、开始翱翔于天空的幼鹰，整个世界填满不了十八岁男孩子的雄心和梦。

十八岁使我想起我当年跟学校大队同学远足深山。春夏初交，群峰碧绿，我漫步于参天古木之中，发现一大丛新长的桉树，枝桠上翘，新芽竞长，欣欣向荣。我指着其中挺秀的一株对同学说，这就是我，十八岁的我。好自负的年龄啊！

孩子，现在你是十八岁了，告诉我你把自己比作什么？做些什么年轻的梦？我不想向你说教，只是希望你不要想得太复杂，太现实。青春是可爱的，希望你保持纯真，永远有一颗赤子之心，人生就会满足、快乐。

东东，人到了中年便时有闲愁，怪不得词人会感叹年华一瞬，容销金镜，壮志消残，我也不免有些感触。想起一手托着你的身体，一手为你洗澡的去日；想起你吵闹不睡，我抱着你在走廊上行走半夜的情景；想起陪你考幼稚园、考初中、考高中的一段段往事；还有那无数琐碎而有趣的回忆……孩子，一切都历历在目，我真不相信十八年已溜走了。不过，看到你英姿俊发，我年轻时的梦，正由你在延展，亦深觉人生之乐，莫过于目睹下一代的成长、茁壮。你读过《金缕衣》吧，劝君惜取少年时，孩子，多珍重！

【思考与练习】

1. 结合"两代人的矛盾"这一部分，谈谈你是如何看待和处理两代人之间的矛盾，本文给了你什么样的启发？

2. 学习"恋爱"这一部分，对下列三句话你是怎样理解的？谈一谈对自己的启发。

(1) 不要把感情上的冲动和爱情附会在一起；不要让这样的冲动，成了爱情的负债。

(2) 真正令人心灵颤动的爱，不能求之于泛滥的感情中。

(3) 一个能爱而又能被爱的人是幸福的，假如你不幸在爱情的天地里折了翅膀，不妨哭，但不要庸俗！

3. 这篇文章的作者以朋友的身份和口吻，既检讨自己的不足，介绍自己的经验，又给了孩子成长的建议，体现了对儿子的尊重，这样的谈话方式和语言特点对你有怎样的启发？

   给　亡　妇①

朱自清

【阅读提示】

　　《给亡妇》是朱自清先生悼念亡妻的一篇散文。作者追忆十二年中妻子武钟谦照顾自己、抚育儿女的一系列琐事，给我们展现了一位在离乱的生活中含着艰辛和泪水的人，在眷眷的爱

---

① 选自《中华散文珍藏本·朱自清卷》，人民文学出版社，2000年版。

> 中忘我地奉献和牺牲的人。她为了丈夫，为了孩子，为了家，任劳任怨，有多少力量用多少——直到自己毁灭为止。这是一位有着伟大人格的女性。她刚强坚毅，温婉细腻，体贴周到，善解人意，她既是一位伟大的母亲，更是一位伟大的妻子。文章语言朴素但情感真挚，对妻子的思念之情溢于言表，情深意切，句句入骨。文章情感沉郁深切，悱恻凄美，可以与苏轼《江城子》（十年生死两茫茫）相媲美。

　　谦，日子真快，一眨眼你已经死了三个年头了。这三年里世事不知变化了多少回，但你未必注意这些个，我知道。你第一惦记的是你几个孩子，第二便轮着我。孩子和我平分你的世界，你在日如此；你死后若还有知，想来还如此的。告诉你，我夏天回家来着：迈儿长得结实极了，比我高一个头。闰儿父亲说是最乖，可是没有先前胖了。采芷和转子都好。五儿全家夸她长得好看；却在腿上生了湿疮，整天坐在竹床上不能下来，看了怪可怜的。六儿，我怎么说好，你明白，你临终时也和母亲谈过，这孩子是只可以养着玩儿的，他左挨右挨去年春天，到底没有挨过去。这孩子生了几个月，你的肺病就重起来了。我劝你少亲近他，只监督着老妈子照管就行。你总是忍不住，一会儿提，一会儿抱的。可是你病中为他操的那一份儿心也够瞧的。那一个夏天他病的时候多，你成天儿忙着，汤呀，药呀，冷呀，暖呀，连觉也没有好好儿睡过。哪里有一分一毫想着你自己。瞧着他硬朗点儿你就乐，干枯的笑容在黄蜡般的脸上，我只有暗中叹气而已。

　　从来想不到做母亲的要像你这样。从迈儿起，你总是自己喂乳，一连四个都这样。你起初不知道按钟点儿喂，后来知道了，却又弄不惯；孩子们每夜里几次将你哭醒了，特别是闷热的夏季。我瞧你的觉老没睡足。白天里还得做菜，照料孩子，很少得空儿。你的身子本来坏，四个孩子就累你七八年。到了第五个，你自己实在不成了，又没乳，只好自己喂奶粉，另雇老妈子专管她。但孩子跟老妈子睡，你就没有放过心；夜里一听见哭，就竖起耳朵听，工夫一大就得过去看。十六年初，和你到北京来，将迈儿，转子留在家里；三年多还不能去接他们，可真把你惦记苦了。你并不常提，我却明白。你后来说你的病就是惦记出来的；那个自然也有份儿，不过大半还是养育孩子累的。你的短短的十二年结婚生活，有十一年耗费在孩子们身上；而你一点不厌倦，有多少力量用多少，一直到自己毁灭为止。你对孩子一般儿爱，不问男的女的，大的小的。也不想到什么"养儿防老，积谷防饥"，只拼命的爱去。你对于教育老实说有些外行，孩子们只要吃得好玩得好就成了。这也难怪你，你自己便是这样长大的。况且孩子们原都还小，吃和玩本来也要紧的。你病重的时候最放不下的还是孩子。病的只剩皮包着骨头了，总不信自己不会好；老说："我死了，这一大群孩子可苦了。"后来说送你回家，你想着可以看见迈儿和转子，也愿意；你万不想到会一走不返的。

　　我送车的时候，你忍不住哭了，说："还不知能不能再见？"可怜，你的心我知道，你满想着好好儿带着六个孩子回来见我的。谦，你那时一定这样想，一定的。

　　除了孩子，你心里只有我。不错，那时你父亲还在；可是你母亲死了，他另有个女人，你老早就觉得隔了一层似的。出嫁后第一年你虽还一心一意依恋着他老人家，到第二年上我和孩子可就将你的心占住，你再没有多少工夫惦记他了。你还记得第一年我在北京，你在家里。家里来信说你待不住，常回娘家去。我动气了，马上写信责备你。你教人写了一封复信，说家里有事，不能不回去。这是你第一次也可以说第末次的抗议，我从此就没给你写信。暑假时带了一肚子主意回去，但见了面，看你一脸笑，也就拉倒了。打这时候起，你渐渐从你父亲的怀里跑到我这儿。你换了金镯子帮助我的学费，叫我以后还你；但直到你死，我没有还你。你在我家受了许多气，又因为我家的缘故受你家里的气，你都忍着。这全为的是我，我知道。那回我从家乡一个中学半途辞职出走。家里人讽你也走。哪里走！只得硬着头皮往你家去。那时你家像个冰窖子，你们在窖里足足住了三个月。好容易我才将你们领出来了，一同上外省去。小家庭这样组织起来了。你虽不是什么阔小姐，可也是自小娇生惯养的,做起主妇来,什么都得干一两手;你居然做下去了,而且高高兴兴地做下去了。菜照例是你做,可是吃的都是我们;你至多夹上两三筷子就算了。你的菜做得不坏,有一位老在行大大地夸奖过你。你洗衣服也不错,夏天我的绸大褂大概总是你亲自动手。你在家老不乐意闲着;坐前几个"月子",老是四五天就起床,说是躺着家里事没条没理的。其实你起来也还不是没条理;咱们家那么多孩子,哪儿来条理?在浙江住的时候,逃过两回兵难,我都在北平。真亏你领着母亲和一群孩子东藏西躲的;末一回还要走多少里路,翻一道大岭。这两回差不多只靠你一个人。你不但带了母亲和孩子们,还带了我一箱箱的书;你知道我是最爱书的。在短短的十二年里,你操的心比人家一辈子还多;谦,你那样身子怎么经得住!你将我的责任一股脑儿担负了去,压死了你;我如何对得起你!

  你为我的捞什子书也费了不少神;第一回让你父亲的男佣人从家乡捎到上海去。他说了几句闲话,你气得在你父亲面前哭了。第二回是带着逃难,别人都说你傻子。你有你的想头:"没有书怎么教书?况且他又爱这个玩意儿。"其实你没有晓得,那些书丢了也并不可惜;不过教你怎么晓得,我平常从来没和你谈过这些个!总而言之,你的心是可感谢的。这十二年里你为我吃的苦真不少,可是没有过几天好日子。我们在一起住,算来也还不到五个年头。无论日子怎么坏,无论是离是合,你从来没对我发过脾气,连一句怨言也没有。——别说怨我,就是怨命也没有过。老实说,我的脾气可不大好,迁怒的事儿有的是。那些时候你往往抽噎着流眼泪,从不回嘴,也不号啕。不过我也只信得过你一个人,有些话我只和你一个人说,因为世界上只你一个人真关心我,真同情我。你不但为我吃苦,更为我分苦;我之有我现在的精神,大半是你给我培养着的。这些年来我很少生病。但我最不耐烦生病,生了病就呻吟不绝,闹那伺候病的人。你是领教过一回的,那回只一两点钟,可是也够麻烦了。你常生病,却总不开口,挣扎着起来;一来怕搅我,二来怕没人做你那份儿事。我有一个坏脾气,怕听人生病,也是真的。后来你天天发烧,自己还以为南方带来的疟疾,一直瞒着我。明明躺着,听见我的脚步,一骨碌就坐起来。我渐渐有些奇怪,让大夫一瞧,这可糟了,你的一个肺已烂了一个大窟窿了!大夫劝你到西山去静养,你丢不下孩子,又舍不得钱;劝你在家里躺着,你也丢不下那份儿家务。越看越不行了,这才送你回去。明知凶多吉少,想不到只一个月工夫你就完了!本来盼望还见得着你,这一来可拉倒了。你也何尝想到这个?父亲告诉我,你回家独住着一所小住宅,还嫌没有客厅,怕我回去不便哪。

  前年夏天回家,上你坟上去了。你睡在祖父母的下首,想来还不孤单的。只是当年祖父母的坟太小了,你正睡在圹底下。这叫做"抗圹",在生人看来是不安心的;等着想办法哪。那时圹上圹下密密地长着青草,朝露浸湿了我的布鞋。你刚埋了半年多,只有圹下多出一块土,别的全然看不出新坟的样子。我和隐今夏回去,本想到你的坟上来;因为她病了没来成。我们想告诉你,五个孩子都好,我们一定尽心教养他们,让他们对得起死了的母亲——你!谦,好好儿放心安睡吧,你。

1932年10月11日作。

【思考与练习】

1. 苏轼的《江城子》和本文一样都是悼念亡妻的,对比这两篇文章,在抒情和写法上有何异同?

附《江城子》:

十年生死两茫茫,不思量,自难忘。千里孤坟,无处话凄凉。纵使相逢应不识,尘满面,鬓如霜。夜来幽梦忽还乡,小轩窗,正梳妆。相顾无言,唯有泪千行。料得年年肠断处,明月夜,短松冈。

2. 作者善于用具体的细节来展示妻子生活中的种种表现,表达对亡妻的情感。试作具体分析。

3. 你是怎样看待作者笔下妻子的种种美德的?这对你有哪些触动?

5* 忆 傅 雷[①]

杨 绛

【阅读提示】

> 《忆傅雷》是从杨绛为《傅译传记五种》一书所写的"代序"中节选的一部分。以记人为主的艺术散文不同于传记，它的主旨不是叙述和评论人物的生平业绩，而将重点放在通过回忆写出人物的个性特点，写出作者眼中和心中活生生的这个人，从而让读者能感受到一位有血有肉、栩栩如生的人物。本文作者杨绛凭借自己对傅雷的细致了解和相知之情，从不为人们所注意以致容易被误解的小事入手，通过对细节生动传神的描写，展示出傅雷的境遇、心态和性格，写出了他独特的个性和令人敬佩的人格力量；同时也从一个侧面表现了极"左"路线下，特别是"文化大革命"中，一些优秀知识分子的遭遇，并抒发了痛惜之情。
>
> 文章语言自然清新，委婉雅洁，叙述事件，描摹情景，抒写感怀，虽然大都是平实之语，不假雕饰，却意蕴淳厚，耐人寻味。

抗战末期、胜利前夕，钱锺书和我在宋淇先生家初次会见傅雷和朱梅馥夫妇。我们和傅雷家住得很近，晚饭后经常到他家去夜谈。那时候知识分子在沦陷的上海，日子不好过，真不知"长夜漫漫何时旦"。但我们还年轻，有的是希望和信心，只待熬过黎明前的黑暗，就想看到云开日出。我们和其他朋友聚在傅雷家朴素幽雅的客厅里各抒己见，也好比开开窗子，通通空气，破一破日常生活里的沉闷苦恼。到如今，每回顾那一段灰黯的岁月，就会记起傅雷家的夜谈。

说起傅雷，总不免说到他的严肃。其实他并不是一味板着脸的人。我闭上眼，最先浮现在眼前的，却是个含笑的傅雷。他两手捧着个烟斗，待要放到嘴里去抽，又拿出来，眼里是笑，嘴边是笑，满脸是笑。这也许因为我在他家客厅里、坐在他对面的时候，他听着锺书说话，经常是这副笑容。傅雷只是不轻易笑；可是他笑的时候，好像在品尝自己的笑，觉得津津有味。

也许锺书是唯一敢当众打趣他的人。他家另一位常客是陈西禾同志。一次锺书为某一件事打趣傅雷，西禾急得满面尴尬，直向锺书递眼色；事后他犹有余悸，怪锺书"胡闹"。可是傅雷并没有发火。他带几分不好意思，随着大家笑了；傅雷还是有幽默的。

傅雷的严肃确是严肃到十分，表现了一个地道的傅雷。他自己可以笑，他的笑脸只许朋友看。在他的孩子面前，他是个不折不扣的严父。阿聪、阿敏那时候还是一对小顽童，只想赖在客厅里听大人说话。大人说的话，也许孩子不宜听，因为他们的理解不同。傅雷严格禁止他们旁听。有一次，客厅里谈得热闹，阵阵笑声，傅雷自己也正笑得高兴。忽然他灵机一动，蹑足走到通往楼梯的门旁，把门一开。只见门后哥哥弟弟背着脸并坐在门槛后面的台阶上，正缩着脖子笑呢。傅雷一声呵斥，两孩子在登登咚咚一阵凌乱的脚步声里逃跑上楼。梅馥忙也赶了上去。在傅雷前，她是抢先去责骂儿子；在儿子前，她却是挡了爸爸的盛怒，自己温言告诫。等他们俩回来，客厅里渐渐回复了当初的气氛。但过了一会，在笑声中，傅雷又突然过去开那扇门，阿聪、阿敏依然鬼头鬼脑并坐原处偷听。这回傅

[①] 原载《傅译传记五种》，生活·读书·新知三联书店，1983年版。

雷可冒火了,梅馥也起不了中和作用。只听得傅雷厉声呵喝,夹杂着梅馥的调解和责怪;一个孩子想是哭了,另一个还想为自己辩白。我们谁也不敢劝一声,只装作不闻不知,坐着扯谈。傅雷回客厅来,脸都气青了。梅馥抱歉地为客人换上热茶,大家又坐了一回辞出,不免叹口气:"唉,傅雷就是这样!"

阿聪前年回国探亲,锺书正在国外访问。阿聪对我说:"啊呀!我们真爱听钱伯伯说话呀!"去年他到我家来,不复是顽童偷听,而是做座上客"听钱伯伯说话",高兴得哈哈大笑。可是他立即记起他严厉的爸爸,凄然回忆往事,慨叹说:"唉——那时候——我们就爱听钱伯伯说话。"他当然知道爸爸打他狠,正因为爱他深,他告诉我:"爸爸打得我真痛啊!"梅馥曾为此对我落泪,又说阿聪的脾气和爸爸有相似之处。她也告诉我傅雷的妈妈怎样批评傅雷。性情急躁是不由自主的,感情冲动下的所作所为,沉静下来会自己责怪,又增添自己的苦痛。梅馥不怨傅雷的脾气,只为此怜他而为他担忧;更因为阿聪和爸爸脾气有点儿相似,她既不愿看到儿子拂逆爸爸,也为儿子的前途担忧。"文化大革命"开始时,阿聪从海外好不容易和家里挂通了长途电话。阿聪只叫得一声"姆妈",妈妈只叫得一声"阿聪",彼此失声痛哭,到哽咽着勉强能说话的时候,电话早断了。这是母子末一次通话——话,尽在不言中,因为梅馥深知傅雷的性格,已经看到他们夫妇难逃的命运。

有人说傅雷"孤傲如云间鹤";傅雷却不止一次在锺书和我面前自比为"墙洞里的小老鼠"——是否因为莫罗阿曾把服尔德比作"一头躲在窟中的野兔"呢?傅雷的自比,乍听未免滑稽。梅馥称傅雷为"老傅";我回家常和锺书讨究:那是"老傅"还是"老虎",因为据他们的乡音,"傅"和"虎"没有分别,而我觉得傅雷在家里有点儿老虎似的。他却自比为"小老鼠"!但傅雷这话不是矫情,也不是谦虚。我想他只是道出了自己的真实心情。他对所有的朋友都一片至诚。但众多的朋友里,难免夹杂些不够朋友的人。误会、偏见、忌刻、骄矜,会造成人事上无数矛盾和倾轧。傅雷曾告诉我们:某某"朋友"昨天还在他家吃饭,今天却在报纸上骂他。这种事不止一遭。傅雷讲起的时候,虽然眼睛里带些气愤,嘴角上挂着讥诮,总不免感叹人心叵测、世情险恶,觉得自己老实得可怜,孤弱得无以自卫。他满头棱角,动不动会触犯人;又加脾气急躁,制不住要冲撞人。他知道自己不善在世途上圆转周旋,他可以安身的"洞穴",只有自己的书斋;他也像老鼠那样,只在洞口窥望外面的大世界。他并不像天上的鹤,翘首云外,不屑顾视地下的泥淖。傅雷对国计民生念念不忘,可是他也许遵循《刚第特》的教训吧?只潜身书斋,作他的翻译工作。

傅雷爱吃硬饭。他的性格也像硬米粒儿那样僵硬、干爽;软和懦不是他的美德,他全让给梅馥了。朋友们爱说傅雷固执,可是我也看到了他的固而不执,有时候竟是很随和的。他有事和锺书商量,尽管讨论得很热烈,他并不固执。他和周煦良同志合办《新语》,尽管这种事锺书毫无经验,他也不摈弃外行的意见。他有些朋友(包括我们俩)批评他不让阿聪进学校会使孩子脱离群众,不善适应社会。傅雷从谏如流,就把阿聪送入中学读书。锺书建议他临什么字帖,他就临什么字帖;锺书忽然发兴用草书抄笔记,他也高兴地学起十七帖来,并用草书抄稿子。

解放后,我们夫妇到清华大学任教。傅雷全家从昆明由海道回上海,道过天津。傅雷到北京来探望了陈叔通、马叙伦二老,就和梅馥同到我们家来盘桓三四天。当时我们另一位亡友吴晗同志想留傅雷在清华教授法语,央我们夫妇作说客。但傅雷不愿教法语,只愿教美术史。从前在上海的时候,我们曾经陪傅雷招待一位法国朋友,锺书注意到傅雷名片背面的一行法文:Critique d'Art(美术批评家)。他对美术批评始终很有兴趣。可是清华当时不开这门课,而傅雷对教学并不热心。尽管他们夫妇对清华园颇有留恋,我们也私心窃愿他们能留下,傅雷决计仍回上海,干他的翻译工作。

我只看到傅雷和锺书闹过一次别扭。1954年在北京召开翻译工作会议,傅雷未能到会,只提了一份书面意见,讨论翻译问题。讨论翻译,必须举出实例,才能说明问题。傅雷信手拈来,举出许多谬误的例句;他大概忘了例句都有主人。他显然也没料到这份意见书会大量印发给翻译者参考;他拈出例句,就好比挑出人家的错来示众了。这就触怒了许多人,都大骂傅雷狂傲;有一位老翻译家竟气得大哭。平心说，把西方文字译成中文，至少也是一项极繁琐的工作。译者尽管认真仔细，也不免挂一漏万；译文里的谬误，好比猫狗身上的跳蚤，很难捉拿净尽。假如傅雷打头先挑自己的错作引子，或者挑自己几个错作陪，人家也许会心悦诚服。假如傅雷事先和朋友商谈一下，准会想得周到些。当时他和我们两地间隔，读到锺书责备他的信，气呼呼地对我们沉默了一段时间，但不久就又恢复书信来往。

傅雷的认真，也和他的严肃一样，常表现出一个十足地道的傅雷。有一次他称赞我的翻译。我不过偶尔翻译了一篇极短的散文，译得也并不好，所以我只当傅雷是照例敷衍，也照例谦逊一句。傅雷怫然忍耐了一分钟，然后沉着脸发作道："杨绛，你知道吗？我的称赞是不容易的。"我当时颇像顽童听到校长错误的称赞，既不敢笑，也不敢指出他的错误。可是我实在很感激他对一个刚试笔翻译的人如此认真看待。而且只有自己虚怀若谷，才会过高地估计别人。

傅雷对于翻译工作无限认真，不懈地虚心求进。只要看他翻译的传记五种，一部胜似一部。《夏洛外传》是最早的一部。《贝多芬传》虽然动笔最早，却是十年后重译的，译笔和初译显然不同。他经常写信和我们讲究翻译上的问题，具体问题都用红笔清清楚楚录下原文。这许多信可惜都已毁了。傅雷从不自满——对工作认真，对自己就感到不满。他从没有自以为达到了他所提的翻译标准。他曾自苦译笔呆滞，问我们怎样使译文生动活泼。他说熟读了老舍的小说，还是未能解决问题。我们以为熟读一家还不够，建议再多读几家。傅雷怅然，叹恨没许多时间看书，有人爱说他狂傲，他们实在是没见到他虚心的一面。

1963年我因妹妹杨必生病，到上海探望。朋友中我只拜访了傅雷夫妇，梅馥告诉我她两个孩子的近况；傅雷很有兴趣地和我谈论些翻译上的问题。有个问题常在我心上而没谈。我最厌恶翻译的名字佶屈聱牙，而且和原文的字音并不相近，曾想大胆创新，把洋名一概中国化，历史地理上的专门名字也加简缩，另作"引得"与加注。我和傅雷谈过，他说"不行"。我也知道这样有许多不便，可是还想听他谈谈如何"不行"。1964年我又到上海接妹妹到北京休养，来去匆匆，竟未及拜访傅雷和梅馥。"别时容易见时难"，我年轻时只看作李后主的伤心话，不料竟是人世的常情。

我很羡慕傅雷的书斋，因为书斋的布置，对他的工作具备一切方便。经常要用的工具书，伸手就够得到，不用站起身。转动的圆架上，摊着几种大字典。沿墙的书橱里，排列着满满的书可供参考。书架顶上一个镜框里是一张很美的梅馥的照片。另有一张傅雷年轻时的照片，是他当年赠给梅馥的。他称呼梅馥的名字是法文的玛格丽特；据傅雷说，那是歌德《浮士德》里的玛格丽特。几人有幸娶得自己的玛格丽特呢！梅馥不仅是温柔的妻子、慈爱的母亲、沙龙里的漂亮夫人，不仅是非常能干的主妇，一身承担了大大小小、里里外外的杂务，让傅雷专心工作，她还是傅雷的秘书，为他做卡片，抄稿子，接待不速之客。傅雷如果没有这样的好后勤、好助手，他的工作至少也得打三四成折扣吧？

傅雷翻译这几部传记的时候，是在"阴霾遮蔽整个天空的时期"。他要借伟人克服苦难的壮烈悲剧，帮我们担受残酷的命运。他要宣扬坚忍奋斗，敢于向神明挑战的大勇主义。可是，智慧和信念所点燃的一点光明，敌得过愚昧、褊狭所孕育的黑暗吗？对人类的爱，敌得过人间的仇恨吗？向往真理、正义的理想，敌得过争夺名位权利的现实吗？为善的心愿，敌得过作恶的力量吗？傅雷连同他忠实的伴侣，竟被残暴的浪潮冲倒、淹没。可是谁又能怪傅雷呢。他这番遭遇，对于这几部传记里所宣扬的人道主义和奋斗精神，该说是残酷的讽刺。但现在这五部传记的重版，又标志着一种新的胜利吧？读者也许会得到更新的启示与鼓励。傅雷已作古人，人死不能复生，可是被遗忘的、被埋没的，还会重新被人记忆起来，发掘出来。

6* 童年琐忆[①]

[法]罗曼·罗兰

陈筱卿 译

【阅读提示】

> 《托尔斯泰传》是罗曼·罗兰《名人传》中关于托尔斯泰的一篇传记。罗曼·罗兰青年时代曾与托尔斯泰通信,托尔斯泰"不以暴力抗恶""道德上的自我修养""博爱"等思想对他产生了深远的影响。
>
> 在这部传记中,作者用心描述了托尔斯泰对艺术的崇高追求,对生命中苦难的承受,让我们这些普通人看到了伟人身躯后藏着的一切。伟人和我们一样,经受着生命的种种磨难和无法解脱的痛苦,但磨难和痛苦又何尝不是另一种生命的养料。通过痛苦和磨难的滋养,托尔斯泰为后人留下了宝贵的文化遗产。
>
> 托尔斯泰的小说有许多是以自己亲戚和家人为原型创作的,细细品读这些文字,可以帮助我们更好地去解读他的作品。

　　艺术与生命是一致的。作品与生命联络得非常密切。他的作品差不多时常带着自传性;自二十五岁起,它便使我们一步一步紧随着他的冒险生涯的矛盾的经历。自二十岁前开始直到他逝世为止他的日记,和他供给比鲁科夫的记录,更加深了我们对于他的认识,使我们不但能一天一天地了解他的意识的演化,而且能把他的天才的源泉,他的心灵所借以滋养的世界再现出来。

　　丰富的遗产,双重的世家(托尔斯泰与沃尔康斯基族),高贵的,古老的,一直可追溯到留里克,家谱上有承侍亚历山大大帝的人物,有七年战争中的将军,有拿破仑诸役中的英雄,有十二月党人,有政治犯。家庭的回忆中,好几个为托尔斯泰采作他的《战争与和平》中的最特殊的典型人物:如他的外祖父,老亲王沃尔康斯基,叶卡捷琳娜二世时代的伏尔泰式的、专制的贵族代表;他的母亲的堂兄弟,尼古拉·格雷戈里维奇·沃尔康斯基亲王,在奥斯特利茨一役中受伤而在战场上救回来的;他的父亲,有些像尼古拉·罗斯托夫的;他的母亲,玛丽亚公主,这温良的丑妇人,生着美丽的眼睛,丑的面孔,她的仁慈的光辉,照耀着《战争与和平》。

　　对于他的父母,他是不大熟知的。大家知道《童年》与《少年》中可爱的叙述缺乏真实性。他的母亲逝世时,他还未满二岁。故他只在小尼古拉·伊尔捷涅耶夫的含泪的叙述中稍能回想到可爱的脸庞,光辉四射的微笑,使她的周围充满了欢乐……

　　"啊!如果我能在艰苦的时间窥见这微笑,我将不知悲愁为何物了……"

　　但她的完满的坦率,她的对于舆论的不顾忌,和她讲述她自己编造出来的故事的美妙的天才,一定是传给他了。

　　他至少还能保有若干关于父亲的回忆。这是一个和蔼的、诙谐的人,有着忧郁的眼睛,在他的土地上放荡不羁、毫无野心地生活。托尔斯泰丧父的时候九岁。这使他"第一次懂得悲苦的现实,心灵

[①] 选自《托尔斯泰传》,光明日报出版社,2007年版。

中充满了绝望"。这是儿童和恐怖的幽灵的第一次相遇,他的一生,一部分是要战败它,一部分是在把它变形之后而赞扬它……这种悲痛的痕迹,在《童年时代》的最后几章中有深刻的表露,在那里,回忆已变成他的母亲的死与下葬的叙述了。

在亚斯纳亚·波利亚纳的古老的宅邸中,他们一共是五个孩子。列夫·尼古拉耶维奇于一八二八年八月二十八日诞生于这所屋里,直到八十二年之后逝世才离开。五个孩子中最幼的一个是女的,名字叫玛丽亚,后来做了修女(托尔斯泰在临死时逃出了他自己的家,离别了家人,躲到她那里去)。——四个儿子:谢尔盖,自私的,可爱的一个,"他的真诚的程度为我从未见过的";德米特里热情,深藏,在大学生时代,热烈奉行宗教,什么也不顾,持斋减食,寻访穷人,救济残废,后来突然变成放荡不羁,和他的虔诚一样暴烈,以后充满着悔恨,从妓院为一个妓女赎了身和她同居,二十九岁时患肺痨死了;长子尼古拉是弟兄中最被钟爱的一个,从他母亲那里承袭了讲述故事的幻想,幽默的,胆怯的,细腻的性情,以后在高加索当军官,养成了喝酒的习惯,充满着基督徒的温情。他亦把他所有的财产全部分赠穷人。屠格涅夫说他"卑谦,不似他的兄弟列夫只在理论上探讨便满足了"。

在那些孩儿周围,有两个具有仁慈的心地的妇人:一个是塔佳娜姑母,托尔斯泰说:"她有两项德性:镇静与爱。"她的一生只是爱。她永远为他人舍身……

"她使我认识爱的精神上的快乐……"

另外一个是亚历山德拉姑母,她永远服侍他人而避免被他人服侍,她不用仆役,唯一的嗜好是读圣徒行传和朝山的人与无邪的人谈话。好几个无邪的男女在他们家中寄食。其中有一个朝山进香的老妇,会背诵赞美诗,是托尔斯泰妹妹的继母。另外一个叫做格里莎的,只知道祈祷与哭泣……

"噢,伟大的基督徒格里莎!你的信仰是那么坚定,以致你感到和神迫近,你的爱是那么热烈,以致从口中流露出来的言语,是你的理智无法驾驭的。你颂赞神的庄严,而当你找不到言辞的时候,你泪流满面着匍匐在地下!"

这一切卑微的心灵对于托尔斯泰的长成上的影响当然是非常明显的。暮年的托尔斯泰似乎已在这些灵魂上定型了。他们的祈祷与爱,在儿童的精神上撒下了信仰的种子,到老年时便看到这种子的收获。

除了无邪的格里莎之外,托尔斯泰在他的《童年》中,并没提及助长他心灵的发展的这些卑微人物。但在另一方面,书中却透露着这颗儿童的灵魂,"这颗精纯的、慈爱的灵魂,如一道鲜明的光华,永远懂得发现别人的最优的品性"和这种极端的温柔!幸福的他,只想念着他所知道的不幸者,他哭泣,他愿对他表现她的忠诚。他亲吻一匹老马,他请求原谅他使它受苦。他在爱的时候便感到幸福,即使他不被人爱亦无妨。人们已经看到他未来的天才的萌芽:使他痛哭的身世的幻想;他的工作不息的头脑,永远努力要想着一般人所想的问题;他的早熟的观察与回忆的官能;他的锐利的目光,懂得在人家的脸上,探寻苦恼与哀愁。他自言在五岁时,第一次感到,"人生不是一种享乐,而是一桩十分沉重的工作"。

幸而,他忘记了这种思念。这时期,他从俄罗斯的民间故事、带有幻梦色彩的神话传说以及《圣经》的史略中组织出他的幻梦来,尤其是《圣经》中约瑟的历史——在他暮年时还把他当作艺术的模范和《天方夜谭》。因为他在祖母家里时,每晚都有一个盲人坐在窗台边讲些故事给他听。

第二单元 理想责任

单 元 导 读

  在人生的行进路上,我们有凯歌高旋与欢呼雀跃,也有挫败失落与嗟叹号泣,然而总有一种力量支撑我们,让我们放不下、忘不掉——这就是理想。理想使我们人生有了方向,生命有了灵魂。

  爱因斯坦作为科学界的泰斗备受推崇。照亮他的道路,并且不断给他新的勇气去愉快地正视生活的是理想,是善、美和真。"人是为了别人而生存的",《我的信仰》中爱因斯坦如是说。有这样朴素而崇高的信仰,才成就了这样一位人类历史上的"巨人"。

  中国传统文人的理想,常常是忧国忧民的。热爱祖国,并在祖国的崛起中实现个人价值成为这一理想的主线。屈原不畏前路艰险,"路曼曼其修远兮,吾将上下而求索"。梁启超期待:少年智则国智,少年富则国富,少年强则国强。将自己的人生目标与国家的兴旺联系起来,这是中国传统文人社会感和历史责任感的体现,也是家国同构文化在思想文化领域的体现。

  但在现实中,有的人被生活所困扰,甚至偏离生活的航向,而有的人却向着理想奔跑。薇拉·凯瑟的名篇《一场瓦格纳作品音乐会》中,那个失落的乔治亚娜婶婶,在一次机缘中重新拾起了独立灵魂和理想追求,而这种昙花一现的理想实现,是不是会更勾起她丧失理想的幻灭感呢?被毛泽东主席称为"学界泰斗,人世楷模"的蔡元培先生在就任北京大学校长时,针对当时社会的污浊与北京大学的沉疴,向北大学子提出"抱定宗旨,砥砺德行,敬爱师友"的希望。当今的青年学子依然应当如此积极进取,力矫颓俗,否则,失去向阳而生的理想,人生就会黯然失色。

  当然,通往成功的道路不会是一片坦途,在逆境中如何面对生活,如何坚守理想就成了成长的必修课。即使暗夜如磐,也不泯灭彩虹的希冀,在诗人食指的诗作《相信未来》中,我们可以感受到他身处泥淖的压抑和痛苦,更能看到他热切渴望光明的眼睛和为之奋斗的身影。

  其实,无论周围环境如何,我们都可以选择自我成长,可以选择向上的方向。而理想就是方向,就是指引着我们的那道光……

1 离骚①（节选）

屈 原

【阅读提示】

《离骚》，是中国第一位浪漫主义诗人屈原用他的理想、苦闷、热情甚至整个生命书写的华章，也是中国古代诗歌史上最长的一首浪漫主义的政治抒情诗。鲁迅先生盛赞它"逸响伟辞，卓绝一世"。诗人从自叙身世起笔，讲述了自己被奸佞陷害的痛苦遭遇，表明了自己的理想和追求，斥责了楚国统治阶级的昏庸无能，洋溢着不与邪恶势力同流合污的斗争精神和热爱祖国、热爱人民的赤子之情。

屈原和《离骚》的出现标志着中国古典诗歌创作进入了一个新时代。屈原的诗作以其炽热的生命烙上了鲜明的个性印章。他的个性来源于他的宏伟抱负与壮志豪情，具体而言就是"美政"理想，对理想的坚守体现着他刚健有为、自强不息的精神气质。这种对国家命运的深沉关切、对个人理想的矢志不渝，深刻地影响了中国后代文人的思想和创作。

文章通过神话传说和比兴手法的大量运用，创造了一个神奇瑰丽、绚烂多姿的想象世界，阅读时请注意体会。

路曼曼其修远兮②，吾将上下而求索。饮余马于咸池兮③，总余辔乎扶桑④。折若木以拂日兮⑤，聊逍遥以相羊⑥。前望舒⑦使先驱兮，后飞廉使奔属⑧。鸾皇为余先戒兮，雷师告余以未具。吾令凤鸟飞腾兮，继之以日夜。飘风屯其相离兮⑨，帅云霓而来御⑩。纷总总其离合兮⑪，斑陆离其上下⑫。吾令帝阍开关兮⑬，倚阊阖⑭而望予。时暧暧其将罢兮⑮，结幽兰而延伫。世溷浊⑯而不分兮，好蔽美而嫉妒。朝吾将济于白水兮，登阆风而绁马⑰。忽反顾以流涕兮，哀高丘之无女⑱。溘吾游此春宫兮，折琼枝以继佩。及荣华⑲之未落兮，相下女之可诒⑳。吾令丰隆㉑乘云兮，求宓妃㉒之所在。解佩纕以结言兮，吾令蹇修以为理㉓。纷总总其离合兮，忽纬𬘓其难迁㉔。夕归次于穷石兮㉕，朝濯发乎洧盘㉖。保厥美以骄傲兮，日康娱以淫游。虽信美而无礼兮，来违弃而改求。览相观于四极㉗兮，周流乎天余乃下㉘。

---

① 选自徐建华、金舒年译注《楚辞选译》，巴蜀书社，1991年版。 ② 曼曼：通"漫漫"，路很长的样子。修：长。 ③ 饮（yìn）：使喝水。咸池：神话中日浴之处。 ④ 总：绾结在一起。辔（pèi）：缰绳。扶桑：神话中长在东方日出处的一种树。 ⑤ 若木：神话中长在昆仑最西面日入处的一种树。拂：遮蔽。 ⑥ 相羊：徜徉，随意徘徊。 ⑦ 望舒：为月神驾车者。 ⑧ 飞廉：风神。属（zhǔ）：跟随。 ⑨ 屯：聚合。离（lì）：通"丽"，附拢，靠拢。 ⑩ 御（yà）：通"迓"，迎接。 ⑪ 纷总总：多而纷乱的样子。离合：忽聚忽散。 ⑫ 斑：色彩驳杂的样子。陆离：参差。 ⑬ 阍（hūn）：守门人。关：门闩。 ⑭ 阊阖（chāng hé）：天门。 ⑮ 暧暧：日光昏暗的样子。罢：完了。 ⑯ 溷（hùn）浊：混乱污浊。 ⑰ 阆（làng）风：神话中地名，在昆仑山上。绁（xiè）：系住。 ⑱ 女：神女，喻理想的人物，知音。 ⑲ 荣华：花。 ⑳ 下女：下界女子，相对于高丘而言。诒（yí）：同"贻"，赠送。 ㉑ 丰隆：雷神。 ㉒ 宓（fú）妃：神话中的人名，伏羲氏之女，洛水之神。 ㉓ 蹇修：声乐，徒鼓钟谓之修，徒鼓磐谓之蹇。此用章炳麟之说，见《菿（dào）汉闲话》。理：媒。 ㉔ 纬𬘓（huà）：本义为乖戾，此训执拗。难迁：难以说动。 ㉕ 次：住宿。穷石：山名，在今甘肃张掖。 ㉖ 洧（wěi）盘：神话中水名，出崦嵫山。 ㉗ 四极：四方的尽头。 ㉘ 周流：遍行。

望瑶台之偃蹇兮①,见有娀之佚女②。吾令鸩③为媒兮,鸩告余以不好。雄鸠之鸣逝兮,余犹恶其佻巧。心犹豫而狐疑兮,欲自适而不可。凤皇既受诒④兮,恐高辛⑤之先我。欲远集⑥而无所止兮,聊浮游以逍遥。及少康⑦之未家兮,留有虞之二姚⑧。理弱而媒拙兮,恐导言之不固。世溷浊而嫉贤兮,好蔽美而称恶。闺中既已邃远兮⑨,哲王又不寤。怀朕情而不发兮,余焉能忍与此终古⑩!索藑茅以筳篿兮⑪,命灵氛⑫为余占之。曰⑬:"两美其必合兮,孰信修而慕之⑭?思九州⑮之博大兮,岂唯是⑯其有女?"曰:"勉⑰远逝而无狐疑兮,孰求美而释⑱女?何所独无芳草兮,尔何怀乎故宇⑲?"世幽昧以眩曜⑳兮,孰云察余之善恶?民好恶其不同兮,惟此党人其独异!户服艾以盈要兮㉑,谓幽兰其不可佩。览察草木其犹未得兮,岂珵㉒美之能当?苏粪壤以充帏兮㉓,谓申椒其不芳。欲从灵氛之吉占兮,心犹豫而狐疑。巫咸将夕降兮㉔,怀椒糈而要之㉕。百神翳其备降兮㉖,九疑㉗缤其并迎。皇剡剡㉘其扬灵兮,告余以吉故㉙。曰:"勉升降以上下兮,求榘矱㉚之所同。汤禹严㉛而求合兮,挚咎繇而能调㉜。苟中情其好修兮,又何必用夫行媒㉝?说操筑于傅岩㉞,武丁用而不疑。吕望之鼓刀兮㉟,遭周文而得举。宁戚之讴歌㊱,齐桓闻以该辅㊲。及年岁之未晏兮㊳,时亦犹其未央㊴。恐鹈鴂㊵之先鸣兮,使夫百草为之不芳。"何琼佩之偃蹇兮㊶,众薆㊷然而蔽之。惟此党人之不谅兮㊸,恐嫉妒而折之。时缤纷其变易兮,又何可以淹留?兰芷变而不芳兮,荃蕙化而为茅。何昔日之芳草兮,今直为此萧㊹艾也?岂其有他故兮,莫好修之害也!余以兰为可恃兮,羌无实而容长㊺。委㊻厥美以从俗兮,苟㊼得列乎众芳!椒专佞以慢慆兮㊽,樧又欲充夫佩帏㊾。既干进而务入兮㊿,又何芳之能祇㊿¹?固时俗之流从㊿²兮,又孰能无变化?览椒兰其若兹㊿³兮,又况揭车与江离?惟兹佩之可贵兮,委厥美而历兹。芳菲菲而难亏兮,芬至今犹未沬㊿⁴。和调度以自娱兮㊿⁵,聊浮游而求女。及余饰之方壮㊿⁶兮,周流观乎上下。灵氛既告余以吉占兮,历㊿⁷吉日乎吾将行。折琼枝以为羞㊿⁸兮,精琼爢以为粻㊿⁹。为余驾飞龙兮,杂瑶象以为车。何离心之可同兮,吾将远逝以自疏。邅㊿¹⁰吾道夫昆仑兮,路修远以周流。扬云霓之晻蔼兮㊿¹¹,鸣玉鸾㊿¹²之啾啾。朝发轫于天津兮,夕余至乎西极。凤皇翼㊿¹³其承旂兮,高翱翔之翼翼㊿¹⁴。忽吾行此流沙㊿¹⁵兮,

---

① 瑶台:玉台。偃蹇:夭矫上伸的样子。 ② 有娀(sōng):传说中古部族名。佚:美。有娀氏美女简狄住在高台上,成帝喾(kù)之妃,生契,为商人之祖。 ③ 鸩(zhèn):鸟名,羽有毒。 ④ 诒:此处指礼物、聘礼。 ⑤ 高辛:高辛氏,指帝喾。 ⑥ 集:栖止。 ⑦ 少康:夏代中兴的国君,杀了寒浞和浇等,恢复了夏朝的政权。 ⑧ 二姚:有虞氏二女,有虞姚姓。 ⑨ 闺:女子居处。指上述诸女而言。以:通"已",甚。 ⑩ 终古:永久。 ⑪ 索:讨取。藑(qióng)茅:一种可用来占卜的草。以:与。筳篿(tíng zhuān):用来占卜的竹片。 ⑫ 灵氛:古代神巫。 ⑬ 此"曰"与下一"曰"之后皆卦辞。重加"曰"字表强调。 ⑭ 慕:"莫念"二字之误。"念之"与上"占之"押韵。 ⑮ 九州:古代中国分为九州,后以"九州"指全中国。 ⑯ 是:此,指楚国。 ⑰ 勉:努力。 ⑱ 释:放。 ⑲ 故宇:旧居。 ⑳ 眩曜:日光强烈,此处指眼光迷乱。 ㉑ 服:佩。艾:艾草。要(yāo):通"腰"。 ㉒ 珵(chéng):美玉。 ㉓ 苏:取。帏(wéi):佩带的香囊。 ㉔ 巫咸:上古神巫。 ㉕ 糈(xǔ):精米。要:拦截,这里是迎候之意。 ㉖ 翳(yì):遮蔽。备:都。 ㉗ 九疑:指九疑山的神。 ㉘ 皇剡剡(yǎn):闪光的样子。 ㉙ 吉故:吉利的故事。 ㉚ 榘(jǔ):同"矩",画方的器具。矱(yuē):尺度。榘矱喻准则、法度。 ㉛ 严:严肃恭谨。 ㉜ 挚:伊尹名,商汤的贤相。咎繇(gāo yáo):即皋陶,夏禹的贤臣。调:谐调。 ㉝ 行媒:作媒的使者。 ㉞ 说(yuè):傅说,殷高宗时贤相。筑:打土墙用的捣土工具。 ㉟ 吕望:姜太公,本姓吕,名尚,曾被称为太望公。鼓:鸣。 ㊱ 宁戚:春秋时卫国人,曾在齐东门外经商,齐桓公夜出,值宁戚喂牛,扣角而歌其怀才不遇,桓公与之交谈后,任用为相。 ㊲ 该:备,充当。该辅:备位于辅佐大臣之列。 ㊳ 及:趁着。晏:晚。 ㊴ 央:尽。 ㊵ 鹈鴂(tí jué):鸟名,即杜鹃,鸣于春末夏初,正是落花时节。 ㊶ 琼佩:琼玉的佩饰。偃蹇:屈曲的样子。 ㊷ 薆(ài):隐蔽的样子。 ㊸ 谅:信实。 ㊹ 萧:青蒿。 ㊺ 羌:乃。容:外表。长:好。 ㊻ 委:丢弃。 ㊼ 苟:苟且。 ㊽ 慢慆(tāo):傲慢。 ㊾ 樧(shā):亚落叶乔木,果实为裂果,又名食茱萸。佩帏:香囊。 ㊿ 干:求。务:致力。 ㊿¹ 祇:恭敬。 ㊿² 流从:一作"从流"。 ㊿³ 兹:此,指以上所述忧患。 ㊿⁴ 沬(mèi):通"昧",暗淡。 ㊿⁵ 和:调节使和谐。调(diào):佩玉发出的声响。度:行进的节奏,由车上鸾铃的声响显示之。 ㊿⁶ 壮:盛。 ㊿⁷ 历:选择。 ㊿⁸ 羞:肉干。 ㊿⁹ 精:舂,捣米粟。粻(zhāng):粮。 ㊿¹⁰ 邅(zhān):转。 ㊿¹¹ 扬:举。云霓:云霓作的旗,即下文的"云旗"。晻蔼(yǎn ǎi):因云霓之旗遮蔽而光线变暗的样子。 ㊿¹² 鸾:通"銮",安在车上或挂在马镳上的铃铛。 ㊿¹³ 翼:展翅。 ㊿¹⁴ 翼翼:整齐的样子。 ㊿¹⁵ 流沙:指西方沙漠之地,在昆仑以东,因沙漠随风而动,故称。

遵赤水而容与①。麾蛟龙使梁津兮②,诏西皇使涉予③。路修远以多艰兮,腾众车使径待④。路不周⑤以左转兮,指西海以为期⑥。屯⑦余车其千乘兮,齐玉轪⑧而并驰。驾八龙之婉婉⑨兮,载云旗之委蛇⑩。抑志而弭节兮,神高驰之邈邈⑪。奏《九歌》而舞《韶》兮⑫,聊假日以媮乐⑬。陟升皇之赫戏兮⑭,忽临睨夫旧乡⑮。仆夫悲余马怀兮,蜷局⑯顾而不行。乱曰:已矣哉!国无人莫我知兮,又何怀乎故都⑰?既莫足与为美政兮,吾将从彭咸之所居!

【思考与练习】

1. 王逸的《楚辞章句》中指出:"《离骚》之文,依诗取兴,引类譬喻,故善鸟香草以配忠贞,恶禽臭物以比谗佞,灵修美人以媲于君,宓妃佚女以譬贤臣",说的是《离骚》大量运用"香草美人"类的比兴手法,请从文中找出这样的例子,并说明运用这种独特手法的意义和作用。

2. 请分析《离骚》中主人公的艺术形象。

3. 《离骚》对我国后代文学、艺术乃至整个文化领域有着重大的影响,请选取你关注的一个角度进行拓展阅读。如:

《离骚》与楚文化

《离骚》对后世文人的影响

《离骚》对中国浪漫主义文学的影响

……

2 少年中国说⑱(节选)

梁启超⑲

【阅读提示】

中国传统理想价值取向从"修身、齐家、治国、平天下"起就有了"家国同构"的意味。梁启超在名篇《少年中国说》中,就把对中华崛起的希望寄托在年轻一代的成长中,提出:"少年智则国智,少年富则国富,少年强则国强。"在这真挚的期待中,我们看到了具有社会责任感和历史责任感的中国文人,对腐朽没落制度的深恶痛绝,对"少年中国"美好未来的热切追求。当然,由于其历史局限性,作者对"少年中国"的本质特点和精神气质的描述是感性的、朦胧的。

---

① 赤水:神话中水名,源于昆仑山东南。容与:徘徊不进。 ② 麾(huī):指挥。梁:桥,此处用为动词,架桥。津:渡口。 ③ 诏:命令。西皇:主西方之神。涉:渡过,此处为使动用法。 ④ 腾:传告。径:捷径,此处指抄小路。 ⑤ 不周:神话中山名。 ⑥ 西海:传说中西方之海。期:约定,此处约定的地点。 ⑦ 屯:聚集。 ⑧ 轪(dài):车毂端的帽盖。 ⑨ 婉婉:同"蜿蜿",龙马前后相连,蜿蜒而行的样子。 ⑩ 委蛇(wēi yí):卷曲飘动的样子。 ⑪ 邈邈:高远的样子。 ⑫《韶》:即《九韶》,传说为虞舜时的乐舞。 ⑬ 假:借。媮(yú):通"愉"。 ⑭ 陟(zhì):升:上升。皇:皇祖,先祖。赫戏:光耀。 ⑮ 临:居高临下。睨(nì):斜视。旧乡:指郢郢。 ⑯ 蜷局:屈曲。 ⑰ 故都:指郢都。 ⑱ 选自魏建、徐文军主编《中国文学》(第四册),齐鲁书社,2002年版。 ⑲ 梁启超(1873—1929),字卓如,号任公,又号饮冰室主人,广东新会人,近代思想家、政治家和著名学者,戊戌维新运动领袖之一,曾倡导文体改良的"诗界革命"和"小说界革命"。其著作合编为《饮冰室合集》。

> 梁启超是戊戌变法运动领袖之一,资产阶级改良主义政治家、教育家、史学家、文学家。他倡导思想新颖、形式通俗、形象丰富、笔锋常带情感的"新文体"写作,本文就是新文体散文的一个典型,阅读时可以仔细体会这一文体的特征。

日本人之称我中国也,一则曰老大帝国,再则曰老大帝国。是语也,盖袭译欧西人之言也。呜呼!我中国其果老大矣乎?梁启超曰:恶!是何言!是何言!吾心目中有一少年中国在!

欲言国之老少,请先言人之老少。老年人常思既往,少年人常思将来。惟思既往也,故生留恋心;惟思将来也,故生希望心。惟留恋也,故保守;惟希望也,故进取。惟保守也,故永旧;惟进取也,故日新。惟思既往也,事事皆其所已经者,故惟知照例;惟思将来也,事事皆所未经者,故常敢破格。老年人常多忧虑,少年人常好行乐。惟多忧也,故灰心;惟行乐也,故盛气。惟灰心也,故怯懦;惟盛气也,故豪壮。惟怯懦也,故苟且;惟豪壮也,故冒险。惟苟且也,故能灭世界;惟冒险也,故能造世界。老年人常厌事,少年人常喜事。惟厌事也,故常觉一切事无可为者;惟好事也,故常觉一切事无不可为者。老年人如夕照,少年人如朝阳;老年人如瘠牛,少年人如乳虎;老年人如僧,少年人如侠;老年人如字典,少年人如戏文;老年人如鸦片烟,少年人如泼兰地酒;老年人如别行星之陨石,少年人如汪洋大海之珊瑚岛;老年人如埃及沙漠之金字塔,少年人如西伯利亚之铁路;老年人如秋后之柳,少年人如春前之草;老年人如死海之潴①为泽,少年人如长江之初发源。此老年与少年性格不同之大略也。梁启超曰:人固有之,国亦宜然②。……

梁启超曰:我中国其果老大矣乎?是今日全地球之一大问题也。如其老大也,则是中国为过去之国,即地球上昔本有此国,而今渐渐灭,他日之命运殆将尽也。如其非老大也,则是中国为未来之国,即地球上昔未现此国,而今渐发达,他日之前程且方长也。欲断今日之中国为老大耶,为少年耶?则不可不先明"国"字之意义。夫国也者,何物也?有土地,有人民,以居于其土地之人民,而治其所居之土地之事,自制法律而守之;有主权,有服从,人人皆主权者,人人皆服从者。夫如是,斯谓之完全成立之国。地球上之有完全成立之国也,自百年以来也。完全成立者,壮年之事也;未能完全成立而渐进于完全成立者,少年之事也。故吾得一言以断之曰:欧洲列邦在今日为壮年国,而我中国在今日为少年国。……

西谚有之曰:有三岁之翁,有百岁之童。然则国之老少,又无定形,而实随国民之心力以为消长者也。吾见乎玛志尼③之能令国少年也,吾又见乎我国之官吏士民能令国老大也,吾为此惧!夫以如此壮丽浓郁、翩翩绝世之少年中国,而使欧西、日本人谓我为老大者,何也?则以握国权者皆老朽之人也。非哦几十年八股④,非写几十年白摺⑤,非当几十年差,非捱几十年俸,非递几十年手本⑥,非唱几十年喏⑦,非磕几十年头,非请几十年安,则必不能得一官,进一职。其内任卿贰⑧以上、外任监司⑨以上者,百人之中,其五官不备者,殆九十六七人也,非眼盲,则耳聋,非手颤,则足跛,否则半身不遂也。彼其一身饮食、步履、视听、言语,尚且不能自了,须三四人在左右扶之捉之,乃能度日,于此而乃欲责之以国事,是何异立无数木偶而使之治天下也!且彼辈者,自其少壮之时,既已不知亚细、欧罗为何处地方,汉祖、唐宗是那朝皇帝,犹嫌其顽钝腐败之未臻其极,又必搓磨之、陶冶之,待其脑髓已涸,血管已塞,气息奄奄,与鬼为邻之时,然后将我二万里山河,四万万人命,一举而畀⑩于其手。呜呼!老大帝国,诚哉其老大也!而彼辈者,积其数十年之八股、白摺、当差、捱俸、手本、唱喏、磕头、请安,千辛万苦,千苦万辛,乃始得此红顶花翎⑪之服色。中堂⑫大人之名号,乃出其全副精神,竭其毕生力量,以保

---

① 潴(zhū):积水。 ② 宜然:当然。 ③ 玛志尼:意大利革命志士,组织少年意大利党,鼓吹革命,屡败屡起,终于完成了意大利的统一事业。 ④ 八股:又称八比、制义、时文,明清两朝规定的科举考试文体。 ⑤ 白摺:清代考卷之一。 ⑥ 手本:旧时下级进见上级所用的名帖。 ⑦ 唱几十年喏:古人相互间作揖问好叫唱喏。 ⑧ 卿贰:指尚书、侍郎。古时以六部尚书为六卿,少卿(即六部侍郎)为卿之贰,故合称卿贰。 ⑨ 监司:清代布政司、按察司、道员的通称。 ⑩ 畀(bì):给,给予。 ⑪ 红顶花翎:清制,文武官一二品都是红顶,以孔雀翎为饰,称花翎。 ⑫ 中堂:即宰相。

持之。如彼乞儿拾金一锭,虽轰雷盘旋其顶上,而两手犹紧抱其荷包,他事非所顾也,非所知也,非所闻也。于此而告之以亡国也,瓜分也,彼乌从而听之,乌从而信之。即使果亡矣,果分矣,而吾今年既七十矣,八十矣,但求其一两年内,洋人不来,强盗不起,我已快活过了一世矣。若不得已,则割三头两省之土地奉申贺敬,以换我几个衙门;卖三几百万之人民作仆为奴,以赎我一条老命,有何不可?有何难办?呜呼!今之所谓老后、老臣、老将、老吏,其修身、齐家、治国、平天下之手段,皆具于是矣。"西风一夜催人老,凋尽朱颜白尽头。"使走无常①当医生,携催命符以祝寿。嗟乎痛哉!以此为国,是安得不老且死,且吾恐其未及岁而殇也。

梁启超曰:造成今日之老大中国者,则中国老朽之冤业也;制出将来少年中国者,则中国少年之责任也。彼老朽者何足道,彼与世界作别之日不远矣,而我少年乃新来而与世界为缘。如僦屋②者然,彼明日将迁居他方,而我今日始入此室处。将迁居者,不爱护其窗栊,不洁治其庭庑,俗人恒情,亦何足怪。若我少年者前程浩浩,后顾茫茫,中国而为牛、为马、为奴、为隶,则烹脔鞭笞之惨酷,惟我少年当之;中国如称霸宇内、主盟地球,则指挥顾盼之尊荣,则我少年享之。于彼气息奄奄、与鬼为邻者何与焉?彼而漠然置之,犹可言也;我而漠然置之,不可言也。使举国之少年而果为少年也,则吾中国为未来之国,其进步未可量也。使举国之少年而亦为老大也,则吾中国为过去之国,其渐亡可翘足③而待也。故今日之责任,不在他人,而全在我少年。少年智则国智,少年富则国富,少年强则国强,少年独立则国独立,少年自由则国自由,少年进步则国进步,少年胜于欧洲,则国胜于欧洲,少年雄于地球,则国雄于地球。红日初升,其道大光。河出伏流,一泻汪洋。潜龙腾渊,鳞爪飞扬。乳虎啸谷,百兽震惶。鹰隼试翼,风尘吸张。奇花初胎,矞矞皇皇④。干将发硎⑤,有作其芒。天戴其苍,地履其黄。纵有千古,横有八荒。前途似海,来日方长。美哉我少年中国,与天不老!壮哉我中国少年,与国无疆!

"三十功名尘与土,八千里路云和月。莫等闲,白了少年头,空悲切。"此岳武穆《满江红》词句也,作者自六岁时既口受记忆,至今喜诵之不衰。自今以往,弃哀时客之名,更自名曰少年中国之少年。

【思考与练习】

1. 本文中间部分一连用了十个排比句,将"老年人"与"少年人"的生理状况、心理特征、思维方式、精神状态等进行了对比,请分析这段对比的特点和作用。
2. 全文有一个中心形象,就是手握国权的"老朽之人",请从动作、语言、心理等角度综合分析这一人物形象及其象征意义。
3. 台湾大学中文系教授梅家玲说:"他(梁启超)提出的对文化遗产的检讨的理念,对于青春、对于一个全新国家形态的憧憬和追求,感染并召唤了新一代的知识分子,直到现在,都有很大的影响力。"结合原文及现实,试理解这段话的含义。

---

① 走无常:旧时迷信说法,阴司用活人为鬼役,勾摄应死者的魂魄,这种人即为走无常。 ② 僦(jiù)屋:租赁房屋。 ③ 翘足:举足,比喻容易、快速。 ④ 矞矞(yù)皇皇:美好盛大的样子。 ⑤ 干将:剑名,春秋时吴人干将善铸剑,因以为名。发硎(xíng):谓刀刃新磨。硎,磨刀石。

3　我的信仰[①]

[德] 爱因斯坦

【阅读提示】

> 理想产生于对客观世界的科学观察和对内心世界的深刻自省，理想决定着个人的价值取向和实践行动。不可忽视的是，"官二代""富二代"们"拼爹""炫富"的种种新闻不绝于耳，是什么让这些内心空洞的人选择了功利化、庸俗化的生存方式呢？究其原因，就是缺失理想和正确的人格导向。什么样的理想决定什么样的人生。可以"独善其身"也可以"兼济天下"，可以说，理想有多大，眼前的世界、胸中的天下就有多大。科学家爱因斯坦就是这样一位胸怀天下的伟人，被称为"世界公民""人类的良心"。
>
> 在《我的信仰》中，爱因斯坦集中阐述了自己的理想和追求。"人是为别人而生存的"，这在物欲横流的今天实在是振聋发聩。正是这样不流于庸俗的人生价值目标，才能让他"全神贯注于客观世界"，"不断地追求善、美和真"，进而获得人生的幸福。人们对爱因斯坦的尊重和爱戴也不仅停留在他的科学研究成就，更重要的是他的胸襟气度，他的崇高人格。
>
> 本文逻辑严谨，思想深刻，学习时可以重点体会文章科学精神和人文精神融会贯通的特点。

我们这些总有一死的人的命运是多么奇特呀！我们每个人在这个世界上都只作一个短暂的逗留；目的何在，却无所知，尽管有时自以为对此若有所感。但是，不必深思，只要从日常生活就可以明白：人是为别人而生存的——首先是为那样一些人，他们的喜悦和健康关系着我们自己的全部幸福；然后是为许多我们所不认识的人，他们的命运通过同情的纽带同我们密切结合在一起。我每天上百次地提醒自己：我的精神生活和物质生活都依靠着别人（包括生者和死者）的劳动，我必须尽力以同样的分量来报偿我所领受了的和至今还在领受着的东西。我强烈地向往着俭朴的生活，并且时常为发觉自己占用了同胞的过多劳动而难以忍受。我认为阶级的区分是不合理的，它最后所凭借的是以暴力为根据。我也相信，简单淳朴的生活，无论在身体上还是在精神上，对每个人都是有益的。

我完全不相信人类会有那种在哲学意义上的自由。每一个人的行为，不仅受着外界的强迫，而且还要适应内心的必然。叔本华[②]说："人虽然能够做他所想做的，但不能要他所想要的。"这句话从我青年时代起，就对我是一个真正的启示；在我自己和别人的生活面临困难的时候，它总是使我们得到安慰，并且永远是宽容的源泉。这种体会可以宽大为怀地减轻那种容易使人气馁的责任感，也可以防止我们过于严肃地对待自己和别人；它还导致一种特别给幽默以应有地位的人生观。

要追究一个人自己或一切生物生存的意义或目的，从客观的观点看来，我总觉得是愚蠢可笑的。可是每个人都有一定的理想，这种理想决定着他的努力和判断的方向。在这个意义上，我从来不把安逸和享乐看作生活目的本身——这种伦理基础，我叫它猪栏的理想。照亮我的道路，并且不断地给我新的勇气去愉快地正视生活的理想，是善、美和真。要是没有志同道合者之间的亲切感

[①] 此文最初发表在1930年出版的《论坛和世纪》第84卷，又名《我的世界观》。本文选自贾平凹主编《一生的文学珍藏》，百花文艺出版社，2005年版。　[②] 叔本华（1788—1860）：德国唯心主义哲学家，唯意志论者。

情,要不是全神贯注于客观世界——那个在艺术和科学工作领域里永远达不到的对象,那么在我看来,生活就会是空虚的。人们所努力追求的庸俗目标——财产、虚荣、奢侈的生活——我总觉得都是可鄙的。

我对社会正义和社会责任的强烈感觉,同我显然的对别人和社会直接接触的淡漠,两者总是形成古怪的对照。我实在是一个"孤独的旅客",我未曾全心全意地属于我的国家、我的家庭、我的朋友,甚至我最接近的亲人;在所有这些关系面前,我总是感觉到有一定距离并且需要保持孤独——而这种感受正与年俱增。人们会清楚地发觉,同别人的相互了解和协调一致是有限度的,但这不足惋惜。这样的人无疑有点失去他的天真无邪和无忧无虑的心境;但另一方面,他却能够在很大程度上不为别人的意见、习惯和判断所左右,并且能够不受诱惑要去把他的内心平衡建立在这样一些不可靠的基础之上。

我的政治理想是民主主义。让每一个人都作为个人而受到尊重,而不让任何人成为被崇拜的偶像。我自己受到了人们过分的赞扬和尊敬,这不是由于我自己的过错,也不是由于我自己的功劳,而实在是一种命运的嘲弄。其原因大概在于人们有一种愿望,想理解我以自己的微薄绵力通过不断的斗争所获得的少数几个观念,而这种愿望有很多人却未能实现。我完全明白,一个组织要实现它的目的,就必须有一个人去思考,去指挥,并且全面担负起责任来。但是被领导的人不应当受到强迫,他们必须有可能来选择自己的领袖。在我看来,强迫的专制制度很快就会腐化堕落。因为暴力所招引来的总是一些品德低劣的人,而且我相信,天才的暴君总是由无赖来继承,这是一条千古不易的规律。就是这个缘故,我总是强烈地反对今天我们在意大利和俄国所见到的那种制度。像欧洲今天所存在的情况,使得民主形式受到了怀疑,这不能归咎于民主原则本身,而是由于政府的不稳定和选举制度中与个人无关的特征。我相信美国在这方面已经找到了正确的道路。他们选出了一个任期足够长的总统,他有充分的权力来真正履行他的职责。另一方面,在德国的政治制度中,我所重视的是,它为救济患病或贫困的人做出了比较广泛的规定。在人生的丰富多彩的表演中,我觉得真正可贵的,不是政治上的国家,而是有创造性的、有感情的个人,是人格;只有个人才能创造出高尚的和卓越的东西,而群众本身在思想上总是迟钝的,在感觉上也总是迟钝的。

讲到这里,我想起了群众生活中最坏的一种表现,那就是使我厌恶的军事制度。一个人能够洋洋得意地随着军乐队在四列纵队里行进,单凭这一点就足以使我对他轻视。他所以长了一个大脑,只是出于误会;单单一根骨髓就可满足他的全部需要了。文明国家的这种罪恶的渊薮,应当尽快加以消灭。由命令而产生的勇敢行为,毫无意义的暴行,以及在爱国主义名义下一切可恶的胡闹,所有这些都使我深恶痛绝。在我看来,战争是多么卑鄙、下流!我宁愿被千刀万剐,也不愿参与这种可憎的勾当。尽管如此,我对人类的评价还是十分高的,我相信,要是人民的健康感情没有被那些通过学校和报纸而起作用的商业利益和政治利益蓄意进行败坏,那么战争这个妖魔早就该绝迹了。

我们所能有的最美好的经验是奥秘的经验。它是坚守在真正艺术和真正科学发源地上的基本感情。谁要是体验不到它,谁要是不再有好奇心,也不再有惊讶的感觉,他就无异于行尸走肉,他的眼睛是模糊不清的。就是这样奥秘的经验——虽然掺杂着恐怖——产生了宗教。我们认识到有某种为我们所不能洞察的东西存在,感觉到那种只能以其最原始的形式为我们感受到的最深奥的理性和最灿烂的美——正是这种认识和这种情感构成了真正的宗教感情;在这个意义上,而且也只是在这个意义上,我才是一个具有深挚的宗教感情的人。我无法想象一个会对自己的创造物加以赏罚的上帝,也无法想象它会具有像我们自己身上所体验到的那样一种意志。我不能也不愿去想象一个人在肉体死亡以后还会继续活着;让那些脆弱的灵魂,由于恐惧或者由于可笑的唯我论,去拿这种思想当宝贝吧!我自己只求满足于探索生命永恒的奥秘,满足于觉察现存世界的神奇的结构,窥见它的一鳞半爪,并且以诚挚的努力去领悟在自然界中显示出来的那个理性的一部分,即使只是其极小的一部分,我也就心满意足了。

【思考与练习】

1. 梳理本文的结构层次,并分析其特点。
2. 年轻的学子正处在信仰的形成期,如何让自己保持独立人格和健康的价值取向是亟须思考的。你的理想是什么?你将为社会做出怎样的贡献?在实践中你为此做了哪些努力呢?
3. 你如何理解本文的人文精神和科学精神高度统一?

4 相信未来[①]

食 指

【阅读提示】

> 丁玲说:"人,只要有一种信念,有所追求,什么艰苦都能忍受,什么环境也都能适应。"在走向理想之巅的路上总会经历风雨和挫折,在逆境中尤其需要愈挫愈勇的意志和相信未来的信念。诗人食指的《相信未来》是现代诗歌在当代中国第一次复兴的扛鼎之作。在这首意境醇美、思想深邃的诗作中,我们可以读到诗人饱经忧患的压抑和痛苦,更能感受到他不息的激情和浪漫情怀。"相信未来"在作者的笔下落实为践行理想义无反顾的勇气,表现为在现实泥淖中自觉的抗争和奋斗。诗作对社会和人生的反思深刻细致,意象选择精准隽永,阅读时请注意体会。

当蜘蛛网无情地查封了我的炉台
当灰烬的余烟叹息着贫困的悲哀
我依然固执地铺平失望的灰烬
用美丽的雪花写下:相信未来

当我的紫葡萄化为深秋的露水
当我的鲜花依偎在别人的情怀
我依然固执地用凝霜的枯藤
在凄凉的大地上写下:相信未来

我要用手指那涌向天边的排浪
我要用手掌那托住太阳的大海
摇曳着曙光那枝温暖漂亮的笔杆
用孩子的笔体写下:相信未来

[①] 选自《蓝星诗库金版:食指的诗》,人民文学出版社,2009年版。

我之所以坚定地相信未来
　　是我相信未来人们的眼睛
　　她有拨开历史风尘的睫毛
　　她有看透岁月篇章的瞳孔

　　不管人们对于我们腐烂的皮肉
　　那些迷途的惆怅、失败的苦痛
　　是寄予感动的热泪、深切的同情
　　还是给以轻蔑的微笑、辛辣的嘲讽

　　我坚信人们对于我们的脊骨
　　那无数次的探索、迷途、失败和成功
　　一定会给予热情、客观、公正的评定
　　是的，我焦急地等待着他们的评定

　　朋友，坚定地相信未来吧
　　相信不屈不挠的努力
　　相信战胜死亡的年轻
　　相信未来、热爱生命

【思考与练习】

　　1.《相信未来》这首诗中运用了大量的、具有特定意味的意象，请试着找出来，并体会其中的"韵外之致""味外之旨"。

　　2. 这首诗创作于1968年，曾以手抄本的形式在社会上广为流传，对那个时代青年人的思想和价值取向起到了积极的导向作用。请结合历史和文本，分析这一诗作成为当代现代诗复兴先声的原因。

5* 就任北京大学之演说

蔡元培[①]

【阅读提示】

> 北京大学创办于1898年，初名京师大学堂，是中国第一所现代意义上的大学。1917年蔡元培接任北大校长之后，针对之前北大封建思想、官僚习气浓厚的情况，他提出"兼容并包"，提

[①] 蔡元培（1868—1940），字鹤卿，又字仲申、民友、孑民，浙江绍兴人，革命家、教育家、政治家。曾任教育总长、北京大学校长、中央研究院院长等职。本文是他1917年就任北京大学校长时的演讲。1917—1928年，蔡元培在北大任职期间，锐意改革，使北大面貌焕然一新。

> 倡思想解放自由,培养学术钻研风气,树立新道德新风尚,这篇演讲就是他这一思想的集中体现。演讲开宗明义地对青年学子提出了三点要求:一是抱定宗旨;二是砥砺德行;三是敬爱师友。希望青年学生能够以身作则,匡正流俗,成为道德楷模。勉励学子尊敬师长,团结友爱,形成健康的校风学风。北京大学中文系教授陈平原说:好的校长演讲对学生来说是一辈子的记忆。这篇演讲对于今天的学子依然有着理想建设的意义。

　　五年前,严幾道①先生为本校校长时,余方服务教育部,开学日曾有所贡献于同校。诸君多自预科毕业而来,想必闻知。士别三日,刮目相见,况时阅数载,诸君较昔当必为长足之进步矣。予今长斯校,请更以三事为诸君告。

　　一曰抱定宗旨。诸君来此求学,必有一定宗旨,欲知宗旨之正大与否,必先知大学之性质。今人肄业②专门学校,学成任事,此固势所必然。而在大学则不然,大学者,研究高深学问者也。外人每指摘本校之腐败,以求学于此者,皆有做官发财思想,故毕业预科者,多入法科,入文科者甚少,入理科者尤少,盖以法科为干禄③之终南捷径也。因做官心热,对于教员,则不问其学问之浅深,惟问其官阶之大小。官阶大者,特别欢迎,盖为将来毕业有人提携也。现在我国精于政法者,多入政界,专任教授者甚少,故聘请教员,不得不聘请兼职之人,亦属不得已之举。究之外人指摘之当否,姑不具论,然弭谤④莫如自修,人讥我腐败,问心无愧,于我何惧?果欲达其做官发财之目的,则北京不少专门学校,入法科者尽可肄业于法律学堂,入商科者亦可投考商业学校,又何必来此大学?所以诸君须抱定宗旨,为求学而来。入法科者,非为做官;入商科者,非为致富。宗旨既定,自趋正轨,诸君肄业于此,或三年,或四年,时间不为不多,苟能爱惜光阴,孜孜求学,则其造诣,容有底止⑤。若徒志在做官发财,宗旨既乖⑥,趋向自异。平时则放荡冶游,考试则熟读讲义,不问学问之有无,惟争分数之多寡;试验既终,书籍束之高阁,毫不过问,敷衍三四年,潦草塞责,文凭到手,即可借此活动于社会,岂非与求学初衷大相背驰乎?光阴虚度,学问毫无,是自误也。且辛亥之役,吾人之所以革命,因清廷官吏之腐败。即在今日,吾人对于当轴⑦多不满意,亦以其道德沦丧。今诸君苟不于此时植其基,勤其学,则将来万一因生计所迫,出而仕事,但任讲席,则必贻误学生;置身政界,则必贻误国家。是误人也。误己误人,又岂本心所愿乎?故宗旨不可以不正大。此余所希望于诸君者一也。

　　二曰砥砺德行。方今风俗日偷⑧,道德沦丧,北京社会,尤为恶劣,败德毁行之事,触目皆是,非根基深固,鲜不为流俗所染。诸君肄业大学,当能束身自爱。然国家之兴替,视风俗之厚薄。流俗如此,前途何堪设想。故必有卓绝之士,以身作则,力矫颓俗。诸君为大学学生,地位甚高,肩此重任,责无旁贷,故诸君不惟思所以感己,更必有以励人。苟德之不修,学之不讲,同乎流俗,合乎污世,己且为人轻侮,更何足以感人。然诸君终日伏首案前,芸芸攻苦,毫无娱乐之事,必感身体上之苦痛。为诸君计,莫如以正当之娱乐,易不正当之娱乐,庶⑨于道德无亏,而于身体有益。诸君入分科时,曾填写愿书,遵守本校规则,苟中道而违之,岂非与原始之意相反乎?故品行不可以不谨严。此余所希望于诸君者二也。

　　三曰敬爱师友。教员之教授,职员之任务,皆以图诸君求学便利,诸君能无动于衷乎?自应以诚相待,敬礼有加。至于同学共处一室,尤应互相亲爱,庶可收切磋之效。不惟开诚布公,更宜道义相勖⑩,盖同处此校,毁誉共之。同学中苟道德有亏,行有不正,为社会所訾詈⑪,己虽规行矩步,亦莫能

---

① 严幾道:原名宗光,后改名复,字幾道,福建侯官人,近代启蒙思想家、翻译家、教育家,京师大学堂改名为北京大学后的第一任校长。 ② 肄业:此处指就学。 ③ 干禄:求取功名利禄。禄,古代称官吏的俸给。 ④ 弭谤:平息非议,禁止指责议论。 ⑤ 容有底止:或许能相当深。 ⑥ 乖:违反,背离。 ⑦ 当轴:指当权者。 ⑧ 日偷:指日渐苟且怠惰或者日益衰弱。 ⑨ 庶:期待,希望。 ⑩ 勖(xù):勉励。 ⑪ 訾詈(zǐ lì):訾,诽谤。詈,骂。解释为责骂、诋毁。

辨,此所以必互相劝勉也。余在德国,每至店肆购买物品,店主殷勤款待,付价接物,互相称谢,此虽小节,然亦交际所必需,常人如此,况堂堂大学生乎?对于师友之敬爱,此余所希望于诸君者三也。

余到校视事仅数日,校事多未详悉,兹所计划者二事:一曰改良讲义。诸君既研究高深学问,自与中学、高等不同,不惟恃教员讲授,尤赖一己潜修。以后所印讲义,只列纲要,细微末节,以及精旨奥义,或讲师口授,或自行参考,以期学有心得,能裨①实用;二曰添购书籍。本校图书馆书籍虽多,新出者甚少,苟不广为购办,必不足供学生之参考。刻拟筹集款项,多购新书,将来典籍满架,自可旁稽博采,无虞缺乏矣。今日所与诸君陈说者只此,以后会晤日长,随时再为商榷可也。

6* 一场瓦格纳作品音乐会②(节选)

[美] 薇拉·凯瑟

曹明伦 译

【阅读提示】

> 薇拉·凯瑟,美国小说家、诗人。她的早期作品主要反映的是西部小城镇文化的落后和思想的狭隘。短篇小说《一场瓦格纳作品音乐会》是这一时期的代表作。
>
> 乔治亚娜是故事讲述者克拉克的婶婶,从乡村来波士顿继承财产,故地重游。她在波士顿长大,却嫁给了克拉克的叔叔霍华德,一个内布拉斯加乡村的男子,之后便久居在乡下近30年,在艰苦而又琐碎的生活中蹉跎岁月。回到波士顿后,克拉克带她听了一场音乐会。在音乐厅,乔治亚娜沉浸在久违的艺术享受中,而音乐已经在她的生命里沉寂了太久。这场音乐会让她察觉到现实生活的残酷和失去自己倾心热爱的音乐的悲哀。
>
> 人们追求理想常常会受到现实世界的阻挠,很多时候,这种矛盾是难以调和的。人生的轨迹也在这种矛盾的解决中逐渐清晰起来,因为你必须选择一些,放弃一些,坚守一些。在本文中读者能真切感受到女主人公为最终屈从于现实、远离梦想而发出的深深叹息。文章心理描写很多,阅读时可注意体会人物细腻复杂的心理变化。

我的乔治亚娜婶婶在60年代后期曾是波士顿音乐学校的一名教员。一年夏天她在格林山区那个她祖辈几代人生活过的小村做客之时,她点燃了村里最懒散的一位小伙子幼稚的爱火,而且她对这位名叫霍华德·卡彭特的小伙子也怀有那种一个21岁的乡下英俊青年有时候在一个骨瘦如柴、戴着眼镜且已年满30的女人心中激起的狂热痴情。当她返回波士顿履行教师职责之时,霍华德也随她而至,结果这种令人费解的痴恋导致了她跟他一块私奔,为了逃避她家人的责骂和朋友们的非难,她随他一道去了内布拉斯加边疆地区。本来身无分文的卡彭特在距铁路线50英里的红柳县境内获得了一块宅地。在那儿他俩曾赶着一辆轮子上被他们系了一方红布围巾的牛车跨越草原,凭计数车轮的转数丈量出他们自己的160英亩土地。他们曾在红土坡上挖出一个窑洞,搭建起那种其居住者往往会恢复原始生活状态的栖身之处。他们曾经从野牛啜饮的咸水湖里取水,他们可怜的必需品储备曾一直掌握在漂泊的印第安人手中。30年来,我婶婶从未走出过那块土地方圆50英里的范围。

---

① 裨(bì):弥补,补助。 ② 选自《名作欣赏》1997年第4期。

我把我少年时代获得的大部分裨益都归功于这位女人,并对她有一种恭敬之心。在我为我叔叔牧放牛群的那些年头,我婶婶在做完了一日三餐——第一餐是早上6点做好——并把6个孩子安顿上床之后,常常会在她的烫衣板前站半夜,这时她总让我坐在她身旁的餐桌边,听我背诵拉丁语静词变格和动词变位,当我昏昏欲睡地把头耷拉在不规则动词表上时,她总是轻轻地把我摇醒。正是由于她,正是在她熨烫或缝补衣服的时候,我第一次读到了莎士比亚,而她那册旧的神话课本也是我最初接触到的神话。她还教会了我弹音阶和练习曲——在她那架小风琴上,那是她丈夫在定居15年之后为她买的,而在那之前的15年中,除了一位挪威籍农场帮工的手风琴外,她不曾见过任何乐器。她常常连续几小时坐在我身边,当我费力地弹奏《快乐的农夫》,她会一边缝补衣物一边打着拍子,但她很少对我谈起音乐,而我明白这是为什么。她是个虔诚的女人;她有信仰的安慰,而且至少对她而言,她的受苦并非完全可怜。有一次我从她的乐谱集中发现了一份旧时的《欧丽安特》总谱,当我正顽强地弹奏着其中几个容易弹的段落之时,她走到我身边,用双手蒙住我的眼睛,让我的头向后轻轻靠在她肩上,然后用颤抖的声音说:"别这么爱音乐,克拉克,要不然它也许会从你身边被夺走。哦!亲爱的孩子,祈祷吧,无论你将要作出的牺牲是什么,但愿它不是音乐。"

波士顿交响乐团将于下午两点演出一场瓦格纳作品音乐会,我打算带我婶婶去听;尽管在与她的交谈中我已经开始怀疑她是否会欣赏这场演出。其实替她着想我倒真希望她对音乐的情趣已完全消失,那种漫长的挣扎已幸运地结束。我建议我们午餐前去参观音乐学校和波士顿花园,可她似乎太胆怯,没有勇气出去。她心不在焉地向我询问这座城市的各种变化,但她真正关心的却是她出门时忘了吩咐要给一头瘦弱的牛犊喂撇去乳膜的牛奶,"你要知道,克拉克,那是老玛吉的仔。"她向我解释,显然忘了我离开农场已有多久。令她放心不下的事还有她忘了告诉她女儿地窖里有一桶鲭鱼刚刚打开,那桶鱼若不尽快食用将会变质。

我问她是否曾听过瓦格纳的任何一部歌剧,结果发现她从不曾听过,尽管她对那些歌剧的情节都了如指掌,并且曾一度有过《漂泊的荷兰人》之钢琴总谱。我开始想到最好是不把她唤醒就送她回红柳县,并为建议去听音乐会而追悔莫及。

可是当我们一走进音乐大厅,她竟然稍稍打起了一点精神,而且似乎第一次意识到了她身在何处。我先还有点担心,生怕她会感觉到自己衣着之古怪,或是会因突然跨进这个与她隔绝了四分之一世纪的天地而感到局促不安。但我再一次发现我对她的估计是多么肤浅。她坐在座位上环顾四周,冷漠得差不多像块石头,她那对漠然的眸子犹如一家博物馆里拉美西斯二世花岗石雕像的眼睛,那双眼睛注视着基座四周的潮起潮落——与它相距了数十个寂寞凄凉的世纪的泡沫浪花。我曾在漂泊到丹佛布朗旅店的老矿工眼里看到过同样的冷漠,那些老矿工衣袋里都揣满金块,但却都穿着肮脏的衬衫,憔悴的脸上也没刮胡子;他们站在拥挤的旅店过道上仍然像待在盲空地区某座冰冷的帐篷里一样孤独;他们意识到某些经历已经在他们与他们的同代人之间划出了一道任何男子服饰用品商都没法弥合的鸿沟。

当乐师们出场各就其位之时,我婶婶期待地动弹了一下,她正在复苏的兴趣使她的目光越过栏杆朝下射向那个一成不变的群体,也许自她离开老玛吉和她瘦弱的牛犊以来,这是第一个呈现在她眼前的她完全熟悉的场景。我能感觉到所有那些细节是如何渗入她的心灵,因为我还没有忘记,当我刚刚从玉米地碧绿的犁沟间那没完没了的耕耘归来之时,当我刚刚从那像囚犯踏车一样从早干到晚也看不到一点变化的耕耘归来之时,那些细节曾如何渗入我的心灵。乐师们清晰的侧影、他们衬衫的光泽、燕尾服的黑色、乐器可爱的形状、由绿罩灯投在后排大提琴和低音维奥尔琴光滑的面板上的一团团黄色灯光,以及由小提琴琴头琴弓组成的那座摇摆晃动的森林——我记得平生第一次听管弦乐队演奏之时,那些长弓是如何向外拽我的心,那就好像是魔术师的魔杖从一顶帽子里抽出长长的彩纸带。

演奏的第一分曲是《汤豪舍》序曲。当圆号吹出朝圣者合唱队的第一支曲子之时,我的乔治亚娜婶婶抓紧了我的衣袖。当时是我首先意识到,这号声为她打破了30年的沉寂,那片大草原上那种难以想象的沉寂。

那首序曲结束了,我婶婶松开了我的衣袖,但她一声没吭。透过30年的单调沉闷,透过由那每年365天一点一点地凝聚成的一层层薄雾,她坐在那儿凝视着乐队。我不禁纳闷,她从那乐队究竟获得了什么?我知道她年轻时曾是一名优秀的钢琴演奏者,她受的音乐教育比四分之一世纪前大多数音乐教师所受的教育都多。她曾经常给我讲莫扎特和迈耶贝尔的歌剧,我还记得多年前曾听她唱过威尔第的一些歌曲。当我在她家中生病发烧时,她常常在夜里坐到我床边——当夜里的冷风穿过窗上褪色的防蚊罩吹进屋里,当我躺在床上仰望在玉米地上方闪耀的某颗晶亮的星星——她会唱起《回我们山中的家,哦,让我们回去》,歌声之凄恻足以使一个已经想家想得要死的佛蒙特少年心儿破碎。

次中音乐器演奏的《中彩歌》刚开始不久,我听到一声急促的呼吸,于是我掉头看我婶婶。她两眼紧闭着,但她脸上有泪珠闪亮,一时间我觉得我的眼里也涌起了泪花。这么说那心灵并未真正死去——那尚能如此强烈如此长久地感受痛苦的心灵;它只是表面上枯萎了;就像那种奇异的苔藓,它可以在干燥的岩石上依附半个世纪,可一旦遇水又会鲜绿如初。在这支歌曲展开发挥的整个过程中,她一直在默默流泪。

音乐会的下半场由《尼伯龙根的指环》中的四首分曲组成,最末一首是齐格弗里德的葬礼进行曲。我婶婶的眼泪没有声音,但却几乎没有断线,就像暴雨中的一个浅盆在往外溢水。她不时抬起模糊的泪眼去看点缀在天花板上的灯,看朦胧的玻璃圆罩射出的柔和的灯光;那些灯在她眼中无疑是真正的星星。她对音乐的理解力尚存几何,这问题依然令我困惑,这么多年来,除了在13区那幢木制方形校舍里的循道宗礼拜仪式上听唱福音圣歌之外,她从没有听过任何音乐。我完全没法估计她对音乐的理解力有多少已溶入了肥皂水中,有多少被揉在了面包里边,又有多少被挤进了牛奶桶里。

乐声的洪流滚滚不断;我无从知道她在这闪光的洪流中发现了什么;我无从知道这洪流把她带走了多远,或是把她带到了什么样的乐岛,根据她面部颤动我可以深信,早在前两首曲子之前,她就已经被带出了那个遍地坟茔的地方,进入了那个灰蒙蒙的、不知名的大海的墓地;或是进入了某个更浩渺的死亡世界,然而在那儿,从那个世界一开始,希望就与希望躺作一堆,梦想就与梦想倒在一起,它们宣布放弃自己的权利,除了沉睡。

音乐会结束;人们说着笑着走出大厅,都高兴松弛下来并重新找到生活的角度,可我婶婶却无意从座位上起来。竖琴手把绿毡琴套套上了他的竖琴;长笛手们从长笛吹口甩出水珠;乐师们一个接一个地离去,把舞台留给了椅子和谱架,空荡荡的就像冬天的玉米地。

我轻声唤我婶婶。她突然声泪俱下,啜泣着向我哀求。"我不想走,克拉克,我不想走!"

第三单元 女性天空

单 元 导 读

　　有这样一首关于女人的诗：水属于女人/花属于女人/善良和温柔属于女人/月亮属于女人/大地属于女人/曹雪芹和莫泊桑也属于女人……究竟该怎样评价女性、认识女性的价值，从古至今众说纷纭，有人贬损，有人赞美。

　　中国的大成至圣先师孔子说：惟女子与小人难养也，远之则怨，近之则不逊；而莎士比亚说：女人是显示、包藏及滋养整个世界的书籍、艺术及学院；唯意志论哲学流派的先驱叔本华认为："女人本身实际上就很幼稚、轻佻漂浮、目光短浅"；而拜伦在他的名为《萨娜培拉斯》的剧作里，有这样几句表白感人肺腑："人类的生命，在女人的胸腔里孕育，从她的柔唇上你咿呀学语，她拭去你最初的泪滴，当生命摆脱羁绊，当弥留尘世之际，往往也是在女人面前，你倾吐出临终的叹息。"

　　千百年来，关于女人的话题既数不清也道不明，而女性在历史的舞台上则由幕后走到了台前。社会生活中，女性群体通过与男权社会不懈的斗争，使得今天女人的独立意识与自我意识像阳光下的花朵一样自由生长。从自然科学到社会科学，从政治、经济、文化、体育直至社会的各个领域与层面，都不断地有优秀和先锋的女性以群体的姿态跃出水面，女性终于撑起了自己的天空；家庭生活中，她们的角色由女儿到妻子到母亲。尽管不是每个女人都可以是贤惠的妻子，也许不是每个妻子都能成为慈爱的妈妈，但属于女人永恒的财产是热辣辣的两个字——母亲。她们坦然对视男人的目光，不再为这一目光的评判所左右。这种坦然来自她们内心深处的自信，这种自信来自社会对女性全方位的承认——承认她们的智慧与才能，承认她们的贡献与成就，承认她们独立的人格与地位。

　　本单元选取的关于女性的文学作品，可以让人们从历史的长河中看到女性的血泪、女性的觉醒、女性的辉煌，可以让我们从不同角度去领略女性丰富的内心世界。透过她们的欢笑与泪水、矛盾与彻悟，人类文明进程的艰辛与曲折、女性独立与自我意识的觉醒露出了冰山一角。

　　学习本单元，让我们更加自尊、自爱、自立、自强，带着梦想，带着信念，迎风送雨，走在成长的路上。

1* 女性的天空

周殿富

【阅读提示】

> 如果说"男子汉的本分"是"迸发太阳",那么,女性的天空也不只是高悬苍白的月亮。
> 青年时代曾经有过一点大男子主义,随着"阅历"的增长,才知道了女性的伟大之处:世间万物不都是拜地母该亚所赐吗?后来,便又知道了"男人之一种""女人之一种"的分类法,而这方法论不幸也是拜一女性所赐。后来,便又知道除了人类所共同拥有的一个天空外,还有"女性的天空"被提出。地理学上有"东半球""西半球"之说,天文学上可没有"东半天""西半天"的称谓。其实,无论男女都不可一概而论之。不过在同等事功的成就上,女性的付出总比男性更为艰辛与沉重,因而,女性本该受到更多的社会尊重。但首先须自重。——作者自序
> 从作者的自序中我们不难看出,这是一位男性随着岁月的流逝,经过理性的思考对女性价值的全新认识。正如作者所说,"无论男女,活着都要有一种尊严"。

中国的大成至圣先师孔老夫子最不该说的一句话是:惟女子与小人难养也,远之则怨,近之则不逊。而西方的哲学家尼采最不该说的一句话则是:和女人交往时要带着一条鞭子。因为他们都忘记了一点,那就是:他们的母亲与姐妹不也都是女性吗?所以,"女性"是千万不可一概而鄙之的一个概念。

在这方面,最聪明的还是铁凝。她在抨击那些不修边幅、在女性面前做出种种恶作剧与轻浮、不雅不高尚的男人时,把他们归结为《男性之一种》;而在鞭挞那些"自赏的"、"极端的彻底解放者"、"引人注目的小花招"、在男性面前的故作"姿""态"与"神经敏感"的女人时,也把她们集装为《女性之一种》。就这"一种",便见出分野之严谨,不仅把许多男性、女性开脱,把自己也便开脱而无懈可击。更何况对那些本已摹写得入木三分的"一种"又绝不留苛责的刀伤和鞭痕,而只说为男性"一种"的"难过",他们是对自己的糟蹋和残忍,甚至还承认"他们的身心原本是健全的";而对于女性"一种",也声称"我并不觉得这女生无聊","绝不粗俗",最严厉的也不过只称"神经敏感"、"彻底贬低了自己"而已。铁凝确比孔夫子、尼采高明。

语言的分寸也许真的很重要,与人为善劝人向善便更重要。有道是物伤其类,不管什么人,只要是人,便是同一个"类",坏人、敌人、罪人,你骂他们、恨他们"不是人"、"禽兽不如"又能怎样?你可以把他们关进监狱,但绝没有把他们扔进猪圈里当猪去喂饲的可能。古今中外,也许只有一个汉高祖的吕太后把戚夫人切割成"人彘",投进了茅厕,但戚夫人也还是戚夫人,她也绝非就此成了猪。这也是

---

① 选自《生命美学的诉说》,人民文学出版社,2004年版。作者周殿富,著有《诸葛武侯全传》《生命美学的诉说》《现代领导学》《领导艺术论》《寄语罗丹》《楚辞源流选集》等。《生命美学的诉说》是一部以生命美学为主题的思想散文作品。书中记录下了人类千百万年生命经验的诸多反思与总结的生存箴言,汇集了有史以来植物、动物、人类三个层级的生命世界与大自然互相演绎出的,至今仍令人悲伤叹惋而又足以激动人心的生命现象与生活的真理;当然,更多的则是作者从社会最底层、从人生的起点一步步走来的心路历程、生活激情与对生命美的体悟。

"一种"女人对女人的无比残忍。"狠毒不过妇人心"的古语,因为缺了铁凝的"一种"这两个字,所以便谬种流传,不知使多少善良的女性也跟着吃锅烙。

由吕太后我又想到了武则天、想到了慈禧,又想起了沙俄女皇伊丽莎白、叶卡捷琳娜二世,英格兰女皇玛丽、伊丽莎白一世,苏格兰女王玛丽·斯图亚特,埃及女王克娄巴特拉等这"一种"女强人。或者是靠阴谋手段谋害亲夫、毒杀亲子,依靠情夫来夺取政权;或者是为了王位而终身不嫁却淫乱不堪;或者是无力抵抗外侮而卖国求荣,甚至不惜出卖自己的色相。读过这些人的传记,真让男性的天空也失去阳光。一旦迷恋上权力的女人一定是最残忍的;一旦迷恋上金钱的女人一定是最无耻的。但我们也必须把她们严格地限定在"女人之一种"内。这种人物也能成为女性的代表人物而讴歌吗?固然那些男帝王的手段也一定不比这种女人差,但女人要比男人付出的代价不知要昂贵多少倍,值吗?不管是追逐什么,女人总要比男人付出的更多。所以,"女王"这种人不管多么臭名昭著,可怜可悲的成分也许要远大于可恨,而真正可恨的还是那些被色相所收买、被淫威所慑服、被阴谋所蒙蔽的无耻、无用、无能的男人。"这种女人"正是靠了"这种男人"的种种德行而造就的,所以说,可恨的只能永远是"这种男人"。

我国的萧红曾说过:"女性的天空是低矮的。"而外国的劳拉·莫尔维则叹道:"我们无法在男权文化的天空下另辟苍穹。"我们不能把这些都当成消极的思想,也不只是文化的限制,女性的身体素质与生理心理特征和男性就是不同。硬说男女都一样,男人能办到的女人也能办到,这不是对女权的主张,而是对女权的侵犯。国家为什么要有保护妇女权益的法律?女性与男性就是不一样。是的,女人能办到的事,也有许多是连男人都办不到的。外国的女英雄尤滴不是在男人们打不过入侵者时,一个人夜入敌营,割下了敌军统帅的首级吗?圣女贞德不是领着一帮男人打败了入侵者吗?中国南北朝的花木兰、唐朝创业之初的"娘子军"、鉴湖女侠秋瑾、近现代革命战争年代的女英烈们,不都是"巾帼不让须眉",而令多少男人掩面汗颜吗?

但这也只限于"一种"。是的,干练的女人比那些窝囊废的男人强得多;但那些自诩为女强人,巴巴叉叉的"一种"女人,权欲熏心、利欲熏心的"一种"女人,则一定比"一种"男人更面目可憎。

男人除了胳膊粗力气大,似也没有什么可炫耀的;女性虽天生弱质,但英雄气概本不论身高体重。女性的天空也不"低矮",只怕你飞不高;女性也能够"另辟苍穹",也应该打造起属于自己的天空。因为,亚当与夏娃本拥有同一个天地。把心扉敞开,便拥有宇宙,分什么男女?心灵高贵,便贵逾王侯,从来就没有什么天生的贵贱。女性也不只是月亮,她们本拥有巨大的光源能,而月亮只能借光而亮;女性也不只是水做的骨肉,因为水虽清洁却站不起来。男人也不都是泥做的骨肉,并不是所有的男人都可以被"一种"女人所征服的,都污浊不堪的。

女性的角色是母亲,你不能要求她去尽父亲的义务;女性的本质是女人,你不能让她去负男人应负的责任。要知道她们永远比男人更艰辛,她们需要更多的尊重。因而,她们也有权利去高翔在人类所共同拥有天空的最高层。但可千万别是残忍贪婪、觍颜无耻的那"一种"。不闻有"女人不要脸连鬼都害怕"之说吗?其实无论男与女,如果连尊严都不要,也就无可救治了。无论男女,活着都要有一种尊严,才不失却做"地上的美与庄严"的亚当后裔的资格。

2 李清照①词三首

李清照

【阅读提示】

> 作为一位女性词人,李清照的词在表现心理和情感的活动方面有其特别的长处。她不仅善于捕捉那些细小而生动的形象来表达难以言传的感受,而且善于表现情感的微妙变化,在起伏回环的语脉中层层剖露复杂的心境。
>
> 李清照脍炙人口的诗词作品演绎了词人千回百转、跌宕起伏的传奇人生。本文选择了李清照不同时期的三首词,为我们清晰地展现了她传奇人生的发展轨迹:从无忧无虑、活泼快乐的少女时期到美满幸福、相依相恋的少妇时期,再到颠沛流离、孤独寂寞的晚年孀居时期。阅读赏析这三首词,透过她精美绝伦的词作,走进一代婉约词宗的内心世界,领略这位情感丰富细腻、才情横溢的女词人,在人生不同时期的独特情怀。

如 梦 令

常记溪亭日暮,沉醉不知归路。兴尽晚回舟,误入藕花深处。争渡,争渡,惊起一滩鸥鹭。

一 剪 梅

红藕香残玉簟秋②,轻解罗裳③,独上兰舟④。云中谁寄锦书⑤来,雁字⑥回时,月满西楼⑦。花自飘零水自流,一种相思,两处闲愁。此情无计可消除,才下眉头,却上心头⑧。

声 声 慢

寻寻觅觅⑨,冷冷清清,凄凄惨惨戚戚⑩。乍暖还寒时候⑪,最难将息⑫。三杯两盏淡酒,怎敌他、晚来风急⑬?雁过也,正伤心,却是旧时相识。

---

① 李清照(1084—约1151),南宋女词人,号易安居士,济南人。著有《漱玉词》。提出了"词别是一家"的看法,强调继承晚唐五代以来形成的传统。李清照的词学观点,特别强调了词在艺术上的独特性,以与诗歌相区别。特别重视词的声律形式,在语言上要求典雅而又浑成。 ② 玉簟(diàn):光华如玉的席子。玉簟秋:指时至深秋,精美的竹席已嫌清冷。 ③ 罗裳:用质地轻细的丝织品做成的衣裳。 ④ 兰舟:舟的美称。 ⑤ 锦书:书信的美称。 ⑥ 雁字:指雁群飞时排成"一"或"人"形。相传雁能传书。 ⑦ 月满西楼:月光洒满了西楼楼头。夏宝松《宿江城》诗:"雁飞南浦砧初断,月满西楼酒半醒。" ⑧ "才下"两句:皱着的眉头刚舒展开,心里却又涌起了愁思。范仲淹《御街行》:"都来此事,眉间心上,无计相回避。" ⑨ 寻寻觅觅:意谓想把失去的一切都找回来,表现非常空虚怅惘、迷茫失落的心态。 ⑩ 凄凄惨惨戚戚:忧愁苦闷的样子。 ⑪ 乍暖还(huán)寒:指秋天的天气,忽然变暖,又转寒冷。 ⑫ 将息:旧时方言,休养调理之意。 ⑬ 怎敌他:怎么能抵挡。晚:傍晚。

满地黄花堆积。憔悴损①,如今有谁堪摘②?守著窗儿③,独自怎生得黑④?梧桐更兼细雨⑤,到黄昏、点点滴滴。这次第⑥,怎一个愁字了得⑦!

【思考与练习】

1. 《一剪梅》与《声声慢》比较阅读,两首词都写"愁",有什么不同之处?
2. 《声声慢》开头的十四个叠字表现了词人怎样的心理过程?
3. 从三首词中任选一首,分析李清照词的艺术特色。

3　致橡树⑧

舒　婷

【阅读提示】

> 舒婷是朦胧诗派的代表人物,长于自我情感律动的内省,在把握复杂细致的情感体验方面特别表现出女性独有的敏感。她的诗,又不局限于朦胧,保持了超然的鲜明的个性,在文学的天空里涂抹出了一道绚丽夺目的轨迹。舒婷的诗,从意象到语汇都深具南方风情和女性特色。《致橡树》一诗中,舒婷以她的敏感、清醒和深刻喊出了女性对独立人格、男女平等的向往和追求。她不被世俗所羁绊,表达了一个成熟的知识女性对理想爱情的憧憬。

我如果爱你——
绝不像攀援的凌霄花,
借你的高枝炫耀自己;
我如果爱你——
绝不学痴情的鸟儿,
为绿荫重复单调的歌曲;
也不止像泉源,
常年送来清凉的慰藉;
也不止像险峰,
增加你的高度,衬托你的威仪。
甚至日光,
甚至春雨。
不,这些都还不够!
我必须是你近旁的一株木棉,
作为树的形象和你站在一起。

---

① 损:表示程度极高。　② 堪:可。　③ 著:亦写作"着"。　④ 怎生:怎样的。生:语助词。　⑤ 梧桐更兼细雨:暗用白居易《长恨歌》"秋雨梧桐叶落时"诗意。　⑥ 次第:光景,情形。　⑦ 怎一个愁字了得:一个"愁"字怎么能概括得尽呢?　⑧ 选自舒婷诗集《双桅船》,上海文艺出版社,1982年版。舒婷(1952—),当代女诗人,原名龚佩瑜,福建省泉州人。

根,紧握在地下;
叶,相触在云里。
每一阵风过,
我们都互相致意,
但没有人,
听懂我们的言语。
你有你的铜枝铁干,
像刀,像剑,
也像戟;
我有我红硕的花朵,
像沉重的叹息,
又像英勇的火炬。
我们分担寒潮、风雷、霹雳;
我们共享雾霭、流岚、虹霓。
仿佛永远分离,
却又终身相依。
这才是伟大的爱情,
坚贞就在这里:
爱,
不仅爱你伟岸的身躯,
也爱你坚持的位置,
脚下的土地。

【思考与练习】

1. 背诵这首诗。
2. 列举诗中出现的意象并分析其蕴涵。
3. 谈谈舒婷在《致橡树》中表达了怎样的爱情观。

4 大 围 巾①

[美] 辛茜娅·奥齐克

冯亦代 郑之岱 译

【阅读提示】

> 辛茜娅·奥齐克,犹太现代女作家。本文通过罗莎母女三人在走向纳粹集中营途中及在营里的遭遇,反映了集中营里无辜的犹太人所经历的惨无人道的生活。学习本文,在了解故事

---

① 选自《当代美国获奖小说选》,中国文联出版公司,1987年版。

情节的基础上,体会主人公罗莎作为母亲,其内心的悲哀与绝望;体味少女丝蒂拉心灵的扭曲与性格的变异。阅读时,注意结合时代背景加以分析。

丝蒂拉只感到冷呀冷呀,地狱般彻骨的寒冷。母女三人,妈妈罗莎,臃肿的胸前用大围巾兜着小玛格达,一路跋涉前进。有时她让丝蒂拉来背玛格达,可是女儿对小玛格达充满着怨愤和嫉妒。她虽年已十四,却瘦骨嶙峋①,胸脯平坦,显得格外矮小,她真希望妈妈也把她当成婴儿裹在当襁褓用的大围巾里,深藏怀中,随着长行的步履,摇晃着,温暖地睡去。玛格达口含罗莎的乳头。而妈妈从不因此停下来喂她,妈妈像个能走的摇篮。因为乳汁稀少,玛格达有时只能吸到冷气;于是她尖声哭叫。丝蒂拉也是饥肠辘辘②,她的两只膝盖皮包骨头像是两根长了瘤子的棍子,胳膊细得像枯干的鸡骨。

罗莎本人反而不知饥饿;她只觉得轻轻飘飘的,不像一个踩着地面行走的人,她晕晕乎乎,不时神情恍惚,间或抽搐颠踬③,成了一个漂泊在大气中的安琪儿,精灵般地抖擞警觉,什么也逃不过她的视线,可是总是漂浮空中而不脚踏实地,也不接触路面。她步履蹒跚④,身子摇摇晃晃,却不时用细瘦的手指掀开大围巾的褶子,偷偷看一下怀中的婴儿:小东西像蜷缩在巢中的松鼠安然无恙⑤地昏睡在大围巾的褶层中,既无人能闯入巢穴,也无法把她抢走。那张小脸蛋圆得像只袖珍宝镜;可又和罗莎那副憔悴不堪⑥的脸相毫无共同之处。妈妈像大病过一场似的黝黑干瘪;小眼睛却是蔚蓝如晴空,光滑细软的毛发黄亮亮的,像是缝在妈妈外衣上的一颗明星。你简直会把她错当成别人家的孩子。

罗莎一路漂泊,幻想能在途中某个村落里把玛格达送走。她也许可以偷偷离开队伍一瞬间,把玛格达塞给路边遇到的任何一个女人。但是她若胆敢擅离队伍,人们准会开枪射击。再说,万一她擅离行列半秒钟,把大围巾包着的孩子塞给路人,对方肯接受吗?那女人也许会受惊而恐慌起来;她也许扔掉这个围巾包,玛格达就会掉在地上摔破脑袋而死去。那个小小的圆脑袋呀。多好的一个孩子,此刻她已经停止哭叫,拼命吸着枯干的乳头,只是为了舐尽乳头上逝去的甜味。妈妈能感到幼嫩的齿龈在啃咬。记得孩子的牙龈上已露出一颗新牙的小尖顶,隐隐的白釉,光洁犹如雕刻在大理石墓碑上的天使。无可奈何的玛格达一声不响吐出妈妈的奶头;松开左边的,又躲开右边的,两个乳头都已干裂,再也挤不出一滴奶汁。乳腺早已枯竭,成了熄灭的火山口、瞎了的眼珠、死寂的瞳孔。最后玛格达只能咬住围巾的一角,用它代替乳头。她吸了又吸,拼命地吮啜,围巾的流苏⑦都被唾沫湿润。只是由于大围巾已浸满了乳香,才使它成为一片代乳的亚麻。

它简直是一条魔术的围巾,能把饥饿的婴儿哺育整整三天三夜。玛格达,没有夭折,她活了下来,虽然是哑然无声地活下来的。她的小嘴里喷出一股特有的气息,混合着肉桂和银杏的芬芳。她总这么睁大了眼睛,既不眨眼也不瞌睡,使罗莎和丝蒂拉有机会细细观察她的蓝色眼珠。一路上,母女二人用沉重的步伐替换着背负这个孩子,因此有时间来端详她的脸相。

丝蒂拉用脆弱而清晰的嗓音说道:"她不是犹太种!"在罗莎的眼中,丝蒂拉简直像一个小小的土人,以吃人的神色来打量这个婴儿。这"不是犹太种"的断语就等于说:"让我们把它吞噬⑧了吧。"

但是玛格达却一直活到能下地行走的日子。她的确活下来了,可走得并不好,因为她到底只有十五个月,而她那细如纺锤的双腿根本负担不起她膨胀的肚子;鼓鼓的肚皮尽管又圆又大,里面除了空气别无他物。罗莎已经把自己的一份口粮都喂了孩子。丝蒂拉是一口也不肯给的,她自己正在生长期。看见吃的总是狼吞虎咽,可还是长不起来。到了青春期还不来月经。罗莎却停经了。罗莎虽然常常断顿儿可又

---

① 嶙峋:在本文中形容人消瘦露骨。 ② 辘辘:象声词,这里形容饥饿的程度,饿得肚子直叫唤。 ③ 颠踬:被东西绊倒。 ④ 蹒跚:腿脚不灵便,走路缓慢、摇摆不定的样子。 ⑤ 安然无恙:没有灾祸、疾病之类忧愁的事。一般用来形容平安,没有受到什么损害。 ⑥ 不堪:坏到极深的程度。憔悴不堪,形容人极瘦弱,面色也极为难看。 ⑦ 流苏:原指装在车马、楼台、帐幕等上面的穗状饰物。在本文中指大围巾的穗儿。 ⑧ 吞噬:整个儿或成块地吃下去。

吃不下东西;她反而学玛格达的样,老把手指伸进嘴里不住吮吸甜味。母女三人已经到了忘却怜悯的地步。罗莎心里的对一切的怜悯之情早已熄灭,她眼看着丝蒂拉骨瘦如柴而唤不起任何怜爱和同情。她心里想的只是丝蒂拉正在等待婴儿的死去,这样就可以在她的腿上大嚼起来。

罗莎很明白,玛格达迟早会死的,她本来早就应该夭折,偏偏有这条神奇的大围巾把她深深裹在里面,且把妈妈的没有生气的胸脯当作冰凉的坟头。罗莎只知道,裹紧围巾好像为了暖和自己的身子,这样没人会想到要把里面的婴儿抢走。玛格达终日哑然无声,她再也哭不出声了。进了集中营,罗莎继续把孩子藏在大围巾中,她很明白总有一天会有人告发她的;要不然,也会有人像丝蒂拉那样把玛格达偷去吃掉。到玛格达能下地行走的时候罗莎更明白这孩子是活不长的,她肯定会遭殃。妈妈因此夜不敢寐,她用大腿压住孩子的身子,可又担心孩子会在睡梦中被窒息。罗莎的体重日益消减,罗莎和丝蒂拉的身子一个个都变得轻如鸿毛。

只有玛格达总那么寂然无声,一双大眼睛却异常的明亮,简直像一对青光敏锐的豹子眼。她双眸炯炯,不时还发出嚎笑——听起来确实像笑声,然而又怎么可能呢?玛格达根本没有见过任何人的笑脸。但是每逢寒风吹动大围巾的四角时,她真的嬉笑起来,而随着这种阴风刮来的黑色尸灰,却呛得丝蒂拉和罗莎涕泪交流。只有玛格达的双眼明亮,毫无泪水反而炯炯有神。她紧紧守着那条大围巾。不许任何人摸它;除了让罗莎碰一下,连丝蒂拉也不准动。围巾成了玛格达怀中的婴儿,她的心爱宝贝和小妹妹。她经常卷滚在围巾里,想要静静躺下时便咀嚼它的一角。

有一天丝蒂拉抢走了那条围巾,把玛格达置于死地。

事后只听丝蒂拉辩解道:"我感到冷"。

从此丝蒂拉总冷呀冷,寒气已浸入她的肺腑;罗莎注意到丝蒂拉的心变得冷酷了。玛格达只能用笔杆似的细腿踉踉跄跄向前扑去,四处寻找她的围巾;笔杆腿跌倒在营房门槛上,那里射进一线阳光。罗莎这才看到孩子的身影,追了过去。可是玛格达已经爬出营房,进入屋前列队点名的广场,欣赏着灿烂的阳光。要知道罗莎每天早起便把玛格达暗藏在营房墙角的大围巾包里,然后携着丝蒂拉到营房外那个斗狮广场上和数百名囚徒一起罚站几个小时;而被遗弃的玛格达则静悄悄地躺在围巾下,口里嚼着流苏的尖角。日复一日,玛格达哑然无声,躺在那里也没有死去。今天瞧着她爬出营房,罗莎便意识到她非死不可了,可是做母亲的却又手心里滚烫,惊喜万分,顿时全身好似发了高烧:这是她第一次在太阳底下见到玛格达笔杆似的双腿摇摇晃晃,口中干嚎着向前。自从罗莎的乳汁枯竭,玛格达的最后哭叫在大路上窒息后,再也没有听到那张小嘴出过一个声;玛格达说不定是个聋哑儿。罗莎觉得这孩子的声带一定有缺陷,毛病也许出在气管里或是喉头上;玛格达将是一个残疾人,既聋又哑;也可能是个低能儿;她会是个呆子。即使在满布死灰的阴风吹乱玛格达的大围巾时,她所发出的嘻笑也只是露齿一闪而已,有形无声。每当虱子咬她的头部和全身时,逼得她奇痒难忍,就像黎明前在营房里四处乱窜的大老鼠搜寻腐尸来充饥那样,她又挠又抓,又踢又咬,也只是饮泣着满地滚。但是来到阳光下,她忽然发出一声长啸——

"妈妈妈……呀!"

再次发出响声!玛格达在斗狮场的充满危险阳光中跟跟跄跄①,支着笔杆似的可怜胫骨在移动。罗莎瞧见了。罗莎看得清清楚楚,玛格达是在寻找那条失去的大围巾,她看到玛格达正在走向死亡。母亲的胸膛里像是敲起了一阵鼓:追回来,快抓,快揪住!但是慌乱中她又不知先抓哪件要紧,玛格达还是那条大围巾?她若箭步跳入斗狮广场去揪玛格达,那是无法止住孩子的叫嚎的,玛格达没有大围巾是不肯罢休的;要是她奔回营房去找,万一找到了便能手持围巾向玛格达挥舞示意,把孩子哄回来,玛格达最多抱住围巾把流苏塞入口里,再次变成哑巴而已。

罗莎不顾一切奔进黑屋子。要找到围巾倒不难,丝蒂拉正蜷睡在里面,也是一堆瘦骨头。罗莎一把掀起大围巾,飞步往外跑。她已体轻如气流,完全能随风飞回斗兽场。有了太阳和热量才有截然不

---

① 跟跟跄跄:走路十分不稳,总像要跌倒的样子。

同的生命,才有暑天里蝴蝶的生命。室外的阳光静悄悄地柔和又亲切。铁丝网外的远处,青青的草坪上点缀着金色的蒲公英和浓郁的紫罗兰;再往远去,一直到那不可及的地方高大的萱草怒放着橘红色的花冠。在营房的暗处人们谈论花呀雨呀:原来是地上的屎尿,层层泥泞的粪土,加上高层床架上慢慢渗透的臭污水,掺上不知哪里来的尘烟和油腻,糊住了罗莎的浑身肌肤。她站在斗狮场边沿上踌躇了片刻,好像听见铁丝网上电流的嗡嗡响;丝蒂拉怪妈妈只是幻想而已。但是罗莎明明听到电网间的响声:一种混浊不清的耳中鸣咽。她愈想躲开电网,那凄厉的声音愈涌向耳边。哀号是如此得逼真,激越地鸣响着,怎能叫她不相信这是幽灵之声呢?这一响声催促她快快把围巾高举;快快挥动大围巾,用力地挥舞使它随风飘扬。罗莎果真高举着它,挥舞又抖动,使它在晨风中高扬。已跑远的玛格达居然从气囊似的肚皮上伸出她细枝般的胳膊转向大围巾。可是她已被人举上肩头,但却不是朝着罗莎和围巾的方向,而是朝着相反的方向,把玛格达送得越来越远,直至她在尘埃中缩成一个小黑点。那人头上的钢盔,在阳光下闪闪发光,远远看起来真像是一只高脚酒杯。戴钢盔的是个全身墨黑的骨牌形的人,足踏高统靴,他直奔电网而去。电网中的声音又开始鸣响了,这次是四面八方响着的狂叫:"妈妈……妈妈,妈妈妈妈呀!"此刻的玛格达离开罗莎有多远呀,她已穿过整个广场,越过十几排营房,完全被送到营房的后头去了!她不过是扑向灯火的一只小小的飞蛾。

玛格达忽然被抛向空中,整个身子毫不费力地被高高扬起。从远处看去简直像一只小蝴蝶画出一条银色的弧线。正当玛格达软毛蓬松的圆脑袋仰向空中,笔杆子腿和气鼓肚子,夹在左右挥动的细胳膊臂中,她一下子被扔进电网,钢柱上立即发出疯狂的咆哮,召唤那个做母亲的狂奔起来,直向玛格达落入电网的地方冲去;可是罗莎没有听从这一冲动的呼唤。她呆呆地站着不动,她知道只要她胆敢移动一步,子弹就立即会向她射来;只要她胆敢收殓①小玛格达的尸骸,子弹就会向她飞来;她心中不断升起的母狼般的嚎叫一旦冒出胸膛,子弹就会向她飞来;她唯一能做的便是拾起玛格达的大围巾,用它来堵住自己的嘴,紧紧地严严实实地堵住嘴,把狼一样的干嚎往肚里吞咽,深深地吮吸着孩子在围巾中留下的肉桂和银杏儿香的唾沫。罗莎饥渴地吸着玛格达留下的津液,直到再也没有什么可吸的时候。

【思考与练习】

1. 阅读《大围巾》中的相关段落,挑出作品中描写丝蒂拉的语句,试分析作家是怎样对这一人物进行刻画的。

2. 《大围巾》的最后两个段落,是情节的高潮,作家用类似摄像机的笔墨,"拍摄"了小玛格达幼小生命陨落的过程,试分析在这一过程中母亲罗莎在即将失去亲生骨肉时的举动及心理感受。

5 母亲的厨房②

张 洁

【阅读提示】

　　本文是作家张洁写于1992年的一篇悼念母亲的散文。母亲的去世,是方舟倾覆了的感觉,将作者投入一片汪洋的颠簸之中,投入"已然没有了妈的空巢",她无处着陆,无处系锚,从

---

① 收殓:一般指把人的尸体装进棺材。在本文中指的是抱回小玛格达的尸体。　② 原载《随笔》1993年第2期。

> 此无岸。她把自己既作为女儿又作为母亲所蕴蓄的巨大能量，重新喷发于写作当中。作者抓住了一个实实在在的抒情凭借——厨房，那个"母亲的世界"。文章的结构很有些意识流的零乱，在写厨房事务中不时插入往事，但这种"零乱"，却恰如其分地表达了作者失去母亲后的伤情。阅读时，注意体会作者在字里行间流露出的真挚情感，并思考"每一家的厨房，只要有母亲在，就一定是母亲的"这句话的内涵。

　　最后，日子还是得一日三餐地过下去，便只好走进母亲的厨房，虽然母亲1987年就从厨房退役，但她在世和刚刚走开的日子里，我总觉得厨房还是母亲的，每一家的厨房，只要有母亲在，就一定是母亲的。

　　我站在厨房里，为从老厨房带过来的一刀、一铲、一瓢、一碗、一筷、一勺伤情。这些东西，没有一样不是母亲用过的。

　　也为母亲没能见到这新厨房，和新厨房里的每一样新东西而嘴里发苦，心里发灰。

　　为新厨房置办这个带烤箱的、四个火眼的炉子的时候，母亲还健在，我曾夸下海口："妈，等咱们搬进新家，我给您烤蛋糕、烤鸡吃。"

　　看看厨房的地面，也是怕母亲上了年纪腿脚不便，铺了防滑的釉砖。可是，母亲根本就没能走进这个新家。

　　事到如今，这一切努力还有什么意义？

　　分到这套房子以后，我没带母亲来看过，总想装修好了、搬完家、布置好了再让她进来，给她一个惊喜。后来她住进了医院，又想她出院的时候，把她从医院直接接到新家。

　　可是我让那家装修公司给坑了。

　　我对当前社会的认识实在太浮浅了，想不到他们骗人会骗到这种地步。

　　因为一辈子都怕欠着人家落个坑蒙拐骗的恶象，虽然他们开价很高，我还是将所有的抽屉搜刮一净，毫无保留地如数交付。

　　半个多月以后，母亲就住进了医院，我哪里还顾得上守着这伙只想赚钱不讲良心的商人？他们趁我无暇顾及的困难之时，干脆接了别人的活儿，把我的活儿撂在那里不干，这还不算，还把我的房子当成了他们的加工厂和仓库，在我的房子里给别的用户加工订货，整整四个月，叮叮咣咣，吵得四邻不安，把一套好端端的房子弄得像是遭了地震。

　　四个月，在深圳就是一栋楼也盖起来了，不明底细的人可能还以为我在房子里又套盖了一座宫殿。

　　这样，我原来的房子就无法腾出，等着搬进的同志几次三番地催促，我那时真是屋漏又遭连阴雨，只好先把一部分东西寄存在朋友家，剩下的东西统统塞进新家最小的一间屋子里，那间屋子满得就像填充得很好的防震包装箱。

　　可是直到母亲出院的时候，这房子还不能进入，我只好先把她接到先生的家里。

　　所以母亲是在先生家里过世的。

　　谁让我老是相信装修公司的鬼话，以为不久就能搬进新家，手上只留了几件日常换洗的衣服，谁又料到手术非常成功的母亲会突然去世。以至她上路的时候，连一套像样的衣服也没能穿上，更不要说是她最喜欢的那套。

　　本来就毫无办事能力的我，一时间不但要仓促上阵，操办母亲的后事；更主要的是我无法离开母亲一步，我和母亲今生今世的缘分，也只剩下这最后的几个小时了。

　　而且我也不可能在这几个小时里，从那个填充得很好的防震包装箱里，找出母亲的衣物。

　　要命的是新房子的钥匙在装修公司的手里，我上哪儿去找他们？早上六七点钟的时候，通常他们要在九点多钟才开始工作。

火葬场的人十点钟就要来了。

如果是自己的家,母亲在家里多停一两天也没有什么关系,但母亲一生都自尊自爱,绝不愿,也不曾给人(包括给我)添乱,惹人生烦,不但自己这样,也这样教育我和孩子。

就是离开这个世界,也不那么容易,要不是一位很会办事的同志的努力,还不知道火葬场什么时候来接母亲。

从不愿意忍痛的我,清清明明地忍了痛。那一会儿,活到五十四岁也长不大的我,一下子就长大了。

当然,张家的女人从来不大在意这些外面的事情。这些事远不如别的事让我觉得有负于把我养育成人的母亲。比如,这一辈子我让她伤了多少心?

厨房里的每一件家伙什都毫不留情地对我说:"现在,终于到了你单独来对付日子的时候了。"

我觉得无从下手。

翻出母亲的菜谱,每一页都像被油炝过的葱花,四边焦黄。我从那上面,仍然能嗅到母亲调出的油、盐、酱、醋,人生百味。

也想起母亲穿着用我那件劳动布旧大衣改制的、又长又大、取其坚牢久远的围裙,戴着老花镜,伏身在厨房的碗柜上看菜谱的情景。

这副花镜,真还有一段故事。

记得母亲的"关系"还没从她退休的郑州第八铁路小学转到北京来的时候,她必须经常到新街口邮局领取每月的退休工资;或给原单位寄信,请求帮助办理落户北京所需要的、其实毫无必要又是绝对遗失不起的表格和证明;或是邮寄同样毫无必要的、又是绝对遗失不起的表格和证明。那些手续,办起来就像通俗小说那样的节外生枝,于是这样的信件就只好日以继月地往来下去。

那次,母亲又到新街口邮局寄这些玩意儿,回家以后,她发现花镜丢了!便马上返回新街口邮局,而且不惜牺牲地花五分钱坐了公共汽车。

平时她去新街口,都是以步代车。就是购物回来,也是背着、抱着,走一走、歇一歇,舍不得花五分钱坐一回公共汽车。

可以想见母亲找得多么仔细,大概就差没有把新街口邮局刮下一层皮了。她茫然地对着突然变得非常之大的新街口邮局,弄不懂为什么找不到她的眼镜了。

用母亲的话说,我们那时可谓穷得叮当乱响,更何况配眼镜时,我坚持要最好的镜片。别的我不懂,我只知道,眼睛对人是非常重要的器官,1966年那个时候,那副十三块多钱的镜片,可以说是花镜片里最好的片子了,谁知二十五年以后,母亲还是面临失明、人体各系统的功能全部衰竭、卒中而去,或是以她八十岁的高龄上手术台的抉择。

回家以后,她失魂落魄地对我说到丢了眼镜的事,丢了这样贵的眼镜,母亲可不觉得就像犯了万死之罪?

很长一段时间,就在又花了十几块钱配了一副花镜之后,母亲还不死心地到新街口邮局探问,有没有人拣到一副花镜?

没有!

花镜不像近视镜,特别是母亲的花镜,那时的度数还不很深,又仅仅是花而已,大多数老人都可通用。尽管那时已经大力开展了学雷锋的运动,只怪母亲的运气不佳,始终没有碰上一个活雷锋。

她仅仅是找那副眼镜么?

每每想起生活给母亲的这些折磨,我就仇恨这个生活。

后配的这副眼镜,一直用到她的眼睛用什么眼镜都不行了的时候。再到眼镜店去配眼镜,根本就测不出度数了。我央求验光的人,好歹给算个度数。勉强配了一副,是纯粹的摆设了。

这个摆设,已经带给她最爱的人,作为最后的纪念了。而她前前后后,为之苦恼了许久的这副后配的眼镜,连同它破败的盒子,我将保存到我也不在了的时候。那不但是母亲的念物,也是我们那个时期的生活的念物。

母亲的菜谱上,有些菜目用铅笔或钢笔画了勾,就像给学生判作业打的对勾。

那些铅笔画的勾子,下笔处滑出一个起伏,又潇洒地扬起它们的长尾,直挥东北,带着当了一辈子教员的母亲的自如。

那些钢笔画的勾子,像是吓得不轻,哆哆嗦嗦地走出把握不稳的笔尖,小小地、拘谨地、生怕打搅了谁地缩在菜目的后面而不是前面,个个都是母亲这一辈子的注脚。就是用水刷、有火燎、用刀刮也抹灭不了了。

我怎么也不明白,为什么用铅笔画的勾子和用钢笔画的勾子会有这样的不同。

那些画着勾子的菜目,都是最普通不过的家常菜,如糖醋肉片、软熘肉片、粉皮凉拌白肉、炒猪肝、西红柿黄焖牛肉。鱼虾类的菜谱里,档次最高的也不过是豆瓣鲜鱼,剩下的不是煎蒸带鱼,就是香肥带鱼。至于虾、蟹等等是想都不想的。不是不敢想,而是我们早就坚决、果断地切断了脑子里的这部分线路。

主食方面有半焦果子、薄脆、油条、糖饼、脆麻花、油饼、糖泡、芙蓉麻花、芝麻麻花、豇豆干、炸荷包蛋、油酥火烧、锅饼、炒饼、荷叶饼、大饼加油、家常饼加油、盘丝饼、清油饼、家常饼、葱花饼、枣糕、糕坨、白糕、粽子、豆包、咸蒸饼、枣蒸饼、花卷、银丝卷、佛手、绿豆米粥(请读者原谅,允许我还了这份愿,把母亲画过勾的都写上吧)。

不过我们家从切几片白菜帮子用盐腌腌就是一道菜,到照着菜谱做菜,已经是鸟枪换炮了。

其实,像西红柿黄焖牛肉、葱花饼、家常饼、炒饼、花卷、绿豆米粥、炸荷包蛋,母亲早已炉火纯青。其他各项,没有一样付诸实践。

我一次次、一页页地翻看着母亲的菜谱。看着那些画着勾、本打算给我们做,而又不知道为什么终于没有做过的菜目。这样想过来,那样想过去,恐怕还会不停地想下去。

我终究没能照着母亲的菜谱做出一份菜来。

一般是对付着过日子,面包、方便面、速冻饺子、馄饨之类的半成品也很方便,再就是期待着到什么地方蹭一顿,换换口味,吃回来又可以对付几天。

有时也到菜市场上去,东看看、西瞅瞅地无从下手,便提溜着一点什么意思也没有的东西回家了,回到家来,面对着那点什么意思也没有的东西,只好天天青菜、豆腐、黄瓜地"老三篇"。

今年春天,在菜市场上看到豌豆,也许是改良之后的品种,颗粒很满也很大,想起去年春季,母亲还给我们剥豌豆呢,我常常买豌豆,一是我们爱吃,也是为了给母亲找点力所能及的事情干。

母亲是很寂寞的。

她的一生都很寂寞。

女儿在6月29日的信中还写到:

"……我有时梦见姥姥,都是非常安详的、过得很平安的日子,觉得十分安慰,虽然醒了以后会难过,必定比做恶梦要让人感到安慰得多。我也常常后悔,没能同姥姥多在一起,我在家时,也总是跑来跑去,谁想到会有这一天呢?她这一辈子真正地是寂寞极了!而且是一种无私的寂寞,从来没有抱怨过我们没能和她在一起的时间。

"我的眼前总是出现她坐在窗前伸着头向外张望的情景,盼你回来,盼你回来,要不就是看大院里的人来人往,让我多伤心。可是当时这情景看在眼里,却从来没往心里去,倒是现在记得越发清楚。不说了,又要让你伤心了……"

也曾有计划让母亲织织毛线,家里有不少用不着的毛线,可也只是说说,到了也没能把毛线拿给她。

便尽量回忆母亲在厨房里的劳作。

渐渐地,有一耳朵没一耳朵听到的有关厨房里的话,一一再现出来。

冬天又来了,大白菜上市了,想起母亲还能劳作的年头,到了买储存菜的时节,就买青口菜,她的经验是青口菜开锅就烂,还略带甜味。

做米饭也是照着母亲的办法,手平铺在米上,水要漫过手面,或指尖触着米,水深至第一个指节,水量就算合适,但是好米和机米又有所不同,机米吃水更多。

渐渐地,除了能上台面的菜,一般的炒菜也能凑合着做了,我得到了先生的表扬:"你的菜越做越好了。"只是,母亲却吃不上我做的菜了,我也再吃不到母亲做的"张老太太烙饼"了。

我敢说,母亲的烙饼,饭馆都赶不上,她在世的时候我们老说,应该开一家"张老太太饼店",以发扬光大母亲的技艺,每当我们这样说的时候,就是好事临门也还是愁眉苦脸的母亲,脸上便难得地放了光,就连她脸上的褶子,似乎也放平了许多,对她来说,任何好事如果不是和我们的快乐,乃至一时的高兴联系在一起的话,都没有什么实际的意义。

还有母亲做的炸酱面。

人会说,不就是烙饼、炸酱面吗?倒不因为那是自己母亲的手艺,不知母亲用的什么诀窍,她烙的饼、炸的酱就是别具一格。也不是没有吃过烹调高手的烙饼和炸酱面,可就是做不出母亲的那个味儿。

心里明知,往日吃母亲的烙饼、炸酱面的欢乐,是跟着母亲永远地去了,可是每每吃到烙饼和炸酱面,就忍不住地想起母亲和母亲的烙饼、炸酱面。

1992 年 11 月 22 日于北京

【思考与练习】

1. 文中写了哪些关于厨房的事件?其中,对母亲在菜谱上画勾子的描写,反映了母亲怎样的生活态度?

2. 爱是无形的,母爱是无限的,也是永恒的。作家张洁对母亲的怀念刻骨铭心、深沉而持久。尝试从文中找出最能打动你的描写,加以分析。

3. 在理解、感受母爱的基础上,结合自己的生活经历,写一篇关于母亲的小散文。

6* 跨越百年的美丽[①]

梁 衡

【阅读提示】

> 一位美丽的女性穿越百年的风尘,从科学的圣殿中向我们走来。她从一个漂亮的小姑娘,一位端庄坚毅的女学者,变成科学教科书里的新名词"放射线",变成物理学的一个新计量单位"居里",变成一条条科学定理——她成了科学史上一块永远的里程碑。在世界科学史上,玛丽·居里是一个永远不朽的名字。这位伟大的女科学家,以自己的勤奋和天赋,在物理学和化学领域里,都作出了杰出的贡献,并因此而成为唯一一位在两个不同学科领域、两次获得诺贝

---

① 选自 1998 年 10 月 22 日《光明日报》。

> 尔奖的著名科学家。她靠的不是引人注目的外貌，而是对理想的执著追求。"淡淡地生活，静静地思考，执著地进取"成就了闪烁着理性之光的居里夫人，也使我们懂得精神的美丽远胜于一切世俗的、外在的妩媚，这种意志品质是人类发展史上一种历久而弥新的社会财富。
> 　　本文是为纪念居里夫妇发现放射性元素镭100周年而写的。居里夫人以其伟大的科学发现和崇高的人格，赢得了世人的无限敬仰。她的故事，人们耳熟能详。对这样一位广为传颂的杰出女性，怎样才能写出新意，作者选取了"美丽"这样一个新鲜角度。想一想，居里夫人的优秀品质表现在哪些方面？她的"美丽"有什么内涵？

　　今年是居里夫妇发现放射性元素镭100周年。

　　100年前的1898年12月26日，法国科学院人声鼎沸，一位年轻漂亮、神色庄重又略显疲倦的妇人走上讲台，全场立即肃然无声。她叫玛丽·居里，就是后来名扬于世的居里夫人。她今天要和她的丈夫皮埃尔·居里一起在这里宣布一项惊人发现，他们发现了天然放射性元素镭。本来这场报告，她想让丈夫来作，但皮埃尔·居里坚持让她来讲，因为在此之前还没有一个女子登上过法国科学院的讲台。玛丽·居里穿着一袭黑色长裙，白净端庄的脸庞显出坚定又略带淡泊的神情，而那双微微内陷的大眼睛，则让你觉得能看透一切，看透未来。她的报告使全场震惊，物理学进入了一个新时代，而她那美丽庄重的形象也就从此定格在历史上，定格在每个人的心里。

　　居里夫人一直是我崇拜的少数名人中的一个。如果说到女性的名人她就更是非第一莫属了，余后大概还有一个中国的李清照。我大约是在上中学时读到介绍居里夫人的小册子，从此她坚毅的形象便在脑海里永难拂去。以后我几乎搜读了所有关于她的传记。一个人的伟大不外乎两个方面，一是他对社会作出的贡献，二是他的人格，他的精神。对居里夫人来说，这两方面她都具备，而且超群绝伦，值得我们永远的怀念和学习。

　　关于放射性的发现，居里夫人并不是第一人，但她是关键的一人。在她之前，1896年1月，德国科学家伦琴发现了X光，这是人工放射性；1896年5月，法国科学家贝克勒尔发现铀盐可以使胶片感光，这是天然放射性。这都还是偶然的发现，居里夫人却立即提出了一个新问题，其他物质有没有放射性？物质世界里是不是还有另一块全新的领域？别人在海滩上捡到一块贝壳，她却要研究一下这贝壳是怎样生、怎样长，怎样冲到海滩上来的，别人摸瓜她寻藤，别人摘叶她问根。是她提出了放射性这个词。两年后，她发现了钋，接着发现了镭，冰山露出了一角。为了提炼纯净的镭，居里夫妇搞到一吨可能含镭的工业废渣。他们在院子里支起了一口大锅，一锅一锅地进行冶炼，然后再送到化验室溶解、沉淀、分析。而所谓的化验室是一个废弃的、曾停放解剖用尸体的破棚子。玛丽终日在烟熏火燎中搅拌着锅里的矿渣，她衣裙上、双手上，留下了酸碱的点点烧痕。一天，疲劳至极，玛丽揉着酸痛的后腰，隔着满桌的试管、量杯问皮埃尔："你说这镭会是什么样子？"皮埃尔说："我只是希望它有美丽的颜色。"经过三年又九个月，他们在成吨的矿渣中提炼出了0.1克镭。它真的有极美丽的颜色，在幽暗的破木棚里发出略带蓝色的荧光。它还会自动放热，一小时放出的热能溶化等重的冰块。

　　旧木棚里这点美丽的淡蓝色荧光，是用一个美丽女子的生命和信念换来的。这项开辟科学新纪元的伟大发现好像不该落在一个女子的头上。千百年来，漂亮就是一个女人的最高荣誉，最大资本。只要有幸得到这一点，其余便不必再求了。莫泊桑在他的名著《项链》中说："女人并无社会等级，也无种族差异；她们的姿色、风度和妩媚就是她们身世和门庭的标志。"居里夫人是属于那一类很漂亮的女子，她的肖像如今挂遍世界各国的科研教学机构，我们仍可看到她昔日的风采。但是她偏偏没有利用这一点资本，她的战胜自我也恰恰就是从这一点开始的。当她还是个小学生时就显示出上帝给她的优宠，漂亮的外貌已足以使她讨得周围所有人的喜欢。但她的性格里天生还有一种更可贵的东西，这就是人们经常加于男子汉身上的骨气。她坚定、刚毅，有远大、执著的追求。为了不受漂亮的干扰，她故意把一头金发剪得很短,她对哥哥说:"毫无疑问,我们家里的人有天赋,必须使这种天赋由我们中的一个表现出来!"她不但懂得个人的自尊,更懂得民族的自尊。当时的波兰为沙皇所统治,她每天上学的路上有一座沙皇走狗的雕像,玛丽路过此地,总要狠狠唾上一口,如果哪一天和女伴说话忘记了,就是已走到校门口也要返回来补上。她中学毕业后在城里和乡下当了7年家庭教师,积攒了一点学费便到巴黎来读书。当时大学里女学生很少,这个高额头、蓝眼睛、身材修长的漂亮的异国女子,很快成了人们议论的中心。男学生们为了能更多地看她一眼,或有幸凑上去说几句话,常常挤在教室外的走廊里,她的女友甚至不得不用伞柄赶走这些追慕者。但她对这种热闹不屑一顾,她每天到得最早,坐在前排,给那些追寻的目光一个无情的后脑勺。她身上永远裹着一层冰霜的盔甲,凛然使那些"追星族"不敢靠近。她本来住在姐姐家中,为了求得安静,便一人租了间小阁楼,一天只吃一顿饭,日夜苦读。晚上冷得睡不着,就拉把椅子压在身上,以取得一点感觉上的温暖。这种心无旁骛、悬梁刺股、卧薪尝胆的进取精神,就是一般男子也是很难做到的啊。宋玉说有美女在墙头看他三年而不动心;范仲淹考进士前在一间破庙里读书,晨起煮粥一碗,冷后划作四块,是为一天的口粮。而在地球那一边的法国,一个波兰女子也这样心静,这样执著,这样地耐得苦寒。她以25岁青春难再的妙龄,面对追者如潮而不心动。她只要稍微松一下手,回一下头,就会跌回温软的怀抱和赞美的泡沫中,但是她有大志,有大求,她知道只有发现、创造之花才有永开不败的美丽。所以她甘愿让酸碱啃蚀她柔美的双手,让呛人的烟气吹皱她秀美的额头。

  本来玛丽·居里完全可以换另外一种活法。她可以趁着年轻貌美如现代女孩吃青春饭那样,在钦羡和礼赞中活个轻松,活个痛快。但是她没有,她知道自己更深一层的价值和更远一些的目标。成语"浅尝辄止"是指人对外部世界的认识,殊不知有多少人对自己也常是浅知辄止,见宠即喜。你看有多少女孩子王婆"赏"瓜,顾影自怜而不知前路。数年前一位母亲对我说她刚上初中的女儿成绩下降,为什么?答曰:"知道爱美了,上课总用铅笔杆做她的卷卷头。"美对人来说是一种附加,就像格律对诗词也是一种附加。律诗难作,美人难为,做得好惊天动地,做不好就黄花委地。玛丽·居里让全世界的女子都知道,她们除了"身世"和"门庭"之外,还有更值钱、更重要的东西。

  1852年斯托夫人写了一本《汤姆叔叔的小屋》,导致了美国南北战争的爆发,林肯说是一个小妇人引发了一场解放黑奴的大革命。比斯托夫人约晚50年,居里夫人发现了镭,也是一个小妇人引发了一场大革命,科学革命。它直接导致了后来卢瑟夫对原子结构的探秘,导致了原子弹的爆炸,导致了原子时代的到来。更重要的是这项发现的哲学意义。哲学家说事物无时无刻不在变;西方哲人说,人不能两次踏进同一条河流;公元1082年东方哲人苏东坡在赤壁望月长叹道:"盖将自其变者而观之,则天地曾不能以一瞬;自其不变者而观之,则物与我皆无尽也。"现在,居里夫人证明镭便是这样"不能以一瞬"而存在的物质,它会自己不停地发光、放热、放出射线,能灼伤人的皮肤,能穿透黑纸使胶片感光,能使空气导电,它刹那间是自己又不是自己。哲理就渗透在每个原子的毛孔里。玛丽·居里几乎在完成这项伟大自然发现的同时也完成了对人生意义的发现。她也在不停地变化着,当工作卓有成效的同时,镭射线也在无声地侵蚀着她的肌体。她美丽健康的容貌在悄悄地隐退,她逐渐变得眼花耳鸣,苍白乏力。而皮埃尔不幸早逝,社会对女性的歧视更加重了她生活和思想上的沉重负担。但她什么也不管,只是默默地工作。她从一个漂亮的小姑娘,一个端庄坚毅的女学者,变成科学教科书里的新名词"放射线",变成物理学的一个新计量单位"居里",变成一条条科学定理,她变成了科学史上一块永远的里程碑。"自其不变者而观之",她得到了永恒。"长恨春归无觅处,不知转入此中来"。就像化学的置换反应一样,她的青春美丽已换位到了科学教科书里,换位到了人类文化的史册里。

  居里夫人的美名从她发现镭那一刻起就流传于世,迄今已经百年。这是她用全部的青春、信念和生命换来的荣誉。她一生共得了10项奖金、16种奖章、107个名誉头衔,特别是两次诺贝尔奖。她本来可以躺在任何一项大奖或任何一个荣誉上尽情地享受,但是她视名利如粪土,她将奖金赠给科研事业和战争中的法国,而将那些奖章送给6岁的小女儿去当玩具。上帝给的美形她都不为所累,尘世给的美誉她又怎肯背负在身呢?凭谁论短长,漫将浮名换了精修细研。她一如既往,埋头工作到67岁离开人世,离开了她心爱的实验室。直到她死后40年,她用过的笔记本里,还有射线在不停地释放。爱因斯坦说:"在所有的世界著名人物当中,玛丽·居里是唯一没有被盛名宠坏的人。"她实事求是,超形脱俗,知道自己的目标,更知道自己的价值。在一般人要做到这两个自知,排除干扰并终生如一,是很难很难的,但居里夫人做到了。她让我们明白,人有多重价值,是需要多层开发的。有的人止于形,以售其貌;有的人止于勇,而呈其力;有的人止于心,只用其技;有的人达于理,而用其智。诸葛亮戎马一生,气吞曹吴,却不披一甲,不佩一刃;毛泽东指挥军民万众,在战火中打出一个新中国,却不背枪支,不受军衔。大音希声,大道无形,大智之人,不耽于形,不逐于力,不恃于技。他们淡淡地生活,静静地思考,执著地进取,直进到智慧高地,自由地驾驭规律,而永葆一种理性的美丽。

居里夫人就是这样一位挺立在智慧高地的伟人。

1998年9月5日

第四单元 山川撷英

单元导读

  地球,是我们人类美好的家园。这里海洋浩瀚,群山巍峨,江河奔腾,森林茂密,草原辽阔,湖泊明净,这些形成了千姿百态、美不胜收的自然景观;这里宫殿华贵,庙宇庄严,陵墓恢宏,石刻精美,民居古朴,园林典雅,这些构成了丰富多彩、熠熠生辉的人文景观。流连于名山大川之间,我们由衷赞叹自然的伟大、造物的神奇,徜徉在名胜古迹之中,我们真切感受历史的厚重、人事的沧桑。

  本单元所选六篇文章均属散文名篇,其中《张家界》《尼亚加拉大瀑布》《孔庙·孔府·孔林》为游记散文,《瓦尔登湖》《敦煌沙山记》是写景散文,《登大雷岸与妹书》是书信散文。这些名篇佳作或描绘山川美景,或记叙人文景观。下面,就让我们追寻作者的足迹作一次精神的旅游。

  《张家界》把我们带进一片独特绝美的奇山幻水,激发出我们热爱祖国壮美河山的情怀。《尼亚加拉大瀑布》让我们在欣赏异域美景的同时,感受到大自然净化人类心灵的独特魅力和无与伦比的惊人力量。《孔庙·孔府·孔林》通过作者的感受,让我们领悟怎样正确对待历史名人,怎样正确对待生死名利。《瓦尔登湖》记录了作者隐居瓦尔登湖畔,与大自然水乳交融的经历。作者怀着一颗澄澈的心感悟自然,细致入微地描述了瓦尔登湖的深邃和清澈,将那一泓清凉的湖水汇入你的心田。《敦煌沙山记》展现了大西北独特的地域风貌,使我们从中感受到经济的发展、社会的进步给昔日贫穷荒凉的大西北带来的巨大变化。《登大雷岸与妹书》一文中作者以激越奔放的感情、峻健惊挺的笔势,饱蘸浓墨重彩,点染云烟,着意山水,酣畅淋漓地描绘了途中所见景物的神奇风貌。

  山川之美,美不胜收。大自然是人类之师,涤荡心灵,启迪人生。

1 张 家 界①

卞毓方

【阅读提示】

> 张家界国家森林公园位于湖南省张家界市武陵源风景名胜区南部,是国务院命名的我国第一个国家森林公园,也被列入世界自然遗产名录。境内峰密岩险,谷深涧幽,水秀林碧,云缭雾绕,集神奇、秀丽、雄浑、峻峭于一体,以岩称奇。园内连绵重叠着数以千计的石峰,奇峰陡峭嵯峨,千姿百态,或孤峰独秀,或群峰相依,造型完美,形神兼备,被誉为"中国山水画的原本""缩小的仙境,放大的盆景""大自然的迷宫""山的代表、山的典型、山的精灵"……
>
> 常言道:"桂林山水甲天下""黄山归来不看岳",不同的人对不同的景观有不同的感受,因而也会发出不同的赞誉。作者为什么称张家界的美为"大美"?张家界的"大美"美在何处?
>
> 本文想象奇特,笔调活泼,文字瑰丽灵动又充满气势,字里行间洋溢着澎湃的激情。文章酣畅淋漓,一气呵成,值得细细品味。

张家界绝对有资格问鼎②诺贝尔文学奖,假如有人把她的大美翻译成人类通用的语言。

鬼斧神工,天机独运。别处的山,都是亲亲热热地手拉着手,臂挽着臂,唯有张家界,是彼此保持头角峥嵘的独立,谁也不待见③谁。别处的峰,是再陡再险也能踩在脚下,唯有张家界,以她的危崖崩壁,拒绝从猿到人的一切趾印。每柱岩峰,都青筋裸露、血性十足地直插霄汉。而峰巅的每处缝隙,每尺瘠土,又必定有苍松,或翠柏,亭亭如盖地笑傲尘寰。银崖翠冠,站远了看,犹如放大的苏州盆景,曲壑蟠涧,更增添无限空濛幽翠。风吹过,一啸百吟;云漫开,万千气韵。

刚见面,张家界就责问我为何姗姗来迟。说来惭愧,二十六年前,我本来有机会一睹她的芳颜,只要往前再迈出半步。那是为了一项农村调查,我辗转来到了她附近的地面。虽说只是外围,已尽显其超尘拔俗的风姿。一眼望去,峰与峰,似乎都长有眉眼,云与云,仿佛都识得人情,就连坡地的一丛绿竹,罅缝的一蓬虎耳草,都别有其一种爽肌涤骨的清新和似曾照面的熟络。是晚,我歇宿于山脚的苗寨,客栈贴近寨口,推窗即为古道,道边婆娑着白杨,杨树的背后喧哗着一条小溪,溪的对岸为骈立的峰峦。山高雾大,满世界一片漆黑。我不习惯这黑,翻来覆去睡不着,于是披衣出门,徘徊在小溪边,听上流的轰轰飞瀑。听得兴发,索性循水声寻去。拐过山嘴,飞瀑乃不见踪迹,却见若干男女围着篝火歌舞。火堆初燃之际,一半是火焰,一半是树枝。燃到中途,树枝通体赤红,状若火之骨。再后来,又变作熔化的珊瑚,令人想到火之精,火之灵。自始至终,场地上方火苗四蹿,火星噼噼啪啪地飞舞,好一派火树银花。猛抬头,瞥见夜空山影如魅,森森然似欲探手攫人,"啊——",一声长惊,恍悟我们常说的"魅力"之"魅",原来还有如此令人魂悸魄悚的背景。

从此,我心里就有了一处灵性的山野。且摘一片枫叶为书签,拣一粒卵石作镇纸,留得这红尘之外的秋波④,伴我闯荡茫茫前程。犹记前年拜会画家吴冠中,听他老先生叙述七十年代末去湖南大庸

---

① 选自《散文选刊》2001年第9期。 ② 问鼎:夺取。 ③ 不待见:不想见。 ④ 秋波:原比喻美女的眼睛,文中喻指张家界外围的美景,即"灵性的山野"。

写生,如何无意中撞进张家界林场,又如何发现了漫山诡锦秘绣,欣羡之余,也聊存一丝自慰,因为,我毕竟早他四五年就遥感过张家界,窃得她漏泄的吉光片羽①。

是日,当我乘缆车登上黄狮寨的峰顶,沐着濛濛细雨,凝望位于远方山脊的一处村落,云拂翠涌,忽隐忽现,疑幻疑真,恍若蜃楼,想象它实为张家界内涵的一个短篇。不过,仅这一个短篇表现力就足够惊人,倘要勉强译成文学语言,怕不是浅薄如我者所能企及。天机贵在心照,审美总讲究保持一定的距离,你能拿酒瓶盛装月白、拿油彩捕捉风清?客观一经把握,势必失去部分本真。当然不是说就束手无为,今日既然有缘,咦,为什么不鼓勇试它一试?好,且再随我锁定右侧那一柱倒金字塔状的岩峰,它一反常规地拔地而起,旁若无人地翘首天外,乍读,犹如一篇激扬青云的散文,再读,又仿佛一集浩气淋漓的史诗,反复吟味,更不啻②一部沧海桑田的造化史,——为这片历经情劫的奇山幻水立碑。

【思考与练习】

1. 作者是从哪几方面来表现张家界的"大美"的?
2. 第二段作者极力状写张家界外围苗寨美景的目的何在?
3. 找出能体现本文语言典雅精练、笔调活泼特点的语句并进行赏析。

2 尼亚加拉大瀑布

[英]狄更斯

张谷若 译

【阅读提示】

> 尼亚加拉大瀑布位于北美洲加拿大和美国交界的尼亚加拉河上。大瀑布犹如天上银河落九天,其势如霹雳闪电,其声如闷雷轰鸣。古代印第安人给瀑布取名"尼亚加拉",意为"雷神之水"。尼亚加拉大瀑布是尼亚加拉河跌入河谷断层的产物,当河水流经中途的山羊岛时,突遇50多米深的断层,平静的河水被拦腰折断,以雷霆万钧之力俯冲而下,澎湃磅礴的气势宛若雄劲流畅的书法线条,激流的轰鸣沸腾犹似千军万马,分别在美国和加拿大境内形成两条飞泻的巨瀑。一条呈弧形,像一个马蹄,故称马蹄瀑布;另一条在美国境内,叫亚美利加瀑布。
>
> 本文通过对大瀑布壮美景色的描绘和观瀑时感受的抒发,赞叹了大自然净化人心灵的独特魅力、无与伦比的力量和永恒的生命力。本文多角度描写景物,声貌并举,情景交融,值得学习。

那一天的天气寒冷潮湿,着实苦人;凄雾浓重,几欲成滴,树木在这个北国里还都枝柯赤裸,完全冬意。不论多会儿,只要车一停下来,我就侧耳静听,看是否能听到瀑布的吼声,同时还不断地往我认为一定是瀑布所在那方面死乞白赖地看;我所以知道瀑布就在那一方面,因为我看见河水滚滚朝着那

---

① 吉光片羽:原比喻残存的古代文物,文中喻指点滴的美景。 ② 不啻(chì):如同。

儿流去;每一分钟都盼望会有飞溅的浪花出现。恰恰在我们停车以前几分钟内,我看见了两片嵯峨①的白云,从地心深处巍巍而出,冉冉而上。当时所见,仅止于此。后来我们到底下了车了;于是我才头一回听到洪流的砰訇②,同时觉得大地都在我脚下颤动。

崖岸陡峭,又因为有刚刚下过的雨和化了一半的冰,地上滑溜溜的,所以我自己也不知道我是怎么下去的,不过我却一会儿就站在山根那儿,同两个英国军官(他们也正走过那儿,现在和我到了一块)攀登到一片嶙峋的乱石上了;那时澎渤③大作,震耳欲聋,玉花飞溅,蒙目如眯,我全身濡湿,衣履俱透。原来我们正站在美国瀑布④的下面。我只能看见巨浸滔天,劈空而下,但是对于这片巨浸的形状和地位,却毫无概念,只渺渺茫茫,感到泉飞水立,浩瀚汪洋而已。

我们坐在小渡船上,从紧在这两个大瀑布前面那条汹涌奔腾的河里过的时候,我才开始感到是怎么回事;不过我却有些目眩心摇,因而领会不到这副光景到底有多博大。一直到我来到平顶岩上看去的时候——哎呀天哪,那样一片飞立倒悬的晶莹碧波!——它的巍巍凛凛,浩瀚峻伟,才在我眼前整个呈现。

于是我感到,我站的地方和造物者多么近了,那时候,那副宏伟的景象,一时之间所给的印象,同时也就是永永无尽所给我的印象——一瞬的感觉,而又是永久的感觉——是一片和平之感:心的宁静,是灵的恬适,是对于死者淡泊安详的回忆,是对于永久的安息和永久的幸福恢廓的展望⑤,不掺杂一丁点暗淡之情,不掺杂一丁点恐怖之心。尼亚加拉一下就在我心里留下深刻的印象——留下了一副美丽的形象;这副形象,一直永世不尽留在我的心头,永远不改变,永远不磨灭,一直到我的心房停止了搏动的时候。

我们在那个神工鬼斧、天魔帝力所创造出来的地方上待了十天,在那永久令人不忘的十天里,日常生活中的龃龉⑥和烦恼,如何离我而去,越去越远啊!巨浸的砰訇对于我如何振聋发聩⑦啊!绝迹于尘世之上而却出现于晶莹垂波之中的,是何等的面目⑧啊!在变幻不常、横亘半空的灿烂虹霓⑨四围上下,天使的泪如何玉圆珠明,异彩缤纷,纷飞乱洒,纵翻横出啊!在这种眼泪里,天心帝意,又如何透露而出啊!

我一起始,就跑到了加拿大那一边儿,在那十天里就一直在那儿没动。我从来没再过过河;因为我知道,河那边也有人,而在这种地方,当然不能和不相干的闲杂人掺合。整天往来徘徊,从一切角度,来看这个垂瀑;站在马蹄铁大瀑布的边缘上,看着奔腾的水,在快到崖头的时候,力充劲足,然而却又好像在驰下崖头、投入深渊之前,先停顿一下似的;从河面上往上看巨涛下涌;攀上邻岭,从树杪⑩间瞭望,看激湍盘旋而前,翻下万丈悬崖;站在下游三英里的巨石森岩下面,看着河水,波涌涡漩,砰訇应答,表面上看不出来它所以这样的原因,实在在河水深处,却受到巨瀑奔腾的骚扰;永远有尼亚加拉当前,看它受日光的蒸腾,受月华的迤逗⑪,夕阳西下中一片红,暮色苍茫中一片灰;白天整天眼里看它,夜里枕上醒来耳里听它;这样的福就够我享的了。

我现在每到平静之时都要想:那片浩瀚汹涌的水,仍旧尽日横冲直滚,飞悬倒洒,砰訇澎渤,雷鸣山崩;那些虹霓仍旧在它下面一百英尺的空中弯亘横跨。太阳照在它上面的时候,它仍旧像玉液金波,晶莹明澈。天色暗淡的时候,它仍旧像玉霰⑫琼雪,纷纷飞洒;像轻屑细末,从白垩⑬质的悬崖峭壁上阵阵剥落;像如絮如棉的浓烟,从山腹幽岫里蒸腾喷涌。但是这个滔天的巨浸,在它要往下流去的时候,永远老像要先死去一番似的。从它那深不可测、以水为国的坟里,永远有浪花和迷雾的鬼魂,其

---

① 嵯峨(cuó é):山势高峻。 ② 砰訇(pēng hōng):形容声音巨大。 ③ 澎(pēng)渤:形容波浪互相撞击。 ④ 美国瀑布:尼亚加拉大瀑布被中间的山羊岛(音译"戈特岛")一分为二。在美国界内者为美国瀑布,在加拿大界内者为加拿大瀑布(以其形似,又称马蹄铁瀑布)。 ⑤ "……展望":指狄更斯对其妻妹玛丽夭亡的追念。恢廓(huī kuò):宽宏或扩展之意。 ⑥ 龃龉(jǔ yǔ):上下牙齿不齐,比喻意见不合。 ⑦ 振聋发聩(kuì):比喻唤醒糊涂麻木的人。聩,耳聋。 ⑧ "……面目":也指玛丽而言。 ⑨ 霓(ní):大气中有时跟虹同时出现的一种光的现象,只是彩带排列的顺序与虹相反。 ⑩ 树杪(miǎo):树梢。 ⑪ 迤逗(yí dòu):引逗之意。 ⑫ 玉霰(xiàn):空中降落的白色不透明的小冰粒,常呈球形或圆锥形。 ⑬ 白垩(è):白色土。

大无物可与伦比,其强永远不受降伏,在宇宙还是一片混沌、黑暗还复掩渊面的时候,在匝地①的巨浸——水——以前,另一个漫天的巨浸——光——还没经上帝吩咐而一下弥漫宇宙的时候,就在这儿森然庄严地呈异显灵。

【思考与练习】

1. 作者在平顶岩观瀑时,壮美的大瀑布引发了作者哪些感触和联想?写这些感触和联想有何意义?

2. 作者说自己"从一切角度,来看这个垂瀑",作者是从哪些角度来观察描写瀑布的,试举例说明。

3. 在结尾部分,作者为什么说尼亚加拉大瀑布"其大无物可与伦比,其强永远不受降伏",说一说你对这句话的体会。

3 孔庙·孔府·孔林②
——曲阜三日游感印

臧克家

【阅读提示】

> 孔子是春秋时期伟大的思想家、教育家。他游列国、倡仁爱,他博学多闻、诲人不倦,他重道德修养、赞安贫乐道……孔子学说中的精华成为中华民族宝贵的精神财富,几千年来广为流传,影响深远。孔夫子的庙宇、墓地和府邸位于山东曲阜。孔庙是公元前478年为纪念孔夫子而兴建的,千百年来屡毁屡建,到今天已经发展成拥有超过100座殿堂的建筑群。当初小小的孔宅如今已经扩建成一个包括了152座殿堂的庞大显赫的府邸。这是两千多年来中国历代帝王对孔夫子大力推崇的结果。他们出于政治需要,把孔子及其学说作为巩固封建统治的工具加以利用,在孔子的头上加头衔、套光环,在孔子的脸上涂朱漆,把他吹捧抬举到吓人的地步,弄得面目全非。
>
> 作者通过记叙"朝圣"过程中思想感情的变化,抒发了内心的种种感受,表达了对待历史名人和生死名利的正确态度。本文是一篇探访名胜古迹的游记,与游览自然风光的游记相比,前者以记叙、议论为主,后者以描写、抒情居多。阅读时宜作对比,细加体会。

今年初夏,沐着杨柳清风,一部面包车载着我一家五口和一位女医生,从泉城向曲阜行驶。二百里长途,四个小时,对我这个年高八十、体弱神衰的老病夫,是个严重的考验。从车窗上,看沿路田畴一色青青;柏油马路上,骑自行车的青年男女,神态悠然;路旁新起的砖瓦房子,一座又一座,经过几个城镇,市容崭新,人群熙攘……;触目一派活泼生机,使我胸怀开张,预备好躺卧的双人座位,成为虚设

---

① 匝(zā)地:遍地。 ② 选自《旅情印痕》,上海社会科学院出版社,1995年版。臧克家(1905—2004),诗人,作家,曾任《诗刊》主编,著有《臧克家文集》等。

了。当路过一座大桥时,女医生告诉说:这就是"泗水桥",顿时叫醒了我数十年的记忆:"泗水之滨尼丘①灵"的歌词,洙泗大名,举世皆知,成为鲁文化的象征。而今,桥下细流,似断还续,我心里想得很多,也很远。我七八岁读私塾,每当开学的时候,总是用红纸做个牌位,上面用楷体字端正地大书"至圣先师孔子神位"几个大字,令人望着它肃然起敬!读高小时,每到祭孔的日子,天不亮就列队到孔庙去朝拜,回头来,每人分尝一点神圣的"祭肉"。从小读孔子的书,心向往之,七十年后,我到曲阜"朝圣"来了。

曲阜,给我的第一个印象是:静谧清幽。是城市,却没有城市的烦嚣;富于乡村风味,却没有闭陋之感。

到达的第二天上午,我在家人的扶助下,在陪同同志的引导下,走马看花,几个钟头,看完了"三孔"之二——孔庙、孔府。

一进孔庙,胜迹如林,指指点点,如同在读一部古代史,又像一步踏进了故宫,恍然身在梦境之中了。孔子手植桧、以讲学驰名的杏坛,这些我八九岁就闻名了的圣迹,当我面对它们的时候,它那古朴神秘的幽光,顿然消失,以假作真,我有点兴味索然了。名垂宇宙的"大成殿",门前的那九条雕龙铭柱,据说胜过了皇宫。高高在上冕琉②障面的这位"大成至圣先师"的孔老夫子,面色朱红,庄严而肃穆。七十多年来,令我敬佩而又感到极为亲切的这位思想家、哲学家、教育家,突然变成了"孔家店"里的"素王"③。心里憧憬着他那种"威而不猛,恭而安"的神态,当立在他的脚下的时候,我反而觉得距离很远了。这时候,自然地会想到这位哲人立在两楹之间的那个"梦",也没有忘记唐玄宗的诗句:"今看两楹奠,还与梦时同。"我带着现实与幻想给予的缤纷感觉,回头一步一步向孔庙的大门走去。带着亲切美丽天真的情感和盎然的诗趣,回忆着这位伟大的哲人三月不知肉味的黾勉④精神;品味着他和得意门生们坐在一起,家人父子般的发问"盍各言尔志"⑤的情味;想念着"或问孔子于子路",子路不对时,孔子替他回答的:"子奚不说:其为人也,发愤忘食,乐以忘忧,不知老之将至"⑥的乐观胸怀。现实与真实,如此地不和谐呵,我所尊敬的伟大而又平易的真人,却成为万人崇拜的偶像,历代帝王利用他为自己服务,在他的脸上涂上厚厚的一层层朱漆,使他面目全非,从一个哲人、学者、教育家,变成了"素王",是历史捉弄人,还是人捉弄他,地下有知,他心里也怕不是滋味的吧?

出了孔庙,驱车到了"陋巷"。对于孔子最欣赏的头号大弟子——颜回,对他的"一箪食,一瓢饮","曲肱而枕之"⑦,以事业为重,身在困境不改其乐的情操;"举一反三"的智慧与勤奋的精神,我从小就深深敬佩了。他居住的"陋巷",从一个普通名词,变成了特殊名词,人去了,"陋巷"二字却千古留香。可是,今天的陋巷,并不陋了,汽车可以直接开了进去。

从孔庙到了孔府。孔府,真正的富贵之家。吃的,住的,用的,交往的,全是第一流,仅与皇家差肩⑧。单就吃的来说,在北京时曾应邀到"孔膳堂"赴宴,每样菜,都有特殊讲究,都是按孔府食谱做的。我这个满身泥土气息的人,一进堂而皇之的孔府,首先感觉到它的豪华,但我不是刘姥姥,不只一次参观过皇帝的"宝座",西太后的寝宫,孔府比之,不免有点小巫见大巫了。孔府乾隆住过的房间里,笔砚原样摆在那儿,他赠给他女儿的大块沉香木在引人注目。可是,高屋华堂,珍奇瑰宝,并不能使我眼花心迷,反而有两件小玩艺却至今还念念不能忘。一件是,玻璃柜里的一双六七岁男孩穿的小皮靴;另一件是,一个五六岁小女孩玩的五色丝线小包包。它们引起了我的遐思,在这很少人到的深宫,天真好玩的孩子没有伴侣,该是多么寂寞,只有兄妹踢踢"包包",或雪后踏雪,寻求点趣味。只从外表上看,生活在孔府的人们一定是坐享荣华,心满意足的了,其实,却未必然。到曲阜之后,我们买了一

---

① 尼丘:孔子名丘,字仲尼。 ② 冕琉:天子的礼帽和礼帽前后的玉串。 ③ 素王:地位类似于帝王的人。 ④ 黾(mǐn)勉:努力;勉力。 ⑤ 盍各言尔志:何不各人谈谈自己的志向?语出《论语·公冶长》。 ⑥ 子奚不说……不知老之将至:你为什么不这样说:他的为人呀,发愤得忘记了吃饭,快乐得忘记了忧愁,不知道衰老就要到来。语出《论语·述而》。 ⑦ 一箪食……曲肱(gōng)而枕之:一筐饭,一瓢水,弯着胳膊做枕头。意即过着清贫的生活。语出《论语·雍也》及《论语·述而》。 ⑧ 差肩:一肩之差,意即差别不大。

本书,传记体的,是孔德成的亲姐姐口述、她女儿执笔写成的。这是本好书,真实的书,抒情的书,引人掉泪的书。她写出了孔府秘史,她写了她生母一生的悲惨遭遇,读了叫人揪心的痛!她生母刚生下了孔德成,便被正堂①的主妇用极为毒辣的手段活活磨难死了,她的儿子却成为别人的"宝贝"。我是读了这本书之后,再到孔府去参观的。事实印证了我心里的这个想法:"富贵之家并不富贵,它少的是精神,多的是金钱和丑恶。"

在孔府中,感慨多,我并不舒心。意外的一件事,却使我大快生平!他乡遇故知,从古认为是人生最难得的,而我却无意中得之。大家该知道南京大学校长、孔学专家、孔子研究会会长匡亚明同志吧,我们是一九三八年的老朋友,出乎意外,却在孔府里会面了。一见,一言未发,惊呼一声,就互相拥抱了起来。然后,观面色,看白发,叙往事,论年齿;然后,谈笑而风生。我八十,他七十九。老了?不老!神智如昨,壮心未已。五十年时光,种种困苦磨难,没有失去我们的活力,没有消磨掉我们的事业心。他叫他的秘书到内室拿出一本大书《孔子研究》,双手捧给我,笑着说:我的一本近作,"请臧老诗人指正。"我接到手中,沉甸甸的,一面翻阅目录,一面笑着说:孔子作为哲学家、学术家、教育家这几个大的方面,你研究、发挥得极好,却有一点,你漏掉了。他听我的话,有点吃惊,仰面等着我下面的话,我说:你忘了孔子还是一个诗人呵。他听了,哈哈大笑,说:你到底是诗人呵,说得对。他死的头一年还赋诗哩。我接着吟诵了起来:"泰山其颓乎,良木其坏乎,哲人其萎乎。"

我们高谈阔论,他乐不可支。我也乐不可支。握别时,我心里想,来趟孔府,不虚此行了。胸心的慨叹被快感消散得无影无踪了。

第二天上午,汽车也知人心意,急急快速入孔林。只见坟茔累累,万木争发。范围广阔,游人却不多。同姓一个"孔"字,但死后想进这块宝地,却不容易。不论远房近枝,能挤进来,光荣莫大焉。有的,坟前石人石马拱卫;有的,墓前的石碑把死者生前的荣华指给人看,就是在这鬼的世界里,也有贵贱贫富之分。"死了坟头见高低",这句家常话,确是有感而发。在这些为数万千的"土馒头"中,最突出,也是最惹人注目的算是孔子墓了。我仰望这位哲人的长眠之地和它旁边的子贡庐墓处,万感齐来。孔墓这个高大的土丘子,紫系着古今中外多少人的心!我从孩童时代,读孔氏的书,想见其为人,今天带病而来,拜望他的埋骨之地,了却了一生的宿愿。一个人,置身在孔林这样的境界里,会不禁要想到生死、名利这样一些人生大问题,因而有所感触,有所思考。当我立在孔尚任的坟墓前时,仔细读了碑文,徘徊复徘徊,忽然心里朗诵起古人的这两个名句来:"其生也荣,没则已焉",想到多少人汲汲于名利,如蝇争血;多少人踏着人民的枯骨把自己升成"英雄"。他们生前,声势赫赫,炙手可热,死后呢,人人踏着他的坟头唾唾液,黄土封住了他们的嘴,当年的气焰已烟消灰灭,而《桃花扇》的作者,生前并不得意,也没有什么高官厚禄,但他给后代留下了一份优美的精神财富,受到崇敬与热爱。历史是无情的,但,道是无情却有情。

孔庙、孔府、孔林,是部大历史书,是个自然博物馆,有心人,可以从中看出许多道理,从而作哲学的思考。当我将出孔林的大门回望的时候,忽发奇想,在这个阴森的世界里,于漆黑的夜间,无数鬼魂破土而出,来个大联欢,唱着,跳着,各人来一段生命史的自白,那样一个场面,该多富于荒诞奇趣而又不乏意义的呵。

【思考与练习】

1. 作者参观"三孔"后分别有怎样的感受?对孔子的态度前后又有怎样的变化?试分析原因。
2. 作者参观孔林后,以孔尚任为例,表达了怎样的生死观、名利观?
3. 孔子的影响如今已遍及世界。请查询相关资料,然后谈谈自己对此现象的看法。

---

① 正堂:旧时明媒正娶的妻子称为正堂或正室,妾称为侧室。

4 瓦尔登湖①(节选)

[美]亨利·戴维·梭罗

徐 迟 译

【阅读提示】

> 《瓦尔登湖》写于19世纪中叶,那时正是资本主义飞速发展的时期,工业文明、喧嚣社会挤压着人类、侵蚀着人性。而在这个大背景下,毕业于哈佛大学的智者梭罗,他单身只影,跑进无人居住的瓦尔登湖边的山林中一住就是两年。他在树林里听鸟儿歌唱,风儿轻吟,在湖水中荡舟弄笛,游泳垂钓,在木屋中沉思写作,品味人生,过着一种原始、纯朴、自然、远离尘世的隐居生活。乔治·艾略特曾说:"《瓦尔登湖》是一本超凡入圣的好书,严重的污染使人们丧失了田园的宁静,所以梭罗的著作便被整个世界阅读和怀念。"读罢此书你会觉得一股清凉的湖水汇入心间,澄澈见底,将心境荡涤得如一泓秋水,不染纤尘。
>
> 本文营造了一个远离城市喧嚣的精神田园,意在倡导自然俭朴从容的生活,追求心境的自由恬静,反思物质文明的发达给人们带来的焦虑烦躁,内容丰富,意义深远。本文写景角度多样,远景、近景、全景、微景、动景、静景,无不具备,寓深刻的思想于具体的描写叙述当中。

在温和的黄昏中,我常坐在船里弄笛,看到鲈鱼游泳在我的四周,好似我的笛音迷住了它们一样,而月光旅行在肋骨似的水波上,那上面还零乱地散布着破碎的森林。很早以前,我一次次探险似的来到这个湖上,在一些夏天的黑夜里,跟一个同伴一起来;在水边生了一堆火,吸引鱼群,我们又在钓丝钩上放了虫子作鱼饵钓起了一条条鳘鱼②;这样我们一直搞到夜深以后,才把火棒高高地抛掷到空中,它们像流星烟火一样,从空中落进湖里,发出一些响亮的咝声,便熄灭了,于是我们就突然在完全的黑暗之中摸索。我用口哨吹着歌,穿过黑暗,又上路口到人类的集合处。可是现在我已经在湖岸上有了自己的家。

有时,在村中一个客厅里待到他们一家子都要休息时,我就回到了森林里;那时,多少是为了明天的伙食,我把子夜的时辰消耗在月光之下的垂钓之上,坐在一条船里,听枭鸟和狐狸唱它们的小夜曲,时时我还听到附近的不知名的鸟雀发出尖厉的啸声。这一些经验对我是很值得回忆和很宝贵的,在水深四十英尺的地方抛了锚,离岸约二三杆之远,有时大约有几千条小鲈鱼和银鱼围绕着我,它们的尾巴给月光下的水面点出了无数的水涡;用了一根细长的麻绳,我和生活在四十英尺深的水底的一些神秘的夜间的鱼打交道了,有时我拖着长六十英尺的钓丝,听凭柔和的夜风把我的船儿在湖上漂荡,我时不时地感到了微弱的震动,说明有一个生命在钓丝的那一端徘徊,却又愚蠢地不能确定它对这盲目撞上的东西怎样办,还没有完全下决心呢。到后来,你一手又一手,慢慢地拉起钓丝,而一些长角的鳘鱼一边发出咯吱咯吱的声音,一边扭动着身子,给拉到了空中。特别在黑暗的夜间,当你的思想驰骋在广大宇宙的主题上的时候,而你却感到这微弱的震动,打断了你的梦想,又把你和大自然联结了

---

① 选自《瓦尔登湖》,沈阳出版社,1999年版,有删节。 ② 鳘(mǐn)鱼:大米鱼,一作鮸(miǎn)鱼,形似鲈鱼,但肉质略粗糙,体色发暗,灰褐并带有紫绿色,腹部灰白。

起来,这是很奇怪的。我仿佛会接着把钓丝往上甩,甩到天空里去,正如我同时把钓丝垂入这密度未必更大的水的元素中去的情况一样。这样我像是用一只钓钩而捉住了两条鱼。

  瓦尔登的风景是卑微的,虽然很美,却并不是宏伟的,不常去游玩的人,不住在它岸边的人未必能被它吸引住;但是这一个湖以深邃和清澈著称,值得给予突出的描写。这是一个明亮的深绿色的湖,半英里长,圆周约一英里又四分之三,面积约六十一英亩半;它是松树和橡树林中央的岁月悠久的老湖,除了雨和蒸发之外,还没有别的来龙去脉可寻。四周的山峰突然地从水上升起,到四十至八十英尺的高度,但在东南面高到一百英尺,而东边更高到一百五十英尺,其距离湖岸,不过四分之一英里及三分之一英里。山上全部都是森林。所有我们康科德地方的水波,至少有两种颜色,一种是站在远处望见的,另一种,更接近本来的颜色,是站在近处看见的。第一种更多地靠的是光,根据天色变化。在天气好的夏季里,从稍远的地方望去,它呈现了蔚蓝颜色,特别在水波荡漾的时候,但从很远的地方望去,却是一片深蓝。在风暴的天气下,有时它呈现出深石板色。海水的颜色则不然,据说它这天是蓝色的,另一天却又是绿色了,尽管天气连些微的可感知的变化也没有。我们这里的水系中,我看到当白雪覆盖这一片风景时,水和冰几乎都是草绿色的。有人认为,蓝色"乃是纯洁的水的颜色,无论那是流动的水,或凝结的水"。可是,直接从一条船上俯看近处湖水,它又有着非常之不同的色彩。甚至从同一个观察点,看瓦尔登是这会儿蓝,那会儿绿。置身于天地之间,它分担了这两者的色素。从山顶上看,它反映天空的颜色,可是走近了看,在你能看到近岸的细砂的地方,水色先是黄澄澄的,然后是淡绿色的了,然后逐渐地加深起来,直到水波一律地呈现了全湖一致的深绿色。却在有些时候的光线下,便是从一个山顶望去,靠近湖岸的水色也是碧绿得异常生动的。有人说,这是绿原的反映;可是在铁路轨道这儿的黄沙地带的衬托下,也同样是碧绿的,而且,在春天,树叶还没有长大,这也许是太空中的蔚蓝,调和了黄沙以后形成的一个单纯的效果。这是它的虹色彩圈的色素。也是在这一个地方,春天一来,冰块给水底反射上来的太阳的热量,也给土地中传播的太阳的热量溶解了,这里首先溶解成一条狭窄的运河的样子,而中间还是冻冰。在晴朗的气候中,像我们其余的水波,湍急地流动时,波平面是在九十度的直角度里反映了天空的,或者因为太光亮了,从较远处望去,它比天空更蓝些;而在这种时候,泛舟湖上,四处眺望倒影,我发现了一种无可比拟、不能描述的淡蓝色,像浸水的或变色的丝绸,还像青锋宝剑,比之天空还更接近天蓝色,它和那波光的另一面原来的深绿色轮番地闪现,那深绿色与之相比便似乎很混浊了。这是一个玻璃似的带绿色的蓝色,照我所能记忆的,它仿佛是冬天里,日落以前,西方乌云中露出的一角晴天。可是你举起一玻璃杯水,放在空中看,它却毫无颜色,如同装了同样数量的一杯空气一样。众所周知,一大块厚玻璃板便呈现了微绿的颜色,据制造玻璃的人说,那是"体积"的关系,同样的玻璃,少了就不会有颜色了。瓦尔登湖应该有多少的水量才能泛出这样的绿色呢,我从来都无法证明。一个直接朝下望着我们的水色的人所见到的是黑的,或深棕色的,一个到河水中游泳的人,河水像所有的湖一样,会给他染上一种黄颜色;但是这个湖水却是这样地纯洁,游泳者会白得像大理石一样,而更奇怪的是,在这水中四肢给放大了,并且给扭曲了,形态非常夸张,值得让米开朗琪罗来作一番研究。

  水是这样的透明,二十五至三十英尺下面的水底都可以很清楚地看到。赤脚踏水时,你看到在水面下许多英尺的地方有成群的鲈鱼和银鱼,大约只一英寸长,连前者的横行的花纹也能看得清清楚楚,你会觉得这种鱼也是不愿意沾染红尘,才到这里来生存的。有一次,在冬天里,好几年前了,为了钓梭鱼,我在冰上挖了几个洞,上岸之后,我把一柄斧头扔在冰上,可是好像有什么恶鬼故意要开玩笑似的,斧头在冰上滑过了四五杆远,刚好从一个窟窿中滑了下去,那里的水深二十五英尺,为了好奇,我躺在冰上,从那窟窿里望,我看到了那柄斧头,它偏在一边头向下直立着,那斧柄笔直向上,顺着湖水的脉动摇摇摆摆,要不是我后来又把它吊了起来,它可能就会这样直立下去,直到木柄烂掉为止。就在它的上面,用我带来的凿冰的凿子,我又凿了一个洞,又用我的刀,割下了我看到的附近最长的一条赤杨树枝,我做了一个活结的绳圈,放在树枝的一头,小心地放下去,用它套住了斧柄凸出的地方,然后用赤杨枝旁边的绳子一拉,这样就把那柄斧头吊了起来。

湖岸是由一长溜像铺路石那样的光滑的圆圆的白石组成的;除一两处小小的沙滩之外,它陡立着,纵身一跃便可以跳到一个人深的水中;要不是水波明净得出奇,你决不可能看到这个湖的底部,除非是它又在对岸升起。有人认为它深得没有底。它没有一处是泥泞的,偶尔观察的过客或许还会说,它里面连水草也没有一根;至于可以见到的水草,除了最近给上涨了的水淹没的、并不属于这个湖的草地以外,便是细心地查看也确实是看不到菖蒲和芦苇的,甚至没有水莲花,无论是黄色的或是白色的,最多只有一些心形叶子和河蓼草,也许还有一两张眼子菜;然而,游泳者也看不到它们;便是这些水草,也像它们生长在里面的水一样的明亮而无垢。岸石伸展入水,只一二杆远,水底已是纯粹的细沙,除了最深的部分,那里总不免有一点沉积物,也许是腐朽了的叶子,多少个秋天来,落叶被刮到湖上,另外还有一些光亮的绿色水苔,甚至在深冬时令拔起铁锚来的时候,它们也会跟着被拔上来的。

我们还有另一个这样的湖,在九亩角那里的白湖,在偏西两英里半之处;可是以这里为中心的十二英里半径的圆周之内,虽然还有许多的湖沼是我熟悉的,我却找不出第三个湖有这样的纯洁得如同井水的特性。大约历来的民族都饮用过这湖水,艳羡过它并测量过它的深度,而后他们一个个消逝了,湖水却依然澄清,发出绿色。一个春天也没有变化过! 也许远在亚当和夏娃被逐出伊甸乐园时,那个春晨之前,瓦尔登湖已经存在了,甚至在那个时候,随着轻雾和一阵阵的南风,飘下了一阵柔和的春雨,湖面不再平静了,成群的野鸭和天鹅在湖上游着,它们一点都没有知道逐出乐园这一回事,能有这样纯粹的湖水真够满足啦。就是在那时候,它已经又涨,又落,澄清了它的水,还染上了现在它所有的色泽,还专有了这一片天空,成了世界上唯一的一个瓦尔登湖,它是天上露珠的蒸馏器。谁知道,在多少篇再没人记得的民族诗篇中,这个湖曾被誉为喀斯泰里亚之泉①? 在黄金时代里,有多少山林水泽的精灵曾在这里居住? 这是在康科德的冠冕上的第一滴水明珠。

【思考与练习】

1. 本文的写景角度丰富多样,具体有哪些?请举例说明。
2. 作者为什么说"瓦尔登的风景是卑微的,虽然很美,却并不是宏伟的"?
3. 目前对《瓦尔登湖》有五种解读:1) 一部自然与人的心灵探索之书;2) 一部自力更生过简单生活的指南;3) 一部批评现代生活的讽刺作品;4) 一部纯文学名著;5) 一本神圣的书。你认同哪一种说法? 说说理由。

5* 敦煌沙山记②

贾平凹

【阅读提示】

提起沙漠,人们首先想到的是荒凉、死寂、干渴、酷热,很难把它与"风景"二字联系在一起,然而,贾平凹的《敦煌沙山记》却告诉人们,在我国大西北敦煌的附近,绵延数百里的沙漠中,峰峦高低起伏,脊梁如崖面兀起,形成一望无际的沙山,景色绮丽,蔚为壮观,被誉为"塞外风光一

---

① 传说中文艺女神居住的帕那萨斯山的神泉。 ② 选自《贾平凹散文精选》,陕西人民出版社,1992 年版。贾平凹,生于 1953 年,陕西丹凤人,当代著名作家。

> 绝"。此山的妙处在于高大沙丘下面有一潮湿的沙土层,风吹沙粒振动,声音可引起沙土层共鸣,故名鸣沙山。从山顶下滑,沙砾随人体下坠,鸣声不绝于耳。据史书记载:天气晴朗之日,山有丝竹管弦之音,犹如奏乐,故称"沙岭晴鸣",为敦煌一景。
>
> 本文先概写河西走廊一带的地理风貌,展现了一幅地阔天高、多沙少绿、荒凉沉寂的戈壁大漠图景。接着作者笔锋一转,告诉读者"敦煌沙山"的奇特景观。沙山之奇,奇在何处?文章对此进行了多方面的描绘和展示。最后作者写沙山的旅游盛况,侧面表现沙山景色的独特魅力。
>
> 本文不以游踪为线索来结构内容,而是以观感之间的内在联系来安排内容,这样容易给读者留下全面的印象。文中大量运用感叹句,具有强烈的抒情意味。

河西走廊,是沙的世界,少石岩,少飞鸟,罕见树木,也罕见花草;荒荒寂寂的戈壁大漠,地是深深的阔,天是高高的空,出奇的却是敦煌城南,三百里地方圆内,沙不平铺,堆积而起伏,低者十米八米不等,高则二百米直指蓝天,垅条①纵横,游峰②回旋,天造地设地竟成为山了。沙成山自然不能凝固,山有沙因此就有生有动:一人登之,沙随足坠落,十人登之,半山就会软软泻流,千人万人登过了,那高耸的骤然挫低,肥臃的骤然减瘦。这是沙山之形啊。其变形之时,又出奇轰隆鸣响,有闷雷滚过之势,有铁骑奔驰之感。这是沙山之声啊。沙鸣过后,万山平平,一夜风吹,却更出奇的是平堆竟为丘,小丘竟为峰,辄复还如③。这是沙山之力啊。进入十里,有一泉水,周回千数百步,其水澄澈,深不可测,弯环形如半月,千百年来不溢、不涸,沙漏不掉,沙掩不住,明明净净在沙中长居。这是沙山之神秘啊。《汉书》载:元鼎四年,有神马(从泉中)出,武帝得之,作天马歌。现天马虽已远走,泉中却有铁背游鱼、七星水草,相传食之甘美,亦强身益寿。这是沙山之精灵啊。

敦煌久为文化古都,敦者,大也;煌者,盛也。旧时为丝绸之路咽喉,今日是西北高原公路交通枢纽。自莫高窟惊世骇俗以来,这沙山也天下称奇,多少年来,多少游客,大凡观了人工的壁画,莫不再来赏这天地造化的绝妙的。放眼而去,一座沙山,一座沙山,偌大的蘑菇的模样,排列中错错落落,纷乱里有联有系;竖着的,顺着的,脉络分明,走势清楚,梁梁相接,全都向一边斜弯,呈弓的形状;横着的,岔着的,则半圆交叠,弧线套叉④,传一唱三叹之情韵。这是沙山之远景啊。沿沙沟而走,漫坡缓上,徐下漫坡,看山顶不高,朦朦并不清晰,万道热气顺阳光下注,浮阳光上腾,忽聚忽散,散则丝丝缕缕,聚则一带一片,晕染梦幻,走近却一片皆无;偶尔见三米五米之处有彩光耀眼,前去细辨,沙竟分五色:红、黄、蓝、白、黑,不觉大惊小叫,脚踹之,手掬之,口袋是装满了,手帕是包饱了,满载欲归,却一时不知了东在哪里,西在何方?茫然失却方向了。这是沙山之近景啊。登至山巅,始知沙山之背如刀如刃,赤足不能稳站,而山下泉水,中间的深绿四边浅绿,深绿绿得庄重的好,浅绿绿得鲜活的好。四周群山倒影又看得十分明白,疑心山有多高,水有多深,那水面就是分界线,似乎山是有根在水,山有多高,根也便有多长;人在山巅抬脚动手,水中人就豆粒般大的倒立,如在瞳仁里,成千上万倍地缩小了。这是沙山之俯景啊。站在泉边,借西山爽气豁人心神,迎北牖⑤凉风荡涤胸次,解怀卧下,仄眼⑥上眺,四面山坡无崖、无穴、无坎、无坑,漠漠上下,光洁细腻如丰腴肌肤。这是沙山之仰景啊。阴风之日,山山外表一尺左右团团一层迷离,不即不离,如生烟生雾,如长毛长绒,悲鸣齐响,半晌不歇,月牙泉内却不波不兴,日变黄色,下澈水底,一动不动,犹如泉之洞眼。盛夏晴朗天气,四山空洞,如在瓮底,太阳伸万条光脚,缓缓走过,沙不流不泻,却丝竹管弦之音奏起,看泉中有鱼跃起,亦是无声,却涟漪扩散,

---

① 垅条:沙山之间的分界线。 ② 游峰:沙山在风力的作用下经常变换地点,似游动的山峰。 ③ 辄复还如:就又恢复得同原来一样。 ④ 弧线套叉:沙山迎风面呈半圆状,远看一片沙山,或如弧线相套,或如弧线交叉。 ⑤ 北牖(yǒu):北边的风口。牖,窗,文中比喻风口。 ⑥ 仄眼:眯缝着眼。

不了解这泉是一泓乐泉,还是这山是一架乐山?这是沙山动中静,静中动之景啊。

天上的月有阴晴圆缺之变化,沙月却有明净和碧清,时令节气有春夏秋冬之交替,沙山却只有慢下、耸起和自鸣。这里封塞而开放,这里荒僻而繁华。有整响整响趴在沙里按动照相机的,有女的在前边跑,男的在后边追,从山巅呼叫飞奔,身后烟尘腾起,作男女飞天姿势的,是外国游人之狂欢啊。有一边走,一边回顾,身后的脚印那么深,那么直,惊叹在城里的水泥街道上从未留过自己脚印,而在这里才真正体会到人的存在和价值的,是北京、上海、广州的旅人之得意啊。有鲜衣盛装,列队而上,横坐一排,以脚蹬沙,奋力下滑,听取钟鼓雷鸣之声空谷回响,至夕尽欢才散的,是当地汉人、藏人端阳节之兴会啊。有三伏炎炎之期,这儿一个,那儿一个,将双腿深深埋入灼极热极的细沙之中,头身覆以伞帽,长久静坐,饥则食乌鸡肉,渴则饮蝎蛇酒,至极痛而不取出的,是天南海北腰痛腿痛症人疗治疾苦啊。九月九日秋高气爽,有斯斯文文长脸白面之人,或居沙巅望远观近,或卧泉边舀水烹茶,诗之语之,尽述情怀的,是一群从内地而至的文学作者啊。有一学子,却与众不同,壮怀激烈,议论哲理,说:自古流沙不容清泉,清泉避之流沙,在此渊含止水①相斗相生,矛盾得以一统,一统包容运动;接着便吟出古诗一首:"四面风沙飞野马,一潭云影幻游龙。"此人姓甚名谁,不可得知,但黑发浓眉,明目皓齿,风华正茂,是一赳赳少男啊。

6* 登大雷岸与妹书②

鲍 照

【阅读提示】

> 这是一篇色彩瑰丽、写景如绘的骈文家书。宋文帝永嘉十六年(公元439),临川王刘义庆出镇江州,引鲍照为佐吏。是年秋,鲍照从建康(今南京)西行赶赴江州,至大雷岸(今安徽省望江县附近)作此书致妹鲍令晖。书中描绘了九江、庐山一带山容水貌和云霞夕晖、青霜紫霄的奇幻景色,表达了严霜悲风中去亲为客、苦于行役的凄怆心情,结尾转为对妹妹的叮嘱与关切,具有浓厚的抒情意味。
>
> 鲍令晖,《玉台新咏》收其诗七首,钟嵘《诗品》曾予品评,以为"《拟古》尤胜"。

吾自发寒雨,全行日少,加秋潦浩汗③,山溪猥至④,渡沂⑤无边,险径游历,栈石星饭,结荷水宿⑥,旅客贫辛,波路壮阔,始以今日食时,仅及大雷。涂登⑦千里,日逾⑧十晨,严霜惨节⑨,悲风断肌,去亲为客,如何如何!

向因涉顿⑩,凭观川陆;遨神清渚,流睇方曛⑪;东顾五州之隔,西眺九派之分;窥地门之绝景,望天

---

① 渊含止水:清泉蓄积为渊,流水停止渗漏。 ② 选自《汉魏六朝百三家集·鲍参军集》(明)张溥著,吉林出版集团责任有限公司,2005年版。鲍照(约414—466):中国南朝文学家。字明远,与颜延之、谢灵运合称"元嘉三大家"。长于乐府,尤擅七言歌行,风格俊逸,对唐诗人李白、岑参等颇有影响。 ③ 秋潦:秋雨。浩汗:大水浩浩无边的样子。 ④ 猥:多。猥至,指秋雨后山溪水多流入江。 ⑤ 沂:同"溯",逆流而上。 ⑥ 结荷:结起荷叶为屋。水宿:歇宿在水边。亦言行旅之苦况。 ⑦ 涂:道路。登:走,行进。 ⑧ 逾:越过。两句谓已走了千里路,过了十天。按自建康至大雷岸,实际上行程不足千里。这里是约数。 ⑨ 惨:疼痛。这里用作动词。节:关节。 ⑩ 涉顿:徒步过水曰"涉",住宿歇息称"顿"。 ⑪ 遨神:骋目娱怀。清渚:清流中的洲渚。流睇:转目斜视。曛:黄昏。

际之孤云。长图大念①，隐心者久矣②！南则积山万状，负气③争高，含霞饮景④，参差代雄，凌跨长陇⑤，前后相属，带天有匝⑥，横地无穷。东则砥原远隰⑦，亡端靡际⑧。寒蓬夕卷⑨，古树云平。旋风四起，思鸟群归。静听无闻，极视不见。北则陂池潜演⑩，湖脉通连。苎蒿攸积⑪，菰芦⑫所繁。栖波之鸟，水化之虫，智吞愚，彊⑬捕小，号噪惊聒⑭，纷牣其中，西则回江永指⑮，长波天合。滔滔何穷，漫漫安竭！创古迄今，舳舻⑯相接。思尽波涛，悲满潭壑。烟归八表，终为野尘。而是注集，长写⑰不测，修灵浩荡⑱，知其何故哉！西南望庐山，又特惊异。基⑲压江潮，峰与辰汉相接。上常积云霞，雕锦缛⑳。若华夕曜㉑，岩泽气通㉒，传明㉓散彩，赫似绛天。左右青霭，表里紫霄㉔。从岭而上，气尽㉕金光；半山以下，纯为黛色。信可以神居帝郊，镇控湘、汉者也。若潨洞㉖所积，溪壑所射，鼓怒之所豗击㉗，涌澓之所宕涤㉘，则上穷荻浦㉙，下至狶洲㉚；南薄燕爪㉛，北极雷淀，削长埤短㉜，可数百里。其中腾波触天，高浪灌日㉝，吞吐百川，写泄万壑。轻烟不流，华鼎振涾㉞。弱草朱靡㉟，洪涟陇蹙㊱。散涣长惊㊲，电透箭疾。穹溘㊳崩聚，坻飞岭复㊴。回沫冠山㊵，奔涛空谷。砧石为之摧碎，碕岸为之齑落㊶。仰视大火㊷，俯听波声，愁魄胁息㊸，心惊慓矣㊹！至于繁化殊育㊺，诡质怪章㊻，则有江鹅、海鸭、鱼鲛、水虎之类㊼，豚首、象鼻、芒须、针尾之族㊽，石蟹、土蚌、燕箕、雀蛤之俦㊾，折甲、曲牙、逆鳞、返舌之属㊿。掩沙涨，被(51)草渚，浴雨排风，吹涝弄翮(52)。夕景欲沈，晓雾将合，孤鹤寒啸，游鸿远吟，樵苏(53)一叹再泣。诚足悲忧，不可说也。

风吹雷飙，夜戒前路(54)。下弦内外，望达所届。寒暑难适，汝专自慎，夙夜戒护，勿我为念。恐欲知之，聊书所睹。临涂草蹙(55)，辞意不周。

---

① 长图大念：即宏图大志。 ② 隐心：动心。 ③ 负气：恃着气势。 ④ 含霞：映衬着鲜艳的朝霞。饮景：闪射着灿烂的阳光。景，太阳。 ⑤ 凌：逾越。陇：田埂。 ⑥ 带：这里用作动词，即“围起”之意。匝：环绕一周。 ⑦ 砥：磨刀石。隰(xí)：低下之地。 ⑧ 亡：通“无”。靡：没有。 ⑨ 寒蓬夕捲：蓬草遇风则飞旋卷去。 ⑩ 陂池：水塘。潜演：潜流。演，长长的水流。 ⑪ 苎(zhù)蒿：苎麻和蒿草常生水边。攸积：所积。 ⑫ 菰(gū)：俗称茭白。芦：芦苇。 ⑬ 彊：同“强”。 ⑭ 惊聒：惊扰嘈杂。 ⑮ 回江：曲折的江水。永指：永远流向远方。 ⑯ 舳舻：船尾和船头。 ⑰ 写：同“泻”。 ⑱ 修灵浩荡：语出《离骚》：“怨灵修之浩荡兮。”修灵，指河神。 ⑲ 基：山基。 ⑳ 雕锦缛：形容云霞的绮丽绚烂。 ㉑ 若华：若木之花。《淮南子·墬形训》：“若木在建木西，末有十日，其华照下地。”此指霞光。 ㉒ 气通：雾岚连成一片。 ㉓ 传明：闪射光明。 ㉔ 紫霄：庐山高峰名。 ㉕ 气尽：烟岚散尽。 ㉖ 潨(cóng)：小水汇入大水。洞：疾流。 ㉗ 豗(huī)：相击。 ㉘ 澓(fú)：回流。宕涤：摇荡；激荡。 ㉙ 荻浦：长满芦的水滨。 ㉚ 狶(xī)洲：野猪出没的荒洲。狶，同“豨”，猪。 ㉛ 薄：逼近。燕爪：地名。 ㉜ 极：至。雷淀：地名。削长埤短：意谓对众多河流湖泊加以削长补短。埤，增益。 ㉝ 高浪灌日：形容波浪翻腾之高。 ㉞ 涾：水沸溢。 ㉟ 朱：同“株”，株干。这里指草茎。靡：披靡，倒伏。 ㊱ 蹙：迫近。句谓大水迫近田陇。 ㊲ 散涣：波浪崩散。涣，水盛貌。 ㊳ 穹溘(kè)：浪峰。穹，高大。溘，水花。 ㊴ 坻：河岸。复：倒复。 ㊵ 回沫：回迸的水花飞沫。冠山：谓水势逾山。 ㊶ 碕岸：弯曲的河岸。齑(jī)：碎。 ㊷ 大火：星名。 ㊸ 愁魄：因发愁而动魂魄。胁息：屏住呼吸。胁，通“翕”，敛缩。 ㊹ 慓：迅速。 ㊺ 繁化殊育：繁殖生长的各种生物。 ㊻ 诡：变异。质：躯。章：外表。 ㊼ 江鹅：《本草》引《释名》：“鸥者浮水上，轻漾如沤也，在海者名海鸥，在江者名江鸥，江夏人讹为江鹅也。”海鸭：《金楼子》：“海鸭大如常鸭，斑白文，亦谓之文鸭。”鱼鲛：《山海经》：“荆山，漳水出焉，东南流，注于睢。其中多鲛鱼。”注：“鲛，鲋鱼类也，皮有珠文而坚，尾长三四尺，末有毒，螫人。”水虎：《襄沔记》：“沔水中有物，如三四岁小儿，甲如鳞鲤，秋曝沙上，膝头如虎掌爪，常没水，名曰水虎。” ㊽ 豚首：郭璞《江赋》：“鱼则江豚海豨。”《临海水土记》曰：“海豨(猪)，豕头(豚首)，身长九尺。”象鼻：《北史》云：“真腊国有鱼名建同，四足无鳞，鼻如象，吸水上喷，高五六十丈。”芒须：王隐《交广记》：“吴置广州，以滕修为刺史，或语修，虾须长一丈，修不信，其人后至东海，取虾须长四丈四尺，封以示修，修乃服之。”针尾：据《山海经》注云，鲛鱼“尾长三四尺，末有毒，螫人”。 ㊾ 石蟹：《蟹谱》：“明越溪涧石穴中，亦出小蟹，其色赤而坚，俗呼为石蟹。”土蚌：《说文》：“蚌，蜃属，老产珠者也，一名含浆。”燕箕：《兴化县志》：“魟鱼头圆秃如燕，其身圆褊如簸箕，又曰燕魟鱼。”雀蛤：《礼记》：“季秋之月，雀入大水为蛤。” ㊿ 折甲：鳖，甲鱼。《宁波志》：“鲎形如复斗，其壳坚硬，腰间横纹一线，软可屈摺，每一屈一行。”曲牙：《函史》引《物性志》：“形似石首鱼，三牙如铁锯。”逆鳞：王旻之《与琅琊太守许诚言书》：“贵郡临沂县，其沙村逆鳞鱼，可调药物。逆鳞鱼，《仙经》谓之肉芝。”返舌：《释文》：“反舌，蔡伯喈云：虾蟆。” (51) 被：此处意为躲避。 (52) 吹涝：吐着水。弄翮(hé)：梳理毛羽。翮，羽毛。 (53) 樵苏：樵夫。 (54) 夜戒前路：夜间不能赶路。 (55) 涂：同“途”。蹙：急促。

第五单元 智者箴言

单 元 导 读

每个人心中,都有某些不同层次的渴望:友谊、亲情、爱情、幸福、金钱、名利、地位,甚至更高层面的人格的提升、灵魂的净化,等等。人类在苦苦追寻对于渴望的满足,却发现没有任何事物能够真正满足不断增加的渴望,最终陷入"欲望就像大海里的水,喝得越多反而越渴"的怪圈,心灵蒙尘,精神荒芜,更有甚者道德沦丧,再也找不到灵魂的家园。

值得欣慰的是,我们可以通过阅读经典,走近先贤智者,与他们进行精神对话,承接他们的精神之火,让真理之光烛照我们的精神,获得一掬慰藉,几许启迪,达到心灵的丰盈、细腻、坦荡、旷达、潇洒和超然。

本单元所选六篇文章涉及读书、快乐、工作、修身、哲思等几个方面,着重于对大学生进行读书意识的培养、人文精神的树立、心灵智慧的提升、豁达心胸的塑造,同时不同风格的语言也为我们的表达提供了多样的选择与借鉴。

《谈读书》将与你探讨读书对于人生的意义、阅读的方法,对我们的读书治学很有助益。

快乐是每个人毕生追求的人生目标,钱锺书的《论快乐》将让你在会心的微笑之余对快乐有一个全新的理解。

工作是一个人立命安身的根本,可是许多人只是把工作作为谋生的手段,那么我们应以怎样的态度看待工作与人生的关系呢?王小波的《工作与人生》会给你一些启迪。

思想家的哲思断想是洞察天地人生的智慧结晶,细读《哲思语粹》,将其作为思想的种子,反观自身与世界,实现人生的诗意栖居。

老子作为一位颇具传奇色彩的智者,被不同的人从不同的角度反复地解读着,同时也帮助很多人走出了精神的阴霾。也许我们成不了智慧超脱的老子,但我们可以通过阅读《老子》获得一些人生的智慧。

幸福是人类永恒的追求,很多人认为物质的丰足、权势的显赫、运势的平坦就是人生最大的幸福。果真如此吗?我们且看塞涅卡在《论幸福生活》中如何论说。

1 谈 读 书①

[英]培 根
林衡哲 廖运范 译

【阅读提示】

> 在这样一个读图时代,书报、影视、网络等媒介传播的各种图画,铺天盖地向我们袭来,"乱花渐欲迷人眼",令人目迷五色;在这样一个网络时代,一个又一个的链接吸引着我们的眼球,满怀好奇的点击、浏览代替了传统的阅读、涵咏,"我们在享受网络信息无奇不有的同时,不知不觉地被网络俘虏,渐渐失去了挑选、甄别和思考的能力,我们的思想和想象由于长期浸泡在网络信息的'汪洋大海'里而更趋贫乏";在这样一个"快餐"盛行的时代,"鸡汤""奶酪""快读""戏说""水煮"大行其道,彰显着现代社会的心态浮躁、精神缺失。我们怎样才能找到精神的家园呢?读书,也许是我们精神"回家"的不二法门。古今中外谈论读书的文章可谓浩如烟海,足见读书于人生之重要,哲学家贺麟说:"读书是划分人与禽兽的界限,也是划分文明人与野蛮人的界限。"②培根的《谈读书》是以"读书"为主题的文章中的经典之作,文字简洁,分析深刻。文章向我们阐发了读书的功用、方法等,至今仍有重大的指导意义。

读书能给人乐趣、文雅和能力。人们独居或隐退的时候,最能体会到读书的乐趣;谈话的时候,最能表现读书的文雅;判断和处理事务的时候,最能发挥由读书而获得的能力。那些有实际经验而没有学识的人,也许能够一一实行或判断某些事物的细枝末节,但对于事业的一般指导、筹划与处理,还是真正有学问的人才能胜任。

耗费过多的时间去读书便是迟滞,过分用学问自炫便是矫揉造作,而全凭学理判断一切,则是书呆子的癖好。学问能美化人性,经验又能充实学问。天生的植物需要人工修剪,人类的本性也需要学问诱导,而学问本身又必须以经验来规范,否则便太迂阔了。

机巧的人轻视学问,浅薄的人惊服学问,聪明的人却能利用学问。因为学问本身并不曾把它的用途教给人,至于如何去应用它,那是在学问之外、超越学问之上、由观察而获得的一种聪明呢!

读书不是为着要辩驳,也不是要盲目信从,更不是去找寻谈话的资料,而是要去权衡和思考。有些书只需浅尝,有些书可以狼吞,有些书要细嚼烂咽,慢慢消化。也就是说,有的书只需选读,有的书只需浏览,有的书却必须全部精读。有些书不必去读原本,读读它们的节本就够了,但这仅限于内容不大重要的二流书籍;否则,删节过的书,往往就像蒸馏水一样,淡而无味。

读书使人渊博,辩论使人机敏,写作使人精细。如果一个人很少写作,他就需要有很强的记忆力;如果他很少辩论,就需要有急智;如果他很少读书,就需要很狡猾,对于自己不懂的事情,假装知道。

历史使人聪明,诗歌使人富于想象,数学使人精确,自然哲学使人深刻,伦理学使人庄重,逻辑学

---

① 选自《博览群书》杂志选编的《读书的艺术》,九州出版社,2004年版。弗兰西斯·培根(1561—1626),英国哲学家,英国唯物主义和现代实验科学的始祖,著有《新工具》《论科学的价值和发展》等。 ② 贺麟《文化与人生》,商务印书馆,2005年版。

和修辞学使人善辩。总之,读书能陶冶个性。不仅如此,读书并且可以铲除一切心理上的障碍,正如适当的运动能够矫治身体上某些疾病一般。例如:滚球戏有益于肾脏;射箭有益于胸部;散步有益于肠胃;骑马有益于头部等等。因此,假若一个人心神散乱,最好让他学习数学,因为在演算数学题目的时候,一定得全神贯注,如果注意力稍一分散,就必得再从头做起。假若一个人拙于辨别差异,就让他去请教那些演绎派的大师们,因为他们正是剖析毫发的人。假若一个人心灵迟钝,不能举一反三,最好让他去研究律师的案件。所以,每一种心理缺陷,都有一种特殊的补救良方。

【思考与练习】

1. 培根的这篇经典作品曾被多人翻译,现将英文原作与王佐良、水天同、曹明伦译作中对应的精彩语段附于文后,三位大家的译文各具特色,翻译准确、流畅、富有文采,这来自他们对英国语言的精熟,更来自其汉语言文学的深厚造诣。原文、译作共同刊出的目的在于让大家在中英两种不同语言的转换中,反复琢磨、深入体悟语言的奥妙,一作多译,同时让你体会到语言表达的丰富性。

① Studies serve for delight, for ornament, and for ability.

水天同译:读书为学的用途是娱乐、装饰和增长才识。

王佐良译:读书足以怡情,足以博彩,足以长才。

曹明伦译:读书之用有三:一为怡神旷心,二为增趣添雅,三为长才益智。

② Their chief use for delight, is in privateness and retiring; for ornament, is in discourse; and for ability, is in the judgment, and disposition of business.

水天同译:在娱乐上学问的主要用处是幽居养静;在装饰上学问的用处是辞令;在长才上学问的用处是对于事务的判断和处理。

王佐良译:其怡情也,最见于独处幽居之时;其博彩也,最见于高谈阔论之中;其长才也,最见于处世判事之际。

曹明伦译:怡神旷心最见于蛰伏幽居,增趣添雅最见于高雅雄辩,而长才益智则最见于处世辨理。

③ To spend too much time in studies is sloth; to use them too much for ornament, is affectation; to make judgment wholly by their rules, is the humor of a scholar.

水天同译:在学问上费时过多是懒惰;把学问过于用作装饰是虚假;完全依学问上的规则而断事是书生的怪癖。

王佐良译:读书费时过多易惰,文采藻饰太盛则矫,全凭条文断事乃学究故态。

曹明伦译:读书费时太多者皆因懒散,寻章摘句过甚者显矫揉造作,全凭书中教条断事者则乃学究书痴。

④ Histories make men wise; poets witty; the mathematics subtitle; natural philosophy deep; moral grave; logic and rhetoric able to contend. Abeunt studia in mores.

水天同译:史鉴使人明智;诗歌使人巧慧;数学使人精细;博物使人深沉;伦理之学使人庄重;逻辑与修辞使人善辩。"学问变化气质"。

王佐良译:读史使人明智,读诗使人灵秀,数学使人周密,科学使人深刻,伦理学使人庄重,逻辑修辞之学使人善辩;凡有所学,皆成性格。

曹明伦译:读史使人明智,读诗使人灵透,数学使人周密,物理学使人深沉,伦理学使人庄重,逻辑与修辞使人善辩,正如古人所云:学皆成性。

2. 这篇文章有人翻译为"论读书",有人翻译为"论学问",结合自己的读书、学习和生活经验,你认为学问和读书(或者说学问和知识)有区别吗?有人说,读书多的人有学问、有智慧,你认为学问和智慧有区别吗?(可参阅罗家伦的《学问与智慧》)

2 论 快 乐

钱锺书

【阅读提示】

> 我可以锁住我的笔/为什么/却锁不住爱和忧伤/在长长的一生里/为什么/欢乐总是乍现就凋落/走得最急的都是最美的时光/(席慕蓉《为什么》)
>
> "居欢惜夜促,在戚怨宵长",为什么我们感觉美好快乐的时光总是转瞬即逝,要是快乐能与我们终生相伴那该多好,可这无异于痴人说梦!人类一直把快乐作为终生追求的目标,为了快乐甚至愿意承受生活的痛苦,他们追问:"怎样才能以最少的痛苦作为代价去获得最多的快乐?"哲学家亚里士多德说:"智者不追求快乐,只寻求烦恼与痛苦的解脱",可见快乐可遇而难求。
>
> 著名学者钱锺书先生以其高度的人生智性和语言敏感,对"快乐"进行了全新的诠释,相信你读了他的《论快乐》之后,将在会心的微笑之后幡然醒悟:原来快乐就是这样的呀!

在旧书铺里买回来维尼(Vigny)的《诗人日记》(*Journal d'un Poète*),信手翻开,就看见有趣的一条。他说,在法语里,喜乐(bonheur)一个名词是"好"和"钟点"两字拼成,可见好事多磨,只是个把钟头的玩意儿(Si le bonheur n'était qu'une bonne demie!)。我们联想到我们本国话的说法,也同样的意味深永,譬如快活或快乐的快字,就把人生一切乐事的飘瞥难留,极清楚地指示出来。所以我们又慨叹说:"欢娱嫌夜短!"因为人在高兴的时候,活得太快,一到困苦无聊,愈觉得日脚像跛了似的,走得特别慢。德语的沉闷(langweile)一词,据字面上直译,就是"长时间"的意思。《西游记》里小猴子对孙行者说:"天上一日,下界一年。"这种神话,确反映着人类的心理。天上比人间舒服欢乐,所以神仙活得快,人间一年在天上只当一日过。从此类推,地狱里比人间更痛苦,日子一定愈加难度。段成式《酉阳杂俎》就说:"鬼言三年,人间三日。"嫌人生短促的人,真是最快活的人;反过来说,真快活的人,不管活到多少岁死,只能算是短命夭折。所以,做神仙也并不值得,在凡间已经三十年做了一世的人,在天上还是个未满月的小孩。但是这种"天算",也有占便宜的地方:譬如戴君孚《广异记》载崔参军捉狐妖,"以桃枝决五下",长孙无忌说罚得太轻,崔答:"五下是人间五百下,殊非小刑。"可见卖老祝寿等等,在地上最为相宜,而刑罚呢,应该到天上去受。

"永远快乐"这句话,不但渺茫得不能实现,并且荒谬得不能成立。快过的决不会永久;我们说永远快乐,正好像说四方的圆形,静止的动作同样地自相矛盾。在高兴的时候,我们空对瞬息即逝的时间喊着说:"逗留一会儿罢!你太美了!"那有什么用?你要永久,你该向痛苦里去找。不讲别的,只要一个失眠的晚上,或者有约不来的下午,或者一课沉闷的听讲——这许多,比一切宗教信仰更有效力,能使你尝到什么叫做"永生"的滋味。人生的刺,就在这里,留恋着不肯快走的,偏是你所不留恋的

---

① 选自《写在人生边上》,辽宁人民出版社、辽海出版社,2000年版。钱锺书(1910—1998),字默存,号槐聚,江苏无锡人,著名作家、文学研究家、翻译家。主要作品有长篇小说《围城》、短篇小说集《人·兽·鬼》、散文集《写在人生边上》、学术著作《管锥编》《谈艺录》等。

东西。

快乐在人生里,好比引诱小孩子吃药的方糖,更像跑狗场里引诱狗赛跑的电兔子。几分钟或者几天的快乐赚我们活了一世,忍受着许多痛苦。我们希望它来,希望它留,希望它再来——这三句话概括了整个人类努力的历史。在我们追求和等候的时候,生命又不知不觉地偷度过去。也许我们只是时间消费的筹码,活了一世不过是为那一世的岁月充当殉葬品,根本不会享到快乐。但是我们到死也不明白上了当,我们还理想死后有个天堂,在那里——谢上帝,也有这一天! 我们终于享受到永远的快乐。你看,快乐的引诱,不仅像电兔子和方糖,使我们忍受了人生,而且仿佛钓钩上的鱼饵,竟使我们甘心去死。这样说来,人生虽痛苦,却不悲观,因为它终抱着快乐的希望;现在的账,我们预支了将来去付。为了快活,我们甚至于愿意慢死。

穆勒曾把"痛苦的苏格拉底"和"快乐的猪"比较。假使猪真知道快活,那么猪和苏格拉底也相去无几了。猪是否能快乐像人,我们不知道;但是人会容易满足得像猪,我们是常看见的。把快乐分肉体的和精神的两种,这是最糊涂的分析。一切快乐的享受都属于精神的,尽管快乐的原因是肉体上的物质刺激。小孩子初生下来,吃饱了奶就乖乖地睡,并不知道什么是快活,虽然它身体感觉舒服。缘故是小孩子时的精神和肉体还没有分化,只是混沌的星云状态。洗一个澡,看一朵花,吃一顿饭,假使你觉得快活,并非全因为澡洗得干净,花开得好,或者菜合你口味,主要因为你心上没有挂碍,轻松的灵魂可以专注肉体的感觉,来欣赏,来审定。要是你精神不痛快,像将离别时的筵席,随它怎样烹调得好,吃来只是土气息、泥滋味。那时刻的灵魂,仿佛害病的眼怕见阳光,撕去皮的伤口怕接触空气,虽然空气和阳光都是好东西。快乐时的你,一定心无愧怍。假如你犯罪而真觉快乐,你那时候一定和有道德、有修养的人同样心安理得。有最洁白的良心,跟全没有良心或有最漆黑的良心,效果是相等的。

发现了快乐由精神来决定,人类文化又进一步。发现这个道理,和发现是非善恶取决于公理而不取决于暴力,一样重要。公理发现以后,从此世界上没有可被武力完全屈服的人。发现了精神是一切快乐的根据,从此痛苦失掉它们的可怕,肉体减少了专制。精神的炼金术能使肉体痛苦都变成快乐的资料。于是,烧了房子,有庆贺的人;一箪食,一瓢饮,有不改其乐的人;千灾百毒,有谈笑自若的人。所以我们前面说,人生虽不快乐,而仍能乐观。譬如从写《先知书》的所罗门直到做《海风》诗的马拉梅(Mallarmé),都觉得文明人的痛苦,是身体困倦。但是偏有人能苦中作乐,从病痛里滤出快活来,使健康的消失有种赔偿。苏东坡诗就说:"因病得闲殊不恶,安心是药更无方。"王丹麓《今世说》也记毛稚黄善病,人以为忧,毛曰:"病味亦佳,第不堪为躁热人道耳!"在着重体育的西洋,我们也可以找着同样达观的人。工愁善病的诺凡利斯(Novalis)在《碎金集》里建立一种病的哲学,说病是"教人学会休息的女教师"。罗登巴煦(Rodenbach)的诗集《禁锢的生活》(Les Vies Encloses)里有专咏病味的一卷,说病是"灵魂的洗涤(épuration)"。身体结实、喜欢活动的人采用了这个观点,就对病痛也感到另有风味。顽健粗壮的十八世纪德国诗人白洛柯斯(B. H. Brockes)第一次害病,觉得是一个"可惊异的大发现(Eine bewunderungswürdige Erfindung)"。对于这种人,人生还有什么威胁? 这种快乐,把忍受变为享受,是精神对于物质的最大胜利。灵魂可以自主——同时也许是自欺。能一贯抱这种态度的人,当然是大哲学家,但是谁知道他不也是个大傻子?

是的,这有点矛盾。矛盾是智慧的代价。这是人生对于人生观开的玩笑。

【思考与练习】

1. 阅读文章片段回答问题。

一切快乐的享受都属于精神的,尽管快乐的原因是肉体上的物质刺激。小孩子初生下来,吃饱了奶就乖乖地睡,并不知道什么是快活,虽然它身体感觉舒服。缘故是小孩子时的精神和肉体还没有分化,只是混沌的星云状态。洗一个澡,看一朵花,吃一顿饭,假使你觉得快活,并非全因为澡洗得干净,花开得好,或者菜合你口味,主要因为你心上没有挂碍,轻松的灵魂可以专注肉体的感觉,来欣赏,来审定。要是你精神不痛快,像将离别时的筵席,随它怎样烹调得好,吃来只是土气息、泥滋味。那时刻的灵魂,仿佛害病的眼怕见阳光,撕去皮的伤口怕接触空气,虽然空气和阳光都是好东西。

这个片段中作者主要提出了什么论点?他从什么角度论证了这个观点?在论证这个观点时主要运用了什么修辞方法?起到了什么作用?

2. 读完这篇文章,你获得了哪些启迪?你认为怎样才能提升自己的精神境界,进而获得更多的人生快乐?

3 工作与人生[①]

王小波

【阅读提示】

> 工作是每个人都必须面临的人生主题,凡有劳动能力者都必须有一份属于自己的工作,不管它是什么性质、什么内容,一个人只有这样才有活着的尊严。可我们发现很多人把工作只是作为谋生的手段,毫无兴趣、爱好、快乐可言,情绪衰落,玩世不恭,成就感低落,上班盼下班,下班盼放假,放假盼退休,工作似乎使人生变成了漫漫长夜,且不知自何时起"职业倦怠"成了一个社会性话题,有媒体甚至宣称,职业倦怠问题从来没有像现在这样困扰着社会。
>
> 人一生当中的黄金时间大约有一半是用在工作上的,长期倦怠就会使"黄金"失色。既然工作是人生不可回避的主题,我们就应该带着爱去寻找它、从事它,并从中获得更多的快乐,唯有如此我们的人生才能获得更多的乐趣、价值、尊严和意义。
>
> 王小波作为一名生前鲜为人知、死后声名鹊起的著名作家,应一家青年刊物约稿撰写的《工作与人生》,以严肃的态度、幽默的语言阐述了工作与人生的关系,启人心智,发人深省。

我现在已经活到了人生的中途,拿一日来比喻人的一生,现在正是中午。人在童年时从朦胧中醒来,需要一些时间来克服清晨的软弱,然后就要投入工作;在正午时分,他的精力最为充沛,但已隐隐感到疲惫;到了黄昏时节,就要总结一日的工作,准备沉入永恒的休息。按我这种说法,工作是人一生的主题。这个想法不是人人都能同意的。我知道在中国,农村的人把生儿育女看作是一生的主题。把儿女养大,自己就死掉,给他们空出地方来——这是很流行的想法。在城市里则另有一种想法,但不知是不是很流行:它把取得社会地位看作一生的主题。站在北京八宝山的骨灰墙前,可以体会到这种想法。我在那里看到一位已故的大叔墓上写着:副系主任、支部副书记、副教授、某某教研室副主任,等等。假如能把这些"副"字去掉个把,对这位大叔当然更好一些,但这些"副"字最能证明有这样一种想法。顺便说一句,我到美国的公墓里看过,发现他们的墓碑上只写两件事:一是生卒年月,二是

[①] 选自《我的精神家园》,文化艺术出版社,2002年版。王小波(1952—1997),当代著名学者、作家,主要作品有小说《黄金时代》《青铜时代》、杂文《沉默的大多数》《我的精神家园》等。

某年至某年服兵役；这就是说，他们以为人的一生只有这两件事值得记述：这位上帝的子民曾经来到尘世，以及这位公民曾去为国尽忠，写别的都是多余的，我觉得这种想法比较质朴……恐怕在一份青年刊物上写这些墓前的景物是太过伤感，还是及早回到正题上来罢。

我想要把自己对人生的看法推荐给青年朋友们：人从工作中可以得到乐趣，这是一种巨大的好处。相比之下，从金钱、权力、生育子女方面可以得到的快乐，总要受到制约。举例来说，现在把生育作为生活的主题，首先是不合时宜；其次，人在生育力方面比兔子大为不如，更不要说和黄花鱼相比较；在这方面很难取得无穷无尽的成就。我对权力没有兴趣，对钱有一些兴趣，但也不愿为它去受罪——做我想做的事（这件事对我来说，就是写小说），并且把它做好，这就是我的目标。我想，和我志趣相投的人总不会是一个都没有。

根据我的经验，人在年轻时，最头疼的一件事就是决定自己这一生要做什么。在这方面，我倒没有什么具体的建议：干什么都可以，但最好不要写小说，这是和我抢饭碗。当然，假如你执意要写，我也没理由反对。总而言之，干什么都是好的；但要干出个样子来，这才是人的价值和尊严所在。人在工作时，不单要用到手、腿和腰，还要用脑子和自己的心胸。我总觉得国人对这后一方面不够重视，这样就会把工作看成是受罪。失掉了快乐最主要的源泉，对生活的态度也会因之变得灰暗……

人活在世上，不但有身体，还有头脑和心胸——对此请勿从解剖学上理解。人脑是怎样的一种东西，科学还不能说清楚。心胸是怎么回事就更难说清。对我自己来说，心胸是我在生活中想要达到的最低目标。某件事有悖于我的心胸，我就认为它不值得一做；某个人有悖于我的心胸，我就觉得他不值得一交；某种生活有悖于我的心胸，我就会以为它不值得一过。罗素先生曾言，对人来说，不加检点的生活，确实不值得一过。我同意他的意见：不加检点的生活，属于不能接受的生活之一种。人必须过他可以接受的生活，这恰恰是他改变一切的动力。人有了心胸，就可以用它来改变自己的生活。

中国人喜欢接受这样的想法：只要能活着就是好的，活成什么样子无所谓。从一些电影的名字就可以看出来：《活着》《找乐》……我对这种想法是断然地不赞成，因为抱有这种想法的人就可能活成任何一种糟糕的样子，从而使生活本身失去意义。高尚、清洁、充满乐趣的生活是好的，人们很容易得到共识。卑下、肮脏、贫乏的生活是不好的，这也能得到共识。但只有这两条远远不够。我以写作为生，我知道某种文章好，也知道某种文章坏。仅知道这两条尚不足以开始写作。还有更加重要的一条，那就是：某种样子的文章对我来说不可取，绝不能让它从我笔下写出来，冠以我的名字登在报刊上。以小喻大，这也是我对生活的态度。

【思考与练习】

1. 作者在文章中的理性思考表现在哪些方面？
2. 结合自己的人生理想谈谈你对自己职业生涯的规划。

4* 哲 思 语 粹

【阅读提示】

不知从何时起，诸多商业动机被科学外衣包装成一套套"话语"，灌输到人们的思想观念和日常行为中，世人的观念逐渐被强势媒体、业内"专家"的声音同化，许多平常百姓也成了专家的代言人和传话筒,人们在无所不知的同时似乎也没有了自己的认知。消费成了主义,享乐成了主义,人们的生活质量开始越来越多地以金钱消费的数量来衡量,但是人们的幸福感并没有随着物质的增加而有更大的改变。他人的目光与评论逐渐成了自身幸福与否的主要标尺,人们难以找到自己的价值判断,并坚守自己的真实立场(在世俗的挤压下许多人已经没有了个人的立场),关注内心生存状态成了一种奢侈和自讨没趣的事情,人们惮于回归自身、反省自我,内心生活的消失成了这个时代的顽症。

痛苦的苏格拉底要比快乐的猪生活得更有意义,作为有着思考力的人应该对外界的喧闹保持一种警觉,经常对生活进行哲学反思,审视日常行为以及隐藏于内心的暗涌,回归自我,去营造一个澄明、自足的心灵憩园,去体味源自内心的充实、丰沛与美妙。

思想家的哲思断想是体悟天地、思考人生的智慧结晶,我们可以将其作为思考自身与外界、开辟自我之路的人生借鉴,从而获得一种充满德性与智慧的人生。

梁实秋语录[①]

梁实秋

人辛勤困苦的工作,所为何来?夙兴夜寐,胼手胝足,如果纯是为了温饱像蚂蚁蜜蜂一样,那又何贵乎做人?……大多数人是蚂蚁、蜜蜂,少数人是人。做"人的工作"需要有闲暇。所谓闲暇,不是饱食终日无所用心之谓,是免于蚂蚁、蜜蜂之不如,还能算人!靠了逢迎当道,甚至为虎作伥,而猎取一官半职或分享一些残羹剩炙,那是帮闲或是帮凶,都不是人的工作……劳动是必需的,但劳动不应该是终极的目标。而且劳动亦不应该由一部分负担而令另一部分坐享其成果。

——《闲暇》

无论做什么事,健康的身体是基本条件。……寄语年轻朋友,千万要持之以恒的从事运动,这不是嬉戏,不是浪费时间。健康的身体是做人做事的真正本钱。

——《时间即生命》

时间即是生命。我们的生命是一分一秒的在消耗着,我们平常不大觉得,细想起来实在值得警惕。我们每天有许多的零碎时间于不知不觉中浪费掉了。我们若能养成一种利用闲暇的习惯,一遇空闲,无论其多么短暂,都利用之做一点有益身心之事,则积少成多终必有成。常听人讲起"消遣"二字,最是要不得,好像是时间太多无法打发的样子,其实人生短促极了,哪里会有多余的时间待人"消遣"?

——《养成好习惯》

人,诚如波斯诗人莪漠伽耶玛所说,来不知从何处来,去不知向何处去,来时并非本愿,去时亦未征得同意,糊里糊涂地在世间逗留一段时间。在此期间内,我们是以心为形役呢?还是立德立功立言以求不朽呢?还是参究生死直超三界呢?这大主意要自己拿。

——《谈时间》

人在没有死以前是要努力做人的。人是要去做的。做人的道理在于克己。早晨是否黎明即起,是否贪睡懒觉,事情虽小,其意义所在甚巨。这是每天生活斗争中之第一个回合。

——《玛克斯·奥瑞利阿斯》

有时候,只要把心胸敞开,快乐也会逼人而来。这个世界,这个人生,有其丑恶的一面,也有其光

[①] 选自《梁实秋语录》,时代文艺出版社,2005年版。梁实秋,中国著名散文家、学者、文学批评家、翻译家,代表作有译作《莎士比亚全集》《英国文学史》、散文《雅舍小品》等。

明的一面。良辰美景,赏心乐事,随处皆是。智者乐水,仁者乐山。雨有雨的趣,晴有晴的妙,小鸟跳跃啄食,猫狗饱食酣睡,哪一样不令人看了觉得快乐?

"幸遇三杯酒好,况逢一朵花新?"我们应该快乐。

——《快乐》

快乐是一种心理状态。内心湛然,则无往而不乐。吃饭睡觉,稀松平常之事,但是其中大有道理。

——《快乐》

古圣先贤,无不劝孝。其实孝也是人性的一部分,也是自然的,否则劝亦无大效。父母子女间的相互的情爱都是天生的。不但人类如此,一切有情莫不皆然。……父母爱子女,子女不久长大也要变为父母,也要爱子女。所以父母之爱像是连锁一般,代代相续,传继不绝。易云:"天地之大德曰生。"维护人类生命之最大的、最原始的、最美妙的、最神秘的力量莫过于父母的爱。

——《父母的爱》

黄山谷说:"人不读书,则尘俗生其间,照镜则面目可憎,对人则语言无味。"这话好像有一点玄,其实不然。人不读书,则何所事事?尘俗顿生是可以想象到的。脸上没有书卷气,一定可憎。满脑子的名缰利锁世多尘劳,他的谈吐如何能够有味?

——《书评——祝〈书评书目〉五周年》

吃苦耐劳是我们这个民族的标志。古圣先贤总是教训我们要能过得俭朴的生活,所谓"一箪食,一瓢饮",就是形容生活状态之极端的刻苦,所谓"嚼得菜根",就是表示一个有志的人能耐得清寒。恶衣恶食,不足为耻,丰衣足食,不足为荣,这在个人之修养上是应有的认识。……我们中国是一个穷的国家,所以我们更应该体念艰难,弃绝一切奢侈,尤其是从外国来的奢侈。宜从小就养成俭朴的习惯,更要知道物力维艰,竹头木屑,皆宜爱惜。

——《养成好习惯》

人的天性大致是差不多的,但是在习惯方面却各有不同,习惯是慢慢养成的,在幼小的时候最容易养成,一旦养成之后,要想改变过来却还不很容易。

——《养成好习惯》

无梦楼随笔(节选)[1]

张中晓

二

哲学的具体原则,应当是对于自然力量或精神力量有意义的认识。它使人们有力量锻炼自己的心灵和发展自己的精神,因之,真正的人、名副其实的人是作为精神实体来完成的。

案:如果物质生活提高,而心灵空虚,精神萎缩,那么,精神就不足养活肉体,必然流为放纵和狂荡。

七六

为有钱有势的人服务、辩护、粉饰,还是为真理斗争,这两者的选择是本于良心、正义感、人生态度。"闻名而奔走者,好利者也;直己而行道者,好义者也。"

七九

保存自我的存在(生存)不是使我们的心灵完全孤立,不是做一个与世无涉的隐士,而是在利己和利人的大海中游泅。假如有两个本性完全相同的个人联合在一起,则他们将构成一个个体,比较各人单独孤立,必是加倍的强而有力。所以人与人团结,最为必要。当然,这团结是建立在自我保持的基

---

[1] 选自夏中义主编《人与自我》,广西师范大学出版社,2002年版。张中晓(1930—1966),中国当代学者。

九十

在绝望、失望中,就随便抓住一个别的什么当作希望。这里,最容易产生盲目、意气和冲动。

九一

人生经验是人付出痛苦、代价得到的东西,未经忧患的人们是不愿听和不理解的。他们存在着限制。这里,只有敏感和迟钝的区别,而没有抄近路的妙法。经验是自己获取的。

九五

在清醒的人看来,梦总是可笑的。但也有人说,对现实保持清醒,本身就是苦难。但是,人生的清醒却是一种理智、智慧和哲理的眼光,一个人要有这种眼光,他必须超越现实的纷乱和生活的情欲,在永恒、冷静的心境中观照万物的悲欢喜乐。但必须区别清醒与虚无主义。

一一二

一切美好的东西必须体现在个人身上。一个美好的社会不是对于国家的尊重,而是来自个人的自由发展。在历史上曾存在过无数显赫的帝国,但它却藏着无数的罪恶,它的人民为了皇帝的文治武功而牺牲生命,受尽苦难,这是对过去的历史所必须注意的一个方面。

一二六

流言止于智者。智者,不使流言继续耳;愚者(没有一般理解力者)是流言的义务传播员,可畅行无阻力。有大人口中所出之流言,有小人口头所出之流言。两者均须小心对待。轻播大人口中之流言,则我为其利用矣;轻信小人口中之流言,则我成其尾巴也。

一八一

观人生法,不惟暂,惟常;不惟显,惟微;不惟矜,惟忽。

观人之法,在于观人怎样消磨他的空闲时间,他自由支配的日子。

一九一

凡病皆可医,惟俗不可医;凡事皆可耐,惟俗不可耐。

人 与 永 恒(节选)[①]

周国平

1

现在,我们与土地的接触愈来愈少了。砖、水泥、钢铁、塑料和各种新型建筑材料把我们包围了起来。我们把自己关在宿舍或办公室的四壁之内。走在街上,我们同样被房屋、商店、建筑物和水泥路面包围着。我们总是活得那样匆忙,顾不上看看天空和土地。我们总是生活在眼前,忘掉了永恒和无限。我们已经不再懂得土地的痛苦和渴望,不再能欣赏土地的悲壮和美丽。

这熟悉的家,街道,城市,这熙熙攘攘的人群,有时候我会突然感到多么陌生,多么不真实。我思念被这一切覆盖着的永恒的土地,思念一切生命的原始的家乡。

2

爱的价值在于它自身,而不在于它的结果。结果可能不幸,可能幸福,但永远不会最不幸和最幸福。在爱的过程中间,才会有"最"的体验和想象。

[①] 选自周国平《当代散文名家精品文库·周国平卷》,四川人民出版社,1997年版。周国平,1945年生于上海,1962年入读北京大学哲学系,毕业后分配到广西深山老林中工作。1978年重返北京,入读中国社会科学院研究生院,先后获得硕士学位、博士学位。现为中国社会科学院哲学研究所研究员。发表译著、专论和散文随笔多部,其作品充满了人生的智慧,融理性和激情为一体,笔调清新自然,深受读者喜爱。主要作品有《尼采:在世纪的转折点上》《人与永恒》《尼采与形而上学》《妞妞——一个父亲的札记》《守望的距离》《各自的朝圣路》等。

3

有的人惯于从一小点感受演绎出一大篇玄妙的哲理。可惜的是,在这座他自己营造的哲学迷宫里,他自己也常常迷路,找不到充当他的向导的那一小点感受了。

4

一种回避生命的悲剧性质的智慧无权称作智慧,只配称作生活的精明。

5

只有质朴的东西才能真正打动心灵。浮夸的东西只会扰乱心灵。

6

在孩子眼里,世界充满着谜语。可是,成人常常用千篇一律的谜底杀死了许多美丽的谜语。

这个世界被孩子的好奇的眼光照耀得色彩绚丽,却在成人洞察一切的眼睛注视下苍白失色了。唉,孩子的目光,这看世界的第一瞥,当我们拥有它时,我们不知这是幸福,当我们悟到这是幸福时,我们已经永远失去它了。

7

人生是一场无结果的试验。因为无结果,所以怎样试验都无妨。也因为无结果,所以怎样试验都不踏实。

8

命运是不可改变的,可改变的只是我们对命运的态度。

9

真正的写作,即完全为自己的写作,往往是从写日记开始的。当一个少年人并非出于师长之命,而是自发地写日记时,他就已经意识到并且试图克服生存的虚幻性质了。他要抵抗生命的流逝,挽留岁月,留下它们曾经存在的确凿证据。一个真正的写作者不过是一个改不掉写日记的习惯的人罢了,他的全部作品都是变相的日记。

10

俏皮话机智,大实话中肯。好的格言既机智,又中肯,是俏皮的大实话。

11

一个有才华有活力的人永远不会觉得自己找到了归宿,他永远在尝试,在探索。天才之缺乏自知之明,恰如庸人一样,不过其性质相反。庸人不知自己之短,天才却不知自己之长。德拉克罗瓦在创作他的传世名画之时,还在考虑他是否做一个诗人更合适些。

12

天才不走运会成为庸人,庸人再走运也成不了天才。

13

最低的境界是平凡,其次是超凡脱俗,最高是返璞归真的平凡。

14

大魄力,人情味,二者兼备是难得的。

15

早晨我说:一天很长,人能遍游整个宇宙。夜晚我说:一天很短,人不能穷尽一个原子。

16

当我忙忙碌碌时,我多么厌恶自己。宿舍熄灯了,一个十七岁的大学生蹲在走廊的灯光下写诗。我喜欢那时候的我。

17

花的蓓蕾,树的新芽,壁上摇曳的光影,手的轻柔的触摸……它们会使人的感官达于敏锐的极致,似乎包含着无穷的意味。相反,繁花簇锦,光天化日,热烈拥抱,真所谓信息爆炸,但感官麻痹了,意味丧失了。

18

我信任每一个怀疑自己的人。我怀疑每一个过于自信的人。

19

除了平庸,一切都可以忍受。然而,我受不了的只是自己的平庸。至于别人的平庸,只要不冒充为高明,我是乐于原谅的。

20

在一次长途旅行中,最好是有一位称心的旅伴,其次好是没有旅伴,最坏是有一个不称心的旅伴。

21

真理是人人知道而只有一个人敢说出来的东西。

不过,也可能相反:真理是人人都不知道而只有一个人知道却不肯说出来的东西。

22

无聊是对欲望的欲望。当一个人没有任何欲望而又渴望有欲望之时,他便感到无聊。

23

大智者必谦和,大善者必宽容。唯有小智者才咄咄逼人,小善者才斤斤计较。

24

中国圣人说:"未知生,焉知死?"西方的哲人大约会倒过来说:"未知死,焉知生?"中西人生哲学的分野就在于此。

25

死是最令人同情的,因为物伤其类:自己也会死。

死又是最不令人同情的,因为殊途同归:自己也得死。

5 《老子》五章[①]

老 子

【阅读提示】

中国思想文化伟人中可与孔子并列的大概只有老子。两千多年来,对中国社会人心影响最大的,除了《论语》,恐怕就是《老子》了。《老子》意深思远,后人一直从不同的角度进行解读与运用,或用于参悟天地,或用于养生修炼,或用于阴阳权谋……不同的人从中享用着各自所需的养分。然而多年来,《老子》给人们留下的最深、最大众化的印象是清静无为、消极避世,其思想更多地被看作隐者哲学,甚至被人披上玄学的神秘外衣。作为非专业研究者,我们阅读《老子》的目的更多的在于从中汲取有益成分,丰富、充盈自己的人生,我们需要做的是反复诵读《老子》原文,同时根据自己的理解多方参考,博观约取,择其善者而化之,大可不必沉溺于考证训诂,或以猎奇心理追新求怪。教材对选文不做详尽翻译,目的在于不给读者先入为主的理解,便于读者"拿出自己的眼光",以开放的心态去把握《老子》大义。

[①] 选自许嘉璐主编《文白对照诸子集成》上册,广西教育出版社、陕西人民教育出版社、广东教育出版社,1995年版。老子,姓李名耳,字聃,我国古代哲学家和思想家、道家学派创始人。

第 二 章

天下皆知美之为美,斯恶已①;皆知善之为善,斯不善矣。故有无相生,难易相成,长短相形②,高下相倾③,音声相和④,前后相随。是以圣人处⑤无为之事,行不言之教,万物作焉而不辞,生而不有,为而不恃,功成而弗居。夫唯弗居,是以不去⑥。

第 八 章

上善⑦若水。水善利万物而不争,处众人之所恶,故几⑧于道。居善地⑨,心善渊⑩,与⑪善仁,言善信,政善治,事善能,动善时。夫唯不争,故无尤。

第 四 十 一 章

上士闻道,勤而行之;中士闻道,若存若亡⑫;下士闻道,大笑之。不笑不足以为道⑬。

故建言有之⑭:明道若昧,进道若退,夷道若颣⑮;上德若谷,大白若辱,广德若不足,建德若偷⑯,质真若渝⑰;大方无隅,大器晚成,大音希声,大象无形;道隐无名。夫唯道,善贷且成⑱。

第 六 十 七 章

天下皆谓我道大,似不肖。夫唯大,故似不肖。若肖⑲,久矣其细也夫。我有三宝,持而保⑳之:一曰慈,二曰俭㉑,三曰不敢为天下先。慈,故能勇;俭,故能广;不敢为天下先,故能成器长㉒。今舍慈且㉓勇,舍俭且广,舍后且先,死矣! 夫慈,以战则胜,以守则固。天将救之,以慈卫之。

第 八 十 一 章

信言㉔不美,美言不信。善者不辩,辩者不善。知者不博,博者不知㉕。圣人不积,既以为人,己愈有;既以与人,己愈多。天之道,利㉖而不害;圣人之道,为而不争。

【思考与练习】

1. 通过查阅有关资料,进行比较综合,尝试用自己的话将这五章的主旨说出来。
2. 结合自己的人生阅历和对社会人生的理解谈谈这五章在现实生活中的指导意义。

---

① 斯:则。恶:丑,不美。已:通"矣"。 ② 形:体现。 ③ 倾:向,对照。 ④ 音:单音。声:和声。 ⑤ 处:行。 ⑥ 不去:指没有离开功。 ⑦ 上善:最美好的善,最高的美德。 ⑧ 几:近。 ⑨ 善地:善于顺应地势。 ⑩ 渊:深沉。 ⑪ 与:相与,交友。 ⑫ 若存若亡:指对"道"的存在半信半疑。 ⑬ "不笑"句:意谓"道"为下士所笑,正是"道"的高明所在。 ⑭ 建言:立言,即古代留存的格言。 ⑮ 颣:不平。 ⑯ 建:通"健",盛。偷:薄,微弱。 ⑰ 渝:通"窬",指空虚。 ⑱ 贷:施与。成:指万物成长。 ⑲ 肖:像,相似。 ⑳ 保:指珍惜爱护。 ㉑ 俭:吝啬,收敛。 ㉒ 长:君长,首领。 ㉓ 且:欲。 ㉔ 信言:诚实的话。 ㉕ 知:通"智"。 ㉖ 利:使万物得利。

6* 论幸福生活(节选)

[古罗马] 塞涅卡
覃学岚 译

【阅读提示】

> 有人把金钱、名誉、权势作为毕生的追求,将之视为最大的幸福,在无休止的追求中成了物质的俘虏;有的人祈求上苍眷顾、一生坦途,然而一经挫折,便崩溃痛楚。
>
> 塞涅卡的《论幸福生活》所谈论的不仅仅是幸福的生活,更是道德上美好的生活。他提出对世俗认为的好运要保持警醒,不要追求命运女神的垂青。文章娓娓道来,启人心智,给浮躁的心灵带来一缕清凉。

获得幸福生活是有难度的,难就难在如果一个人把方向搞错了,那么他越是奋力争取,就会越是远离幸福。一旦南辕北辙,背道而驰,那么疾速飞奔则只会令他越来越远离自己的目标。

幸福生活就是一种与其自身本性和谐一致的生活,而且可以获得幸福生活的途径只有一条,前提是:首先,脑子必须健全而且始终保持清醒;其次,必须勇敢且精力充沛;此外,能坚忍不拔、百折不挠,能急中生智、随机应变,能注意身体及影响身体的各种因素,但又不是成天为之提心吊胆、焦虑不安;最后,必须关注一切有助于提升生活质量的东西,但又不过分地拜倒在其中任何一样东西的脚下,利用命运的馈赠,而不是沦为其奴隶。

真正的幸福存在于美德之中。

即令美德确实可以给人以快乐,那也不是我们追求美德的理由;因为她带给我们的不是快乐,而是比快乐有过之而无不及的东西,而且她不辞劳苦不是为了快乐,她的劳累,虽然是为了收获别的东西,但也能收获快乐。就像在一块犁出来种玉米的地里会散乱地长出一些花儿来一样,但这块地当初并不是用来种这些小花小草的,尽管它们看上去挺让人愉快的;播种者辛辛苦苦一场,原本图的是别的东西,这些只是意外所获。同样,快乐既非修炼美德的回报也非修炼美德的动机,而是一种副产品。美德并不是因为其令人愉悦才给人带来快乐,而应该反过来说,如果美德给人带来快乐,它也令人愉悦。至善就在选择至善这一行为中,就在臻于完美的心态中,当心灵走完了自己的旅程,退守于自身的界限之内后,至善就完美无缺,不需要任何额外的东西了;因为在完备的形式之外,别的东西都是多余的,正如到了终点不可能再有一个点一样。

至善是一颗坚强心灵不屈的本性,是它的远见、高尚、健康、自由、和谐和美好。

贤哲们的快乐是悠闲、适度的,温和而内敛,属于不请自来的那一种快乐,而且,尽管是主动送上门来,体验这种快乐的人却并没把它们当回事儿,得到它们的时候也并没有欣喜若狂;因为他们只让其偶尔成为生活中的小穿插,就像我们在谈论重大问题时的插科打诨一样。

凡是任什么东西摆布的人,我都不会称其为贤哲,更别说乖乖听快乐摆布的人了。而如果一个人耽于享乐而不能自拔,他又怎么能够经受住劳累、危险、贫穷及生活中无处不在的种种威胁呢?如果

---

① 节选自塞涅卡《论幸福生活》,覃学岚译,译林出版社,2015年版。

在这么弱的一个对手面前都束手就擒了,他又怎么能够忍受死亡、悲伤、天崩地裂以及要面对的所有凶猛的敌人呢?

让美德领头,让她来扛旗:我们照样会得到快乐,不过我们要做的是成为快乐的主人,让她乖乖听我们的;有时我们会同意她的恳求,但决不会任由她胡来。而那些把快乐摆在首位的人,则既缺乏美德,又缺乏快乐;因为他们丧失了美德,却并没有拥有快乐,而是自己反倒成了快乐的俘虏,不是因为缺乏快乐而备受折磨,就是享乐无度而活活噎死;被快乐抛弃时甚是悲惨,为快乐所淹没时则更是悲惨。

第六单元 敬畏生命

单元导读

生命,一个古老而永恒的话题。从远古人类对自身"我从哪里来"的追问,到"人是什么"的思索;从上帝创造万物,到人类是万物的主宰;从人类对自然,甚至对人类自身的肆意践踏、弱肉强食,到对自然的保护、对生命的敬畏,人类从来没有间断对自身的认识和反思……

史怀泽早就向全世界呼吁:"善是爱护生命、促进生命,使可发展的生命实现其最高的价值。恶则是毁灭生命、伤害生命,阻碍生命的发展。"敬畏生命,就是敬畏"我"自身和"我"之外的一切生命意志。这就是史怀泽"敬畏生命伦理学"的核心内容。

有人说,一个人可以不信仰宗教,但不可不信任你生活的世界;一个人可以蔑视命运,但不可不敬仰生命。人生短暂,生命无价。我们将如何面对生,又将如何面对死?我们该如何善待自己,又该如何善待他人?泰戈尔曾说:"使生如夏花之绚烂,死如秋叶之静美。"一个人,怎样做才会有如此圆满的生命状态和生命过程?

早在东晋时期,王羲之就在《兰亭集序》中慨叹"死生亦大矣",表现了对生命的深沉眷恋与执着。史铁生在《命若琴弦》中,通过寓言式的对生命的解读,告诉我们,生命不过是一个过程,只有把握住如琴弦一般的生命,才能弹奏出多姿多彩的人生。怀着感激之情离开人世,是人生最后一个美丽的手势。只有活得充实、活得从容的人,才会死得安详。《奶奶》告诉我们,一个平凡的人怎样把一生演绎成幸福,直至安详辞世。而欧·亨利的《最后一片叶子》,则通过老画家舍己为人的故事,让我们思考,该如何善待他人。

人类作为万物的灵长,又该与宇宙万物保持怎样的关系?学习了张全民的《敬畏生命》、林希的《石缝间的生命》,对"生命"会有更深刻、更广泛的理解。那"石缝间的生命",那"飞渡的斑羚",会让你感受到各种生命形态的美妙、顽强、高贵,使你的心灵产生震撼,进而更加关注和爱护一切生命形态,逐渐抵达"敬畏生命"的境界。

敬畏生命,需要我们博大的爱心。爱,才能产生美与善,才能产生理解与包容,才能产生悲悯与关怀,才能产生感恩与报答。没有爱,就不可能有敬畏。我们应该敬畏一朵花,一棵草;敬畏一条游鱼,一只飞雁;敬畏孕育万物的大地,敬畏繁星密布的苍穹;敬畏生命,敬畏死亡。我们要用奉献的姿态面对人生,用礼拜的心态对待生命。

让我们怀着敬畏之心,在生命的路途中,将爱一路播撒。

1 敬畏生命(节选)

[法]阿尔贝特·史怀泽

陈泽环 译

【阅读提示】

> 在20世纪的欧洲，史怀泽是一位家喻户晓的人物。他出生于牧师家庭，多才多艺，但就在事业前途一片光明的时候，却放弃欧洲优越的生活条件和锦绣前程，携妻子到贫瘠落后的非洲丛林，建立自己的"丛林诊所"，义务为当地土著居民服务了五十多年，直到与世长辞。在此期间，史怀泽创立并身体力行了"敬畏生命伦理学"，并将它铸造成为一种社会共识与公德。1954年，他获得了诺贝尔和平奖，奖金被悉数用于建造麻风村。他被誉为"标志着西方道德进步的一个里程碑""20世纪人类的良知"。爱因斯坦盛赞道："像史怀泽这样理想地集善和对美的渴望于一身的人，我几乎还没有发现过。"
>
> 史怀泽把同情的范围从人扩展到一切生物，认为不仅对人的生命，而且对一切动物和植物的生命，都必须保持敬畏的态度，而且"只有这样，我们才是真正的人"。仔细阅读本文，首先概括出"敬畏生命"的具体含义，然后归纳出我们要做到"敬畏生命，与其他生命休戚与共"，需要面对什么样的诱惑并且应该怎样去抗拒这些诱惑。
>
> 学习本文，一定要深入体味作者博大的悲悯情怀，并将之融入自己的生命之中。

　　善是保存和促进生命，恶是阻碍和毁灭生命。如果我们摆脱自己的偏见，抛弃我们对其他生命的疏远性，与我们周围的生命休戚与共，那么我们就是道德的。只有这样，我们才是真正的人；只有这样，我们才会有一种特殊的、不会失去的、不断发展的和方向明确的德性。

　　敬畏生命、生命的休戚与共是世界中的大事。自然不懂得敬畏生命。它以最有意义的方式产生着无数生命，又以毫无意义的方式毁灭着它们。包括人类在内的一切生命等级，都对生命有着可怕的无知。他们只有生命意志，但不能体验发生在其他生命中的一切；他们痛苦，但不能共同痛苦。自然抚育的生命意志陷于难以理解的自我分裂之中。生命以其他生命为代价才得以生存下来。自然让生命去干最可怕的残忍事情。自然通过本能引导昆虫，让它们用毒刺在其他昆虫身上扎洞，然后产卵于其中；那些由卵发育而成的昆虫靠毛虫过活，这些毛虫则应被折磨至死。为了杀死可怜的小生命，自然引导蚂蚁成群结队地去攻击它们。看一看蜘蛛吧！自然教给它的手艺多么残酷。

　　从外部看，自然是美好和壮丽的，但认识它则是可怕的。它的残忍毫无意义！最宝贵的生命成为最低级生命的牺牲品。例如，一个儿童感染了结核病菌。接着，这种最低级生物就在儿童的最高贵机体内繁殖起来，结果导致这个儿童的痛苦和夭亡。在非洲，每当我检验昏睡病人的血液时，我总是感到吃惊。为什么这些人的脸痛苦得变了形并不断呻吟：我的头，我的头！为什么他们必须彻夜哭泣并痛苦地死去？这是因为，在显微镜下人们可以看见0.01—0.04毫米的白色细菌；即使它们数量很少，

---

① 选自《敬畏生命》，上海社会科学院出版社，2003年版。原书中作者译名为施韦译，选入本书时改为史怀泽。

以至于为了找到一个,有时得花上几个小时。

由于生命意志神秘的自我分裂,生命就这样相互争斗,给其他生命带来痛苦或死亡。这一切尽管无罪,却是有过的。自然教导的是这种残忍的利己主义。当然,自然也教导生物,在它需要时给自己的后代以爱和帮助。只是在这短暂的时间内,残忍的利己主义才得以中断。但是,更令人惊讶的是,动物能与自己的后代共同感受,能以直至死亡的自我牺牲精神爱它的后代,但拒绝与非其属类的生命休戚与共。

受制于盲目的利己主义的世界,就像一条漆黑的峡谷,光明仅仅停留在山峰之上。所有生命都必然生存于黑暗之中,只有一种生命能摆脱黑暗,看到光明。这种生命是最高的生命,人。只有人能够认识到敬畏生命,能够认识到休戚与共,能够摆脱其余生物苦陷其中的无知。

这一认识是存在发展中的大事。真理和善由此出现于世,光明驱散了黑暗,人们获得了最深刻的生命概念。共同体验的生命,由此在其存在中感到整个世界的波浪冲击,达到自我意识,结束作为个别的存在,使我们之外的生存涌入我们的生存。

我们生存在世界之中,世界也生存于我们之中。这个认识包含着许多奥秘。为什么自然律和道德律如此冲突?为什么我们的理性不赞同自然中的生命现象,而必然形成与其所见尖锐对立的认识?为什么它必须在自身中发现完全不同于支配世界的规律?为什么在它发挥善的概念的地方,它就必须与世界作斗争?为什么我们必须经历这种冲突,而没有有朝一日调和它的希望?为什么不是和谐而是分裂?等等。……

危及我们休戚与共的能力和意志的是日益强加于人的这种考虑:这无济于事!你为防止或减缓痛苦、保存生命所做的和能做的一切,和那些发生在世界上和你周围,你又对之无能为力的一切比较起来,是无足轻重的。确实,在许多方面,我们是多么的软弱无力,我们本身也给其他生物带来了多少伤害,而不能停止。想到这一点,真是令人害怕。

你踏上了林中小路,阳光透过树梢照进了路面,鸟儿在歌唱,许多昆虫欢乐地嗡嗡叫。但是,你对此无能为力的是:你的路意味着死亡。被你踩着的蚂蚁在那里挣扎,甲虫在艰难地爬行,而蠕虫则蜷缩起来。由于你无意的罪过,美好的生命之歌中也出现了痛苦和死亡的旋律。当你想行善时,你感受到的则是可怕的无能为力,不能如你所愿地帮助生命。接着你就听到诱惑者的声音:你为什么自寻烦恼?这无济于事。不要再这么做,像其他人一样,麻木不仁,无思想、无感情吧。

还有一种诱惑:同情就是痛苦。谁亲身体验了世界的痛苦,他就不可能在人所意愿的意义上是幸福的。在满足和愉快的时刻,他不能无拘束地享受快乐,因为那里有他共同体验的痛苦。他清楚地记着他所看见的一切。他想到他所遇见的穷人,看见的病人,认识到这些人的命运残酷性,阴影出现在他的快乐的光明之中,并越来越大。在快乐的团体中,他会突然心不在焉。那个诱惑者又会对他说,人不能这样生活。人必须能够无视发生在他周围的事情,不要这么敏感。如果你想理性地生活,就应当有铁石心肠。穿上厚甲,变得像其他人一样没有思想。最后,我们竟然会为我们还懂得伟大的休戚与共而惭愧。当人们开始成为这种理性化的人时,我们彼此隐瞒,并装着好像人们抛弃的都是些蠢东西。

这是对我们的三大诱惑,它不知不觉地毁坏着产生善的前提。提防它们。首先,你对自己说,互助和休戚与共是你的内在必然性。你能做的一切,从应该被做的角度来看,始终只是沧海一粟。但对你来说,这是能赋予你生命以意义的唯一途径。无论你在哪里,你都应尽你所能从事救助活动,即解救由自我分裂的生命意志给世界带来的痛苦;显然,只有自觉的人才会从事这种救助活动。如果你在任何地方减缓了人或其他生物的痛苦和畏惧,那么你能做的即使较少,也是很多。保存生命,这是唯一的幸福。

另一个诱惑,共同体验发生在你周围的不幸,对你来说是痛苦,你应这样认识:同甘与共苦的能力是同时出现的。随着对其他生命痛苦的麻木不仁,你也失去了同享其他生命幸福的能力。尽管我们在世间见到的幸福是如此之少;但是,以我们本身所能行的善,共同体验我们周围的幸福,是生命给予我们的唯一幸福。最后,你根本没有权利这么说:我要这么生存,因为你认为,你比其他生命幸福。你必须如你必然所是地做一个真正自觉的人,与世界共同生存的人,在自身中体验世界的人。你是否因此按流行的看法比较幸福,这是无所谓的。我们内心神秘的声音并不需要幸福的生存——听从它的命令,才是唯一能使人满足的事情。

我这样和你们说,是为了不让你们麻木不仁,保持清醒的头脑!这与你们的灵魂有关。如果这些表达了我内心思想的话语,能使在座的诸位撕碎世上迷惑你们的假象,能使你们不再无思想地生存,不再害怕由于敬畏生命和必然认识到共同体验的重要而失去自己,那么,我就感到满足,而我的行为也将被人赞赏……

【思考与练习】

1. 课外查阅相关资料,结合本课内容,概括一下"敬畏生命伦理学"的具体含义,并谈一谈带给你的触动。

2. 史怀泽把同情的范围从人扩展到所有生物,认为连走路时踩死一只蚂蚁、碰断一枝花朵都是罪过。你是否认同这个观点?

3. 讨论:作为一名未来的幼儿教师,你将如何把"敬畏生命"的意识播种在孩子的心里?你认为这将对孩子的成长有何意义?

2　兰亭集序①

王羲之

【阅读提示】

> 魏晋时期,通常被认为是我国历史上人的觉醒和文的自觉的时代,这一时期的文学作品,充溢着浓郁的人生意识和宇宙情怀,作品中到处可见"对生死存亡的重视、哀伤,对人生短促的感慨、喟叹"②。例如,曹氏父子有"对酒当歌,人生几何?譬如朝露,去日苦多"(曹操)、"人生处一世,去若朝露晞"(曹植)的慨叹,阮籍有"人生若尘露,天道邈悠悠"的忧伤。这种思绪,这种哀伤,在这一时期的诗文中比比皆是。"在表面看来似乎是如此颓废、悲观、消极的感叹中,深藏着的恰恰是它的反面,是对人生、生命、命运、生活的强烈的欲求和留恋。"③
>
> 王羲之的《兰亭集序》也是这一时期的代表作之一。文章前一半写环境之美和文人雅集之乐,后一部分通过议论表达作者对人生的体悟。人事倏忽,天道悠悠,作者体验着最大的快乐和最大的悲哀,而这也正是人类要永远面对的精神困境。阅读时仔细体会作者"死生亦大矣"的感慨是缘何而发,蕴含了作者怎样的情怀。

---

① 选自《晋书·王羲之传》,中华书局,2000年版。　②③ 李泽厚《美的历程》,文物出版社,1981年版。

永和九年,岁在癸丑,暮春之初,会于会稽山阴之兰亭,修禊事也①。群贤毕至,少长咸集②。此地有崇山峻岭,茂林修竹;又有清流激湍,映带左右③,引以为流觞曲水,列坐其次。虽无丝竹管弦之盛,一觞一咏,亦足以畅叙幽情④。是日也,天朗气清,惠风⑤和畅。仰观宇宙之大,俯察品类之盛,所以游目骋怀,足以极视听之娱,信可乐也⑥。

夫人之相与,俯仰一世⑦。或取诸怀抱,晤言一室之内⑧;或因寄所托,放浪形骸之外⑨。虽取舍万殊,静躁不同,当其欣于所遇,暂得于己,快然自足,曾不知老之将至⑩。及其所之既倦,情随事迁,感慨系之矣⑪。向之所欣,俯仰之间,已为陈迹,犹不能不以之兴怀⑫;况修短随化,终期于尽⑬。古人云:"死生亦大矣⑭。"岂不痛哉!

每览昔人兴感之由,若合一契,未尝不临文嗟悼,不能喻之于怀⑮。固知一死生为虚诞,齐彭殇为妄作⑯。后之视今,亦犹今之视昔,悲夫!故列叙时人,录其所述⑰。虽世殊事异,所以兴怀,其致一也⑱。后之览者,亦将有感于斯文⑲。

【思考与练习】

1. 理解并背诵全文。
2. 理解"死生亦大矣",说说这一观点在当时历史背景下的重要意义。
3. 课外阅读李泽厚的《美的历程》中"魏晋风度"一部分,感受魏晋独特的"风度",加深对本文的深入理解。

---

① 永和:东晋穆帝年号。癸丑:古代用干支纪年,这个癸丑年即为永和九年。暮春:春季的末一个月,即阴历三月。会稽:郡名,在今浙江北部和江苏东南部一带。山阴:当时县名,今浙江绍兴。修:治,这里是举行的意思。禊(xì)事:古代的一种风俗,在阴历三月上旬的巳日到水边洗濯,祈福消灾。魏以后改为三月初三,内容也改成水边宴饮和郊游一类的活动。 ② 毕、咸:全部,统统。群贤:众多贤才,指孙绰、谢安等人。少长:年轻的和年长的。 ③ 激湍(tuān):流势很急的水。映带左右:环绕在亭子的四周。映带,映衬,围绕。 ④ 流觞(shāng):把盛酒的杯浮在上游水面上,任其循曲水而下,流到谁的面前,谁就取饮。曲水:引水环曲成渠,以便流觞取饮。列坐:排列而坐。次:旁边,水边。丝竹管弦:都是乐器,此指演奏音乐。盛:盛况。一觞一咏:一边饮酒,一边赋诗。一,有的,表示分指,常常成对使用。幽情:犹衷情,发自内心的感情。 ⑤ 惠风:和风。 ⑥ 品类:万物。盛:繁多。所以:用来,借以。游目:眼光从近到远,随意观赏眺望。骋怀:开畅胸怀。极:尽,极尽。信:实在,确实。 ⑦ 相与:相互往来。俯仰:举首俯首之间,极言时间短暂。 ⑧ 取诸怀抱:把自己的胸怀抱负倾吐出来。取诸,从……中取得。晤言:坦诚交谈。 ⑨ 因寄所托,放浪形骸之外:随着自己所爱好的事物,寄托情怀,不受约束,放纵无羁地生活。因,依仗,随着。寄,寄托。所托,所爱好的事物。放浪,放纵不羁,无拘束。形骸,身体,形体。 ⑩ 万殊:千差万别。静躁:安静与躁动。静,指晤言一室。躁,指放浪形骸。快然:快乐的样子。足:满足。曾(zēng):竟,乃。不知老之将至:不知道衰老将要到来。引用孔子语,见《论语·述而》。 ⑪ 及:等到。所之既倦:(对于)所爱好或得到的事物已经厌倦。之,到达。情随事迁:感情随着事物的变化而变化。系:随着。 ⑫ 向:从前,过去。以之:因之。兴怀:产生感慨。 ⑬ 修短随化:寿命长短,听凭造化。终期于尽:最终必然都要消亡。期,必然。尽,完结,这里是死亡的意思。 ⑭ 死生亦大矣:死生毕竟是件大事啊。语见《庄子·德充符》。 ⑮ 由:因由,原因。若合一契:像符契那样相合(意思是感触相同)。契,契约,用木或竹刻成,分成两半,双方各执一半,合在一起可为凭验。临文:面对着(古人的)文章。不能喻之于怀:不能明白于心。 ⑯ 固:本来,原来。一死生:把死和生看成一样。一,把……看作一样,意动用法。虚诞:虚妄荒诞的话。齐彭殇:把长寿和短寿看作相等。齐,把……看作相等,意动用法。彭,彭祖,寿八百岁。殇,未成年死去的人。妄作:妄造,胡说。"一死生""齐彭殇",见《庄子·齐物论》。 ⑰ 列叙时人:一个一个地记下当时与会的人。录其所述:录下他们作的诗。 ⑱ 虽世殊事异:纵使时代变了,事情不同了。所以:……的原因。其致一也:人们的思想情趣是一样的。 ⑲ 斯文:这次集会的诗文。

3 命若琴弦(节选)[①]

史铁生

【阅读提示】

> 《命若琴弦》是当代著名作家史铁生早期的代表作。它讲述的是两个瞎子的故事。为了一个期待——弹断一千根琴弦重见光明,老瞎子用了整整半个世纪。当他终于弹断了一千根琴弦,人们却告诉他那所谓的药方不过是一张无字的白纸。他的精神世界几乎崩溃。绝望、痛苦、悲怆、衰颓……险些把他摧毁。但他还是克制住了自己的绝望和痛楚,把这个美丽的谎言和虚幻的期冀又传递给了他的徒弟小瞎子。此时的小瞎子也正因为心爱的姑娘的离去而痛不欲生。小瞎子在老瞎子的教诲和引领下,又和老瞎子开始了流浪生活……
>
> 本文通过师徒俩的对话描写,通过人物动作和心理的细腻刻画,以及恰到好处的景物渲染和烘托,把故事情节演绎得完整自然,把人物形象塑造得血肉丰满,展现了史铁生作品深厚凝重的特点,充分表达了作品富有哲理性的深刻内涵。这些,均值得我们反复玩味体会。
>
> 这个故事蕴含丰富,意味深远。有人说:瞎子的故事就是人类的故事。阅读时请思考史铁生想通过这个故事告诉我们什么。

就是这天晚上,老瞎子弹断了最后两根琴弦。两根弦一齐断了,他没料到。他几乎是连跑带爬地上了野羊岭,回到小庙里。

小瞎子吓了一跳:"怎么了,师父?"

老瞎子喘吁吁地坐在那儿,说不出话。

小瞎子有些犯嘀咕:莫非是他和兰秀儿干的事让师父知道了?

老瞎子这才相信:一切都是值得的。一辈子的辛苦都是值得的。能看一回,好好看一回,怎么都是值得的。

"小子,明天我就去抓药。"

"明天?"

"明天。"

"又断了一根了?"

"两根。两根都断了。"

老瞎子把那两根弦卸下来,放在手里揉搓了一会儿,然后把它们并到另外的九百九十八根中去,

[①] 选自史铁生《命若琴弦》(人民文学出版社,2008年版)的结尾部分。前面的情节是:有两个瞎子,老瞎子七十岁,小瞎子十七岁,他们各自揣着一把三弦琴,以说书为生,四处飘零。老瞎子在二十岁的时候,他的师父告诉他,有一个能使眼睛复明的药方,被封在琴槽里,但必须亲手弹断一千根琴弦,用这一千根琴弦做药引才能有效。为弹断这一千根琴弦,老瞎子用了整整半个世纪,不停地走,不停地说,不停地弹。到了这一年的夏天,就剩最后的几根了,他们来到了野羊坳。老瞎子怀着兴奋、激动又有些复杂的心情更加努力地弹着;而小瞎子却只对他看不到的这个世界充满了好奇和幻想,并和兰秀儿产生了朦胧的感情。老瞎子已弹断了九百九十八根琴弦,这一晚,老瞎子在野羊坳里自弹自唱……

绑成一捆。

"明天就走？"

"天一亮就动身。"

小瞎子心里一阵发凉。老瞎子开始剥琴槽上的蛇皮。

"可我的病还没好利索。"小瞎子小声叨咕。

"噢，我想过了，你就先留在这儿，我用不了十天就回来。"

小瞎子喜出望外。

"你一个人行不？"

"行！"小瞎子紧忙说。

老瞎子早忘了兰秀儿的事。"吃的、喝的、烧的全有。你要是病好利索了，也该学着自个儿去说回书。行吗？"

"行。"小瞎子觉得有点对不住师父。

蛇皮剥开了，老瞎子从琴槽中取出一张叠得方方正正的纸条。他想起这药方放进琴槽时，自己才二十岁，便觉得浑身上下都好像冷。

小瞎子也把那药方放在手里摸了一会儿，也有了几分肃穆。

"你师爷一辈子才冤呢。"

"他弹断了多少根？"

"他本来能弹够一千根，可他记成了八百。要不然他能弹断一千根。"

天不亮老瞎子就上路了。他说最多十天就回来，谁也没想到他竟去了那么久。

老瞎子回到野羊坳时已经是冬天。

漫天大雪，灰暗的天空连接着白色的群山。没有声息，处处也没有生气，空旷而沉寂。所以老瞎子那顶发了黑的草帽就尤其蹒动得显著。他蹒蹒跚跚地爬上野羊岭。庙院中衰草瑟瑟，蹿出一只狐狸，仓惶逃远。

村里人告诉他，小瞎子已经走了些日子。

"我告诉他等我回来。"

"不知道他干嘛就走了。"

"他没说去哪儿？留下什么话没？"

"他说让您甭找他。"

"什么时候走的？"

人们想了好久，都说是在兰秀儿嫁到山外去的那天。

老瞎子心里便一切全都明白。

众人劝老瞎子留下来，这么冰天雪地的上哪去？不如在野羊坳说一冬天书。老瞎子指指他的琴，人们见琴柄上空荡荡已经没了琴弦。老瞎子面容也憔悴，呼吸也孱弱，嗓音也沙哑了，完全变了个人。他说得去找他的徒弟。

若不是还想着他的徒弟，老瞎子就回不到野羊坳。那张他保存了五十年的药方原来是一张无字的白纸。他不信，请了多少个识字而又诚实的人帮他看，人人都说那果真就是一张无字的白纸。老瞎子在药铺前的台阶上坐了一会儿，他以为是一会儿，其实已经几天几夜，骨头一样的眼珠在询问苍天，脸色也变成骨头一样的苍白。有人以为他是疯了，安慰他，劝他。老瞎子苦笑：七十岁了再疯还有什么意思？他只是再不想动弹，吸引着他活下去、走下去、唱下去的东西骤然间消失干净。就像一根不能拉紧的琴弦，再难弹出赏心悦耳的曲子。老瞎子的心弦断了。现在发现那目的原来是空的。老瞎子在一个小客店里住了很久，觉得身体里的一切都在熄灭。他整天躺在炕上，不弹也不唱，一天天迅速地衰老。直到花光了身上所有的钱，直到忽然想起了他的徒弟，他知道自己的死期将至，可那孩子在等他回去。

茫茫雪野，皑皑群山，天地之间蹒动着一个黑点。走近时，老瞎子的身影弯得如一座桥。他去找他的徒弟。他知道那孩子目前的心情、处境。

他想自己先得振作起来，但是不行，前面明明没有了目标。

他一路走，便怀恋起过去的日子，才知道以往那些奔奔忙忙兴致勃勃的翻山、赶路、弹琴，乃至心焦、忧虑都是多么欢乐！那时有个东西把心弦扯紧，虽然那东西原是虚设。老瞎子想起他师父临终时的情景。他师父把那张自己没用上的药方封进他的琴槽。"您别死，再活几年，您就能睁眼看一回了。"说这话时他还是个孩子。他师父久久不言语，最后说："记住，人的命就像这琴弦，拉紧了才能弹好，弹好了就够了。"……不错，那意思就是说：目的本来没有。老瞎子知道怎么对自己的徒弟说了。可是他又想：能把一切都告诉小瞎子吗？老瞎子又试着振作起来，可还是不行，总摆脱不掉那张无字的白纸……

在深山里，老瞎子找到了小瞎子。

小瞎子正跌倒在雪地里，一动不动，想那么等死。老瞎子懂得那绝不是装出来的悲哀。老瞎子把他拖进一个山洞，他已无力反抗。

老瞎子捡了些柴，打起一堆火。

小瞎子渐渐有了哭声。老瞎子放了心，任他尽情尽意地哭。只要还能哭就还有救，只要还能哭就有哭够的时候。

小瞎子哭了几天几夜，老瞎子就那么一声不吭地守候着。火头和哭声惊动了野兔子、山鸡、野羊、狐狸和鹞鹰……

终于小瞎子说话了："干嘛咱们是瞎子！"

"就因为咱们是瞎子。"老瞎子回答。

终于小瞎子又说："我想睁开眼看看，师父，我想睁开眼看看！哪怕就看一回。"

"你真那么想吗？"

"真想，真想——"

老瞎子把篝火拨得更旺些。

雪停了。铅灰色的天空中，太阳像一面闪光的小镜子。鹞鹰在平稳地滑翔。

"那就弹你的琴弦，"老瞎子说，"一根一根尽力地弹吧。"

"师父，您的药抓来了？"小瞎子如梦方醒。

"记住，得真正是弹断的才成。"

"您已经看见了吗？师父，您现在看得见了？"

小瞎子挣扎着起来，伸手去摸师父的眼窝。老瞎子把他的手抓住。

"记住，得弹断一千二百根。"

"一千二？"

"把你的琴给我，我把这药方给你封在琴槽里。"老瞎子现在才弄懂了他师父当年对他说的话——咱的命就在这琴弦上。

目的虽是虚设的，可非得有不行，不然琴弦怎么拉紧；拉不紧就弹不响。

"怎么是一千二，师父？"

"是一千二，我没弹够，我记成了一千。"老瞎子想：这孩子再怎么弹吧，还能弹断一千二百根？永远扯紧欢跳的琴弦，不必去看那张无字的白纸……

这地方偏僻荒凉，群山不断。荒草丛中随时会飞起一对山鸡，跳出一只野兔、狐狸或者其他小野兽。山谷中鹞鹰在盘旋。

现在让我们回到开始：

莽莽苍苍的群山之中走着两个瞎子，一老一少，一前一后，两顶发了黑的草帽起伏蹿动，匆匆忙忙，像是随着一条不安静的河水在漂流。无所谓从哪儿来，到哪儿去，也无所谓谁是谁……

一九八五年四月二十日

【思考与练习】

1. 本文中关于老瞎子的外貌描写、心理描写以及环境描写均十分精彩，自选其中的一个方面进行分析。

2. 谈谈怎样理解"目的虽是虚设，可非得有不行，不然琴弦怎么拉紧；拉不紧就弹不响""人的命就像这琴弦，拉紧了才能弹好，弹好了就够了""永远扯紧欢跳的琴弦，不必去看那张无字的白纸"的含义。

3. 这篇作品，可以从多个角度解读，请根据你的理解，谈一谈作品给你的启发。也可组织一次"追求过程，成就人生"的学习交流会。

4 最后一片叶子①

［美］欧·亨利
文美惠　译

【阅读提示】

> 欧·亨利的小说构思巧妙，情节夸张而又合乎情理，语言幽默，结尾出人意料，"欧·亨利式的结尾"已经是文学史上指称经典结尾的一个代名词。《最后一片叶子》是他的代表作之一。
>
> 这篇小说以时间为顺序，以"最后一片叶子"为线索，给我们讲述了一个耐人寻味的故事：一个老画家用生命的"杰作"——最后一片叶子挽救了一个年轻画家的故事。整篇文章构思严谨，铺垫周密，伏笔巧妙，结尾震撼人心，在让我们叹服作者高超的艺术笔法的同时，又给我们留下了联想和思考的广阔空间。"最后一片叶子"作为老画家贝尔门一生中最辉煌的"杰作"和绝唱，闪烁着人性的光辉，使得他原本黯淡甚至可怜的形象，一下子高大起来；同时，也把思考留给了我们：我们该如何对待他人，包括那些原本与我们素不相识的人们？
>
> 文章的语言也很有特色，阅读时需仔细体会。

在华盛顿广场西边的一个小区里，街道都横七竖八地伸展开去，又分裂成一小条一小条的"胡同"。这些"胡同"稀奇古怪地拐着弯子。一条街有时自己本身就交叉了不止一次。有一回一个画家发现这条街有一种优越性：要是有个收账的跑到这条街上，来催要颜料、纸张和画布的钱，他就会突然发现自己两手空空，原路返回，一文钱的账也没有要到！

---

① 选自《外国短篇小说选》，天津人民出版社，1981年版。

所以,不久之后不少画家就摸索到这个古色古香的老格林威治村①来,寻求朝北的窗户、十八世纪的尖顶山墙、荷兰式的阁楼,以及低廉的房租。然后,他们又从第六街买来一些锡蜡酒杯和一两只火锅,这里便成了"艺术区"。

苏和琼西的画室设在一所又宽又矮的三层楼砖房的顶楼上。"琼西"是琼娜的爱称。她俩一个来自缅因州,一个是加利福尼亚州人。她们是在第八街的"台尔蒙尼歌之家"吃份饭时碰到的,她们发现彼此对艺术、生菜色拉和时装的爱好非常一致,便合租了那间画室。

那是五月里的事。到了十一月,一个冷酷的、肉眼看不见的、医生们叫作"肺炎"的不速之客,在艺术区里悄悄地游荡,用他冰冷的手指头这里碰一下那里碰一下。在广场东头,这个破坏者明目张胆地踏着大步,一下子就击倒几十个受害者,可是在迷宫一样、狭窄而铺满青苔的"胡同"里,他的步伐就慢了下来。

肺炎先生不是一个你们心目中行侠仗义的老的绅士。一个身子单薄,被加利福尼亚州的西风刮得没有血色的弱女子,本来不应该是这个有着红拳头的、呼吸急促的老家伙打击的对象。然而,琼西却遭到了打击;她躺在一张油漆过的铁床上,一动也不动,凝望着小小的荷兰式玻璃窗外对面砖房的空墙。

一天早晨,那个忙碌的医生扬了扬他那毛茸茸的灰白色眉毛,把苏叫到外边的走廊上。

"我看,她的病只有十分之一的恢复希望,"他一面把体温表里的水银柱甩下去,一面说,"这一分希望就是她想要活下去的念头。有些人好像不愿意活下去,喜欢照顾殡仪馆的生意,简直让整个医药界都无能为力。你的朋友断定自己是不会痊愈的了。她是不是有什么心事呢?"

"她——她希望有一天能够去画那不勒斯的海湾。"苏说。

"画画?——真是瞎扯!她脑子里有没有什么值得她想了又想的事——比如说,一个男人?"

"男人?"苏像吹口琴似的扯着嗓子说,"男人难道值得——不,医生,没有这样的事。"

"哦,那么就是她病得太衰弱了,"医生说,"我一定尽我的努力用科学所能达到的全部力量来治疗她。可要是我的病人开始算计会有多少辆马车送她出丧,我就得把治疗的效果减掉百分之五十。只要你能想法让她对冬季大衣袖子的时新式样感到兴趣而提出一两个问题,那我可以向你保证把医好她的机会从十分之一提高到五分之一。"

医生走后,苏走进工作室里,把一条日本餐巾哭成一团湿。后来她手里拿着画板,装作精神抖擞的样子走进琼西的屋子,嘴里吹着爵士音乐调子。

琼西躺着,脸朝着窗口,被子底下的身体纹丝不动。苏以为她睡着了,赶忙停止吹口哨。

她架好画板,开始给杂志里的故事画一张钢笔插图。年轻的画家为了铺平通向艺术的道路,不得不给杂志里的故事画插图,而这些故事又是年轻的作家为了铺平通向文学的道路而不得不写的。

苏正在给故事主人公,一个爱达荷州牧人的身上,画上一条马匹展览会穿的时髦马裤和一片单眼镜时,忽然听到一个重复了几次的低微的声音。她快步走到床边。

琼西的眼睛睁得很大。她望着窗外,数……倒过来数。

"十二,"她数道,歇了一会又说,"十一,"然后是"十"和"九";接着几乎同时数着"八"和"七"。

苏关切地看了看窗外。那儿有什么可数的呢?只见一个空荡阴暗的院子,二十英尺以外还有一所砖房的空墙。一棵老极了的常春藤,枯萎的根纠结在一块,枝干攀在砖墙的半腰上。秋天的寒风把藤上的叶子差不多全都吹掉了,几乎只有光秃的枝条还缠附在剥落的砖块上。

"什么呀,亲爱的?"苏问道。

"六,"琼西几乎用耳语低声说道,"它们现在越落越快了,三天前还有差不多一百片,我数得头都疼了,但是现在好数了。又掉了一片,只剩下五片了。""五片什么呀,亲爱的。告诉你的苏娣吧。"

"叶子。常春藤上的。等到最后一片叶子掉下来,我也就该去了。这件事我三天前就知道了。难道医生没有告诉你?"

---

① 格林威治村:美国纽约市西区的一个地名,住在这里的多半是作家、艺术家等。

"哼,我从来没听过这种傻话,"苏十分不以为然地说,"那些破常春藤叶子和你的病好不好有什么关系?你以前不是很喜欢这棵树吗?你这个淘气孩子。不要说傻话了。瞧,医生今天早晨还告诉我,说你迅速痊愈的机会是,——让我一字不改地照他的话说吧——他说有九成把握。噢,那简直和我们在纽约坐电车或者走过一座新楼房的把握一样大。喝点汤吧,让苏娣去画她的画,好把它卖给编辑先生,换了钱来给她的病孩子买点红葡萄酒,再给她自己买点猪排解解馋。"

"你不用买酒了,"琼西的眼睛直盯着窗外说道,"又落了一片。不,我不想喝汤。只剩下四片了,我想在天黑以前等着看那最后一片叶子掉下去,然后我也要去了。"

"琼西,亲爱的,"苏俯着身子对她说,"你答应我闭上眼睛,不要瞧窗外,等我画完,行吗?明天我非得交出这些插图。我需要光线,否则我就拉下窗帘了。"

"你不能到那间屋子里去画吗?"琼西冷冷地问道。

"我愿意待在你跟前,"苏说,"再说,我也不想让你老看着那些讨厌的常春藤叶子。"

"你一画完就叫我,"琼西说着,便闭上了眼睛。她脸色苍白,一动不动地躺在床上,就像是座横倒在地上的雕像。"因为我想看那最后一片叶子掉下来,我等得不耐烦了,也想得不耐烦了。我想摆脱一切,飘下去,飘下去,像一片可怜的疲倦了的叶子那样。"

"你睡一会吧,"苏说道,"我得下楼把贝尔门叫上来,给我当那个隐居的老矿工的模特儿。我一会儿就回来的。不要动,等我回来。"

老贝尔门是住在她们这座楼房底层的一个画家。他年过六十,有一把像米开朗琪罗①的摩西雕像那样的大胡子,这胡子长在一个像半人半兽的森林之神的头颅上,又鬈曲地飘拂在小鬼似的身躯上。贝尔门是个失败的画家。他操了四十年的画笔,还远没有摸着艺术女神的衣裙。他老是说就要画他的那幅杰作了,可是直到现在他还没有动笔。几年来,他除了偶尔画点商业广告之类的玩意儿以外,什么也没有画过。他给艺术区里穷得雇不起职业模特儿的年轻画家们当模特儿,挣一点钱。他喝酒毫无节制,还时常提起他要画的那幅杰作。除此以外,他是一个火气十足的小老头子,十分瞧不起别人的温情,却认为自己是专门保护楼上画室里那两个年轻女画家的一只看家狗。

苏在楼下他那间光线黯淡的斗室里找到了嘴里酒气扑鼻的贝尔门。一幅空白的画布绷在一个画架上,摆在屋角里,等待那幅杰作已经二十五年了,可是连一根线条还没等着。苏把琼西的胡思乱想告诉了他,还说她害怕琼西自个儿瘦小柔弱得像一片叶子一样,对这个世界的留恋越来越微弱,恐怕真会离世飘走了。

老贝尔门两只发红的眼睛显然在迎风流泪,他十分轻蔑地嗤笑这种傻呆的胡思乱想。

"什么,"他喊道,"世界上真会有人蠢到因为那些该死的常春藤叶子落掉就想死?我从来没有听说过这种怪事。不,我才不给你那隐居的矿工糊涂虫当模特儿呢。你干吗让她胡思乱想?唉,可怜的琼西小姐。"

"她病得很厉害很虚弱,"苏说,"发高烧发得她神经昏乱,满脑子都是古怪想法。好吧,贝尔门先生,你不愿意给我当模特儿,就拉倒,我看你是个讨厌的老——老啰嗦鬼。"

"你简直太婆婆妈妈了!"贝尔门喊道,"谁说我不愿意当模特儿?走,我和你一块去。我不是讲了半天愿意给你当模特儿吗?老天爷,琼西小姐这么好的姑娘真不应该躺在这种地方生病。总有一天我要画一幅杰作,我们就可以都搬出去了。一定的!"

他们上楼以后,琼西正睡着觉。苏把窗帘拉下,一直遮住窗台,做手势叫贝尔门到隔壁屋子里去。他们在那里提心吊胆地瞅着窗外那棵常春藤。后来他们默默无言,彼此对望了一会。寒冷的雨夹杂着雪花不停地下着。贝尔门穿着他的旧的蓝衬衣,坐在一把翻过来充当岩石的铁壶上,扮作隐居的矿工。

第二天早晨,苏只睡了一个小时的觉,醒来了,她看见琼西无神的眼睛睁得大大地注视着拉下的

---

① 米开朗琪罗(1475—1564):意大利著名画家、雕塑家、诗人、建筑师。他在罗马教皇朱利二世的墓上雕刻了摩西像。

绿窗帘。

"把窗帘拉起来,我要看看。"她低声地命令道。

苏疲倦地照办了。

然而,看呀!经过了漫长一夜的风吹雨打,在砖墙上还挂着一片藤叶。它是常春藤上最后的一片叶子了。靠近茎部仍然是深绿色,可是锯齿形的叶子边缘已经枯萎发黄,它傲然挂在一根离地二十多英尺的藤枝上。

"这是最后一片叶子。"琼西说道,"我以为它昨晚一定会落掉的。我听见风声的。今天它一定会落掉,我也会死的。"

"哎呀,哎呀,"苏把疲乏的脸庞挨近枕头边上对她说,"你不肯为自己着想,也得为我想想啊。我可怎么办呢?"

可是琼西不回答。当一个灵魂正在准备走上那神秘的、遥远的死亡之途时,她是世界上最寂寞的人了。那些把她和友谊及大地联结起来的关系逐渐消失以后,她那个狂想越来越强烈了。

白天总算过去了,甚至在暮色中她们还能看见那片孤零零的藤叶仍紧紧地依附在靠墙的枝上。后来,夜的到临带来了呼啸的北风,雨点不停地拍打着窗子,雨水从低垂的荷兰式屋檐上流泻下来。

天刚蒙蒙亮,琼西就毫不留情地吩咐拉起窗帘来。

那片藤叶仍然在那里。

琼西躺着对它看了许久。然后她招呼正在煤气炉上给她煮鸡汤的苏。

"我是一个坏女孩子,苏娣,"琼西说,"天意让那片最后的藤叶留在那里,证明我是多么坏。想死是有罪过的。你现在就给我拿点鸡汤来,再拿点羼葡萄酒的牛奶来,再——不,先给我一面小镜子,再把枕头垫垫高,我要坐起来看你做饭。"

过了一个钟头,她说道:"苏娣,我希望有一天能去画那不勒斯的海湾。"

下午医生来了,他走的时候,苏找了个借口跑到走廊上。

"有五成希望,"医生一面说,一面把苏细瘦的颤抖的手握在自己的手里,"好好护理,你会成功的。现在我得去看楼下另一个病人。他的名字叫贝尔门——听说也是个画家。也是肺炎。他年纪太大,身体又弱,病势很重。他是治不好的了;今天要把他送到医院里,让他更舒服一点。"

第二天,医生对苏说:"她已经脱离危险,你成功了。现在只剩下营养和护理了。"

下午苏跑到琼西的床前,琼西正躺着,安详地编织着一条毫无用处的深蓝色毛线披肩。苏用一只胳臂连枕头带人一把抱住了她。

"我有件事要告诉你,小家伙。"她说,"贝尔门先生今天在医院里患肺炎去世了。他只病了两天。头一天早晨,门房发现他在楼下自己那间房里痛得动弹不了。他的鞋子和衣服全都湿透了,冰凉冰凉的。他们搞不清楚在那个凄风苦雨的夜晚,他究竟到哪里去了。后来他们发现了一盏没有熄灭的灯笼,一把挪动过地方的梯子,几支扔得满地的画笔,还有一块调色板,上面涂抹着绿色和黄色的颜料,还有——亲爱的,瞧瞧窗子外面,瞧瞧墙上那最后一片藤叶。难道你没有想过,为什么风刮得那样厉害,它却从来不摇一摇、动一动呢?唉,亲爱的,这片叶子才是贝尔门的杰作——就是在最后一片叶子掉下来的晚上,他把它画在那里的。"

【思考与练习】

1. 小说题为"最后一片叶子",请说出其作用和意蕴。

2. 作者满怀深情地讴歌老画家贝尔门舍己为人的美好心灵,可是不做一点心理描写,你觉得这样处理有什么好处?你认为小说结尾的安排妙在何处?

3. 思考讨论:从"最后一片叶子"和琼西的关系中,你得到了哪些启示?面对他人的困难、困境,人们(也包括你)会有各种各样的态度,请谈谈老画家贝尔门对你产生了什么影响。

5* 奶 奶①

[美]雷·布莱德伯里

孙法理 译

【阅读提示】

> 生命是条单行道。在这漫漫长途中,我们常常被内心的焦虑、不安、怀疑、悲观搅扰得心神不宁。在这个喧嚣的世界中,若能保有一份内心的宁静,那便是幸福。本文中的奶奶,一个普通人,却走过了幸福的一生。她"如秋叶般静美"地安详地告别这个世界,因为她生而无憾。她的故事告诉我们,做人要承担好自己的责任,快乐地做好该做的每一件事;尽情享受生活,"一切食物我都吃过了,一切舞我也跳过了",这样才能让自己的心灵安详而宁静,让自己活得舒展自如,无忧无虑。
>
> 文章巧妙地将现实和回忆交织在一起,将奶奶的一生和临终前的动人情景一并展现在我们的面前,塑造了一个亲切、动人的形象,充分传达了文章主题。
>
> 有这样一个寓言故事:一群人急匆匆赶路,突然一个人停下来,问他,回答说,走得太快了,灵魂落在后面,我要等等它。在生命的途中,我们都是步履匆匆的行人,需要经常停下来,反观自己的灵魂,叩问自己将何去何从,需要度过一个怎样的生命过程,想要一个怎样的生命状态。读了本文,或许,你会受到一些启发。

她是个女人,手里拿着扫帚、畚箕、抹布,或是汤匙。你看她早上哼着歌儿切馅饼皮,中午往餐桌上送新出炉的馅饼,黄昏收拾吃剩的冷馅饼。像个瑞士摇铃手叮叮当当地把瓷杯摆放整齐。又像个真空除尘器,一阵风走过每一间屋子,找出没弄好的地方,把它弄弄整齐。她只需手执小泥刀在花园里走上两趟,花儿就在她身后温暖的空气中燃起颤巍巍的红火。她睡得极安静,一夜翻身不到三次,舒坦得像一只白色的手套。但是天一亮,手套里插进了一只精力充沛的手。她醒着时总像扶正画框一样,把每个人都弄得端端正正。

可是,现在呢?

"奶奶。"大家都在喊,"祖奶奶。"

现在她仿佛是一个庞大的数学式子终于算到了底。她填满过火鸡、家鸡、鸽子的肚子,也填满过大人、孩子的肚子。她洗擦过天花板、墙壁、病人和孩子。她铺过油毡,修理过自行车,上过钟表发条,烧过炉子,在一万个痛苦的伤口上涂过碘酒。她的两只手忙忙碌碌、做个不休,这里整一整,那里弄一弄。把垒球和鲜艳的捶球棍放回原位,给黑色的土地撒上种子,给馅饼包皮,给红烧肉浇汁,给酣睡的孩子盖被,无数次地拉下百叶窗、吹熄蜡烛、关上电灯——于是,她老了。回顾她所开始、进行、完成的三十亿件大大小小的工作,归纳到一起,最后的一个小数加上去了,最后的一个零填进去了。现在她手拿粉笔,推开了生活,她要沉默一个小时,然后便要拿起刷子,把这个数字擦去。

---

① 选自《外国散文百年精华》,人民文学出版社,2001年版。雷·布莱德伯里(1920—2012),美国科幻小说家,著有长篇小说《华氏温标451》《火星纪事》《太阳的金苹果》等。

"我来看看，"祖奶奶说，"我来看看……"

她不再忙碌了。她绕着屋子不断转来转去，观看每一样东西。最后，她到了楼梯口，谁也没有告诉一声便爬上了三道楼梯，到了她的屋子，拉直了身子躺下，准备死去。像一个化石的模印打在越来越冷的雪一样的被窝里。

"奶奶！祖奶奶！"又有声音在叫她。

她要死了。这消息从楼梯间直落下来，像层层涟漪，荡漾进每一间屋子。荡漾出每一道门，每一个窗户，荡漾进榆树掩映的街道，来到苍翠的峡谷口上。

"来呀！来呀！"

一家人围到她的床边。

"让我躺躺吧。"她轻声地说。

她的病痛任何显微镜也查不出来。那是一种轻微的然而不断加重的疲倦，一种压在她那麻雀样身上的朦胧压力。困倦了，更困倦了，困倦极了。

她的孩子们和孩子们的孩子们仿佛觉得她如此简单的动作——世界上最轻微的动作，不可能引起这样严重的恐慌。

"祖奶奶，听我说，你现在不过是在闯过难关。这屋子没有你是会塌的呀！你至少得让我们有一年的准备时间。"

祖奶奶睁开了一只眼睛，九十岁的岁月像是沙尘鬼从迅速撤空的屋顶上的窗口飘了出来，静静地望着她的医生。

"汤姆呢？"

汤姆被送到她那悄声低语的床边。

"汤姆，"她说，声音微弱而辽远，"在南海的岛屿上每个人都有这么一天。那天到了，他自己也明白，于是他和亲友们握手告别，坐上帆船离开了。他走了，那是很自然的——他的时候到了。今天也是这样。我有时非常像你，星期六要看日场演出，到晚上九点才回来，还得打发你爸爸去接你。汤姆，当你看到同样的西部英雄在同样的高山顶上跟同样的印第安人打仗的时候，那就是离开座位往剧院大门走的时候了，你必须毫不留恋，不要回头。因此，我也该在看得津津有味的时候离开剧院了。"

第二个被叫到身边来的是道格拉斯。

"奶奶，明年春天叫谁去给房顶换木瓦呢？"

从有日历以来每年四月你都以为听见啄木鸟在啄屋顶。不，那是奶奶心醉神迷地哼着小曲在钉钉子。是她在九霄云里给房顶换木瓦！

"道格拉斯，"她细声细气地说，"不觉得盖屋顶挺有趣的人就别让他去盖。"

"是，奶奶。"

"到了四月，你向四面看看再问：'谁愿意盖屋顶去？'谁脸上放出光彩你就叫谁去，道格拉斯。在房顶上你可以看到全城的人往乡下走，乡下的人往天边走，往波光粼粼的小河上走；还看得到清晨的湖泊，脚下树梢上的小鸟。最舒畅的风在你周围呼呼地吹。这些东西哪怕只是为了一样，也值得找一个春天的黎明往风信鸡那儿爬一趟。那是很动人的时刻，只要你有机会去试试……"

她的声音低弱了，像在轻轻地颤动。

道格拉斯哭了。

她鼓起劲来。"唉呀，你哭什么？"

"因为，"他说，"你明天就不在了。"

她把一面小镜子转向孩子。在镜子里他看了看她的脸，看了看自己的脸，又看了看她的脸。她说："我要在明天早上七点钟起床。我要把耳朵后面洗干净。我要跟查理·伍德曼一起跑到教堂去。我要到电气公园去野餐。我要去游泳。打着光脚板跑。从树上落下来。嚼薄荷口香糖……道格拉斯,道格拉斯,你真丢脸!你剪手指甲吧?"

"剪的,奶奶。"

"你的身子每七年左右就全体更新一次,指头上的老细胞,心上的老细胞都得死去,新的细胞长出来。你不会为这个哭吧?不会为这个难过吧?"

"不会的,奶奶。"

"那么,你想想看,孩子。那把剪下的手指甲收藏起来的人不是个傻瓜么?你见过把蜕去的蛇皮保存起来的蛇么?今天躺在这里的我也就跟手指甲和蛇皮差不多,一口气就能把我吹得片片飞落。重要的不是躺在这儿的我,而是那个坐在床前回头望我的我,在楼下做晚饭的我,躺在车房汽车底下的我,在藏书室里读书的我。起作用的是这许许多多的新我。我今天并不会真正死去。人只要有了家就不会死了,我还要活许久许久。一千年后会有多得像一座城市的子孙,坐在橡胶树荫里啃酸苹果。谁拿这种大问题来问我,我就这么回答他!好了,快把别的人也都叫进来吧!"

全家人来齐了,站在屋子里等着,像是在火车站给旅客送行。

"好了,"祖奶奶说,"我在这儿。很荣耀。看见你们围在我床边,满心欢喜。下一周该让孩子们给园子松土和打扫厕所,也该买衣服了。既然你们为了方便起见称之为祖奶奶的那一部分我不会在这儿督促你们了,我的另外的部分,你们称作贝特大伯、利奥、汤姆、道格拉斯等等的部分,就要接过我这项工作。每个人都会有自己的工作。"

"是的,奶奶。"

"明天不要举行什么告别仪式,也不要为我说些动听的话。这些话我在自己的日子里已经满怀骄傲地说过了。一切食物我都吃过了;一切舞我也跳过了。现在我要吃下最后一个我还没尝过的糕饼,用口哨吹出最后一曲我还没吹过的小调。但是我并不害怕。我还真感到好奇呢!我要把它吃得干干净净,不会在嘴边给死亡留下一点点碎屑。不要为我难过。现在,你们都走吧,我要去寻找我的梦了……"

门在某个地方静静地关上了。

"我好过一点了。"在温暖雪白的亚麻布和毛毯铺就的被窝里,她感到舒适宁帖。贴花被子的颜色和往日马戏班的旗帜一样斑驳陆离。她躺在那儿,感到自己还很小、很神秘,好像八十多年前的某些早晨一样。那时她一觉醒来,在床上心满意足地伸伸她的嫩胳膊嫩腿。

很久很久以前,她想,我做了一个梦,做得正甜时却不知叫谁弄醒了——那就是我出生的日子。现在呢?我来想想看……她的心又问到过去。那时我在哪儿?她努力回忆。我到哪儿去寻找那失去的梦?它的线索在哪儿?它是什么模样?她伸出一只小手。在那儿!……是的,那就是它。她微笑了。她在枕头里转动转动脑袋,让它更深地埋进温暖的雪堆里。这样就好些了。现在,是的,她看见它在她心里静静地形成,平静得像沿着蜿蜒无尽的岸滩流淌的海洋。她让那久远的梦碰了碰她,把它从雪堆里举起,让她从那几乎被遗忘的床上飘了起来。

在楼下,她想到,他们在擦银器,在清理地窖,在打扫厅堂。她听得见他们在屋子的每一个角落生活。

"好的。"祖奶奶小声地说,梦把她飘了起来,"像生活中每一件事一样,这是恰当的。"

大海把她送回到岸滩边上。

6* 散文二篇

【阅读提示】

> 天生万物以养人。靠万物为生的人类,应对所有的生命抱有感恩之情——我们应以悲悯的情怀对待万物,以感恩的心态善待自然。只有这样,"我们也才会时时处处在体验中获得'鸢飞鱼跃,道无不在'的生命顿悟与喜悦",与自然万物和谐地生存在美丽的地球上。
>
> 不仅如此,大自然中形形色色的生命个体,以其特有的生存状态,带给我们启示、感动,甚至是心灵的震撼,使我们陡生崇敬之情、敬畏之心。现在,就请你走进神奇的大自然,去看看那"生命的崇高体现","意志最完美的象征",去感受那天地为之动容的奉献和牺牲。这就是生命!

石缝间的生命①

林 希

石缝间倔强的生命,常使我感动得潸然②泪下。

是那不定的风把那无人采撷③的种子撒落到海角天涯。当它们不能再找到泥土,便把最后一线生的希望寄托在这一线石缝里。尽管它们也能从阳光里分享到温暖,从雨水里得到湿润,而唯有那一切生命赖以生存的土壤却要自己去寻找。它们面对着的现实该是多么严峻。

于是,大自然出现了惊人的奇迹,不毛的石缝间丛生出倔强的生命。

或者就只是一簇一簇无名的野草,春绿秋黄,岁岁枯荣。它们没有条件生长宽阔的叶子,因为它们寻找不到足以使草叶变得肥厚的营养,它们有的只是三两片长长的细瘦的薄叶,那细微的叶脉告知你生存该是多么艰难;更有的,它们就在一簇一簇瘦叶下自己生长出根须,只为了少向母体吮吸一点乳汁,便自去寻找那不易被觉察到的石缝。这就是生命。如果这是一种本能,那么它正说明生命的本能是多么尊贵,生命有权自认为辉煌壮丽,生机竟是这样地不可扼制。

或者就是一团一团小小的山花,大多又都是那苦苦的蒲公英。它们的茎叶里涌动着苦味的乳白色的浆汁,它们的根须在春天被人们挖去作野菜。而石缝间的蒲公英,却远不似田野上的同宗生长得那样茁壮。它们因山风的凶狂而不能长成高高的躯干,它们因山石的贫瘠而不能拥有众多的叶片,它们的茎显得坚韧而苍老,它们的叶因枯萎而失却光泽;只有它们的根竟似那柔韧而又强固的筋条,似那柔中有刚的藤蔓,深埋在石缝间狭隘的间隙里;它们已经不能再去为人们作佐餐的鲜嫩的野菜,却默默地为攀登山路的人准备了一个可靠的抓手。生命就是这样地被环境规定着,又被环境改变着,适者生存的规律尽管无情,但一切的适者都是战胜环境的强者,生命现象告诉你,生命就是拼搏。

如果石缝间只有这些小花小草,也许还只能引起人们的哀怜;而最为令人赞叹的,就在那石岩的缝隙间,还生长着参天的松柏,雄伟苍劲,巍峨挺拔。它们使高山有了灵气,使一切的生命在它们的面

---

① 选自1983年9月10日《人民日报》,略有改动。林希,生于1937年,天津人,当代诗人、小说家。 ② 潸(shān)然:流泪的样子。 ③ 采撷(xié):摘取。

前显得苍白逊色。它们的躯干就是这样顽强地从石缝间生长出来,扭曲地,旋转地,每一寸树衣上都结着伤疤。向上,向上,向上是多么地艰难。每生长一寸都要经过几度寒暑,几度春秋。然而它们终于长成了高树,伸展开了繁茂的枝干,团簇着永不凋落的针叶。它们耸立在悬崖断壁上,耸立在高山峻岭的峰巅,只有那盘结在石崖上的树根在无声地向你述说,它们的生长是一次多么艰苦的拼搏。那粗如巨蟒、细如草蛇的树根,盘根错节,从一个石缝间扎进去,又从另一个石缝间钻出来,于是沿着无情的青石,它们延伸过去,像犀利的鹰爪抓住了它栖身的岩石。有时,一株松柏,它的根须竟要爬满半壁山崖,似把累累的山石用一根粗粗的缆绳紧紧地缚住,由此,它们才能迎击狂风暴雨的侵袭,它们才终于在不属于自己的生存空间为自己占有了一片土地。

如果一切的生命都不屑于去石缝间寻求立足的天地,那么,世界上就会有一大片一大片的地方成为永远的死寂。飞鸟无处栖身,一切借花草树木赖以生存的生命就要绝迹,那里便会沦为永无开化之日的永远的黑暗。如果一切的生命只贪恋于黑黝黝的沃土,它们又如何完备自己驾驭环境的能力,又如何使自己在一代一代的繁衍中变得愈加坚强呢?世界就是如此奇妙。试想,那石缝间的野草,一旦将它们的草籽儿撒落在肥沃的大地上,它们一定会比未经过风雨考验的娇嫩的种子具有更为旺盛的生机,长得更显繁茂;试想,那石缝间的蒲公英,一旦它们的种子,撑着团团的絮伞,随风飘向湿润的乡野,它们一定会比其他的花卉生长得苗壮,更能经暑耐寒。至于那顽强的松柏,它本来就是生命的崇高体现,是毅力和意志最完美的象征,它给一切的生命以鼓舞,以榜样。

愿一切生命不致因飘落在石缝间而凄凄艾艾。愿一切生命都敢于去寻求最艰苦的环境。生命正是要在最困厄的境遇中发现自己,认识自己,从而锤炼自己,使自己的精神境界得到升华。

石缝间顽强的生命,它既是生物学的,又是哲学的,是生物学和哲学的统一。它又是美学的:作为一种美学现象,它展现给你的不仅是装点荒山枯岭的层层葱绿,它更向你揭示出美的、壮丽的心灵世界。

石缝间顽强的生命,它是具有如此震慑人们心灵的情感力量,它使我们赖以生存的这个星球变得神奇辉煌。

敬 畏 生 命[①]

张全民

弘一法师在圆寂前,再三叮嘱弟子把他的遗体装龛时,在龛的四个角下各垫上一个碗,碗中装水,以免蚂蚁虫子爬上遗体后在火化时被无辜烧死。好几次看弘一法师的传记,读到这个细节,总是为弘一法师对于生命深切的怜悯与敬畏之心所深深感动。

高中时候,我家后院的墙洞里经常有大老鼠出来偷吃东西。不知道为什么,我的心里产生了一个残酷的想法,悄悄地躲在墙边,趁老鼠出来的时候,拿开水烫它。结果,一只大老鼠被滚烫的开水烫着后惨叫着缩进了墙洞,我不知道它有没有死,但那时我并没意识到自己的残忍,因为"老鼠过街,人人喊打",在人类的心目中老鼠似乎有一千个应该死的理由。然而,引起我内心最大触动和自责的还是在两个月后:我在后院又看到了那只大老鼠,它还活着,只是全身都是被烫伤之后留下的白斑,可是最让人痛苦和不安的是,它居然还怀着小老鼠,腆个大肚子,动作迟钝地在地上寻觅着食物。我无法表达我那个时候的心情,我只觉得"生命"这个词在我的心中突然凸显得那么耀眼,我只觉得我曾经有过的行为是多么卑劣和龌龊,这种感觉,在别人眼里也许会显得很可笑,但是,对我来说,就是从那个时候起,我逐渐地感受到了生命的意义和分量。

法国思想家史怀泽曾在《敬畏生命》一书中写道:他在非洲志愿行医时,有一天黄昏,看到几只河马在河中与他们所乘的船并排而游,他突然感悟到了生命的可爱和神圣。于是,"敬畏生命"的思想在

[①] 选自《生命之歌》,百花文艺出版社,2010年版。

他的心中蓦然产生，并且成了他此后努力倡导和不懈追求的事业。

其实，也只有我们拥有对于生命的敬畏之心时，世界才会在我们面前呈现出它的无限生机，我们才会时时处处感受到生命的高贵与美丽。地上搬家的小蚂蚁，春天枝头鸣唱的鸟儿，高原雪山脚下奔跑的羚羊，大海中戏水的鲸鱼等等，无不丰富了生命世界的底蕴。我们才会时时处处在体验中获得"鸢飞鱼跃，道无不在"的生命顿悟与喜悦。

因此，每当读到那些关于生命的故事，我的心总会深切地感受到生命无法承受之重，如撒哈拉沙漠中，母骆驼为了使即将渴死的小骆驼喝到够不着的水潭里的水而纵身跳进了潭中；老羚羊们为了使小羚羊们逃生而一个接着一个跳向悬崖，因而能够使小羚羊在它们即将下坠的刹那，以它们为跳板跳到对面的山头上去；一条鳝鱼在油锅中被煎时，却始终弓起中间的身子，是为了保护腹中的鱼卵；一只母狼望着在猎人的陷阱中死去的小狼而在凄冷的月夜下呜咽嗥叫。其实，不仅仅只有人类才拥有生命神性的光辉。

有时候，我们敬畏生命，也是为了更爱人类自己，丰子恺曾劝告小孩子不要肆意用脚去踩蚂蚁，不要肆意用火或用水去残害蚂蚁。他认为自己那样做不仅仅出于怜悯之心，更是怕小孩子的那一点点残忍心以后扩大开来，以至于驾着飞机装着炸弹去轰炸无辜的大众。

确实，我们敬畏地球上的一切生命，不仅仅是因为人类有怜悯之心，更因为它们的命运就是人类的命运：当它们被杀害殆尽时，人类就像是最后的一块多米诺骨牌，接着倒下去的，也便是自己了。

第七单元 科技博览

单元导读

纵观人类文明史，科学技术的每次重大突破，都促进了人类社会的进步。从蒸汽机的发明到计算机的诞生，从纳米技术到生物工程再到空间科学，科技为我们的生活带来了日新月异的变化。今天，科学技术的发展水平，已经成为一个国家综合国力的主要因素，成为衡量一个国家发达与否的重要标志。在享受科技给我们带来便利的同时，我们更应该考虑如何充分利用科学技术，改善人类健康和安全，并使公众更多地了解、尊重科学技术。

人类研究纳米技术的时间虽然不长，但它的神奇作用却不可低估。《极小，但很神奇》一文带你进入"比网络更疯狂，比克隆还神奇"的纳米世界。

仰望星空，探索宇宙，是人类诞生以来一直孜孜不倦的追求。人类的空间活动深刻地改变了社会面貌和人类认知，成为当代科技进步和社会发展的显著标记。月球是离我们最近的星球，也是人类探索最多的星球。在世界各国积极推进的探月工程中，中国的"嫦娥四号"在月球背面的首次软着陆，无疑代表着人类跨出了新的一步。《嫦娥四号月背软着陆的重大意义》一文将带我们揭开月球背面的神秘面纱。

法布尔，耗尽一生的精力观察、研究昆虫，使人们了解昆虫的真实生活情景，并且通过昆虫世界折射出社会人生，体现作者对人类的思考，对生命的尊重与热爱。看了《蟋蟀的住宅》这篇文章，你会像法布尔一样喜欢上这种不肯随遇而安、能够吃苦耐劳的小精灵。

在中国建筑的漫长发展历程中，古建筑在布局、结构和构架这三个方面都出现了科技的身影，古建筑的科技是先民智慧的结晶，梁思成先生在《中国建筑的特征》一文中带领我们领略中国古建筑的魅力。《梦溪笔谈》中的三则短文，将带我们体会古人善于观察、勇于探索、富于创造的科学精神。你会惊奇地发现，距今一千年，我们的先人竟然就对"石油"进行科学命名，并断言"此物后必大行于世"，真令人拍案叫绝！

随着移动通信技术的发展，移动网络已融入社会生活的方方面面，深刻改变了人们的沟通、交流乃至整个生活方式。而今的5G又会给我们的生活带来怎样的改变呢？让我们一起从《5G这张网改变了什么？》中寻找答案。

本单元所选六篇文章，旨在从不同侧面、不同角度彰显科技的无穷魅力，带领我们领略大千世界的万般奥妙，了解人类智慧的伟大，培养勇于追求和探索的科学精神。

1 极小，但很神奇[①]（节选）

何 佳

【阅读提示】

> 你想像孙悟空一样七十二变吗？你想按自己的喜好重塑尊容吗？在未来的纳米时代，纳米技术会帮你实现这些愿望。纳米虽然极小，但很神奇！
>
> 本文是一篇介绍现代前沿科技的、生动形象的科学小品。学习时，在内容方面要掌握什么是纳米和纳米技术，以及纳米技术的发展、应用、前景等内容；在表现手法方面，要注意文章事例的选取和语言的运用怎样体现了科学小品的特点。此外，定义说明、举例说明、类比说明、比喻说明等说明方法的综合运用又使本文在严密中不失活泼，使我们对纳米技术有了更加深入的了解。
>
> 下面，就让我们进入神奇的纳米世界。

不流血的外科手术

无影灯照着白布巾围着的手术部位，病人已进入麻醉状态。外科医生一边紧张而又熟练地忙碌着，一边不时地发出吩咐："止血钳！——手术刀！——纱布塞！……"

我们从书上或根据亲身经历都能想象出，外科手术的情景就像上面所描写的那样。在我们的意识中，一提起手术，它总是与病人麻醉后的苍白的脸、血淋淋的手术部位以及手术后无休止的疼痛和缓慢的恢复过程联系在一起的。

这个惨痛的过程能消失吗？假如，没有无影灯、白布巾，甚至没有麻醉剂、手术刀、止血钳、纱布塞……一个外科手术——比如切除脑垂体瘤——该如何进行呢？

很早以前人们就知道，对脑垂体施加一定作用，可以影响体内一系列生理过程，从而达到防治疾病的目的。但遗憾的是，有时脑垂体本身的细胞也会发生病变，长得特别大，成了畸形，医生称之为脑垂体瘤。发生病变的脑垂体，不能再履行其调节内分泌系统的职能。这种病，过去只有接受脑外科手术才能治愈，而脑外科手术既复杂又危险。整个脑垂体大约只有1立方厘米大小，对于这个"小不点"来说，医生的那把手术刀的确显得太大了！

那么，该怎么办呢？不用担心，外科手术的无血时代已经开始了。先进的科学技术已经为现在的大夫们准备了最精密的技术——纳米医学技术。让我们来看看病人的手术情况吧！

病人走进一间富丽华美的房间，人们扶他躺到一张舒适安逸的床上，亲属面带微笑地安慰病人。医生给病人头上套上一个按照病人尺寸用速凝塑料制成的头罩，接着将一针试剂注射入病人的体内，然后吩咐："所有的人均退出房间，手术开始了。"

此时，屋里只剩下病人一人，病房里既听不到医生的吩咐声，也看不见控制台上的信号灯闪烁。尽管病人意识清醒，可是听不到外界的任何声音，也不感到疼痛，只不过有点紧张。当然，这是难免

[①] 选自《大科技》2001年第2期，有删节。

的，因为手术的部位是人的最重要的器官——大脑，确切地说，是脑垂体。

半个小时后，病人已经治疗完毕，当他起身时，他看到的是医生和亲属那一张张笑脸。人们把病人领到"术后病房"，病人外表无任何异常，可是手术的效果却很好，病灶①被彻底根除了，而且是在细胞水平上被除掉的。

最小的就是最好的

这就是神奇的纳米医学技术。现在，你心里也许还纳闷，医生们是如何完成"不流血的外科手术"的呢？

其实，这个手术的最关键的过程就在于医生给病人注射的那一针，注射器里装的既不是麻醉药，也不是任何其他药剂，而是一个个小到肉眼都看不到的微型机器人——纳米机器人。这种纳米机器人能够根据医生的需要，通过体液进入人体，对指定的部位进行修复、抢救等，从而使人体的生病部位能立即好转。而这一次手术，纳米机器人就是顺着病人的血液，进入大脑脑垂体部位，对发生病变的脑垂体细胞进行大清除，把病变细胞杀掉。很快，清除工作结束了，发生病变的细胞全都不见了，无需流血，没有疼痛，病人在休息一段时间后很快可以痊愈。

多么神奇！

那么，什么是纳米机器人？什么又叫"纳米"呢？

纳米机器人是在纳米尺寸上制造的微型机器人。所谓纳米，又称毫微米，它只是一种长度计量单位。我们知道，一毫米等于千分之一米（$1mm = 10^{-3}$ m）；一微米等于百万分之一米（$1\mu m = 10^{-6}$ m）；而一纳米则等于十亿分之一米（$1nm = 10^{-9}$ m）。如此微小的单位，它是用人类肉眼所不能看见的，甚至用光学显微镜、电子显微镜都不能看见它！拿一个小小的纳米机器人与人相比，就像拿一个人与地球相比一样，悬殊实在太大了。但是，也正是因为纳米机器人微小的个子和精确的控制能力，才使得它能自如地进入人体内，对人体进行手术。

纳米技术指的是在0.1纳米到几百纳米的尺度范围内对原子、分子进行观察、操作和加工的技术。有了纳米技术，人类制造任何一件物品的最原始材料只有一种——原子！通过排列原子制造出机器人（当然可以是微小的纳米机器人，也可以是大个子的纳米机器人）、电视、房子、高层建筑……

不仅仅是外科手术，总有一天，你会发现，你的生活和周围的世界会与一个称为"纳米"的名词紧紧联系在一起。

当你早晨一觉醒来时，由纳米传感器和纳米变色材料组成的纱窗会根据你的需要自动送入新鲜的空气，自动调节室内的亮度；你不小心把纳米陶瓷材料制成的杯子掉在了地上，杯子却像有弹性一样蹦了起来；又重又厚的电视已经不存在了，它们是直接印到墙壁上的由神奇的纳米发光材料制造的电视；你使用的计算机已经精确到了原子水平，因为计算机的电路、存储器等都是由纳米尺度的元件制造的，当然，机器人也是纳米级的；你所居住的地球周围的太空被无数的纳米卫星包围着，因为一次卫星发射可将数百万颗微小的卫星送入太空……

当这一天到来时，你就会发现，在某一方面，最小的的确是最好的。

比网络更疯狂，比克隆还神奇

也许有人认为，20世纪后期萌动的网络情结已经使人们的生活和思想改变得无以复加了，网络对人类的冲击已达到了顶峰。但是，如果再过几年，你就会看到，纳米技术才真正是彻底改变人类生活和思想的最具冲击力的科技！

---

① 病灶：是临床解剖学和病理学概念，指肉体发生病变的关键部位。

首先，你会发现，纳米比克隆还神奇。现在已经有科学家为纳米的未来进行了也许还不算最疯狂的设想。他们认为，如果有一天，天遂人愿，使他们完全掌握了纳米技术，可以做到在分子、原子甚至电子的层面制造产品的话，那么，结果的确难以想象。例如，人类就可以通过排布自身的原子、分子来重塑人体——如果你想增高，通过重塑你的骨骼的原子结构，使得你的骨骼变得比原来更长，那你不就增高了吗？甚至，如果你觉得你的尊容已经被人看"腻"了，想改头换面，变成另一副面孔，你也可以通过纳米技术来重组体内原子，变成另一个你！通过神奇的纳米技术，人类将可以随时随地重塑一个你和我！

还记得在科幻世界里那些随意消失和变化的人吗？还记得在神话世界里孙悟空的七十二变吗？现在，所有这一切都不是在疯狂的科幻世界里，不是在神奇的神话世界里，而是在离我们也许只有几年之遥的纳米时代！因为纳米技术离我们已经太近了。这个崭新的学科，已经悄然兴起并迅速渗透到科学的各个相关领域，纳米电子学、纳米生物学、纳米材料学和纳米机械学等等学科已陆续粉墨登场，人类的所有愿望将在纳米时代里实现。

其次，你还会发现，几乎所有有先见之明者对纳米技术都抱着憧憬的态度。例如，美国斯坦福大学负责研究纳米技术的工程师托马斯·肯尼说："人们都疯狂了，我的电话铃响个不停，许多人——真令人出乎意料——愿意为我们提供研究资金，我们能够筹集到很多很多的钱！"只有纳米才能够令人如此疯狂，因为更多的人认为，美国的风险投资投在网络上，还会有泡沫破灭的可能，但是，如果将钱投在纳米技术上，那可比存在银行里还保险！

纳米技术真的那么神奇吗？纳米时代真的那么具有冲击力吗？如果说比尔·盖茨的天才使得人类走进了疯狂的网络时代，那么，又是哪一位天才领着人们向既疯狂又神奇的纳米时代挺进呢？

进入疯狂与神奇的时代

其实，早在20世纪中叶，人们就已经对毫米和微米技术的运用得心应手了。有了这个前提，才有了1959年美国著名的物理学家、诺贝尔物理奖得主费曼的天才设想：逐级地缩小生产装置，以致最后由人类直接排布分子、原子，制造产品。费曼问道："如果有一天能按照人们的意志安排一个个的原子，将会产生什么样的奇迹呢？"

天才的构想得到了更多天才的回应。1977年，美国科学家德雷克斯勒提出，可以模拟活细胞中生物分子，制作人工分子装置，并第一次提出"纳米技术"，成立了世界上第一个"纳米科学技术研究组"。

虽然，想法是很好的，可惜那时，还没有人能够找到一个窥探原子、分子的工具，更不用说能够有一个装置来排布分子、原子制造产品了。缺少观察和排布原子的工具，这就是当人们试图向更微小的领域——纳米尺度推进时，遇到的最大阻力。

不过，进一步对微观领域的研究和观察却使科学家们有了振奋人心的新发现：在纳米尺度上物质发生了许多不同于宏观世界的奇特的物理和化学变化，许多我们习惯了的概念和方法在纳米范围内行不通了，但是，这种结果却最终导致了纳米物质的多种神奇的现象。

举个简单的例子：陶瓷在我们的印象中是很硬、很脆的，陶瓷茶壶一摔就碎，对吗？这是因为陶瓷是用泥土烧铸而成，泥土颗粒非常大，如果把陶瓷泥土的颗粒缩小到纳米尺度，那情况会怎么样呢？令科学家们吃惊的结果是：脆性的陶瓷竟然可以像弹簧一样具有韧性！再举一个例子：我们称电子的流动为电流，是形容它像水流动一样沿着导体传输。但是，如果这个导线的直径只有几十纳米时情况会怎么样呢？研究发现，在波粒二象性①的原则下，这时的电子是在波动地前进，导线已经不能对它进行有效的约束。——看吧，这就是诡秘莫测但又充满诱惑的纳米世界！这里有许多未知的宝藏

---

① 波粒二象性：物理学概念，指光在运动的时候可以看成是由光子（粒子）组成的，有粒子性；同时它的运动是按波的方式传播的，有波动性。

有待开发!

有了这许多许多的新发现,好奇而倔强的科学家们发誓,无论如何,一定要带领人类进入这个诡秘而又充满诱惑的纳米世界。

决战纳米时代

就像不久前各国都在争夺网络空间和网络技术一样,从现在开始,对纳米技术的争夺战已经开始了。从大西洋到太平洋,从美洲到亚洲,各国纷纷制定相关的战略或者计划,投入巨资抢占纳米技术战略高地。

从2000年10月1日起,美国开始实施一项称为"美国国家纳米技术倡议——导致下一次工业革命的纳米技术计划",美国前总统克林顿说:"1997年,国家对纳米技术投入了1亿美元;1999年,国家花在纳米技术上的钱大约为2.5亿美元,现在,我将支持预算5亿美元的国家纳米倡议。"这就是说,美国政府已经把纳米技术作为当前科技研究与开发的第一优先计划。

日本也不甘示弱,拿出2.25亿美元设立了纳米材料研究中心,把纳米技术列入新五年科技基本计划的研究开发重点。德国也把纳米技术列入21世纪科研创新的重点,19家科研机构专门建立了纳米技术研究网。

其实,所有这些投入对于纳米技术的价值来说还是太少了。仅目前来说,纳米技术广泛应用于光学、医药、半导体、信息通讯,一年的营业额就已经达到了500亿美元。有人预测,到2010年,纳米技术的市场容量将达到14 400亿美元。于细微处见神奇,见微知著①的纳米科技将彻底改变目前的产业结构,并且孕育着巨大的商机。

在各国为纳米市场剧烈竞争的同时,我国纳米市场的前景如何呢?

目前,我国已将纳米技术研究列入国家的"攀登计划"、"863计划"和"火炬计划"。

1999年,中国科学院化学所的科技人员利用纳米加工技术在石墨表面通过搬迁碳原子而绘制出了一张世界上最小的中国地图——纳米中国地图。这张地图究竟有多大呢?打个比方吧,如果把它放到一张一米见方的中国地图上,就等于把这张一米见方的中国地图放在中国辽阔的领土上一样。目前,我国已有了微直升机、微马达、微泵、微喷器、微传感器等一系列微机电系列制品问世,所有这些袖珍的纳米制品,标志着中国对纳米技术的掌握不亚于任何国家——中国的纳米技术起点并不低。

由于纳米技术的出现,将带来改变世界的数次工业革命。第一次工业革命带来了蒸汽机、拖拉机,第二次工业革命造就了电力时代,第三次工业革命是计算机信息时代。这三次工业革命所取得的成就,今天的人们正在受益着。那么,神奇的纳米技术将给人类的明天带来怎样的惊喜呢?专家预言,未来的数次工业革命将与纳米技术有着密切相关的联系。我们期待着纳米技术带给我们更方便、更美好的生活。

【思考与练习】

1. 这篇文章事例的选取、语言的运用都体现了科学小品的特点,试简单分析。
2. 根据文中介绍的纳米技术的神奇作用,展开想象和联想,写一篇300字左右关于未来纳米武器(如"米粒"炸弹、"蚂蚁"士兵等)的短文。

---

① 见微知著:看到一点苗头就知道将来的发展或问题的实质。微,微小、隐约;著,明显。

2 嫦娥四号月背软着陆的重大意义[①]

欧阳自远

【阅读提示】

> 中国人对月亮寄托了深厚的感情,民间有月的节日,士大夫以赏月为雅事,古诗词中更充满了月的意象,千百年来人们对月亮的无限遐思和向往从未停止过。而今"嫦娥"号带着中国人从古至今的浪漫梦想奔向月球,实现了中国人"欲上九天揽明月"的梦想。
>
> 2018年12月8日凌晨2点24分,中国长征三号乙运载火箭在西昌卫星发射中心起飞,"嫦娥四号"探测器被成功送入地月转移轨道,从而踏上奔赴月球背面的征程。4天后完成近月制动,被月球捕获。2019年1月3日,嫦娥四号探测器就自主着陆在月球背面的南极-艾肯盆地内的冯·卡门撞击坑内,实现了人类探测器首次在月球背面软着陆。这是人类历史上首次实现航天器在月球背面软着陆和巡视勘察,作为中国人,我们为祖国强大的科技实力感到自豪。
>
> 本篇文章从月背软着陆的成功、着陆突破的技术难题、着陆承担的主要任务、回顾我国探月工程历程、我国深空探测计划五个方面进行说明,脉络清晰,阅读时可重点体会。

在人类的历史上,全球各国已进行过100多次探月活动,人类和无人探测器已经成功着陆过月球数十次。月球有丰富的能源,利用月球巨大的太阳能发电和核聚变发电,能为人类社会的持续发展提供重要支撑,因此世界各国都在积极推进探月工程。然而,从地球上看月球,看到的永远是朝向地球的半个月球,这是因为月球自转的周期与它绕地球公转的周期是一样的,因此月球始终只有相同的一面朝向地球,这导致我们地球上的人永远只能看到月球的正面,天文学上称之为"潮汐锁定"。数十年来,通过对月球正面的探测,人类基本掌握了月球正面演化的历史,但是,月球背面记录着月球更古老的历史。人类利用绕月探测轨道器也对月球背面开展过地形地貌绘制以及观测,如1959年苏联月球3号首次编制出第一幅月球背面影像图,1968年美国阿波罗8号第一次实施了载人环月飞行,观测月球背面的地形地貌。但是,在此次嫦娥四号造访前,从来没有人类探测器在月球背面进行过软着陆,月球背面是着陆探测史上的空白。

人类跨出了新的一步

对于人类而言,月球背面仍犹如一个秘境,有许多未知等待探测。一方面,月球背面的地质情况与正面有所不同,研究探索月球背面的地质演化历史,对理解月球的形成和长达45亿年的历史具有重要的意义。另一方面,来自宇宙空间的电磁波只能被地球接收到一部分,而地球的电离层又对低频

[①] 选自《世界科学》2019年第3期。欧阳自远,1935年10月生。著名天体化学与地球化学家,中国月球探测工程首席科学家,中国科学院院士。代表作有《吉林陨石综合研究》《地下核试验地质效应综合研究》《核转变能与地球物质的演化》《月球科学概论》和《天体化学》。

辐射电磁波产生严重干扰,低频辐射电磁波难以在地球表面和月球正面被人类接收到。因此,科学家们一直希望找到一个地方去研究来自宇宙空间的低频电磁信号,而月球背面正是接收低频辐射的一个完美的场所。只有到月球背面去,才能够获得这些人类从未得到过的信息,而这些信息将蕴藏丰富的科学内容。

在世界各国积极推进的探月工程中,中国的嫦娥四号在月球背面的首次软着陆无疑代表着人类跨出了新的一步。2018年12月8日,嫦娥四号在西昌卫星发射中心发射成功,不久后就成功进入地月转移轨道,开始向月球飞行的旅程。2019年1月3日,经过20多天的太空飞行,嫦娥四号在月球背面的预选着陆区——南极-艾肯盆地内的冯·卡门撞击坑——成功着陆,成为世界第一个在月球背面软着陆的探测器。探测器包括着陆器和月球车,着陆器开展原位探测,玉兔二号月球车开展巡视探测,两者将开展联合探测。

技 术 难 题

嫦娥四号的首次月背着陆对我国轨道控制、着陆和通信技术提出了巨大挑战。事实上,探月的每一步迈出,都需要攻克无数的科学技术难题。嫦娥四号的成功着陆显然也是基于幕后不为人知的反复论证和严谨试验以及前面数次探月的实践。

要实现月球背面着陆,首先要解决的问题就是通信上的障碍,即要与地球地面建立联系。由于潮汐锁定,月球背面的探测器无法和地球直接通信。为此,2018年5月,我国先把"鹊桥"月球中继卫星送入地月拉格朗日L2晕轨道,作为接下来嫦娥四号与地球进行通信的桥梁。这也是人类首颗月球通信中继卫星。

其次,需要找准合适的登月时机与角度。合适的时机指的是月球背面的昼夜时间。地球有昼夜之分,月球的正面和背面也有昼夜之分。嫦娥四号发射时,人们看到的月亮是个新月,即月球的正面刚天亮,而其背面则是寒冷的黑夜,不能实施软着陆,需要等到月球背面是白天才能实施背面着陆。科研人员通过计算,计算出在2018年12月30日太阳将再次照射到预定落区,而此时嫦娥四号还需调整角度,等到真正着陆的时候,应该是2019年的1月初,这一估算与嫦娥四号实际着陆的时间相吻合。

第三,要找准着落的地点和环境。嫦娥三号的着陆区是月球正面的彩虹湾,那里地势较为开阔、平坦,位于大型撞击坑、月海、高地交汇地区,有利于勘察目标的选择,也有利于与地球的通信。相较于嫦娥三号,嫦娥四号的着落环境更为复杂,因为月球背面山峰林立,大坑套小坑,很难找出大一些、平坦一些的地方供嫦娥四号安身。嫦娥四号在凸凹不平的地方软着陆,需要更准确的着陆精度。这次选择南极-艾肯盆地(一个月球背面南半球的直径达2 480千米,深度为12.8千米的巨型撞击盆地)的原因有几个:首先是大,它是太阳系中目前已知的最大的撞击盆地,可以帮助我们了解太阳系中的超大型撞击事件的过程;其次是深,盆地深达约13千米,是月球上最深的撞击盆地,这意味着当年的撞击事件很可能挖出了月壳深处甚至月幔的物质,这些会是研究月球内部成分的钥匙;然后是古老,它形成于月球的前酒海纪(39.2亿年前),是月球上最古老的大型撞击盆地,盆地内部最古老的岩石被裸露,可以直接探测它们的成分、形成年龄和环境,想要建立月球45亿年的漫长历史,南极-艾肯盆地是一个至关重要的环节。

主 要 任 务

嫦娥四号此次登陆月球背面的主要科学任务之一是开展月球背面低频射电天文观测与研究。着陆器安装了低频射电频谱仪,专门接收来自星系空间和太阳系空间的低频和甚低频辐射,填补0.1~40兆赫范围内的射电观测空白,还能与鹊桥中继星上携带的我国与荷兰合作研发的低频射电探测仪协同观测,互为验证和补充。经过分析研究,获取星系空间和太阳系空间的一些重大事件和过程的科学信息,我们期待有新的发现。

嫦娥四号登陆月球背面的主要科学任务之二是开展月球古老岩石的成分、类型和分布特征研究,进一步充实月球的演化历史。60年的月球探测历史,使我们对月球正面演化历史的认识比较清晰,包括地质构造运动、岩浆活动历史、小天体撞击历史与过程、月球内部的结构和全球偶极磁场的消失等。但是对月球背面的地质演化历史,特别是40亿年以前的古老历史仍然证据不足,期望通过月球背面的探测,构筑月球演化的整体历史,并对比月球正面与背面演化历史的差异。月球车安装的红外线成像光谱仪探测巡视路径中的各类古老岩石的矿物成分和类型,测月雷达探测巡视路径中的浅层结构。

嫦娥四号登陆月球背面的主要科学任务之三是探测月球背面及近月空间环境。着陆器上安装有月表中子及辐射剂量探测器,月球车上安装有中性原子探测仪,探测月球表面和近月空间的中子、中性原子和辐射剂量等环境参数。

对于月球背面的地形地貌特征研究,着陆器上安装的地形地貌相机和月球车上安装的全景相机能记录拍摄月球背面着陆区与巡视区的地形地貌、撞击坑大小与分布,因此规划月球车的巡视探测路径有重要意义。

我国的探月工程

为了更好理解嫦娥四号月背软着陆的科学意义,有必要简要回顾一下我国探月工程的进展脉络。我国的无人探月工程分"绕、落、回"三期,"绕"是指环绕月球进行不接触月表探察,"落"是指着月探测,"回"是指在月球表面着陆,并采样返回。

2007年,嫦娥一号绕月飞行,绘制了几百张特殊的月面图,最后形成一张全月地形影像图,并做了月面的三维立体图,这是全世界最好的立体图。此外,嫦娥一号将月球外围的近月空间环境以及月表各种岩石的成分、类型和分布都探测得很清楚。月球上有一种资源,被称为人类未来的终极能源——核聚变发电的原料氦-3。这种资源地球上几乎没有,而月球的土壤里极其丰富。据我们探测,月球上的氦-3大约是120万吨。在核聚变发电得以实现时,全世界一年的能源需求大约需要氦-3的用量为100吨,月球的氦-3至少可以解决全人类未来数千年的能源需求,这是人类的财富。

2010年发射的嫦娥二号飞行高度是距离月面100千米,照相机的分辨率可以达到7米,可以看清楚撞击坑的壁和底。它完成了一幅7米分辨率的全月球数字影像图和三维立体图,这个数字影像图在空间分辨率、影像质量、数据一致性和完整性、镶嵌精度等方面优于国际同类全月球数字产品,是目前最高水平的全月球数字影像图。嫦娥二号在全月球的岩石成分、类型、分布以及近月空间环境的探测等方面取得了系统性和前所未有的重大成果。后来,嫦娥二号又飞到离地球150万千米以外的太阳-地球引力动态平衡的拉格朗日L2点,监测太阳活动与太阳爆发235天,得到了世界上有关太阳活动与爆发的最多的系统数据。继而嫦娥二号飞离地球702万千米,2012年12月1日首次与图塔蒂斯小行星交会(交会间距870米,相对速度10.73千米/秒,最高分辨率10米),探测小行星的形状、大小和结构等(首次探明小行星的大小为4.46千米×2.4千米)。当前,嫦娥二号已经成为一个人造小天体,围绕太阳运行,离开地球4亿多千米。2029年,嫦娥二号还将回归地球附近。

2013年发射的嫦娥三号刚好降落在月球雨海的彩虹湾里。在月球上着陆,由于月球表面是真空的,用降落伞毫无意义。探测器着陆下降时会受到月心引力的加速度作用越掉越快,最后将撞击月面摔得粉碎。为此,嫦娥三号着陆器底部安装了发动机,一边往下掉的同时发动机在往上推,让它慢慢掉下来,掉到距月面100米的高度悬停移动,拍摄了3 764张着陆区照片。着陆器上配置的高智能计算机立即分析判断,寻找安全的着陆位置。嫦娥三号开辟了中国在月球上"巡天、观地、测月"的历史。着陆器上配置了近紫外光学望远镜,是人类首次在月球上进行天文观测,发现了很多天文事件的新证据;着陆器上配置的远紫外照相机,实现了人类第一次在月球上观测地球和地球等离子体层的变化;

在距离地球最近的天体上看到地球在慢慢转,24小时转一圈,看到它外面所有的结构,等离子体层一层一层地变化,我们就能知道地球将发生什么环境变化;在月球车的底部安装了一台雷达,是人类第一次用雷达探测月球车所经历的路线下的次表层结构。

我国"绕、落、回"探月工程的第一阶段马上就要完成了,最后一颗嫦娥五号预计将于2019年在海南岛文昌发射,并着陆在月球上的一个新位置,这个位置有很多新的科学问题,人类从不知道那一带的情况。嫦娥五号将实现月球物质自动取样返回。预计采集2千克到3千克的样品,供全国的科学家进行研究。

从嫦娥一号到嫦娥五号,我们既可以去月球,也可以安全着陆月面,还可以安全返回地球。我们有能力将中国的航天员送上月球,实施载人登月,完成科学考察任务之后,安全返回地球。将来我们还希望在月面建立固定的月球科学探测基地。

下一步的深空探测计划

2020年,我们将会开始火星的探测。为什么是2020年呢?我们知道地球绕太阳转一圈365天,火星绕太阳转一圈687天,有时候地球在太阳的一边,而火星在太阳的另一边,我们无法过去,所以一定要在恰好的位置才能发射探测器到火星,探测器飞行7个月左右到火星。每26个月才有一次机会,所以我们一定要把握好2020年这个窗口期。

事实上,地球有很多潜在的自然威胁,如小天体撞击地球、人类自己的错误行为等诱发气候、生态和环境灾变以及生物物种灭绝事件等。如果地球不能居住了,我们一定要给人类准备第二个栖息地,最好的选择就是改造火星。

因此我们想知道,火星上有没有生命,火星的环境是怎么样的,需要如何去改造火星,让它变成第二个地球。也许人类通过几个世纪的卓绝努力,能将这颗贫瘠的行星改造成一个拥有蔚蓝天空、绿色平原和蓝色湖泊的生态环境友好的、生机盎然的新世界,地球-火星将成为人类社会持续发展的姐妹共同体。而到目前为止,人类还没有从火星上取回一克样品,我们中国将争取带头着陆火星并把样品带回地球。2020年我们将发射一个卫星,绕火星飞行并进行遥感探测;进一步通过这颗卫星向火星释放火星车,在火星表面开展巡视探寻;两者结合开展火星天地联合探测,更多地了解火星的情况。

太阳系有八大行星,我们现在可以到火星了,今后我们还要去木星,我们要飞到尽可能多的太阳系的行星上,开展行星际穿越探测。我们想知道太阳系是怎么起源的,如何规避天体对地球的威胁,行星上的资源是否能为人类社会的持续发展做贡献,等等。火星着陆巡视和取样返回、小行星探测、木星及其他行星之间的穿越和木星卫星的探测,这些都是我们列入计划、希望要开展的探测。

空间时代的到来,是我们人类必然会迈向的一个康庄大道,也是科技发展的又一个重要的未知领域。比之于几十年前的两手空空、有心无力,今天的中国,已经向深空探测迈出了实实在在的一大步。今后中国一定会飞得更远,向探测整个太阳系进发!

【思考与练习】

1. 归纳总结嫦娥四号的月背软着陆具有怎样重大的意义。
2. 搜集古人关于"月亮"的诗歌,并整理"月亮"意象的含义。

3* 蟋蟀的住宅

[法] 法布尔

【阅读提示】

> 在世界科技园地里，有一位专门为昆虫写历史的科学巨匠，他对昆虫的偏爱达到了痴迷的程度，他以毕生的精力、生花的妙笔赋予昆虫以性灵，被誉为"昆虫诗人"，他就是法国著名昆虫学家法布尔。19世纪末当法布尔的《昆虫记》问世时，整个世界都被震惊了，翻开《昆虫记》，你会沉浸在法布尔丰富而又有趣的昆虫世界里。《昆虫记》里记述的主角都是一般常见的昆虫，包括菜青虫、蟋蟀、象鼻虫、螳螂、萤火虫……法布尔叙述的种种昆虫行为实在太生动，总是让人眼睛一亮。
>
> 《蟋蟀的住宅》这篇文章主要介绍了蟋蟀修建住宅的过程，内容准确完整，结构紧凑巧妙。作者起笔先写蟋蟀修建住宅的工具，然后介绍蟋蟀住宅的构造，最后说明蟋蟀修建住宅的过程。建筑工具的柔弱、住宅的宏伟，为下文写建筑住宅的过程作了铺垫。
>
> 文中，作者对蟋蟀的动作进行了极为细腻的描写，有些句子写得十分形象，同时作者也对自己如何观察蟋蟀作了简要的叙述。作者采用大量的拟人手法，如称蟋蟀为"隐士""矿工"，"蟋蟀坐在那里弹它的四弦琴"等，使说明生动形象，增强人们的阅读兴趣，也增添了人们对蟋蟀这种勤劳的小昆虫的喜爱之情。

居住在草地的蟋蟀，差不多和蝉一样有名，在有数的卓越昆虫中是很出色的。它的出名是由于它的唱歌和住宅。单有一样是不足以成此大名的。

在各种昆虫中，只有蟋蟀长大后，有固定的家庭，这是它工作的报酬。在一年中最坏的季节，大多数别种昆虫，都在临时的隐避所藏身，它们的隐避所得来既然方便，弃去也毫不足惜。在这件事上，蟋蟀是超群的。

建造一所住房实在是一个严重的问题。不过这已为蟋蟀、兔子，最后为人类所解决。在我们邻近的地方，有狐狸和獾猪的洞穴，大部分是不整齐的岩石形成，很少经过修整，只有个洞就算了。兔子要比它们聪明些，如果那里没有天然的洞穴，可使它住下免受外间的烦扰的话，它就拣它所喜欢的地方去挖掘住所。

蟋蟀比它们更要聪明得多。它轻视偶然碰到的隐避处，它常常慎重地选择住宅的地址，一定要排水优良，并且有温和的阳光的地方。它不利用既成的洞穴。因为不适宜，而且草率；它的别墅一点点都是自己掘的，从大厅一直到卧室。

除掉人类，我没有看到建筑技术有比它还高明的；就是人类，在掺和沙石和灰泥使它固结和用黏土涂壁的方法未发明以前，还是以岩石为隐避所和野兽斗争的。为什么这种识别的本能，单独赋予这种动物呢？最低下的动物，却可以有一个完善的住宅。它有一个家，它有平静的无上舒服的退隐之所；同时在它附近的地方谁都不能住下来。除掉我们人类以外，没有谁同它来争夺的。

---

① 选自《儿童文学作品选读》，高等教育出版社，1997年版。法布尔（1823—1913），法国著名昆虫学家和科学文艺作家，著有十卷本的《昆虫记》。

它怎么会有这样的才能呢？它有特别的工具吧？不，蟋蟀并不是掘凿技术的专家；实际上，人因为看到它的工具的柔弱，所以对这样的结果就引以为奇了。

　　是不是因为它皮肤太嫩，而需要一个住家呢？也不是。它的同类有和它一样感觉灵敏的皮肤，但并不是怕在露天下生活。

　　那么它建筑住所的才能，是不是因为它身体的结构上的原因呢？它有没有做这项工作的特殊器官呢？没有，我附近的地方，有三种别的蟋蟀，它们的外表、颜色、构造，都很像雪野的蟋蟀，猛一看，常常都当着是它。这些一个模子下来的同类，竟没有一个晓得怎么掘一个住所。一种双斑点的蟋蟀，住在潮湿地方的草堆里；孤独的蟋蟀，在园丁翻起的土块上跳来跳去；而波尔多蟋蟀甚至毫无恐惧地闯到我们屋子里来，从8月到9月，在那些黑暗而凉爽的地方，小心地歌唱。

　　这四种类似的蟋蟀中，只有一种能掘穴，所以如果要知道本能的由来，还需更进一步去研究。

　　哪一个不晓得蟋蟀的家呢？哪一个在儿童时代，到田野里去游戏的时候，没有到过这隐士的房屋前呢？无论你走得多么轻，它都能听得见你来了，并且立刻躲到隐避地方的底下去。当你知道的时候，它早已离开了它的门前。

　　人人都知道，用什么方法将这隐匿者引逗出来，你拿起一根草，放在洞中去轻轻地转动。它以为上面发生了什么事情，这被搔痒和窘恼的蟋蟀从后面房间跑上来了；停在过道中，猜疑着，鼓动它的细触须打探。它渐渐跑到亮光处来，只要一跑出地面，就很容易被捉到，因为这些事，已经将它的简单头脑弄昏了。如果第一次，被它逃脱，它就会非常疑惧，不肯再出来。在这种情形之下，可以用一杯水将它冲出来。

　　我们的儿童时代，那时候真可羡慕，我们到草地去捉蟋蟀，养在笼子里，用莴苣①叶喂它们。现在为了研究它们，我又搜索起它们的巢来了。儿童时代如同昨日一样，当我的同伴小保罗，一个刮用草须的专家，在长时间地施行他的技术和忍耐以后，忽然兴奋地叫道：“我捉住它了！我捉住它了！”

　　快些，这里有一个袋子！我的小蟋蟀，你进去罢，你可安居在这里，还有丰足的饮食，不过你一定要告诉我们一些事情，第一件必须让我看看你的家。

　　在朝着阳光的堤岸上，青草丛中，隐着一个倾斜的隧道，这里就是有骤雨，即刻也会干了。这隧道最多是九寸深，不过一指宽，依着土地的天然情况或弯曲或成直线差不多像定例一样，总有一丛草将这所住屋半掩着，其作用如一间门洞，将走出的孔道隐于黑阴之下。蟋蟀出来吃周围的嫩草时，决不碰及这一丛草。那微斜的门口，仔细耙扫，收拾得很广阔；这就是它的平台，当四周的事物都很平静时，蟋蟀就坐在这里弹它的四弦提琴。

　　屋子的内部并不奢华，有光着但并不粗糙的墙，住户很有闲暇去修理任何粗糙的地方。隧道之底就是卧室，这里比别处修饰得略精细，并且宽大些。大体上讲，是一个很简单的住所，非常清洁，没有潮湿，一切都合乎卫生的条件。在另一方面说来，假使我们想到蟋蟀用以掘地的工具的简单，这真是一件伟大的工程了。如果我们要知道它怎样做的和它什么时候开始做的，我们一定要从蟋蟀刚刚下卵的时候讲起。

　　我花园中的蟋蟀，被蚂蚁残杀尽，使我不得不跑到外面去寻找它们。8月，在落叶中的草还没有完全被太阳晒枯，我看到新生的蟋蟀，已经比较的大，在这个时期，它的生活是流浪的；一片枯叶，一块石头，已足够应付它的需要了。

　　许多从蚂蚁口中逃脱残生的蟋蟀，现在成了黄蜂的牺牲品，黄蜂猎取这些游行者，把它们贮藏在地下。它们如果提早几个星期掘出住宅，就没有危险了；但它们从未想到，它们老守着旧习惯。

　　一直要到10月之末，寒气开始迫人时，它们才动手造巢穴。如果以我观察关在笼中的蟋蟀来判断，这项工作是很简单的。掘穴绝不是在裸露的地面着手，而是常常在莴苣叶——残留下来的食

---

① 莴(wō)苣(jù)：一年生或两年生草本植物，叶子长圆形，头状花序，花金黄色。茎和叶子是普通蔬菜。

物——掩盖的地点。这是替代草丛的,似乎为了使它的住宅秘密起见,那是不可缺少的。

这位矿工用前足扒土,并用大腮的钳子,拔去较大的砾块。我看到它用强有力的后足踏,后腿上有两排锯齿,同时我也看到它扫清尘土,推到后面,将它倾斜地铺开。这样,我可以知道它全部的方法了。

工作开始做得很快。在我笼子里的土中,它钻在底下两小时,它不时地到进出口来,但常常是向后面不停地扫着,如果它感到疲劳,它可以在未完工的家门口休息一会,头朝着外面,触须无力地在摆动。不久它又进去,用钳子的耙继续工作。后来休息的时间渐渐加长,使我有些不耐烦了。

工作最重要的部分已经完成,洞有两寸深,已足供暂时的需用了。余下的是长时间的工作,可以慢慢地做,今天做一点,明天做一点。这个洞可以随天气的加冷和身体的增大而加深加阔。即使在冬天,只要是气候还比较温和,太阳晒在住宅的门口时,还是可以看见蟋蟀从里面抛出泥土来。在春季享乐的天气里,这住宅的修理工作仍然继续不已,改良和修饰的工作,总是经常地在进行着,直到主人死去。

4月之末,蟋蟀开始唱歌;最初是生疏而羞涩的独唱,不久就合成奏乐。每块泥土都夸赞它的奏乐者了:我乐意将你列于春天唱歌者之首。在我们的废地上,百里香的欧薄荷盛开着,百灵鸟如火箭似的飞起来,扳开喉咙歌唱,将甜美的歌曲,从天空散布到地上。下面的蟋蟀,唱歌相和。它们的歌单调而无艺术性,但它的缺乏艺术性和它们苏生之单纯喜悦正相适合。这时惊醒的歌颂,也是萌芽的种子和初生的叶片所了解的歌颂。对于这种二重唱,我敢说蟋蟀是优胜者,拿它的数目和不间断的音节来说,是可以当之无愧的。摇荡在日光下,散布着芬芳的欧薄荷,把田野染成灰蓝色,即使百灵鸟停止了歌声,田野仍然可以由这些淳朴的歌手得到一曲赞美之歌。

4 中国建筑的特征[①]

梁思成

【阅读提示】

> 中国古代建筑是中华民族珍贵的文化遗产,是中华文化的重要载体,是先民智慧的结晶。每一座亭台楼阁都彰显了我国古代建筑的科技水平。人们在创造建筑的过程中,将自己的各种观念、建造经验、审美理论融入建筑之中,使建筑不但满足使用的需要,更具有深刻的文化内涵。正如梁思成先生所说:"中国建筑的个性乃即我民族之性格。"
>
> 本文是一篇科技论文,作者用严密、准确的语言阐明了中国建筑体系在世界各民族数千年文化史中的地位、地理分布、形成年代和历史意义,重点概括了中国建筑在结构和装饰上的基本特征。学习时重点理解中国建筑的"文法"和"词汇"的含义,以及"各民族建筑之间的'可译性'的问题",体会中国建筑求同存异的特点。

中国的建筑体系是在世界各民族数千年文化史中一个独特的建筑体系。它是中华民族数千年来

[①] 选自《建筑学报》1954年第1期。梁思成(1901—1972),广东新会人,建筑学家,毕生致力于中国古代建筑的研究和保护,参与人民英雄纪念碑、中华人民共和国国徽等作品的设计。著有《清式营造则例》《中国建筑史》等。

世代经验的累积所创造的。这个体系分布到很广大的地区：西起葱岭，东至日本、朝鲜，南至越南、缅甸，北至黑龙江，包括蒙古在内。这些地区的建筑和中国中心地区的建筑，或是同属于一个体系，或是大同小异，如弟兄之同属于一家的关系。

考古学家所发掘的殷代遗址证明，至迟在公元前15世纪，这个独特的体系已经基本上形成了，它的基本特征一直保留到了最近代。3 500年来，中国世世代代的劳动人民发展了这个体系的特长，不断地在技术上和艺术上把它提高，达到了高度水平，取得了辉煌成就。

中国建筑的基本特征可以概括为下列九点。

（一）个别的建筑物，一般地由三个主要部分构成：下部的台基，中间的房屋本身和上部翼状伸展的屋顶。

（二）在平面布置上，中国所称为一"所"房子是由若干座这种建筑物以及一些联系性的建筑物，如回廊、抱厦、厢房、耳房、过厅等等，围绕着一个或若干个庭院或天井建造而成的。在这种布置中，往往左右均齐对称，构成显著的轴线。这同一原则，也常应用在城市规划上。主要的房屋一般地都采取向南的方向，以取得最多的阳光。这样的庭院或天井里虽然往往也种植树木花草，但主要部分一般地都有砖石墁地，成为日常生活所常用的一种户外的空间，我们也可以说它是很好的"户外起居室"。

（三）这个体系以木材结构为它的主要结构方法。这就是说，房身部分是以木材做立柱和横梁，成为一副梁架。每一副梁架有两根立柱和两层以上的横梁。每两副梁架之间用枋、檩之类的横木把它们互相牵搭起来，就成了"间"的主要构架，以承托上面的重量。

两柱之间也常用墙壁，但墙壁并不负重，只是像"帷幕"一样，用以隔断内外，或分划内部空间而已。因此，门窗的位置和处理都极自由，由全部用墙壁至全部开门窗，乃至既没有墙壁也没有门窗（如凉亭），都不妨碍负重的问题；房顶或上层楼板的重量总是由柱承担的。这种框架结构的原则直到现代的钢筋混凝土构架或钢骨架的结构才被应用，而我们中国建筑在3 000多年前就具备了这个优点，并且恰好为中国将来的新建筑在使用新的材料与技术的问题上具备了极有利的条件。

（四）斗栱：在一副梁架上，在立柱和横梁交接处，在柱头上加上一层层逐渐挑出的称作"栱"的弓形短木，两层栱之间用称作"斗"的斗形方木块垫着。这种用栱和斗综合构成的单位叫作"斗栱"。它是用以减少立柱和横梁交接处的剪力，以减少梁的折断之可能的。更早，它还是用以加固两条横木接榫的，先是用一个斗，上加一块略似栱形的"替木"。斗栱也可以由柱头挑出去承托上面其他结构，最显著的如屋檐，上层楼外的"平坐"（露台），屋子内部的楼井、栏杆等。斗栱的装饰性很早就被发现，不但在木构上得到了巨大的发展，并且在砖石建筑上也充分应用，它成为中国建筑中最显著的特征之一。

（五）举折，举架：梁架上的梁是多层的；上一层总比下一层短；两层之间的矮柱（或柁墩）总是逐渐加高的。这叫作"举架"。屋顶的坡度就随着这举架，由下段的檐部缓和的坡度逐步增高为近屋脊处的陡斜，成了缓和的弯曲面。

（六）屋顶在中国建筑中素来占着极其重要的位置。它的瓦面是弯曲的，已如上面所说。当屋顶是四面坡的时候，屋顶的四角也就是翘起的。它的壮丽的装饰性也很早就被发现而予以利用了。在其他体系建筑中，屋顶素来是不受重视的部分，除掉穹隆顶得到特别处理之外，一般坡顶都是草草处理，生硬无趣，甚至用女儿墙把它隐藏起来。但在中国，古代智慧的匠师们很早就发挥了屋顶部分的巨大的装饰性。在《诗经》里就有"如鸟斯革""如翚斯飞"的句子来歌颂像翼舒展的屋顶和出檐。《诗经》开了端，两汉以来许多诗词歌赋中就有更多叙述屋子顶部和它的各种装饰的词句。这证明屋顶不但是几千年来广大人民所喜闻乐见的，并且是我们民族所最骄傲的成就。它的发展成为中国建筑中最主要的特征之一。

（七）大胆地用朱红作为大建筑物屋身的主要颜色，用在柱、门窗和墙壁上，并且用彩色绘画图案来装饰木构架的上部结构，如额枋、梁架、柱头和斗栱，无论外部内部都如此。在使用颜色上，中国建筑是世界各建筑体系中最大胆的。

（八）在木结构建筑中，所有构件交接的部分都大半露出，在它们外表形状上稍稍加工，使其成为建筑本身的装饰部分。例如：梁头做成"挑尖梁头"或"蚂蚱头"；额枋出头做成"霸王拳"；昂的下端做成"昂嘴"，上端做成"六分头"或"菊花头"；将几层昂的上段固定在一起的横木做成"三福云"等等；或如整组的斗栱和门窗上的刻花图案、门环、角叶，乃至如屋脊、脊吻、瓦当等都属于这一类。它们都是结构部分，经过这样的加工而取得了高度装饰的效果。

（九）在建筑材料中，大量使用有色琉璃砖瓦；尽量利用各色油漆的装饰潜力。木上刻花，石面上做装饰浮雕，砖墙上也加雕刻。这些也都是中国建筑体系的特征。

这一切特点都有一定的风格和手法，为匠师们所遵守，为人民所承认，我们可以叫它作中国建筑的"文法"。建筑和语言文字一样，一个民族总是创造出他们世世代代所喜爱、因而沿用的惯例，成了法式。在西方，希腊、罗马体系创造了它们的"五种典范"，成为它们建筑的法式。中国建筑怎样砍割并组织木材成为梁架，成为斗栱，成为一"间"，成为个别建筑物的框架；怎样用举架的公式求得屋顶的曲面和曲线轮廓；怎样结束瓦顶；怎样求得台基、台阶、栏杆的比例；怎样切削生硬的结构部分，使同时成为柔和的、曲面的、图案型的装饰物；怎样布置并联系各种不同的个别建筑，组成庭院；这都是我们建筑上两三千年沿用并发展下来的惯例法式。无论每种具体的实物怎样地千变万化，它们都遵循着那些法式。构件与构件之间，构件和它们的加工处理装饰，个别建筑物与个别建筑物之间，都有一定的处理方法和相互关系，所以我们说它是一种建筑上的"文法"。至如梁、柱、枋、檩、门、窗、墙、瓦、槛、阶、栏杆、隔扇、斗栱、正脊、垂脊、正吻、戗兽、正房、厢房、游廊、庭院、夹道等等，那就是我们建筑上的"词汇"，是构成一座或一组建筑的不可少的构件和因素。这种"文法"有一定的拘束性，但同时也有极大的运用的灵活性，能有多样性的表现。也如同做文章一样，在文法的拘束性之下，仍可以有许多体裁，有多样性的创作，如文章之有诗、词、歌、赋、论著、散文、小说等等。建筑的"文章"也可因不同的命题，有"大文章"或"小品"。大文章如宫殿、庙宇等等；"小品"如山亭、水榭、一轩、一楼。文字上有一面横额，一幅对子，纯粹作点缀装饰用的。建筑也有类似的东西，如在路的尽头的一座影壁，或横跨街中心的几座牌楼，等等。它们之所以都是中国建筑，具有共同的中国建筑的特性和特色，就是因为它们都用中国建筑的"词汇"，遵循着中国建筑的"文法"所组织起来的。运用这"文法"的规则，为了不同的需要，可以用极不相同的"词汇"构成极不相同的体形，表达极不相同的情感，解决极不相同的问题，创造极不相同的类型。

这种"词汇"和"文法"到底是什么呢？归根说来，它们是从世世代代的劳动人民在长期建筑活动的实践中所累积的经验中提炼出来的，经过千百年的考验，而普遍地受到承认而遵守的规则和惯例。它是智慧的结晶，是劳动和创造成果的总结。它不是一人一时的创作，它是整个民族和地方的物质和精神条件下的产物。

由这"文法"和"词汇"组织而成的这种建筑形式，既经广大人民所接受，为他们所承认、所喜爱，于是原先虽是从木材结构产生的，它们很快地就越过材料的限制，同样地运用到砖石建筑上去，以表现那些建筑物的性质，表达所要表达的情感。这说明为什么在中国无数的建筑上都常常应用原来用在木材结构上的"词汇"和"文法"。这条发展的途径，中国建筑和欧洲、希腊、罗马的古典建筑体系，乃至埃及和两河流域的建筑体系是完全一样的，所不同者，是那些体系很早就舍弃了木材而完全代以砖石为主要材料。在中国，则因很早就创造了先进的科学的梁架结构法，把它发展到高度的艺术和技术水平，所以虽然也发展了砖石建筑，但木框架还同时被采用为主要结构方法。这样的框架实在为我们的新建筑的发展创造了无比的有利条件。

在这里，我打算提出一个各民族的建筑之间的"可译性"的问题。

如同语言和文学一样，为了同样的需要，为了解决同样的问题，乃至为了表达同样的情感，不同的民族，在不同的时代是可以各自用自己的"词汇"和"文法"来处理它们的。简单的如台基、栏杆、台阶等等，所要解决的问题基本上是相同的，但多少民族创造了多少形式不同的台基、栏杆和台阶。例如热河普陀拉的一个窗子,就与无数文艺复兴时代的窗子"内容"完全相同,但是各用不同的"词汇"和"文法",用自己的形式把这样一句"话"说出来了。又如天坛皇穹宇与罗马的布拉曼提所设计的圆亭子,虽然大小不同,基本上是同一体裁的"文章"。又如罗马的凯旋门与北京的琉璃牌楼,罗马的一些纪念柱与我们的华表,都是同一性质,同样处理的市容点缀。这许多例子说明各民族各有自己不同的建筑手法,建造出来各种各类的建筑物,就如同不同的民族有用他们不同的文字所写出来的文学作品和通俗文章一样。

我们若想用我们自己建筑上优良传统来建造适合于今天我们新中国的建筑,我们就必须首先熟悉自己建筑上的"文法"和"词汇",否则我们是不可能写出一篇中国"文章"的。关于这方面深入一步的学习,我介绍同志们参考清《工部工程做法则例》和宋李明仲的《营造法式》。关于前书,中国营造学社出版的《清式营造则例》可作为一部参考用书。关于后书,我们也可以从营造学社一些研究成果中得到参考的图版。

【思考与练习】

1. 以第一段为例,分析本文作为科技论文的语言特点。
2. 依据作者对中国建筑艺术特征的解说方式,请借助"词汇""文法"等概念,向来自异域他乡的朋友介绍你身边的某一建筑。

5　《梦溪笔谈》三则[①]

沈　括

【阅读提示】

中国古代文明曾经震撼世界,而引领华夏文明步入辉煌的古代科学家孜孜不倦探求知识的精神更令人钦佩。沈括,中国古代科学家,他博学善文,天文、律历、音乐、医药等无所不通,在中国古代的科技发展史中功勋卓著。

《陨星》介绍了陨星坠落及其变成陨石的过程,观察细致,记述详细,描写生动,堪称典范。指南针是中国古代四大发明之一,是沈括在《磁石指南》中最早记载了利用天然磁体进行人工磁化制成指南针以及地磁偏角的知识,而西方的发现比沈括晚了四百多年。在《石油》一文中,你会了解到是沈括首次为"石油"科学地命名,创造了用石油制墨的技术,为现代石油的开发利用开辟了先河。昔日沈括预言的"此物后必大行于世",在今天早已实现。

阅读此三则短文,你可领略古人叩问自然、积极探索、勇于实践的科学精神,领略我中华文明的源远流长。

---

① 选自《梦溪笔谈》,时代文艺出版社,2001年版,有删减。沈括(1031—1095),北宋科学家、政治家、笔记文学家。字存中,钱塘(今浙江杭州市)人,著有《梦溪笔谈》,其中包括《梦溪笔谈》二十六卷,再加上《补笔谈》三卷和《续笔谈》一卷,合计三十卷,是一部大型的综合性笔记体的学术著作,被誉为"中国科学史上的坐标"。

陨　星

治平元年①，常州日禺②时，天有大声如雷，乃一火星几如月，见于东南；少时而又震一声，移著西南；又一震而坠，在宜兴县民许氏园中。远近皆见，火光赫然照天，许氏藩篱皆为所焚。是时火息，视地中只有一窍③如杯大，极深。下视之，星在其中荧荧然，良久渐暗，尚热不可近。又久之，发④其窍，深三尺余，乃得一圆石，犹热，其大如拳，一头微锐，色如铁，重亦如之。州守郑伸得之，送润州金山寺，至今匣藏，游人到则发⑤视。

磁石指南

方家⑥以磁石磨针锋，则能指南，然常微偏东，不全南也。水浮多荡摇，指爪及碗唇上皆可为之，运转尤速，但坚滑易坠，不若缕悬为最善。其法取新纩⑦中独茧缕，以芥子许蜡缀于针腰，无风处悬之，则针常指南。其中有磨而指北者。予家指南北者皆有之。磁石之指南，犹柏之指西，莫可原其理。

石　油

鄜延⑧境内有石油，旧说高奴县出"脂水"，即此也。生于水际，沙石与泉水相杂，惘惘而出。土人以雉尾裛⑨之，乃采入缶中，颇似淳漆，燃之如麻，但烟甚浓，所沾幄幕皆黑。予疑其烟可用，试扫其煤以为墨，黑光如漆，松墨不及也，遂大为之。其识⑩文为"延川石液"者是也。此物后必大行于世，自予始为之。盖石油至多，生于地中无穷，不若松木有时而竭。今齐、鲁间松林尽矣，渐至太行、京西、江南，松山太半皆童⑪矣。造煤人盖未知石烟之利也。百炭烟亦大，墨人衣。予戏为《延州诗》云："二郎山下雪纷纷，旋卓穹庐学塞人。化尽素衣冬未老，石烟多似洛阳尘。"

【思考与练习】

1. 《陨星》和《石油》两则短文描写现象、叙述事件有何特点？
2. 通过学习这三则短文，我们应该学习沈括哪些精神？

---

① 治平元年：治平为宋英宗年号，治平元年是公元1064年。　② 日禺：太阳落山。　③ 窍：深坑。　④ 发：挖掘。　⑤ 发：打开。　⑥ 方家："大方之家"的简称，本义是深明大道的人，后多指精通某学问、艺术的人。　⑦ 纩（kuàng）：棉絮。　⑧ 鄜（fū）延：鄜州，延安府。鄜州治洛交，今富县；延安府治肤施，今延安。　⑨ 裛：通"浥"，沾湿。　⑩ 识（zhì）：写下、记下。　⑪ 童：光秃的样子。

6* 5G这张网改变了什么?[1]

孔德晨

【阅读提示】

> 5G是第五代移动通信技术的简称,它是具有高速率、低时延、大连接的新一代宽带移动通信技术。人们历经1G、2G、3G、4G的发展,每一次代际跃迁,每一次技术进步,都极大地促进了产业升级和经济社会发展。2021年11月16日,工信部召开"十四五"信息通信业发展规划新闻发布会。会上,工信部信息通信发展司司长谢存表示,目前,我国已建成5G基站超过115万个,占全球70%以上,是全球规模最大、技术最先进的5G独立组网网络。
>
> 本篇是一篇科技说明文,从以下三方面说明5G给我们的生活带来的变化:首先,5G用户数量虽发展迅速,但仍处在市场启动期;其次,其行业应用范围不断扩展,为生活场景和工业场景都带来了明显的变化;最后,展望未来五年5G的发展前景。在阅读时注意学习科技说明文的写作方法。

近日,中国移动、中国联通等运营商相继宣布,开启5G消息试商用。部分省市试行以5G消息向公众推送寒潮预警信息、提供消防应急报警服务等。5G商用领域正不断拓展。目前,全国所有地级市城区、超过97%的县城城区和40%的乡镇镇区已实现5G网络覆盖。5G给生活、行业带来了哪些重大变化?"十四五"时期,5G有怎样的发展蓝图?

这两年,5G发展得真快

目前中国已建成5G基站超115万个,是全球规模最大、技术最先进的5G独立组网网络网速更快、看视频更顺畅、玩游戏更"丝滑"——5G商用两年来,消费者已从中感受到了实实在在的好处。这背后,是5G网络建设的飞速发展在做支撑,中国5G发展取得了世界领先的显著成就。

工业和信息化部信息通信发展司司长谢存介绍,目前中国已建成5G基站超过115万个,占全球70%以上,是全球规模最大、技术最先进的5G独立组网网络。5G终端用户达到4.5亿户,占全球80%以上。

数量庞大的5G基站为消费者流畅上网提供了强大支持,满足了用户不断增加的流量需求。根据工信部近日发布的数据,截至10月末,3家基础电信企业的移动电话用户总数达16.41亿户,比上年末净增4694万户,其中5G手机终端连接数达4.71亿户,比上年末净增2.73亿户,移动互联网接入流量值创出新高。

不过,许多消费者心存疑虑:5G商用,仅仅是网速更快吗?为什么感觉给生活带来的变化不像想象的那么大?

---

[1] 选自《人民日报》海外版2021年11月30日第011版,标题有改动,原标题为:中国5G终端用户超4亿户,5G应用创新案例超1万个——5G这张网改变了什么?作者为本报记者。

多位受访专家对此解释,消费者对5G的特别之处感知不够强,不是因为市场预期太高,也并非业者言过其实,而是当前5G发展时日尚早,5G基站覆盖的广度和纵深度仍不足,消费侧的应用还没有真正爆发。

作为消费侧的重要应用之一,5G消息初出茅庐便引起巨大关注。自去年三大运营商共同发布《5G消息白皮书》计划5G消息商用后,时隔一年多,中国联通近日宣布在全国启动5G消息试商用,并开展"5G消息体验招募活动",面向企业客户和个人用户提供免费的5G消息体验包,友好体验用户将享受更加丰富、便捷、智能、安全的5G消息新体验。

业内人士认为,随着5G规模商用、智能终端普及率提高、数字和支付技术等发展,5G消息将迎来巨大的市场机会。届时,万亿条短信的场景力量不可阻挡,RCS(融合通信)有望成为未来智能终端场景服务主入口。

华中科技大学教授陈敏表示,作为通信系统的重大变革,5G与此前的3G、4G类似,预计需要大约10年的发展期。"目前5G发展阶段仍处于市场启动期,更多的是面向工业互联,因为工业互联场景需求相对而言更明晰。"陈敏说,"相信到后期,越来越多面向消费者的应用会逐渐部署。"

行业应用不断拓展

空中课堂、远程诊断、5G+急诊急救、远程设备操控等,5G为智能制造提质增效在教育、医疗、信息消费等领域,5G应用正加速发展。

谢存介绍,在教育领域,全国多所高校进行积极探索,涌现出一批5G空中课堂、5G虚拟实验室、5G云考场、5G智慧校园等典型应用和标杆项目,为开展5G在智慧教育中的试点应用积累了经验;在医疗领域,全国已有超过600个三甲医院开展5G+急诊急救、远程诊断、健康管理等应用;在信息消费领域,AR导游、4K/8K直播、沉浸式教学等5G应用,在游戏娱乐、赛事直播、居住服务等领域大幅提升消费体验。

在生活场景之外,5G为工业场景带来的变化也颇为明显。作为推动传统产业转型升级、培育发展先进制造业的重要支撑,"5G+工业互联网"应用深入,为智能制造提质增效。11月21日,中国移动、华为技术有限公司、中国煤炭工业协会、中国矿业大学(北京)共同发布《5G地下移动通信网络(5G DMN)》白皮书,构建地下智能化综合性通信网络,打造5G产业新空间。华为5G产品线总裁彭红华说:"基于5G DMN愿景的4个技术体系,华为提出了5G DMN的技术创新方向,构建地下通信全弹性、全感知、全融合的网络,解决矿山行业在数智化转型中遇到的关键挑战,助力打造智能感知、智能决策和自动执行的矿山全智能化体系。"

此前,华为与晋能控股集团合作,成立了矿山实验室,在远程设备操控、无人智能巡检、设备协同作业等方面形成了有效实践。"5G应用于生活,更多满足的是普通消费者的下行需求。对于井下,监测数据上传量大、指令下传量小。"华为公司全球5G市场部部长赵志鹏说,为此企业做了相应调整,满足了工业上传下控的应用需求。

通过独立5G专网,浪潮5G产品支撑东风商用车有限公司实现整车生产线自动化配件运送系统的智能化升级,生产线整体产能提升了26%;将无人机巡检大数据和图像视频大数据结合,国网嘉兴供电公司对输电杆塔进行隐患精细化排查,确保区域可靠供电;泉州水务集团与百度智能云合作,实现设备运行检测的智能识别与管理,有效降低生产风险。"目前,全国5G应用创新的案例已超过1万个,覆盖22个国民经济重要行业。"谢存介绍,工业制造、采矿、港口等垂直行业应用场景加速规模落地,已由最初的生产辅助类业务为主向设备控制、质量管控等核心业务拓展,是当前5G应用方案较为成熟的领域。

11月22日,工信部发布了第二批"5G+工业互联网"典型应用场景和重点行业实践。厂区智能理货、全域物流监测、虚拟现场服务、企业协同合作这些正作为典型应用场景,在越来越多的生产、制造环节推广。工信部总工程师韩夏表示,5G和工业互联网支撑实体经济降成本、提质增效、绿色发展的重要作用不断显现。

打造深度融合新生态

未来5年,力争每万人拥有5G基站数达到26个,逐步形成5G应用"扬帆远航"的发展局面。

"到2025年,基本建成高速泛在、集成互联、智能绿色、安全可靠的新型数字基础设施体系,为支撑制造强国、网络强国、数字中国建设夯实发展基础"——工信部近日出台的《"十四五"信息通信行业发展规划》,为未来5年新型基础设施建设划定了明确目标。行至此处5G又将如何发展?

确立发展目标。"在已经建成全球规模最大的光纤和移动宽带网络基础上,'十四五'时期力争建成全球规模最大的5G独立组网网络,力争每万人拥有5G基站数达到26个,实现城市和乡镇全面覆盖、行政村基本覆盖、重点应用场景深度覆盖,其中行政村5G通达率预计达到80%。"谢存说。此外,融合基础设施建设需实现突破。谢存表示,未来要基本建成覆盖各地区、各行业的高质量工业互联网网络,打造一批"5G+工业互联网"标杆。"工业互联网标识解析体系更加完善,服务能力大幅提升,公共服务节点数力争达150个。"

推动5G应用向产业化规模化加速转变。5G融合应用是促进经济社会数字化、网络化、智能化转型的重要引擎。谢存介绍,"十四五"期间面向信息消费、实体经济、民生服务三大领域,工信部将联合相关部委及地方政府重点推进15个行业的5G应用,打造深度融合新生态,实现重点领域5G应用深度和广度双突破,构建技术产业和标准体系双支柱,逐步形成5G应用"扬帆远航"的发展局面。"同时,我们也支持各地方政府、行业协会、产业联盟等及时总结5G行业应用发展成效,通过多种方式,加快向千行百业复制推广,全面赋能数字中国的建设。"

提升"5G+工业互联网"建设水平。"目前,'5G+工业互联网'在建项目超过1800个,标识解析五大国家顶级节点和158个二级节点上线运行,标识注册总量近600亿;具有影响力的工业互联网平台超过100家,连接设备数超过7600万台套。"工信部信息通信管理局副局长王鹏介绍,"十四五"期间,要加快利用5G等新兴网络技术升级改造工业网络,构建自主可控的标识解析体系,扩大标识服务范围,推动标识规模化应用。

谢存表示,为实现《规划》目标,近期工信部聚焦5G、千兆光网、工业互联网等领域着手组织实施专项行动。未来,工信部将加快推进经济社会数字化发展,实现行业高质量发展。

第八单元 情谊无价

单元导读

　　冰心曾说:"爱在左,情在右,走在生命的两旁,随时撒种,随时开花,将这一径长途,点缀得香花弥满,使穿枝拂叶的行人,踏着荆棘,不觉得痛苦,有泪可落,却不是悲凉。"亲情、友情、爱情、乡情,甚至陌生人给予我们的关爱之情……这样一份份情义,总会在生活的某个时间,带给我们一份欣喜,一份欣然。人间有爱——这是一件多么幸福的事情。

　　情——是文艺作品永恒的主题,本单元所选的文章从不同角度诠释了人间之爱、人世之情。《多年父子成兄弟》笔法清新细腻,展现了一种不同于传统严格长幼尊卑有序的新型的亲子关系,这样的父子交往有情有趣,引人思考;《玉蝴蝶·望处雨收云断》延续了中国文人悲秋的情结,其中更包含了"一枝折得,人间天上,没个人堪寄"这般忆旧怀人的感伤;《岁暮到家》中母慈子孝,朴实的词句将人伦大爱勾勒得细腻动人;《听听那冷雨》,"渭城朝雨""杏花春雨"背后那滚烫的暖意,让人不禁感慨海峡对面余光中先生那寻根的炙热的中国心;《项脊轩志》流淌着夫妻间平淡隽永的情意,这种志趣相投、三观相合、互相关爱、善于经营的婚姻才会永远保鲜;《睡莲花开的声音》用简短的篇幅向我们讲述了一个人间大爱的故事;《兄弟俩》则在北京的市井胡同里书写着兄弟情、母子情、邻里情……

　　情义,让惺惺相惜的人即使相隔千里,也能"天涯共此时"。情义,是在相处中生长开花的,所有这些美好的感情都是要我们用心去感悟、去品味、去继续播洒的。

　　人生有涯,情义无价!

1 多年父子成兄弟

汪曾祺

【阅读提示】

> 沈从文说过:"新作家联大方面出了不少,有个汪曾祺,将来必有大成就。"作家杨沫说,读汪曾祺的作品,"使人仿佛漫步在春天的原野上,嗅到一阵阵清新温馨的花香"。汪曾祺是大器晚成的作家,成名作《受戒》发表于 1980 年,而这一年,他已年届六十。不是说他六十岁后才开始写作,而是他的作品在 20 世纪 80 年代以后,才越来越被发掘和重视其价值。他的作品多写人间草木、旅食小品、天涯游子、故人往事,少有宏大事件,叙事如散文诗般,清新优美,处处透露出他面对生活独特可爱的态度。而他的多才多艺、富有情趣很大程度上是来源于他的父亲。
>
> 中国传统文化中父子尊卑有序,父亲对孩子严格教育,在孩子面前也是严肃的。而文中的"父亲"以其未泯童心、开明教育,与儿子建立了新型关系,看似让其放纵自流,实际上却是给予孩子足够的理解和信任的空间,这或许才是父子人伦一种更高的境界。

这是我父亲的一句名言。

父亲是个绝顶聪明的人。他是画家,会刻图章,画写意花卉。图章初宗浙派,中年后治汉印。他会摆弄各种乐器,弹琵琶,拉胡琴,笙箫管笛,无一不通。他认为乐器中最难的其实是胡琴,看起来简单,只有两根弦,但是变化很多,两手都要有功夫。他拉的是老派胡琴,弓子硬,松香滴得很厚——现在拉胡琴的松香都只滴了薄薄的一层。他的胡琴音色刚亮。胡琴码子都是他自己刻的,他认为买来的不中使。他养蟋蟀,养金铃子。他养过花,他养的一盆素心兰在我母亲病故那年死了,从此他就不再养花。我母亲死后,他亲手给她做了几箱子冥衣——我们那里有烧冥衣的风俗。按照母亲生前的喜好,选购了各种花素色纸做衣料,单夹皮棉,四时不缺。他做的皮衣能分得出小麦穗、羊羔、灰鼠、狐肷。

父亲是个很随和的人,我很少见他发过脾气,对待子女,从无疾言厉色。他爱孩子,喜欢孩子,爱跟孩子玩,带着孩子玩。我的姑妈称他为"孩子头"。春天,不到清明,他领一群孩子到麦田里放风筝。放的是他自己糊的蜈蚣(我们那里叫"百脚"),是用染了色的绢糊的。放风筝的线是胡琴的老弦。老弦结实而轻,这样风筝可笔直地飞上去,没有"肚儿"。用胡琴弦放风筝,我还未见过第二人。清明节前,小麦还没有"起身",是不怕践踏的,而且越踏越会长得旺。孩子们在屋里闷了一冬天,在春天的田野里奔跑跳跃,身心都极其畅快。他用钻石刀把玻璃裁成不同形状的小块,再一块一块逗拢,接缝处用胶水粘牢,做成小桥、小亭子、八角玲珑水晶球。桥、亭、球是中空的,里面养了金铃子。从外面可以看到金铃子在里面自在爬行,振翅鸣叫。他会做各种灯。用浅绿透明的"鱼鳞纸"扎了一只纺织娘,栩栩如生。用西洋红染了色,上深下浅,通草做花瓣,做了一个重瓣荷花灯,真是美极了。用小西瓜(这是拉秧的小瓜,因其小,不中吃,叫做"打瓜"或"笃瓜")上开小口挖净瓜瓤,在瓜皮上雕镂出极细的花

---

① 选自《汪曾祺全集》,人民文学出版社,2019 年版。汪曾祺(1920—1997),江苏高邮人,当代作家、散文家、戏剧家、京派作家的代表人物。代表作品有《受戒》《沙家浜》《大淖记事》等。

纹,做成西瓜灯。我们在这些灯里点了蜡烛,穿街过巷,邻居的孩子都跟过来看,非常羡慕。

父亲对我的学业是关心的,但不强求。我小时了了,国文成绩一直是全班第一。我的作文,时得佳评,他就拿出去到处给人看。我的数学不好,他也不责怪,只要能及格,就行了。他画画,我小时也喜欢画画,但他从不指点我。他画画时,我在旁边看,其余时间由我自己乱翻画谱,瞎抹。我对写意花卉那时还不太会欣赏,只是画一些鲜艳的大桃子,或者我从来没有见过的瀑布。我小时字写得不错,他倒是给我出过一点主意。在我写过一阵"圭峰碑"和"多宝塔"以后,他建议我写写"张猛龙"。这建议是很好的,到现在我写的字还有"张猛龙"的影响。我初中时爱唱戏,唱青衣,我的嗓子很好,高亮甜润。在家里,他拉胡琴,我唱。我的同学有几个能唱戏的,学校开同乐会,他应我的邀请,到学校去伴奏。几个同学都只是清唱。有一个姓费的同学借到一顶纱帽,一件蓝官衣,扮起来唱"朱砂井",但是没有配角,没有衙役,没有犯人,只是一个赵廉,摇着马鞭在台上走了两圈,唱了一段"郡坞县在马上心神不定"便完事下场。父亲那么大的人陪着几个孩子玩了一下午,还挺高兴。我十七岁初恋,暑假里,在家写情书,他在一旁瞎出主意。我十几岁就学会了抽烟喝酒。他喝酒,给我也倒一杯。抽烟,一次抽出两根,他一根我一根。他还总是先给我点上火。我们的这种关系,他人或以为怪。父亲说:"我们是多年父子成兄弟。"

我和儿子的关系也是不错的。我戴了"右派分子"的帽子下放张家口农村劳动,他那时还未从幼儿园刚毕业,刚刚学会汉语拼音,用汉语拼音给我写了第一封信。我也只好赶紧学会汉语拼音,好给他写回信。"文化大革命"期间,我被打成"黑帮",送进"牛棚"。偶尔回家,孩子们对我还是很亲热。我的老伴告诫他们"你们要和爸爸'划清界限'",儿子反问母亲:"那你怎么还给他打酒?"只有一件事,两代之间,曾有分歧。他下放山西忻县"插队落户"。按规定,春节可以回京探亲。我们等着他回来。不料他同时带回了一个同学。他这个同学的父亲是一位正受林彪迫害,搞得人囚家破的空军将领。这个同学在北京已经没有家,按照大队的规定是不能回北京的,但是这孩子很想回北京,在一伙同学的秘密帮助下,我的儿子就偷偷地把他带回来了。他连"临时户口"也不能上,是个"黑人",我们留他在家住,等于"窝藏"了他。公安局随时可以来查户口,街道办事处的大妈也可能举报。当时人人自危,自顾不暇,儿子惹了这么一个麻烦,使我们非常为难。我和老伴把他叫到我们的卧室,对他的冒失行为表示很不满,我责备他:"怎么事前也不和我们商量一下!"我的儿子哭了,哭得很委屈,很伤心。我们当时立刻明白了:他是对的,我们是错的。我们这种怕担干系的思想是庸俗的。我们对儿子和同学之间的义气缺乏理解,对他的感情不够尊重。他的同学在我们家一直住了四十多天,才离去。

对儿子的几次恋爱,我采取的态度是"闻而不问"。了解,但不干涉。我们相信他自己的选择,他的决定。最后,他悄悄和一个小学时期女同学好上了,结了婚。有了一个女儿,已近七岁。我的孩子有时叫我"爸",有时叫我"老头子"!连我的孙女也跟着叫。我的亲家母说这孩子"没大没小"。我觉得一个现代化的、充满人情味的家庭,首先必须做到"没大没小"。父母叫人敬畏,儿女"笔管条直",最没有意思。

儿女是属于他们自己的。他们的现在,和他们的未来,都应由他们自己来设计。一个想用自己理想的模式塑造自己的孩子的父亲是愚蠢的,而且,可恶!另外作为一个父亲,应该尽量保持一点童心。

【思考与练习】

1. 文章从哪些方面表现了"父亲"的性格特征?
2. 汪曾祺擅长细处落笔,小中见大。请选取文中一例进行说明。
3. 从文章选材的角度看,文中写父亲带着孩子抽烟喝酒的情节似乎有损于"父亲"的完美,作者为什么还要这样写?谈谈你的理解。

2 古典诗词二首

【阅读提示】

> 《玉蝴蝶·望处雨收云断》是宋代词人柳永怀念湘中故人所作。上阕写词人凭阑远望,只见花老叶黄,秋景萧疏,烟水茫茫,故人不见,悲秋伤离之感萦绕心头。下阕回忆起往日与朋友饮酒聚会,畅谈之乐,慨叹今日相隔遥远,再难重逢。全词以抒情为主,把写景和叙事、忆旧和怀人、羁旅和离别、时间和空间,融汇为一个浑然的艺术整体,具有很强的艺术感染力。
>
> 《岁暮到家》是清代诗人蒋士铨所作,全诗感情真挚、质朴无华。过年——回家,这是中国人的传统,一年到头的风霜都在母亲唤儿的温情中融化,而"报喜不报忧"何尝不是儿女对父母爱的表达呢?在这首诗中我们看到了母怜子,子敬母,这样双向奔赴的爱是尤为可贵的。

玉 蝴 蝶①

柳 永

望处雨收云断,凭阑悄悄,目送秋光。晚景萧疏②,堪动宋玉悲凉③。水风轻、蘋花④渐老,月露冷、梧叶飘黄。遣情伤。故人何在,烟水茫茫。

难忘。文期⑤酒会,几孤⑥风月,屡变星霜。海阔山遥,未知何处是潇湘!念双燕、难凭远信,指暮天、空识归航。黯相望。断鸿声里,立尽斜阳。

岁 暮 到 家

蒋士铨⑦

爱子心无尽,归家喜及辰⑧。
寒衣针线密,家信墨痕新。
见面怜清瘦,呼儿问苦辛。
低徊⑨愧人子,不敢叹风尘⑩。

---

① 玉蝴蝶,词牌名。又名"玉蝴蝶令""玉蝴蝶慢"。此调唐时为令词,宋时衍为慢词。柳永(约984—约1053),原名三变,字景庄,后改名柳永,字耆卿,因排行第七,又称柳七,崇安(今福建武夷山)人,北宋著名词人,婉约派代表人物。 ② 萧疏:稀疏、寂寞、凄凉。 ③ 宋玉悲凉:宋玉《九辩》有"悲哉!秋之为气也,萧瑟兮草木摇落而变衰"的名句,此处引申为悲秋。 ④ 蘋花:一种夏秋间开小白花的浮萍。 ⑤ 期:约。 ⑥ 孤:通"辜",辜负。 ⑦ 蒋士铨(1725—1784),字心馀,苕生,号藏园,又号清容居士,晚号定甫。清代戏曲家,文学家。江西铅山人,祖籍湖州长兴。 ⑧ 及辰:及时,正赶上时候。这里指过年之前能够到家。 ⑨ 低徊:迟疑徘徊。 ⑩ 风尘:这里指旅途劳累辛苦。

【思考与练习】

1. "念双燕、难凭远信,指暮天、空识归航"抒发了怎样的情感?请简要赏析。
2. 《岁暮到家》作为一首写母爱的诗,在情感表达上有什么特殊之处?
3. 借鉴两首诗词的艺术手法,给自己的亲友写一封信,表达思故乡、念亲人的深挚情谊。

3 项脊轩志①

归有光

【阅读提示】

> 中国文学发展数千年,有许多抒写尘世情感,使人感慨万千的优秀文言散文,《项脊轩志》便是其中翘楚。
>
> 《项脊轩志》是明代文学家归有光的一篇回忆性记事散文。围绕着项脊轩这个书斋,归有光将自己的成长娓娓道来,寥寥数笔真切再现了祖母、母亲、妻子的音容笑貌,表达了作者对于三位已故亲人的深沉怀念,亦写出了家族变迁、物是人非的寂寥无奈,既有浓厚的真情,又有对世事无常的慨叹。
>
> 全文语言自然本色,不事雕饰,不用奇字险句,力求朴而有致,淡而有味。睹物怀人,悼亡念存,叙事娓娓而谈,"一往深情,每以一二细事见之,使人欲涕",被誉为"明文第一"。

项脊轩②,旧③南阁子也。室仅方丈,可容一人居。百年老屋,尘泥渗漉④,雨泽下注;每移案,顾视,无可置者。又北向,不能得日,日过午已昏。余稍为修葺⑤,使不上漏。前辟四窗,垣⑥墙周庭,以当南日,日影反照,室始洞然⑦。又杂植兰桂竹木于庭,旧时栏楯⑧,亦遂增胜。借书满架,偃仰⑨啸歌,冥然兀坐⑩,万籁有声;而庭阶寂寂,小鸟时来啄食,人至不去。三五之夜⑪,明月半墙,桂影斑驳,风移影动,珊珊⑫可爱。

然余居于此,多可喜,亦多可悲。先是庭中通南北为一。迨⑬诸父异爨⑭,内外多置小门墙,往往而是。东犬西吠,客逾庖而宴⑮,鸡栖于厅。庭中始为篱,已为墙,凡再变矣。家有老妪,尝居于此。妪,先大母婢也,乳二世,先妣抚之甚厚。室西连于中闺,先妣尝一至。妪每谓余曰:"某所,而母立于兹。"妪又曰:"汝姊在吾怀,呱呱而泣;娘以指叩门扉曰:'儿寒乎?欲食乎?'吾从板外相为应答。"语未毕,余泣,妪亦泣。余自束发⑯,读书轩中,一日,大母过余曰:"吾儿,久不见若影,何竟日默默在此,大

---

① 选自《震川先生集》,上海古籍出版社,2007年版。归有光(1507—1571),字熙甫,又字开甫,别号震川,又号项脊生,世称"震川先生",苏州府昆山县(今江苏昆山)人,明代"唐宋派"代表作家。 ② 项脊轩(xuān):归有光家的书斋名。轩:有窗的长廊或小屋等。 ③ 旧:原来的。 ④ 渗(shèn)漉(lù):渗,透过。漉,漏下。 ⑤ 修葺(qì):修缮,修理,修补。 ⑥ 垣(yuán):名词作动词,指砌矮墙。 ⑦ 洞然:明亮的样子。 ⑧ 栏楯(shǔn):栏杆。纵的叫栏,横的叫楯。 ⑨ 偃(yǎn)仰:卧立,起伏。有随世俗沉浮或进退之意,此处指生活悠然自得。 ⑩ 冥(míng)然兀(wù)坐:静静地独自端坐着。 ⑪ 三五之夜:农历每月十五的夜晚。 ⑫ 珊:通"姗",引申为美好的样子。 ⑬ 迨(dài):及,等到。 ⑭ 异爨:分灶做饭,意思是分了家。 ⑮ 逾(yú)庖(páo)而宴:越过厨房去吃饭。庖:厨房。 ⑯ 束发:古代男孩成年时束发为髻,十五岁前为儿童时代。

类女郎也?"比去,以手阖门,自语曰:"吾家读书久不效,儿之成,则可待乎!"顷之,持一象笏至,曰:"此吾祖太常公宣德间执此以朝,他日汝当用之!"瞻顾①遗迹,如在昨日,令人长号不自禁。

轩东,故尝为厨,人往,从轩前过。余扃牖②而居,久之,能以足音辨人。轩凡四遭火,得不焚,殆有神护者。

项脊生曰:"蜀清守丹穴,利甲天下,其后秦皇帝筑女怀清台;刘玄德与曹操争天下,诸葛孔明起陇中。方二人之昧昧于一隅也,世何足以知之,余区区处败屋中,方扬眉瞬目,谓有奇景。人知之者,其谓与坎井之蛙何异?"

余既为此志,后五年,吾妻来归,时至轩中,从余问古事,或凭几学书。吾妻归宁③,述诸小妹语曰:"闻姊家有阁子,且何谓阁子也?"其后六年,吾妻死,室坏不修。其后二年,余久卧病无聊,乃使人复葺南阁子,其制④稍异于前。然自后余多在外,不常居。

庭有枇杷树,吾妻死之年所手植也,今已亭亭如盖矣⑤。

【思考与练习】

1. 全文以"然余居于此,多可喜,亦多可悲"为文眼,请梳理文章由喜到悲的情绪脉络。
2. 文章末段"庭有枇杷树,吾妻死之年所手植也,今已亭亭如盖矣",似乎只是写事写物,但其中饱含作者深情,试着体会其中情绪。
3. 有感情地背诵全文。

4　睡莲花开的声音⑥

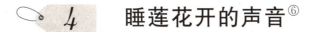

[德] 海勒克诺

子　苕　编译

【阅读提示】

这是一个情感创造奇迹的故事。露茜修女带六个失聪的孩子到茵梦湖"听"睡莲花开的声音,让这些失聪的孩子学会用心去聆听世界,使他们明白可以用另一种方式感受世界,从而树立起对生活的信心。其实,世界上最美妙、最美好的声音,往往用心才可以听到和听懂。你听到这世间的真情了吗? 它就在你心中轻轻地吟唱;你听懂这世间的幸福了吗? 它其实就在你身边时时谱写新的乐章。

杰夫瑞医生是位非常著名的耳科专家,多年来,他一直致力于让失聪者恢复听觉的耳蜗移植研究。杰夫瑞医生经过数年的不懈努力,终于将耳蜗移植恢复的成功率从50%提高到了接近70%。在他的帮助下,许多生活在沉寂里的失聪者重新获得了聆听世界的机会,其中有些失聪者的听力甚至从

---

① 瞻(zhān)顾:瞻,向前看;顾,向后看。泛指看,有瞻仰、回忆的意思。　② 扃(jiōng)牖(yǒu):关着窗户。扃,(从内)关闭。牖,窗户。　③ 归宁:出嫁的女儿回娘家省亲。　④ 制:指建造的格式和样子。　⑤ 亭亭如盖:高高挺立,树冠像伞盖一样。亭亭,直立的样子。盖,古称伞。　⑥ 摘自《读者》2003年第16期。

零恢复到了大抵正常的程度。

于是,失聪病人们视杰夫瑞医生为救星;媒体称赞他是创奇者;一些机构授予他奖章;杰夫瑞自己也感到很骄傲。

有一年,六个十三四岁的少年从西班牙山区来到杰夫瑞医生所在的慕尼黑,他们是得到慈善机构的捐助前来接受耳蜗移植治疗的失聪孤儿。负责照顾孩子们的领队是个叫露茜的年轻修女,她生得瘦小单薄,但性情温和开朗。杰夫瑞医生分别为六个孩子进行了耳蜗移植,其中的三个听力恢复迅速;另外两个经过配合治疗,也逐渐有了进步。只剩下一个叫丹的男孩,杰夫瑞医生先后为他做了三次耳蜗移植,尽了一个医生最大的努力,但丹始终不见有丝毫的起色。

冬天过去,春天也过去了,到夏天来临的时候,杰夫瑞医生只得带着深深的遗憾告诉露茜修女:"非常抱歉,丹恐怕就属于那30%永远都无法恢复听力的失聪者。"

露茜修女也很难过,因为每个孩子都是怀着同样的希望而来,现在却有一个失望而归。

很快,那个叫丹的男孩也似乎意识到了自己不妙的境况。他开始郁郁寡欢,时常把自己关在病房里,并且有意回避另外五个已经跟自己"不一样"的同伴。

小男孩的状况让杰夫瑞医生的内心备受煎熬,他能够理解丹的痛苦,却又无能为力。而且,出于医生的责任,他还必须把残酷的真相告诉丹。

宣布治疗结果前夕,善良的露茜修女跟杰夫瑞医生商量:"是不是可以换个方式告诉他呢?也许在一个适当的场合说出真相,孩子会容易接受一些。"是呀,成年人都会无法承受这个现实,何况他还是个孩子。杰夫瑞医生点点头,说道:"什么场合告诉他比较好一点呢?"露茜修女略微想了想,说出了一个地方——茵梦湖。

茵梦湖是慕尼黑所在的巴伐利亚州的一个美丽湖泊,地处阿尔卑斯山中。四周山林环抱,湖水宁静清澈,而且,每到夏天,湖中会开放一片一片美丽的睡莲。

在一个晴朗的清晨,杰夫瑞医生和露茜修女带着六个孩子前往茵梦湖。

因为长期从事耳蜗治疗,杰夫瑞医生也懂得一些聋哑人手语。在路途上,他看见露茜修女用手语告诉孩子们:"我们今天要去听一听睡莲花开的声音。"她用的是个很明确的"听",而不是"看"——真是奇怪,难道她不明白可怜的丹什么都听不到吗?

夏天的清晨,站在湖边,能看见微红的晨曦从天边一点一点泛起来。湛蓝色湖水里渐渐呈现出岸边树林的倒影,偶尔有几只早起的鸟儿掠过湖面,啾啾的叫声在空明的水天之间格外清脆。

露茜修女选了一片临岸的睡莲,那些圆圆的绿叶贴着湖水,上面还带着零星剔透的露珠。而一朵朵白色的花蕾俏皮地点缀其间。六个孩子依次排开蹲下,露茜修女让每个孩子将手轻轻抚在花蕾上,她自己也挑了个能抚摸花蕾的位置,然后向孩子们做了几个手势——指指心,指指耳朵,闭上眼睛。于是,六个孩子顺从地照露茜修女的吩咐,安静地合上眼睛抚着睡莲花蕾。

不一会儿,太阳升起来了。一旁的杰夫瑞医生这才惊讶地发现,原来那些睡莲竟是在阳光照耀的瞬间绽开的。在静谧的环境里,他甚至能听见花瓣开时的"叭"、"叭"声,那是一种很轻微的震动的声音。如果不用心去"听",即使正常人也可能忽略掉。

孩子们抚摸着的花蕾一朵一朵地在阳光里绽开来,虽然闭着眼睛,但杰夫瑞医生肯定他们都能清晰地感觉到花开的瞬间。果然,那些孩子们惊喜极了。他们先是睁开眼睛仔细端详那些盛开的花朵,然后抑制不住争相打着手语欢快地交流,连丹也不例外。

这时,露茜修女站起来,微笑着朝孩子们打着手语,语重心长地告诉他们:"其实,这个世界上有很多美妙的声音,只要我们有一颗对生活永不绝望的心就一定可以听见。"比划完,她特别用眼睛盯着丹。

丹回应了露茜修女一个热烈的手势,激动地扑过去和她拥抱。接着,另外五个孩子也围拢过去,抱成一团儿。

是的,丹或许因为无法恢复听力有一点点难受,痛苦很快就会过去,更重要的是他真的"听"懂了睡莲花开的声音。

目睹一切的杰夫瑞医生静静地站在一边,许久都没有动。作为医生,他已经看惯了太多的伤心、无助乃至绝望,但现在,他却感慨得泪流满面。人们习惯于把他看作创奇者,而实际上,这位平凡的露茜修女才是创奇者,她创造了医学无法达到的奇迹。

从那天以后,杰夫瑞医生在自己的诊疗院里特意开辟出一个种着睡莲的池塘。每年夏天,他都会让一些内心失落茫然的病人去亲身听一听睡莲花开的声音;而对于每个新来的医生或护士,他会给他们讲关于露茜修女和六个失聪孩子的故事。

他知道,医学治疗即使在一百年以后也依然会有无法突破的极限,但现在,睡莲花开的声音却能创造某些医学上无法创造的奇迹——让那不幸的30%的失聪者学会用心去聆听世界,让他们在无声的岁月里保持对生活永不消退的信心。

【思考与练习】

1. 露茜修女为什么要让这些失聪的孩子们去"听"睡莲花开的声音?

2. 杰夫瑞作为医生,"已经看惯了太多的伤心、无助乃至绝望",但为什么他目睹了茵梦湖边的一幕后,"却感慨地泪流满面"?

3. 露茜修女与六个失聪的孩子非亲非故,却以她的善良与大爱改变了孩子们的一生。你是否感受过身边的朋友们给予你的关爱和帮助?你是否帮助过匆匆而过的人生过客解决过他们的问题?谈一谈你的经历和感受。

5* 听听那冷雨[①]

余光中

【阅读提示】

> 余光中的乡愁有多绵长啊!除了脍炙人口的《乡愁四韵》,还有这一篇《听听那冷雨》。从情感上看,雨在中国古典文学中是凄凉、孤寂、忧愁的意象,十分贴合作者思念故土、渴望统一的心境。作者借冷雨抒情,将自己身处台湾省、期盼回大陆团聚的思乡之情娓娓倾诉。从表达技法上来看,冷雨中渗透了中国传统文化的诗意,"渭城朝雨""杏花春雨"流韵在字里行间,阅读时注意体会中国古典诗词的意趣在被赋予生命的冷雨中的表现。

惊蛰一过,春寒加剧。先是料料峭峭,继而雨季开始,时而淋淋漓漓,时而淅淅沥沥,天潮潮地湿湿,即使在梦里,也似乎把伞撑着。而就凭一把伞,躲过一阵潇潇的冷雨,也躲不过整个雨季。连思想也都是潮润润的。每天回家,曲折穿过金门街到厦门街迷宫式的长巷短巷,雨里风里,走入霏霏令人更想入非非。想这样子的台北凄凄切切完全是黑白片的味道,想整个中国整部中国的历史无非是一

[①] 选自《左手的掌纹》,江苏文艺出版社,2003年版。余光中(1928—2017),当代诗人、散文家,著有《余光中诗选》等。

张黑白片子,片头到片尾,一直是这样下着雨的。这种感觉,不知道是不是从安东尼奥尼那里来的。不过那一块土地是久违了,二十五年,四分之一的世纪,即使是雨,也隔着千山万山,千伞万伞。二十五年,一切都断了,只有气候,只有气象报告还牵连在一起。大寒流从那块土地上弥天卷来,这种酷冷吾与古大陆分担。不能扑进她怀里,被她的裙边扫一扫吧,也算是安慰孺慕之情。

这样想时,严寒里竟有一点温暖的感觉了。这样想时,他希望这些狭长的巷子永远延伸下去,他的思路也可以延伸下去,不是金门街到厦门街,而是金门到厦门。他是厦门人,至少是广义的厦门人,二十年来,不住在厦门,住在厦门街,算是嘲弄吧,也算是安慰。不过说到广义,他同样也是广义的江南人,常州人,南京人,川娃儿,五陵少年。杏花春雨江南,那是他的少年时代了。再过半个月就是清明。安东尼奥尼的镜头摇过去,摇过去又摇过来。残山剩水犹如是。皇天后土犹如是。纭纭黔首纷纷黎民从北到南犹如是。那里面是中国吗?那里面当然还是中国永远是中国。只是杏花春雨已不再,牧童遥指已不再,剑门细雨渭城轻尘也都已不再。然而他日思夜梦的那片土地,究竟在哪里呢?

在报纸的头条标题里吗?还是香港的谣言里?还是傅聪的黑键白键马思聪的跳弓拨弦?还是安东尼奥尼的镜底勒马洲的望中?还是呢,故宫博物院的壁头和玻璃橱内,京戏的锣鼓声中太白和东坡的韵里?

杏花。春雨。江南。六个方块字,或许那片土就在那里面。而无论赤县也好神州也好中国也好,变来变去,只要仓颉的灵感不灭,美丽的中文不老,那形象,那磁石一般的向心力当必然长在。因为一个方块字是一个天地。太初有字,于是汉族的心灵他祖先的回忆和希望便有了寄托。譬如凭空写一个"雨"字,点点滴滴,滂滂沱沱,淅沥淅沥淅沥,一切云情雨意,就宛然其中了。视觉上的这种美感,岂是什么 rain 也好 pluie 也好所能满足?翻开一部《辞源》或《辞海》,金木水火土,各成世界,而一入"雨"部,古神州的天颜千变万化,便悉在望中,美丽的霜雪云霞,骇人的雷电霹雹,展露的无非是神的好脾气与坏脾气,气象台百读不厌门外汉百思不解的百科全书。

听听,那冷雨。看看,那冷雨。嗅嗅闻闻,那冷雨,舔舔吧,那冷雨。雨在他的伞上这城市百万人的伞上雨衣上屋上天线上,雨下在基隆港在防波堤在海峡的船上,清明这季雨。雨是女性,应该最富于感性。雨气空濛而迷幻,细细嗅嗅,清清爽爽新新,有一点点薄荷的香味,浓的时候,竟发出草和树沐发后特有的淡淡土腥气,也许那竟是蚯蚓蜗牛的腥气吧,毕竟是惊蛰了啊。也许地上的地下的生命也许古中国层层叠叠的记忆皆蠢蠢而蠕,也许是植物的潜意识和梦吧,那腥气。

第三次去美国,在高高的丹佛他山居了两年。美国的西部,多山多沙漠,千里干旱,天,蓝似安格罗·萨克逊人的眼睛,地,红如印第安人的肌肤,云,却是罕见的白鸟。落基山簇簇耀目的雪峰上,很少飘云牵雾。一来高,二来干,三来森林线以上,杉柏也止步,中国诗词里"荡胸生层云",或是"商略黄昏雨"的意趣,是落基山上难睹的景象。落基山岭之胜,在石,在雪。那些奇岩怪石,相叠互倚,砌一场惊心动魄的雕塑展览,给太阳和千里的风看。那雪,白得虚虚幻幻,冷得清清醒醒,那股皑皑不绝一仰难尽的气势,压得人呼吸困难,心寒眸酸。不过要领略"白云回望合,青霭入看无"的境界,仍须回来中国。台湾湿度很高,最饶云气氤氲雨意迷离的情调。两度夜宿溪头,树香沁鼻,宵寒袭肘,枕着润碧湿翠苍苍交叠的山影和万籁都歇的岑寂,仙人一样睡去。山中一夜饱雨,次晨醒来,在旭日未升的原始幽静中,冲着隔夜的寒气,踏着满地的断柯折枝和仍在流泻的细股雨水,一径探入森林的秘密,曲曲弯弯,步上山去。溪头的山,树密雾浓,蓊郁的水汽从谷底冉冉升起,时稠时稀,蒸腾多姿,幻化无定,只能从雾破云开的空处,窥见乍现即隐的一峰半壑,要纵览全貌,几乎是不可能的。至少入山两次,只能在白茫茫里和溪头诸峰玩捉迷藏的游戏。回到台北,世人问起,除了笑而不答心自闲,故作神秘之外,实际的印象,也无非山在虚无之间罢了。云缭烟绕,山隐水迢的中国风景,由来予人宋画的韵味。那天下也许是赵家的天下,那山水却是米家的山水。而究竟,是米氏父子下笔像中国的山水,还是中国的山水上纸像宋画。恐怕是谁也说不清楚了吧?

雨不但可嗅,可观,更可以听。听听那冷雨。听雨,只要不是石破天惊的台风暴雨,在听觉上总有一种美感。大陆上的秋天,无论是疏雨滴梧桐,或是骤雨打荷叶,听去总有一点凄凉,凄清,凄楚,于今在岛上回味,则在凄楚之外,更笼上一层凄迷了。饶你多少豪情侠气,怕也经不起三番五次的风吹雨打。一打少年听雨,红烛昏沉。二打中年听雨,客舟中,江阔云低。三打白头听雨在僧庐下,这便是亡宋之痛,一颗敏感心灵的一生:楼上,江上,庙里,用冷冷的雨珠子串成。十年前,他曾在一场摧心折骨的鬼雨中迷失了自己。雨,该是一滴湿漓漓的灵魂,窗外在喊谁。

雨打在树上和瓦上,韵律都清脆可听。尤其是铿铿敲在屋瓦上,那古老的音乐,属于中国。王禹偁在黄冈,破如橡的大竹为屋瓦。据说住在竹楼上面,急雨声如瀑布,密雪声比碎玉,而无论鼓琴、咏诗、下棋、投壶,共鸣的效果都特别好。这样岂不像住在竹筒里面,任何细脆的声响,怕都会加倍夸大,反而令人耳朵过敏吧。

雨天的屋瓦,浮漾湿湿的流光,灰而温柔,迎光则微明,背光则幽暗,对于视觉,是一种低沉的安慰。至于雨敲在鳞鳞千瓣的瓦上,由远而近,轻轻重重轻轻,夹着一股股的细流沿瓦槽与屋檐潺潺泻下,各种敲击音与滑音密织成网,谁的千指百指在按摩耳轮。"下雨了",温柔的灰美人来了,她冰冰的纤手在屋顶拂弄着无数的黑键啊灰键,把响午一下子奏成了黄昏。

在古老的大陆上,千屋万户是如此。二十多年前,初来这岛上,日式的瓦屋亦是如此。先是天暗了下来,城市像罩在一块巨幅的毛玻璃里,阴影在户内延长复加深。然后凉凉的水意弥漫在空间,风自每一个角落里旋起,感觉得到,每一个屋顶上呼吸沉重都覆着灰云。雨来了,最轻的敲打乐敲打这城市,苍茫的屋顶,远远近近,一张张敲过去,古老的琴,那细细密密的节奏,单调里自有一种柔婉与亲切,滴滴点点滴滴,似幻似真,若孩时在摇篮里,一曲耳熟的童谣摇摇欲睡,母亲吟哦鼻音与喉音。或是在江南的泽国水乡,一大筐绿油油的桑叶被啮于千百头蚕,细细琐琐屑屑,口器与口器咀咀嚼嚼。雨来了,雨来的时候瓦这么说,一片瓦说千亿片瓦说,说轻轻地奏吧沉沉地弹,徐徐地叩吧挞挞地打,间间歇歇敲一个雨季,即兴演奏从惊蛰到清明,在零落的坟上冷冷奏挽歌,一片瓦吟千亿片瓦吟。

在日式的古屋里听雨,听四月,霏霏不绝的黄梅雨,朝夕不断,旬月绵延,湿黏黏的苔藓从石阶下一直侵到他舌底,心底。到七月,听台风台雨在古屋顶上一夜盲奏,千层海底的热浪沸沸被狂风挟来,掀翻整个太平洋只为向他的矮屋檐重重压下,整个海在他的蜗壳上哗哗泻过。不然便是雷雨夜,白烟一般的纱帐里听羯鼓一通又一通,滔天的暴雨滂滂沛沛扑来,强劲的电琵琶忐忑忐忑忐忑,弹动屋瓦的惊悸腾腾欲掀起。不然便是斜斜的西北雨斜斜,刷在窗玻璃上,鞭在墙上打在阔大的芭蕉叶上,一阵寒濑泻过,秋意便弥漫日式的庭院了。

在日式的古屋里听雨,春雨绵绵听到秋雨潇潇,从少年听到中年,听听那冷雨。雨是一种单调而耐听的音乐是室内乐是室外乐,户内听听,户外听听,冷冷,那音乐。雨是一种回忆的音乐,听听那冷雨,回忆江南的雨下得满地是江湖下在桥上和船上,也下在四川在秧田和蛙塘,下肥了嘉陵江下湿布谷咕咕的啼声。雨是潮潮润润的音乐下在渴望的唇上,舐舐那冷雨。

因为雨是最最原始的敲打乐从记忆彼端敲起。瓦是最最低沉的乐器灰蒙蒙的温柔覆盖着听雨的人,瓦是音乐的雨伞撑起。但不久公寓的时代来临,台北你怎么一下子长高了,瓦的音乐竟成了绝响。千片万片的瓦翩翩。美丽的灰蝴蝶纷纷飞起,飞入历史的记忆。现在雨下下来下在水泥的屋顶和墙上,没有音韵的雨季。树也砍光了,那月桂,那枫树,柳树和擎天的巨椰,雨来的时候不再有丛叶嘈嘈切切,闪动湿湿的绿光迎接。鸟声减了啾啾,蛙声沉了阁阁。秋天的虫吟也减了唧唧。七十年代的台北不需要这些,一个乐队接一个乐队便遣散尽了。要听鸡叫,只有去《诗经》的韵里寻找。现在只剩下一张黑白片,黑白的默片。

正如马车的时代去后,三轮车的时代也去了。曾经在雨夜,三轮车的油布篷挂起,送她回家的途中,篷里的世界小得多可爱,而且躲在警察的辖区以外。雨衣的口袋越大越好,盛得下他的一只手里握一只纤纤的手。台湾的雨季这么长,该有人发明一种宽宽的双人雨衣,一人分穿一只袖子,此外的部分就不必分得太苛。而无论工业如何发达,一时似乎还废不了雨伞。只要雨不倾盆、风不横吹,撑一把伞在雨中仍不失古典的韵味。任雨点敲在黑布伞或是透明的塑胶伞上,将骨柄一旋,雨珠向四方喷溅,伞缘便旋成了一圈飞檐。跟女友共一把雨伞,该是一种美丽的合作吧。最好是初恋,有点兴奋,更有点不好意思,若即若离之间,雨不妨下大一点。真正初恋,恐怕是兴奋得不需要伞的,手牵手在雨中狂奔而去,把年轻的长发和肌肤交给漫天的淋淋漓漓,然后向对方的唇上颊上尝凉凉甜甜的雨水。不过那要非常年轻且激情,同时,也只能发生在法国的新潮片里吧。

大多数的雨伞想不会为约会张开。上班下班,上学放学,菜市来回的途中,现实的伞,灰色的星期三。握着雨伞,他听那冷雨打在伞上。索性更冷一些就好了,他想。索性把湿湿的灰雨冻成干干爽爽的白雨,六角形的结晶体在无风的空中回回旋旋地降下来,等须眉和肩头白尽时,伸手一拂就落了。二十五年,没有受故乡白雨的祝福,或许发上下一点白霜是一种变相的自我补偿吧。一位英雄,经得起多少次面季? 他的额头是水成岩削成还是火成岩? 他的心底究竟有多厚的苔藓? 厦门街的雨巷走了二十年与记忆等长,一座无瓦的公寓在巷底等他,一盏灯在楼上的雨窗子里,等他回去,向晚餐后的沉思冥想去整理青苔深深的记忆。前尘隔海。古屋不再。听听那冷雨。

一九七四年春分之夜

6* 兄弟俩(节选)[①]

肖复兴

【阅读提示】

> 《兄弟俩》是作家肖复兴带有自传性质的一部少年成长小说新作。老北京胡同里温润而真实的兄弟情、祖孙情、邻里情、师生情等,是大河小河兄弟记忆中永恒的暖色,给予他们爱和希望的力量。文中的兄弟二人,哥哥活泼热情,弟弟温和安静,一武一文,性格不同,爱好不同,但一样纯真善良,他们既相亲相爱又互不服气,闹出一连串矛盾百出又充满童趣的故事。

早晨上学前,大河站在自己家门口,指着欧阳太家的廊檐下已经成熟变紫的无花果,对小河说:咱们摘两个尝尝怎么样?

小河听了大河的话,有些发愣,没想到大河会这样说。和大河一样,他也从来没尝过无花果的滋味,当然也很好奇,很想尝尝。可是,无花果毕竟是欧阳太精心伺候的一盆树,它不是欧阳太家房后面的桑葚,可以由着一帮孩子随便上树采摘。怎么尝呀? 觍着脸,找欧阳太,伸手跟人家要? 这不显得自己太馋了点儿呀,实在不好意思。

小河望着大河,没有说话。

大河猜透了小河的心思,就是虚荣心强,好面子,又胆小,遇事前怕狼后怕虎,什么也不敢干,就会往后缩。不就是两个无花果嘛,又不是两个金豆子!

大河对小河说:到晚上,你给我放哨,我去摘它两个,神不知,鬼不觉的,不就得了吗? 又不是摘王母娘娘的蟠桃!

小河惊叫一声:这不是偷吗?

[①] 选自《兄弟俩》,长江文艺出版社,2021年版。肖复兴,1947年出生,中国著名作家,曾任《人民文学》杂志社副主编。

大河一摆手说：怎么叫偷呢？你就会小题大做！然后，又说：你到底敢不敢吧！你要是不敢，我摘了，你可别吃！

小河望着欧阳太家的无花果，半天不说话。风吹得无花果的叶子摇动着，紫色的无花果，在清晨的阳光下，一颗颗闪着光亮，仿佛在笑着向他招手。小河忍不住咽了口吐沫。他没再说什么，跑走上学去了。

这一天晚上睡觉睡了好半天了，听见爸爸妈妈轻轻的鼾声，大河爬起来，跳下床悄悄地招呼小河，小河也轻轻地从床上下来，正向门外走，爸爸一声吼：这么晚了，上哪儿去？

大河说：上厕所！

小河说：我也去！

爸爸说了句：懒驴上磨屎尿多！一翻身，不再说什么了。

他们两人跑出门，蹑手蹑脚地来到欧阳太的廊檐下。屋里熄灭了灯，窗前，一片幽暗，那盆无花果把浓重的影子，墨一样涂抹在花格窗上，风一吹，墨被打散了，水一样晕染开来，晃晃悠悠蔓延出一大片。天上，下弦月没有出来，雾气很重，夜色很重，无花果的样子看不大清，一团黑乎乎的，分不清叶子和果子。天要下雨，空气中湿度很大，风吹来，都是黏糊糊的。

也是有点儿紧张，大河和小河都出了一后背的汗。大河让小河在廊檐下面望着欧阳太的房门，自己悄悄地上到廊檐，凑近无花果树，伸手摸索着，找无花果的果子。手碰到叶子，窸窸窣窣地响起来，吓了大河一大跳。他摸索半天，也没有摸到果子，光听到叶子的响声，像人在说话，有些瘆人。

终于，他的手碰到了一个果子，结实饱满的样子，握在手心里，有了它形状和沉甸甸的感觉，甚至还有被一天太阳晒得暖暖的感觉呢。大河有些兴奋地伸出两只手，赶紧把它摘了下来，不小心，脚底下碰倒了一个小花盆，"砰"的一声，清脆的声音，在寂静的夜里显得很响。

谁呀？就听屋子里玲嫂在叫。

大河赶紧弯下腰躲在无花果树叶下面，灵机一动想学声猫叫，电影中遇到类似夜黑风高的危险时候，都是有人学两声猫叫，立刻化险为夷。大河正为自己的随机应变暗暗得意，不想一得意不小心脚下又碰倒了一个花盆，声音比刚才更响。

这是谁呀？

大河的猫还没有叫出声来呢，玲嫂一声叫喊，把他吓得缩回去。接着，屋里的灯亮了，廊檐里的灯也亮了。大河和无花果树，一起暴露在明亮的灯光中。

玲嫂先走出房门，不一会儿，欧阳太也走了出来。

大河小河束手就擒。大河的手里还攥着一个紫红色的无花果，更是人赃俱获。

玲嫂指着大河手里的无花果斥责道：你们要想吃，说话啊，干吗要深更半夜地偷呀……欧阳太摆摆手，拦住了玲嫂。

大河的爸爸妈妈闻声也从屋里走了出来，爸爸几个健步走到大河面前，二话没说，一个巴掌扇在大河脸上，指着他手里的无花果说：赶紧还给欧阳太，向欧阳太道歉！

大河心里有些生气，干吗只打我一人？小河也有份，为什么偏向他？连说也不说他一下？但是，大河还是老老实实伸手把无花果交给欧阳太。

欧阳太没有接，对大河说：没关系的，你拿去吃吧！然后，对大河爸爸说：你怎么不分青红皂白打孩子呀！

爸爸还在生气：这孩子，一天不打，上房揭瓦！说着，从大河手里夺过果子，顺手递在了玲嫂手里。

欧阳太上前一步，摆手拦住爸爸，说：大人不能打孩子，再说，也没什么大不了的事。都快回去睡觉吧。

第二天清早上学的路上，下雨了，淅淅沥沥的秋雨，一直到下午也没有停。夏天末尾的雨，不会很大，好像知道秋天快来了，显得清凉得很，打在脸上，像温柔的抚摸，很舒服。树枝上先着急变黄的树叶，禁不住一阵雨夹着风，被打了下来，顶着透明的雨珠儿，小降落伞一样飘悠悠地落在水洼里，立刻又变成一只只金色的小船，自得其乐玩着这样变魔术的游戏。放学的路上，大河不想这么早就回家，光着脚丫，提着鞋，一路还在蹚水玩，踢翻那一只只金色的小船，或者故意溅起一片水花，溅湿旁边同学身上的衣服，然后跑走，多好玩啊！

小河追上大河，对他说：赶紧回家吧！昨天夜里的事情，你忘了怎么着，回家晚了，妈妈又该说咱们了！

记吃不记打，大河早忘了昨天夜里爸爸给他的那一巴掌了。眼前是雨，头上是雨，脚下也是雨，在"哗哗"的雨里疯玩，多有意思呀。

大河不听小河的劝，对小河说：要回你先回！

小河不由分说拉着他，跑回了家。刚进家门，一眼看见了桌子上的无花果，紫色的、红色的，还有青红相间的无花果，挤在一个青花瓷盘里。这是白天欧阳太遣玲嫂特意送过来的，玲嫂对妈妈说：欧阳太一再说了，谁家的小孩子家不是小馋猫？又是从来没尝过的东西，想尝尝鲜儿，有什么大错？非要挨打？你家丁先生的手也太重了，你不心疼，欧阳太说她还心疼呢！

妈妈有意把瓷盘留下来，让大河小河给欧阳太送回去的时候向人家道谢。

这是大河小河第一次吃无花果，皮是软的，剥开皮，里面的瓤是红的，有些芝麻粒一样的小籽，绵绵的，有些甜，不是像糖那样齁甜，有一股清香，又带着说不出的一股怪味儿，和他们以前吃过的苹果梨杏李子的味道，都不一样，比桑葚好吃多了。

他们让妈妈也尝尝，妈妈只尝了一口，就把无花果推给了他们，咂巴着嘴，连声说：什么味儿呀！我可是没这福气吃这玩意儿！

大河小河都望着妈妈笑，不知道她是真的不喜欢吃，还是舍不得吃，留给他们这两个小馋猫。

第九单元 爱情如歌

单元导读

爱情如歌,歌声从远古传来。从"关关雎鸠,在河之洲"的吟诵到梁祝的千古绝唱,爱情自始至终都是文学作品的主旋律,描写爱情的华章美文数不胜数。

爱情是美丽的,文学作品中描写的爱情更是多姿多彩。"冬雷震震,夏雨雪,天地合,乃敢与君绝",爱情的美是此情不渝的忠贞;"身无彩凤双飞翼,心有灵犀一点通",爱情的美是心照不宣的相知;"月上柳梢头,人约黄昏后",爱情的美是花前月下的浪漫;"春如旧,人空瘦,泪痕红浥鲛绡透",爱情的美是千年情殇的哀婉……这些经典诗句给了读者审美的享受,也给读者带来心灵的震撼。《古典诗词四首》《现代诗歌两首》以及散文《沙漠中的饭店》等篇目中,不同时代的文人以不同的文学形式向我们展示了爱情的种种美丽。

真爱难求。从青春的萌动到少男少女的试探、猜忌,到爱情成熟阶段双方的倾诉、表白,这其间要走很长的路。现实生活复杂残酷,人的精神世界亦在变化中,追求爱情的过程中会有着各种各样的坎坷。当爱情面对无法逾越的障碍,或者面临痛苦的抉择,寂寞、孤独、困惑、愤恨等种种情感就会侵袭人的内心。因此,文学作品中的许多爱情故事都是悲剧性的。童话《蝴蝶》中的那只蝴蝶一直为爱情的选择所困扰,从春到冬,苦苦寻觅,然而它最终也没有寻到心仪的恋人。《游园》中被封建礼教禁锢在秀阁珠帘中的杜丽娘第一次来到后花园,明媚的春光催醒了她的自我意识,催醒了爱情,她抑制不住内心的伤感,发出了"良辰美景奈何天,赏心乐事谁家院"的不平之鸣。《黛玉葬花》中贾宝玉与林黛玉的爱情也是在不许爱的环境中发生、发展和生存着,一曲《葬花吟》,正是恋爱中的林黛玉洒泪泣血而吟诵的爱情悲歌。

学习本单元,可以帮助我们树立正确的爱情观,在爱情中能向上向善向真向美。

1 古典诗词四首

【阅读提示】

《上邪》是一首乐府民歌,也是一首情歌。与一般文人喜欢描写少女初恋时的羞涩情态不同,这首民歌以少女自述口吻来表现她对幸福爱情的大胆追求。诗歌形式短小,但是誓词特别,结构起伏,语言采用杂言形式,将主人公爱的呐喊表现得惊心动魄。

《无题》是李商隐无题诗的代表篇目之一,抒写对昨夜一夕相聚、旋成间隔的意中人的深切怀想。在封建礼教的重重帷幕之下,那种灵犀一点的心心相印,该是多么珍贵!

根据周密《齐东野语》、陈鹄《耆旧续闻》等书记载,陆游的《钗头凤》记的是如下一出爱情悲剧:陆游初娶唐琬,夫妻感情很好。但他的母亲不喜欢这个媳妇,两人被迫分离。后来陆游另娶,唐琬也改嫁赵士程。有一次陆游春日出游,在绍兴禹迹寺南的沈园遇见唐琬。唐琬以酒肴殷勤款待。陆游非常伤感,在园壁上题了一首《钗头凤》。相传唐琬和诗一首,不久,伤感而逝。

正月十五元宵节,是观灯赏月的好时节,也是封建时代的青年男女两情欢悦、"雅会幽欢"的好机会。《生查子》就是这样一首饶有新意、引人入胜的佳作。欧阳修的词吸取前辈词人写意疏朗、写情深婉的风格,善于将口语运用到词中,形成了一种新鲜活泼、到口即融的语言特色。

上　邪

汉乐府民歌

上邪①!我欲与君相知②,长命无绝衰③。山无陵④,江水为竭,冬雷震震⑤,夏雨⑥雪,天地合,乃敢与君绝⑦。

无　题⑧

李商隐

昨夜星辰昨夜风,画楼西畔桂堂东⑨。身无彩凤双飞翼,心有灵犀⑩一点通。隔座送钩春酒暖⑪,

---

① 上:指天。邪:读为"耶",语气词。上邪:天哪!　② 相知:相亲相爱。　③ 命:令、使。这句说,使爱情不衰绝。　④ 山无陵:高山变平地。陵,指山峰。　⑤ 震震:雷声。　⑥ 雨:动词,落的意思。　⑦ 以上五句都是假设情状。意思说,除非发生了这类不可能发生的事,我才敢和你断绝爱情。　⑧ 无题:作者对所写的内容有所隐讳,不愿或不便标题。李商隐(813—858),字义山,号玉谿生,怀州河内(今河南泌阳)人,唐文宗开成二年(837)进士。有《李义山诗集》。　⑨ 画楼:有彩画装饰的楼。桂堂:用香木构筑的厅堂。　⑩ 灵犀:古人把犀牛角中有一条白纹贯通的叫作"通天犀",看作是神灵奇异之物。　⑪ 送钩:据《汉武故事》载,"钩弋夫人少时手拳,帝披其手,得一玉钩,手得展。故因为藏钩之戏"。后人效之,成为酒宴席上一种酒令,藏钩于手中,令人猜,不中饮酒。

分曹射覆蜡灯红①。嗟余听鼓应官去,走马兰台类转蓬②。

钗 头 凤③

陆 游

红酥手④,黄縢酒⑤,满城春色宫墙柳⑥。东风恶⑦,欢情薄⑧,一怀⑨愁绪,几年离索⑩。错,错,错!春如旧,人空瘦⑪,泪痕红浥鲛绡透⑫。桃花落,闲池阁⑬,山盟⑭虽在,锦书难托⑮。莫,莫,莫⑯!

生 查 子

欧阳修⑰

去年元夜⑱时,花市灯如昼。月上柳梢头,人约黄昏后。今年元夜时,月与灯依旧。不见去年人,泪满春衫⑲袖。

【思考与练习】

1. 读了李商隐的《无题》诗后,你认为诗人对生命和爱情的理解是怎样的,请略作说明。
2. 分析《钗头凤》运用照应、对比手法的特点。
3. 比较阅读陆游和唐琬分别所作《钗头凤》,体会这两首词的情感表达方法有何异同。

附唐琬《钗头凤》:

世情薄,人情恶,雨送黄昏花易落。晓风干,泪痕残,欲笺心事,独语斜阑。难,难,难!人成各,今非昨,病魂常似秋千索。角声寒,夜阑珊,怕人寻问,咽泪装欢。瞒,瞒,瞒!

4. 背诵这四首作品。

---

① 分曹:分组。射覆:猜测藏在器皿下的东西,猜不中者饮酒。 ② 兰台:即秘书省。《旧唐书·职官志》:"秘书省,龙朔初改为兰台。"转蓬:一种草,蓬生如圆球状,秋后干枯,被风吹离根部,随风飘走。 ③《钗头凤》:词牌名。陆游(1125—1210),字务观,中年自号放翁,山阴(今浙江绍兴)人。南宋爱国诗人。有《陆放翁全集》。 ④ 红酥手:红润白嫩的手。 ⑤ 黄縢酒:即黄封酒,当时的官酒。 ⑥ 宫墙柳:绍兴原是古代越国的都城,宋高宗时亦曾一度以此为行都,故有宫墙之称。一说以柳喻唐琬,她这时已嫁人,有如宫墙里的杨柳可望而不可即。 ⑦ 东风恶:以东风的无情比喻封建家长的专断。 ⑧ 欢情薄:指美好愉快的夫妇生活情谊消失了。 ⑨ 一怀:满怀。 ⑩ 离索:离散。 ⑪ 人空瘦:只是由于白白的相思使人变得清瘦了。 ⑫ 浥:湿润。鲛绡:古代神话中鲛人所织的丝绢。后指丝织的手帕。这句是说淌下的泪水带着胭脂把手帕都湿透了。 ⑬ "桃花"二句:鲜艳的桃花败落了,美丽的沈园里面一片荒凉、冷漠的景象。 ⑭ 山盟:盟誓如山,不可移易,故称。 ⑮ 锦书:锦字回文书,这里指情书。难托:难以寄出。唐氏已另有丈夫,按照封建礼法,不能再与之通书信。 ⑯ 莫,莫,莫:表示无可奈何,只好作罢的意思。感叹的句末语气助词。 ⑰ 欧阳修(1007—1072),字永叔,号醉翁,晚号六一居士,吉水(今属江西)人。有《欧阳文忠公文集》《六一词》。 ⑱ 元夜:今称元宵节,即每年农历的正月十五日。唐玄宗开元年间,规定放灯火三夜。 ⑲ 春衫:用生丝织成的薄纱,多指女人的服装。

2　现代诗歌二首

【阅读提示】

> 　　席慕蓉，台湾当代女诗人。她的作品以"爱"为主旋律，爱情、亲情、华年惆怅，绵绵不尽，意蕴深远。席慕蓉曾说过："在自己的诗里，最喜欢的是那首《山路》。"《山路》的主题是对爱情的追忆。这首诗运用回流式抒情，在人生的一刹那，娓娓道来往日的怀念，给人以蓦然回首的美感享受。意境朦胧，情感温馨。情景交融，诗画结合，在诗情画意中给人以启迪、感悟。
>
> 　　普希金，俄国著名诗人，被誉为"俄罗斯诗歌的太阳"。《致克恩》是作者最优秀的爱情诗作之一。安娜·彼得罗芙娜·克恩是普希金的女友，1819年普希金和她第一次相见，她给作者留下了美好的印象。全诗语短情长，感情真挚，一唱三叹，抒发了诗人与女友邂逅的欢悦之情。诗人巧妙地运用了重复和对比的手法，突出表现了爱情的伟大与神奇。

山　　路[①]

席慕蓉

我好像答应过
要和你　一起
走上那条美丽的山路

你说　那坡上种满了新茶
还有细密的相思树
我好像答应过你
在一个遥远的春日下午

而今夜　在灯下
梳我初白的发
忽然记起了一些没能
实现的诺言　一些
无法解释的悲伤

在那条山路上
少年的你　是不是
还在等我
还在急切地向来处张望

[①] 选自《席慕蓉作品集》，青海人民出版社，1998年版。席慕蓉（1943—　），台湾当代女诗人。主要作品有诗集《七里香》《无怨的青春》《时光九篇》，散文集《成长的痕迹》《有一首歌》《画出心中的彩虹》等。

致 克 恩[1]

[俄] 普希金
冯 至 杨武能 译

我记得那美妙瞬间：
你就在我的眼前降临，
如同昙花一现的梦幻，
如同纯真之美的化身。

我为绝望的悲痛所折磨，
我因纷乱的忙碌而不安，
一个温柔的声音总响在耳边，
妩媚的形影总在我梦中盘旋。

岁月流逝。一阵阵迷离的冲动
像风暴把往日的幻想吹散，
我忘却了你那温柔的声音，
也忘却了你天仙般的容颜。

在荒凉的乡间，在囚禁的黑暗中，
我的时光在静静地延伸，
没有崇敬的神明，没有灵感，
没有泪水，没有生命，没有爱情。

我的心终于重又觉醒：
你又在我的眼前降临，
如同昙花一现的梦幻，
如同纯真之美的化身。

心儿在狂喜中跳动，
一切又为它萌生：
有崇敬的神明，有灵感，
有生命，有泪水，也有爱情。

【思考与练习】

1. 《山路》是席慕蓉朦胧诗的代表作，说说诗人是如何表现主题的。
2. 《致克恩》被誉为"爱情诗卓绝的典范"，体会本诗如何通过复沓手法抒发情感的。

---

[1] 选自《普希金抒情诗选》，译林出版社，1991年版。

3　游　园①

汤显祖

【阅读提示】

> 汤显祖（1550—1616），字义仍，号海若，又号若士，别署清远道人，临川（现在江西临川）人，明代戏曲作家。著有《紫钗记》《牡丹亭》《邯郸记》《南柯记》，合称"临川四梦"，其中《牡丹亭》最为杰出。作者自谓："一生四梦，得意处唯在《牡丹》。"汤显祖的剧作热情歌颂青年人对理想和爱情的追求，大胆批判腐败政治和封建礼教，对后世影响甚大。
>
> 《牡丹亭》讲述了一个凄美的爱情故事。剧中主人公南安太守的女儿杜丽娘与书生柳梦梅在梦中相会，由梦生情，由情而病，由病而死，死而复生，最终两人结为伉俪。剧情充满了瑰丽的浪漫主义色彩。
>
> 本文写杜丽娘在侍女春香的怂恿下，违背父母、塾师的训诫，走出深闺，来到家中的后花园，看到一个美丽的新天地。她惊叹于大好春光，痛惜自己的青春埋没在闺阁之中，抒发了对美好爱情的向往，表现了她的自我觉醒意识。曲词典雅华美，历来为人们所称道。细细品味，体会其中蕴涵的人物感情。

【绕池游】(旦上)梦回莺啭，乱煞年光遍②。人立小庭深院。(贴)炷尽沉烟③，抛残绣线，恁今春关情似去年？

【乌夜啼④】(旦)晓来望断梅关⑤，宿妆残⑥。(贴)你侧着宜春髻子⑦恰凭阑。(旦)剪不断，理还乱⑧，闷无端。(贴)已分付催花莺燕借春看⑨。(旦)春香，可曾叫人扫除花径？(贴)分付了。(旦)取镜台衣服来。(贴取镜台衣服上)"云髻罢梳还对镜，罗衣欲换更添香。"⑩镜台衣服在此。

【步步娇】(旦)袅晴丝⑪吹来闲庭院，摇漾春如线。停半晌，整花钿⑫，没揣菱花⑬，偷人半面，迤逗的彩云偏⑭。(行介)步香闺怎便把全身现！(贴)今日穿插⑮的好。

【醉扶归】(旦)你道翠生生出落的裙衫儿茜⑯，艳晶晶花簪八宝填⑰，可知我常一生儿爱好是天然⑱。恰三春好处⑲无人见。不提防沉鱼落雁⑳鸟惊喧，则怕的羞花闭月㉑花愁颤。(贴)早茶时了，请

---

① 选自《汤显祖戏曲集》，上海古籍出版社，1978年版。本文节选了《牡丹亭》第十出《惊梦》的前半部分《游园》。　② 乱煞年光遍：到处都是缭乱人心的春天景象。　③ 炷：焚烧。沉烟：熏用的香料，即下文提到的沉水香，也叫沉香。　④ 乌夜啼：词牌名。明清传奇有时说白中也采用诗词的形式，交替吟诵。　⑤ 望断梅关：望断，望尽。梅关：江西的大庾岭，从宋代开始，设有梅关。　⑥ 宿妆残：隔夜的梳妆已有残乱的样子。　⑦ 宜春髻子：相传立春那天，妇女剪彩绸做燕子状，戴在髻上，上贴"宜春"二字。见《荆楚岁时记》。　⑧ 剪不断，理还乱：借用李煜词《乌夜啼》中的两句，形容空虚、寂寞、无聊的苦闷心情。　⑨ "已分付"句：已经吩咐催促花开的莺燕将春色借来观赏。　⑩ "云髻"两句：见唐代薛逢《宫词》诗。　⑪ 袅晴丝：晴空中的游丝在随风飘曳。袅，摇曳飘忽。　⑫ 花钿：古代妇女两鬓边的装饰物。　⑬ 没揣：" 没揣的"省文。菱花：镜子。古时铜镜，有的背面铸有菱花花纹，叫做菱花镜。　⑭ 迤逗：挑逗，勾引。彩云：妇女发髻的美称。　⑮ 穿插：穿戴。　⑯ 翠生生：形容光洁鲜艳。出落的：衬托得。茜：红色、红艳艳。　⑰ 花簪：镶嵌着各种宝石的簪子。填：镶嵌。　⑱ 爱好(hào)是天然：爱美是人的天性。天然，指天性。　⑲ 三春好处：比喻自己的青春美貌和情思。　⑳ 沉鱼落雁：形容女子惊人之美。典出《庄子·齐物论》："毛嫱、丽姬，人之所美也，鱼见之深入，鸟见之高飞。"后人化用其意。　㉑ 羞花闭月：美得花、月都不敢同她相比。

行。(行介)你看:画廊金粉半零星,池馆苍苔一片青。踏草怕泥新绣袜,惜花疼煞小金铃①。(旦)不到园林,怎知春色如许!

【皂罗袍】原来姹紫嫣红开遍②,似这般都付与断井颓垣③。良辰美景奈何天,赏心乐事谁家院④!恁般景致,我老爷和奶奶再不提起。(合)朝飞暮卷,云霞翠轩;雨丝风片,烟波画船⑤——锦屏人忒看的这韶光贱⑥!(贴)是⑦花都放了,那牡丹还早。

【好姐姐】(旦)遍青山啼红了杜鹃⑧,荼蘼⑨外烟丝醉软。春香啊,牡丹虽好,他春归怎占的先!(贴)成对儿莺燕呵。(合)闲凝眄⑩,生生⑪燕语明如翦,呖呖莺歌溜的圆。(旦)去罢。(贴)这园子委是观之不足也。(旦)提他怎的!(行介)

【隔尾】观之不足由他缱⑫,便赏遍了十二亭台是枉然。倒不如兴尽回家闲过遣。(作到介)(贴)"开我西阁门,展我东阁床⑬。瓶插映山紫⑭,炉添沉水香。"小姐,你歇息片时,俺瞧老夫人去也。(下)

【思考与练习】

1.《游园》的六支曲子怎样表现出杜丽娘的感情变化?
2. 试分析【皂罗袍】戏曲的语言特点。
3. 作品中杜丽娘内心的苦闷与呼声,反映了当时的什么问题? 有何意义?

4 黛玉葬花⑮

曹雪芹

【阅读提示】

《红楼梦》是一部具有历史深度和社会批判意义的爱情小说。作品以贾宝玉和林黛玉的爱情故事为中心,描述了一个封建大家庭贾府的内外矛盾和衰败过程。通过对美好爱情被毁灭的悲剧和贾府无可挽救的命运的描写,一方面揭示了封建制度走向灭亡的历史趋势,一方面塑造了要求个性解放、颇具人文色彩的新人贾宝玉和林黛玉,以及一大批光彩照人的青年人形象,表现了作者进步的社会理想。

"黛玉葬花"是《红楼梦》中最富于抒情色彩的片段之一,也是宝黛爱情链锁中的一个重要环节。小说中的"黛玉葬花"共有两次,第一次"葬花",宝黛共读《西厢》,爱情如春天万物,悄然

---

① 惜花疼煞小金铃:形容极端珍惜花草。典出《开元天宝遗事》:"天宝初,宁王……于后园中纫红丝为绳,密缀金铃,系于花梢之上。每有鸟雀翔集,则令园吏掣铃索以惊之。盖惜花之故也。" ② 姹、嫣:原指女性娇艳美丽,这里形容鲜花盛开,万紫千红。 ③ 断井颓垣:枯竭的井,倒塌的墙。 ④ "良辰美景"两句:大好春光,美丽景色,无人欣赏,有负苍天;赏心悦目,快意当前,又在哪一家呢? 语出谢灵运《拟魏太子邺中集诗序》:"天下良辰美景,赏心乐事,四者难并。" ⑤ "朝飞暮卷"四句:描绘了春天的宜人景色。朝飞暮卷:借用王勃《滕王阁》诗"画栋朝飞南浦云,朱帘暮卷西山雨"诗意,形容楼台亭阁的壮丽。翠轩:华丽的楼台亭阁。雨丝风片:微风细雨。 ⑥ 锦屏人:深闺的女子。忒:太。韶光:春光。 ⑦ 是:凡是,所有的。 ⑧ 啼红了杜鹃:此由杜鹃泣血引喻而出。 ⑨ 荼蘼(mí):蔷薇科落叶灌木,晚春开花。 ⑩ 凝眄(miǎn):注视。 ⑪ 生生:燕子清脆的叫声。 ⑫ 缱(qiǎn):缠绵,留恋。 ⑬ 开我西阁门,展我东阁床:语出《木兰辞》:"开我东阁门,坐我西阁床。" ⑭ 映山紫:又名映山红,杜鹃花的一种。 ⑮ 选自《红楼梦》,人民文学出版社,1996年版。有删节。

> 萌生,同时也突出了林黛玉爱花、惜花的情怀;第二次"葬花",通过一次爱情风波,宝黛两人的情感进一步发展。这部分还着重表现出林黛玉的诗人气质及其多愁善感的悲剧性格,也借以刻画了贾宝玉重情痴情的鲜明个性。林黛玉所作的《葬花吟》具有很强的艺术感染力,蕴含深广,耐人寻味。

一

谁想静中生烦恼,忽一日不自在起来,这也不好,那也不好,出来进去只是闷闷的。园中那些人多半是女孩儿,正在混沌世界,天真烂漫之时,坐卧不避,嬉笑无心,那里知宝玉此时的心事。那宝玉心内不自在,便懒在园内,只在外头鬼混,却又痴痴的。茗烟见他这样,因想与他开心,左思右想,皆是宝玉顽烦了的,不能开心,惟有这件,宝玉不曾看见过。想毕,便走去到书坊内,把那古今小说并那飞燕、合德、武则天、杨贵妃的外传与那传奇角本买了许多来,引宝玉看。宝玉何曾见过这些书,一看见了便如得了珍宝。茗烟又嘱咐他不可拿进园去,"若叫人知道了,我就吃不了兜着走呢。"宝玉那里舍的不拿进去,踌蹰再三,单把那文理细密的拣了几套进去,放在床顶上,无人时自己密看。那粗俗过露的,都藏在外面书房里。

那一日正当三月中浣①,早饭后,宝玉携了一套《会真记》②,走到沁芳闸桥边桃花底下一块石上坐着,展开《会真记》,从头细玩。正看到"落红成阵",只见一阵风过,把树头上桃花吹下一大半来,落的满身满书满地皆是。宝玉要抖将下来,恐怕脚步践踏了,只得兜了那花瓣,来至池边,抖在池内。那花瓣浮在水面,飘飘荡荡,竟流出沁芳闸去了。回来只见地下还有许多。

宝玉正踌蹰间,只听背后有人说道:"你在这里作什么?"宝玉一回头,却是林黛玉来了,肩上担着花锄,锄上挂着花囊,手内拿着花帚。宝玉笑道:"好,好,来把这个花扫起来,撂在那水里。我才撂了好些在那里呢。"林黛玉道:"撂在水里不好。你看这里的水干净,只一流出去,有人家的地方脏的臭的混倒,仍旧把花遭蹋了。那畸角上我有一个花冢,如今把他扫了,装在这绢袋里,拿土埋上,日久不过随土化了,岂不干净。"

宝玉听了喜不自禁,笑道:"待我放下书,帮你来收拾。"黛玉道:"什么书?"宝玉见问,慌的藏之不迭,便说道:"不过是《中庸》《大学》。"黛玉笑道:"你又在我跟前弄鬼。趁早儿给我瞧,好多着呢。"宝玉道:"好妹妹,若论你,我是不怕的,你看了,好歹别告诉别人去。真真这是好书!你要看了,连饭也不想吃呢。"一面说,一面递了过去。林黛玉把花具且都放下,接书来瞧,从头看去,越看越爱看,不到一顿饭工夫,将十六出俱已看完,自觉词藻警人,余香满口。虽看完了书,却只管出神,心内还默默记诵。

宝玉笑道:"妹妹,你说好不好?"林黛玉笑道:"果然有趣。"宝玉笑道:"我就是个'多愁多病身',你就是那'倾国倾城貌'③。"林黛玉听了,不觉带腮连耳通红,登时直竖起两道似蹙非蹙的眉,瞪了两只似睁非睁的眼,微腮带怒,薄面含嗔,指宝玉道:"你这该死的胡说!好好的把这淫词艳曲弄了来,还学了这些混话来欺负我。我告诉舅舅舅母去。"说到"欺负"两个字上,早又把眼睛圈儿红了,转身就走。宝玉着了急,向前拦住说道:"好妹妹,千万饶我这一遭,原是我说错了。若有心欺负你,明儿我掉在池子里,教个癞头鼋吞了去,变个大忘八④,等你明儿做了'一品夫人'病老归西的时候,我往你坟上替你

---

① 中浣:指每月的中旬。唐代规定官员们一个月中每十日休假一天,用来沐浴、洗涤。一个月分为上浣、中浣和下浣。后借作上旬、中旬和下旬的别称。浣,洗涤。 ②《会真记》:本为唐代元稹的传奇小说《莺莺传》,此指元代王实甫的杂剧《西厢记》。 ③ 倾国倾城貌:《西厢记》第一本第四折,张生称自己是"多愁多病身",莺莺是"倾国倾城貌"。《汉书·孝武李夫人传》:"延年侍上起舞,歌曰:'北方有佳人,绝世而独立,一顾倾人城,再顾倾人国。'"后常用"倾国倾城"形容女子的美貌。倾,倾覆。 ④ 鼋:大鳖。大忘八:指俗传能驮碑的大乌龟,实为赑屃(bì xì),是传说中龙所生的怪物,似龟,能负重。见《升庵外集》。

驮一辈子的碑去。"说的林黛玉嗤的一声笑了,揉着眼睛,一面笑道:"一般也唬的这个调儿,还只管胡说。'呸,原来是苗而不秀,是个银样镴枪头①。'"宝玉听了,笑道:"你这个呢?我也告诉去。"林黛玉笑道:"你说你会过目成诵,难道我就不能一目十行么?"

宝玉一面收书,一面笑道:"正经快把花埋了罢,别提那个了。"二人便收拾落花,正才掩埋妥协,只见袭人走来,说道:"那里没找到,摸在这里来。那边大老爷身上不好,姑娘们都过去请安,老太太叫打发你去呢。快回去换衣裳去罢。"宝玉听了,忙拿了书,别了黛玉,同袭人回房换衣不提。

这里林黛玉见宝玉去了,又听见众姊妹也不在房,自己闷闷的。正欲回房,刚走到梨香院墙角上,只听墙内笛韵悠扬,歌声婉转。林黛玉便知是那十二个女孩子演习戏文呢。只是林黛玉素习不大喜看戏文,便不留心,只管往前走。偶然两句吹到耳内,明明白白,一字不落,唱道是:"原来姹紫嫣红开遍,似这般都付与断井颓垣。"林黛玉听了,倒也十分感慨缠绵,便止住步侧耳细听,又听唱道是:"良辰美景奈何天,赏心乐事谁家院。"听了这两句,不觉点头自叹,心下自思道:"原来戏上也有好文章。可惜世人只知看戏,未必能领略这其中的趣味。"想毕,又后悔不该胡想,耽误了听曲子。又侧耳时,只听唱道:"则为你如花美眷,似水流年……"林黛玉听了这两句,不觉心动神摇。又听道"你在幽闺自怜"等句,亦发如醉如痴,站立不住,便一蹲身坐在一块山子石上,细嚼"如花美眷,似水流年"八个字的滋味。忽又想起前日见古人诗中有"水流花谢两无情"之句,再又有词中有"流水落花春去也,天上人间"之句,又兼方才所见《西厢记》中"花落水流红,闲愁万种"之句,都一时想起来,凑聚在一处。仔细忖度,不觉心痛神痴,眼中落泪。

二

宝玉因不见了林黛玉,便知他躲了别处去了,想了一想,索性迟两日,等他的气消一消再去也罢了。因低头看见许多凤仙石榴等各色落花,锦重重的落了一地,因叹道:"这是他心里生了气,也不收拾这花儿来了。待我送了去,明儿再问着他。"说着,只见宝钗约着他们往外头去。宝玉道:"我就来。"说毕,等他二人去远了,便把那花兜了起来,登山渡水,过树穿花,一直奔了那日同林黛玉葬桃花的去处来。

将已到了花冢,犹未转过山坡,只听山坡那边有呜咽之声,一行数落着,哭的好不伤感。宝玉心下想道:"这不知是那房里的丫头,受了委屈,跑到这个地方来哭。"一面想,一面煞住脚步,听他哭道是:

花谢花飞花满天②,红消香断有谁怜?游丝软系飘春榭③,落絮④轻沾扑绣帘。闺中女儿惜春暮,愁绪满怀无释处⑤,手把花锄出绣闺,忍踏落花来复去。柳丝榆荚自芳菲⑥,不管桃飘与李飞。桃李明年能再发,明年闺中知有谁?三月香巢已垒成,梁间燕子太无情!明年花发虽可啄,却不道人去梁空巢也倾。一年三百六十日,风刀霜剑严相逼,明媚鲜妍能几时,一朝飘泊难寻觅。花开易见落难寻,阶前闷杀葬花人,独倚花锄泪暗洒,洒上空枝见血痕。杜鹃无语正黄昏,荷锄归去掩重门。青灯照壁人初睡,冷雨敲窗被未温。怪奴底事倍伤神⑦,半为怜春半恼春:怜春忽至恼忽去,至又无言去不闻。昨宵庭外悲歌发,知是花魂与鸟魂?花魂鸟魂总难留,鸟自无言花自羞。愿奴胁下生双翼,随花飞到天尽头。天尽头,何处有香丘⑧?未若锦囊收艳骨,一抔净土⑨掩

---

① "原来"两句:意谓中看不中用,语出《西厢记》第四本第四折。苗而不秀,比喻才质秀美而早夭,没有什么成就。典出《论语·子罕》:"子曰:'苗而不秀者有矣夫!'"银样镴枪头,与"苗而不秀"意思接近。镴,是一种铅锡合金,颜色似银,光亮而柔软。 ② 花谢花飞花满天:见唐代李贺《上云乐》:"飞香走红满天春。" ③ 游丝:蜘蛛网。榭:水亭叫榭。 ④ 絮:柳絮,柳花。 ⑤ 无释处:没有排遣的地方。 ⑥ 榆荚:榆树的实,俗称榆钱。芳菲:花草香茂。 ⑦ 奴:我,女子的自称。底事:什么事。 ⑧ 香丘:香坟,指花冢。 ⑨ 一抔净土:一抔,一捧。《史记·张释之列传》:"取长陵一抔土。"比喻盗开坟墓。后人遂用以代指坟墓。这里的"一抔净土"指花冢。

风流。质本洁来还洁去,强于污淖①陷渠沟。尔今死去侬收葬②,未卜侬身何日丧?侬今葬花人笑痴,他年葬侬知是谁?试看春残花渐落,便是红颜老死时。一朝春尽红颜老,花落人亡两不知!"宝玉听了不觉痴倒。

话说林黛玉只因昨夜晴雯不开门一事,错疑在宝玉身上。至次日又可巧遇见饯花之期,正是一腔无明③正未发泄,又勾起伤春愁思,因把些残花落瓣去掩埋,由不得感花伤己,哭了几声,便随口念了几句。不想宝玉在山坡上听见,先不过点头感叹,次后听到"侬今葬花人笑痴,他年葬侬知是谁","一朝春尽红颜老,花落人亡两不知"等句,不觉恸倒山坡之上,怀里兜的落花撒了一地。试想林黛玉的花颜月貌,将来亦到无可寻觅之时,宁不心碎肠断!既黛玉终归无可寻觅之时,推之于他人,如宝钗、香菱、袭人等,亦可到无可寻觅之时矣。宝钗等终归无可寻觅之时,则自己又安在哉?且自身尚不知何在何往,则斯处、斯园、斯花、斯柳,又不知当属谁姓矣!——因此一而二,二而三,反复推求了去,真不知此时此际欲为何等蠢物,杳无所知,逃大造,出尘网④,使可解释这段悲伤。正是:花影不离身左右,鸟声只在耳东西。

那林黛玉正自伤感,忽听山坡上也有悲声,心下想道:"人人都笑我有些痴病,难道还有一个痴子不成?"想着,抬头一看,见是宝玉。林黛玉看见,便道:"啐!我道是谁,原来是这个狠心短命的……"刚说到"短命"二字,又把口掩住,长叹了一声,自己抽身便走了。

这里宝玉悲恸了一回,忽然抬头不见了黛玉,便知黛玉看见他躲开了,自己也觉无味,抖抖土起来,下山寻归旧路,往怡红院来。可巧看见林黛玉在前头走,连忙赶上去,说道:"你且站住。我知你不理我,我只说一句话,从今后撂开手。"林黛玉回头看见是宝玉,待要不理他,听他说"只说一句话,从此撂开手",这话里有文章,少不得站住说道:"有一句话,请说来。"宝玉笑道:"两句话,说了你听不听?"黛玉听说,回头就走。宝玉在身后面叹道:"既有今日,何必当初!"林黛玉听见这话,由不得站住。回头道:"当初怎么样?今日怎么样?"宝玉叹道:"当初姑娘来了,那不是我陪着顽笑?凭我心爱的,姑娘要,就拿去;我爱吃的,听见姑娘也爱吃,连忙干干净净收着等姑娘吃。一桌子吃饭,一床上睡觉。丫头们想不到的,我怕姑娘生气,我替丫头们想到了。我心里想着:姊妹们从小儿长大,亲也罢,热也罢,和气到了头儿,才见得比人好。如今谁承望姑娘人大心大,不把我放在眼睛里,倒把外四路⑤的什么宝姐姐凤姐姐的放在心坎儿上,倒把我三日不理四日不见的。我又没个亲兄弟亲姊妹。——虽然有两个,你难道不知道是和我隔母的?我也和你似的独出,只怕同我的心一样。谁知我是白操了这个心,弄的有冤无处诉!"说着不觉滴下眼泪来。

黛玉耳内听了这话,眼内见了这形景,心内不觉灰了大半,也不觉滴下泪来,低头不语。宝玉见他这般形景,遂又说道:"我也知道我如今不好了,但只凭着怎么不好,万不敢在妹妹跟前有错处。便有一二分错处,你倒是或教导我,戒我下次,或骂我两句,打我两下,我都不灰心。谁知你总不理我,叫我摸不着头脑,少魂失魄,不知怎么样才是。就便死了,也是个屈死鬼,任凭高僧高道忏悔也不能超生,还得你申明了缘故,我才得托生呢!"

黛玉听了这个话,不觉将昨晚的事都忘在九霄云外了,便说道:"你既这么说,昨儿为什么我去了,你不叫丫头开门?"宝玉诧异道:"这话从哪里说起?我要是这么样,立刻就死了!"林黛玉啐道:"大清早起死呀活的,也不忌讳。你说有呢就有,没有就没有,起什么誓呢。"宝玉道:"实在没有见你去。就是宝姐姐坐了一坐,就出来了。"林黛玉想了一想,笑道:"是了。想必是你的丫头们懒待动,丧声歪气的也是有的。"宝玉道:"想必是这个原故。等我回去问了是谁,教训教训他们就好了。"黛玉道:"你的那些姑娘们也该教训教训,只是论理不该我说。今儿得罪了我的事小,倘或明儿宝姑娘来,什么贝姑娘来,也得罪了,事情岂不大了。"说着抿着嘴笑。宝玉听了,又是咬牙,又是笑。

---

① 污淖:被污秽的泥水弄脏。 ② 侬:我,吴地乐府民歌中多用。 ③ 无明:本为佛教用语,后演变成怒火的代称。 ④ 大造、尘网:都是泛指人间。 ⑤ 外四路:指关系疏远。

【思考与练习】

1. 本文表现了林黛玉什么样的性格特征?
2. 诵读《葬花吟》,体会诗歌的艺术特点。
3. 你认为宝黛的爱情与传统的才子佳人爱情有何不同?

5* 沙漠中的饭店①

三 毛

【阅读提示】

> 三毛(1943—1991),原名陈平,台湾当代女作家。三毛以其独具风采的散文风靡海峡两岸。主要作品有《雨季不再来》《撒哈拉的故事》《稻草人手记》《哭泣的骆驼》等。她的作品多取材于自身经历,由此阐发有普遍人生意义的哲理情思。作品充满异域情调又富东方神韵,文笔浪漫抒情、朴素灵动。
>
> 三毛与荷西的爱情,是三毛生命的重要组成部分,成为她创作的重要题材内容。沙漠中琐屑甚至有些艰苦的婚姻生活,在三毛笔下焕发着迷人的传奇色彩,跳动着生命的快乐音符。荷西的憨厚老实,三毛的狡黠幽默,都让人忍俊不禁,小夫妻俩的对话妙趣横生,洋溢着浓郁的生活情趣。巴金说过,艺术的最高境界是无技巧。这篇散文语言平白如话,但却形象生动。口语化的文字中洋溢着幽默的气息。细细品读,深深体会三毛爱情的幸福快乐。

我的先生很可惜是一个外国人。这样来称呼自己的先生不免有排外的味道,但是因为语文和风俗在各国之间确有大不相同之处,我们的婚姻生活也实在有许多无法共通的地方。

当初决定下嫁给荷西时,我明白地告诉他,我们不但国籍不同,个性也不相同,将来婚后可能会吵架甚至于打架。他回答我:"我知道你性情不好,心地却是很好的,吵架打架都可能发生,不过我们还是要结婚。"于是我们认识七年之后终于结婚了。

我不是妇女解放运动的支持者,但是我极不愿在婚后失去独立的人格和内心的自由自在化,所以我一再强调,婚后我还是"我行我素",要不然不结婚。荷西当时对我说:"我就是要你'你行你素',失去了你的个性和作风,我何必娶你呢!"好,大丈夫的论调,我十分安慰。做荷西的太太,语文将就他。可怜的外国人,"人"和"入"这两个字教了他那么多遍,他还是分不清,我只有讲他的话,这件事总算放他一马了。(但是将来孩子来了,打死也要学中文,这点他相当赞成。)

闲话不说,做家庭主妇,第一便是下厨房。我一向对做家事十分痛恨,但对煮菜却是十分有兴趣,几只洋葱,几片肉,一炒变出一个菜来,我很欣赏这种艺术。

母亲在台湾,知道我婚姻后因为荷西工作的关系,要到大荒漠地区的非洲去,十二分的心痛,但是因为钱是荷西赚,我只有跟了饭票走,毫无选择的余地。婚后开厨不久,我们吃的全部是西菜。后来家中航空包裹飞来接济,我收到大批粉丝、紫菜、冬菇、生力面、猪肉干等珍贵食品,我乐得爱不释手,

---

① 选自《三毛文集》,吉林摄影出版社,2000年版。

加上欧洲女友寄来罐头酱油,我的家庭"中国饭店"马上开张,可惜食客只有一个不付钱的。(后来上门来要吃的朋友可是排长龙啊!)

其实母亲寄来的东西,要开"中国饭店"实在是不够,好在荷西没有去过台湾,他看看我这个"大厨"神气活现,对我也生起信心来了。

第一道菜是"粉丝煮鸡汤"。荷西下班回来总是大叫:"快开饭啊,要饿死啦!"白白被他爱了那么多年,回来只知道叫开饭,对太太却是正眼也不瞧一下,我这"黄脸婆"倒是做得放心。话说第一道菜是粉丝煮鸡汤,他喝了一口问我:"咦,什么东西?中国细面吗?""你岳母万里迢迢替你寄细面来?不是的。""是什么嘛?再给我一点,很好吃。"我用筷子挑起一根粉丝:"这个啊,叫做'雨'。""雨?"他一呆。我说过,我是婚姻自由自在化,说话自然心血来潮随我高兴,"这个啊,是春天下的第一场雨,下在高山上,被一根一根冻住了,山胞扎好了背到山下来一束一束卖了换米酒喝,不容易买到哦!"荷西还是呆呆的,研究性地看看我,又去看看盆内的"雨",然后说:"你当我是白痴?"我不置可否。"你还要不要?"回答我:"吹牛大王,我还要。"以后他常吃"春雨",到现在不知道是什么东西做的。有时想想荷西很笨,所以心里有点悲伤。

第二次吃粉丝是做"蚂蚁上树",将粉丝在平底锅内一炸,再洒上绞碎的肉和汁。荷西下班回来一向是饿的,咬了一大口粉丝,"什么东西?好像是白色的毛线,又好像是塑胶的?""都不是,是你钓鱼的那种尼龙线,中国人加工变成白白软软的了。"我回答他。他又吃了一口,莞尔一笑,口里说道:"怪名堂真多,如果我们真开饭店,这个菜可卖个好价钱,乖乖!"那天他吃了好多尼龙加工白线。第三次吃粉丝,是夹在东北人的"合子饼"内与菠菜和肉绞得很碎当饼馅。他说:"这个小饼里面你放了沙鱼的翅膀对不对?我听说这种东西很贵,难怪你只放了一点点。"我笑得躺在地上。"以后这只很贵的鱼翅膀,请妈妈不要买了,我要去信谢谢妈妈。"我大乐,回答他:"快去写,我来译信,哈哈!"

有一天他快下班了,我趁他忘了看猪肉干,赶快将藏好的猪肉干用剪刀剪成小小的方块,放在瓶子里,然后藏在毯子里面。恰好那天他鼻子不通,睡觉时要用毛毯,我一时里忘了我的宝贝,自在一旁看那第一千遍《水浒传》。他躺在床上,手里拿个瓶子,左看右看,我一抬头,哇,不得了,"所罗门王宝藏"被他发现了,赶快去抢,口里叫着:"这不是你吃的,是药,是中药。""我鼻子不通,正好吃中药。"他早塞了一大把放在口中,我气极了,又不能叫他吐出来,只好不响了。"怪甜的,是什么?"我没好气地回答他:"喉片,给咳嗽的人顺喉头的。""肉做的喉片?我是白痴?"第二天醒来,发觉他偷了大半瓶去送同事们吃,从那天起,只要是他同事,看见我都假装咳嗽,想再骗猪肉干吃,包括回教徒在内。(我没再给回教朋友吃,那是不道德的。)

反正夫妇生活总是在吃饭,其他时间便是去忙着赚吃饭的钱,实在没多大意思。有天我做了饭卷,就是日本人的"寿司",用紫菜包饭,里面放些维他肉松。荷西这一下拒吃了。"什么,你居然给我吃印蓝纸,复写纸?"我慢慢问他,"你真不吃?""不吃,不吃。"好,我大乐,吃了一大堆饭卷。"张开口来我看?"他命令我。"你看,没有蓝色,我是用反面复写纸卷的,不会染到口里去。"反正平日说的是唬人的话,所以常常胡说八道。"你是吹牛大王,虚虚实实,我真恨你,从实招来,是什么嘛?""你对中国完全不认识,我对我的先生相当失望。"我回答他,又吃一个饭卷。他生气了,用筷子一夹夹了一个,面部大有壮士一去不复返的悲壮表情,咬了半天,吞下去。"是了,是海苔。"我跳起来,大叫:"对了,对了,真聪明!"又要跳,头上吃了他一记老大爆栗。中国东西快吃完了,我的"中国饭店"也舍不得出菜了,西菜又开始上桌。荷西下班来,看见我居然在做牛排,很意外,又高兴,大叫:"要半生的。马铃薯也炸了吗?"连给他吃了三天牛排,他却好似没有胃口,切一块就不吃了。"是不是工作太累了?要不要去睡一下再起来吃?""黄脸婆"有时也温柔。"不是生病,是吃得不好。"我一听嗖一下跳起来。"吃得不好?吃得不好?你知道牛排多少钱一斤?""不是的,太太,想吃'雨',还是岳母寄来的菜好。""好啦,中国饭店一星期开张两次,如何?你要多久下一次'雨'?"有一天荷西回来对我说:"了不得,今天大老板叫我去。""加你薪水?"我眼睛一亮。"不是——"我一把抓住他,指甲掐到他肉里去。"不是?完了,你给开除了?天啊,我们——""别抓我嘛,神经兮兮的,你听我讲,大老板说,我们公司谁都被请过到我家吃饭,就是他们夫妇不请,他在等你请他吃中国菜——""大老板要我做菜?不干不干,不请他,请同事工友我都乐意,请上司吃饭未免太没骨气,我这个人啊,还谈些气节,你知道,我——"我正要大大宣扬中国人的所谓骨气,又讲不明白,再一接触到荷西的面部表情,这个骨气只好梗在喉咙里啦!

第二日他问我,"喂,我们有没有笋?""家里筷子那么多,不都是笋吗?"他白了我一眼。"大老板说要吃笋片炒冬菇。"乖乖,真是见过世面的老板,不要小看外国人。"好,明天晚上请他们夫妇来吃饭,没问题,笋会长出来的。"荷西含情脉脉地望了我一眼,婚后他第一次如情人一样地望着我,使我受宠若惊,不巧那天辫子飞散,状如女鬼。

第二天晚上,我先做好三道菜,用文火热着,布置了有蜡炬的桌子,桌上铺了白色的桌布,又加了一块红的铺成斜角,十分美丽。这一顿饭吃得宾主尽欢,不但菜是色香味俱全,我这个太太也打扮得十分干净,居然还穿了长裙子。饭后老板夫妇上车时特别对我说:"如果公共关系室将来有缺,希望你也来参加工作,做公司的一分子。"我眼睛一亮。这全是"笋片炒冬菇"的功劳。

送走老板,夜已深了,我赶快脱下长裙,换上牛仔裤,头发用橡皮筋一绑,大力洗碗洗盆,重做灰姑娘状使我身心自由。荷西十分满意,在我背后问,"喂,这个'笋片炒冬菇'真好吃,你哪里弄来的笋?"我一面洗碗,一面问他:"什么笋?""今天晚上做的笋片啊!"我哈哈大笑:"哦,你是说小黄瓜炒冬菇吗?""什么,你,你,你骗了我不算,还敢去骗老板——?""我没有骗他,这是他一生吃得最好的一次'嫩笋片炒冬菇',是他自己说的。"

荷西将我一把抱起来,肥皂水洒了他一头一胡子,口里大叫:"万岁,万岁,你是那只猴子,那只七十二变的,叫什么,什么……"我拍了一下他的头,"齐天大圣孙悟空。这次不要忘记了。"

6* 蝴 蝶①

[丹麦]安徒生

叶君健 译

【阅读提示】

> 安徒生(1805—1875),丹麦作家,诗人。安徒生一生创作童话一百六十多篇,被誉为"世界童话大王""世界儿童文学的太阳"。安徒生童话带给我们的不仅仅是温馨、欢乐、启迪,更多的是思索和悠远的人生体味。
>
> 《蝴蝶》是一篇带有自传体色彩的童话故事。安徒生把人生的爱情问题用富有幻想色彩的童话形式写给现实中的人们看。蝴蝶寻觅爱情的路途有些恍惚,是因为没有预言和指导吗?人的一生总是不经意地错过太多的美好,也许当你觉得不想再错过的时候已经身不由己了,就像蝴蝶一样。换个角度看,如果结合作者的经历,或许我们又会有新的理解——不圆满的人生恰恰成就了作者心灵的完美与童话世界的创作。
>
> 这篇童话意蕴丰富,风趣幽默,许多语句值得玩味。阅读交流,文章将给你带来阅读的愉悦、情感的启迪,以及追求爱情的智慧。

---

① 选自《安徒生童话》,四川少年儿童出版社,2006年版。

一只蝴蝶想要找一个恋人。自然,他想要在群花中找到一位可爱的小恋人。因此他就把她们都看了一遍。每朵花都是安静地、端庄地坐在梗子上,正如一个姑娘在没有订婚时那样坐着。可是她们的数目非常多,选择很不容易。蝴蝶不愿意招来麻烦,因此就飞到雏菊那儿去。法国人把这种小花叫做"玛加丽特"①。他们知道,她能作出预言。她是这样做的:情人们把她的花瓣一片一片地摘下来,每摘一片,情人就问一个关于他们恋人的事情:"热情吗?痛苦吗?非常爱我吗?只爱一点吗?完全不爱吗?"以及诸如此类的问题。每个人可以用自己的语言问。蝴蝶也来问了;但是他不摘下花瓣,却吻起每片花瓣来。因为他认为只有善意才能得到最好的回答。

"亲爱的'玛加丽特'雏菊!"他说,"你是一切花中最聪明的女人。你会作出预言!我请求你告诉我,我应该娶这一位呢,还是娶那一位?我到底会得到哪一位呢?如果我知道的话,就可以直接向她飞去,向她求婚。"

可是"玛加丽特"不回答他,她很生气,因为她还不过是一个少女,而他却已把她称为"女人",这究竟有一个分别呀。他问了第二次,第三次。当他从她那儿得不到半个字的回答的时候,就不再愿意问了。他飞走了,并且立刻开始他的求婚活动。

这正是初春的时候,番红花和雪形花正在盛开。

"她们非常好看,"蝴蝶说,"简直是一群情窦初开的可爱的小姑娘,但是太不懂世事。"他像所有的年轻小伙子一样,要寻找年纪较大一点的女子。

于是他就飞到秋牡丹那儿去。照他的胃口说来,这些姑娘未免苦味太浓了一点。紫罗兰有点太热情;郁金香太华丽;黄水仙太平民化;菩提树花太小,此外她们的亲戚也太多;苹果树花看起来倒很像玫瑰,但是她们今天开了,明天就谢了——只要风一吹就落下来了。他觉得跟她们结婚是不会长久的。豌豆花最逗人爱:她有红有白,既娴雅,又柔嫩。她是家庭观念很强的妇女,既有漂亮的外表,在厨房里又很能干。当他正打算向她求婚的时候,看到这花儿的近旁有一个豆荚——豆荚的尖端上挂着一朵枯萎了的花。

"这是谁?"他问。

"这是我的姐姐,"豌豆花说。

"乖乖!那么你将来也会像她一样了!"他说。

这使蝴蝶大吃一惊,于是他就飞走了。

金银花悬在篱笆上。像她这样的女子,数目还不少;她们都板平面孔,皮肤发黄。不成,他不喜欢这种类型的女子。

不过他究竟喜欢谁呢?你去问他吧!

春天过去了,夏天也快要告一结束。现在是秋天了,但是他仍然犹豫不决。

现在花儿都穿上了她们最华丽的衣服,但是有什么用呢——她们已经失去了那种新鲜的、喷香的青春味儿。人上了年纪,心中喜欢的就是香味呀。特别是在天竺牡丹和干菊花中间,香味这东西可说是没有了。因此蝴蝶就飞向地上长着的薄荷那儿去。

"她可以说没有花,但是全身又都是花,从头到脚都有香气,连每一片叶子上都有花香。我要娶她!"

于是他就对她提出婚事。

薄荷端端正正地站着,一声不响。最后她说:

"交朋友是可以的,但是别的事情都谈不上。我老了,你也老了,我们可以彼此照顾,但是结婚——那可不成!像我们这样大的年纪,不要自己开自己的玩笑吧!"

这么一来,蝴蝶就没有找到太太的机会了。他挑选太久了,不是好办法。结果蝴蝶就成了大家所谓的老单身汉了。

---

① 原文是"Margrethe",是"雏菊"的意思,欧美有许多女子用这个词作为名字。

这是晚秋季节,天气多雨而阴沉。风儿把寒气吹在老柳树的背上,弄得它们发出飕飕的响声来。如果这时还穿着夏天的衣服在外面寻花问柳,那是不好的,因为这样,正如大家说的一样,会受到批评的。的确,蝴蝶也没有在外面乱飞。他乘着一个偶然的机会溜到一个房间里去了。这儿火炉里面生着火,像夏天一样温暖。他满可以生活得很好的,不过,"只是活下去还不够!"他说,"一个人应该有自由、阳光和一朵小小的花儿!"

他撞着窗玻璃飞,被人观看和欣赏,然后就被穿在一根针上,藏在一个小古董匣子里面。这是人们最欣赏他的一种表示。

"现在我像花儿一样,栖在一根梗子上了,"蝴蝶说,"这的确是不太愉快的。这几乎跟结婚没有两样,因为我现在算是牢牢地固定下来了。"

他用这种思想来安慰自己。

"这是一种可怜的安慰,"房子里的栽在盆里的花儿说。

"可是,"蝴蝶想,"一个人不应该相信这些盆里的花儿的话。她们跟人类的来往太密切了。"

第十单元　地域风情

单元导读

　　地域风情文学作品主要是指从地域文化的视角进行文学创作的作品。深厚博大的地域文化，是滋生和孕育文学作品的根和源。作家生活在特定地域，必然会受特定地域文化的熏陶，当他进行文学创作时，他的主体意识自然就落脚于特定地域文化的根基上，就会自觉不自觉地将特定地域的文化结构、自然景观、风土人情、信仰习惯、价值观念等通过自己的体验、感悟适时地表现出来。关注历史、关注现实、关注人生是地域风情类文学作品所反映的共同话题，这也是以民族文化为积淀的地域风情文学作品成为不朽经典的原因。

　　本单元选择了六篇描写不同地域风情的优秀作品。

　　贾平凹把家乡西北地区的人文地理、自然风光、历史现实作为背景来创作文学作品。他的散文《秦腔》，写出了秦川人潜藏的刚烈、粗放、忍耐的民族气质。沈从文先生笔下的《箱子岩》，让我们领略了湘西特有的景物与风情，感受到作者对乡土的热爱，对故土故人生活中的痼疾、污秽的痛心，对美好明天的憧憬。阅读语言大师老舍先生的《北京的春节》，我们不禁被祥和的气氛和热闹的场面所感染，感受到中国传统民俗文化的魅力。彼得·梅尔《山城遗事》里的普罗旺斯人生活得平和、从容，在梅尔的笔下，"普罗旺斯"已不再是一个单纯的地域名称，更代表了一种简单无忧、轻松闲适的生活方式。郁达夫走过了无数山山水水，依旧为江南冬天特有的和暖温润、诗意恬静而沉醉，《江南的冬景》如水墨画般荡漾着情趣和暖意。黑人作家亚历克斯·哈利的小说《根》，讲述了西非冈比亚黑人的生活，昭示了人与自然相互依存、人与传统的连接才是非洲人民真正的根。

　　作家们从地域文化的差异中发现地域文化特有的魅力，醉心于描写具有鲜明地域风情的画面和富含浓郁文化气息的风物，表现民族特有的审美情趣和文化品位，更深层次地透视出民族的灵魂。让我们细细品读这一篇篇地域风情美文，体悟其中所包含的各民族乃至全人类共同的精神理念。

1 秦　腔①

贾平凹

【阅读提示】

> 八百里秦川，炎黄子孙从这里发祥，帝王之梦在这里埋葬，丝绸之路从这里经过，羊肉泡馍在这里飘香，安塞腰鼓在这里激荡，秦腔大戏在这里演绎。秦腔是秦川人的最爱，一直都有"八百里秦川尘土飞扬，三千万愣娃乱吼秦腔"的说法。贾平凹以摹绘写实的笔调，多角度、多方位地铺叙秦腔艺术的戏态人生，或山川风俗，或人心世态，或盛况空前，或喜怒哀乐；既有细部勾勒，又有变形夸张；正如女作家三毛对贾平凹的评价："您的作品实在太深刻了，不是背景取材问题，是您本身的灵魂。"贾平凹用他平实、浑拙、纯真的笔调，写出了秦川人强悍的民风、质朴的感情、坚韧的灵魂。阅读本文，注意把握文章的主题意蕴。

　　山川不同，便风俗区别；风俗区别，便戏剧存异。普天之下人不同貌，剧不同腔；京、豫、晋、越、黄梅、二簧、四川高腔，几十种品类。或问：历史最悠久者，文武最正经者，是非最汹汹者？曰：秦腔也。正如长处和短处一样突出便见其风格，对待秦腔，爱者便爱得要死，恶者便恶得要命。外地人——尤其是自夸于长江流域的纤秀之士——最害怕秦腔的震撼。评论说得婉转的是：唱得有劲；说得直率的是：大喊大叫。于是，便有柔弱女子，常在戏台下以绒堵耳；又或在平日教训某人：你要不怎么怎么样，今晚让你去看秦腔！秦腔成了惩罚的代名词。所以，别的剧种可以各省走动，唯秦腔则如秦人一样，死不离窝。严重的乡土观念，也使其离不了窝。可能还在西北几个地方变腔走调的有些市场，却绝对冲不出往东南而去的潼关呢。

　　但是，几百年来，秦腔却没有被淘汰、被沉沦，这使多少人在大惑而不得其解。其解是有的，就在陕西这块土地上。如果是一个南方人，坐车轰轰隆隆往北走，渡过黄河，进入西岸，八百里秦川大地，原来竟是：一抹黄褐的平原，辽阔的地平线上，一处一处用木椽夹打成一尺多宽墙的土屋，粗笨而庄重；冲天而起的白杨，苦楝，紫槐，枝干粗壮如桶，叶却小似铜钱，迎风正反翻覆。你立即就会明白了：这里的地理构造竟与秦腔的旋律惟妙惟肖的一统！再去接触一下秦人吧，活脱脱的一群秦始皇兵马俑的复出：高个，浓眉，眼和眼间隔略远，手和脚一样粗大，上身又稍稍见长于下身。当他们背着沉重的三角形状的犁铧，赶着山包一样团块组合式的秦川公牛，端着脑袋般大小的耀州瓷碗，蹲在立的卧的石磙子碌碡②上吃着牛肉泡馍，你不禁又要改变起世界观了：啊，这是块多么空旷而实在的土地，在这块土地挖爬滚打的人群是多么"二愣"③的民众！那晚霞烧起的黄昏里，落日在地平线上欲去不去的痛苦的妊娠，五里一村，十里一镇，高音喇叭里传播的秦腔互相交织，冲撞，这秦腔原来是秦川的天籁、地籁、人籁的共鸣啊！于此，你不渐渐感觉到了南方戏剧的秀而无骨吗？不深深地懂得秦腔为什么形成和存在而占却时间，空间的位置吗？

　　八百里秦川，以西安为界，咸阳，兴平，武功，周至，凤翔，长武，岐山，宝鸡，两个专区几十个县为西

---

① 选自《贾平凹散文》，人民文学出版社，2005年版。　② 碌碡(liù zhóu)：农具，用石头做成，圆柱形，用来轧谷物，平场地。　③ 二愣：即二愣子，指鲁莽的人。

府；三原，泾阳，高陵，户县，合阳，大荔，韩城，白水，一个专区十几个县为东府。秦腔，就源于西府。在西府，民性敦厚，说话多用去声，一律咬字沉重，对话如吵架一样，哭丧又一呼三叹。呼喊远人更是特殊：前声拖十二分的长，末了方极快地道出内容。声韵的发展，使会远道喊人的人都从此有了唱秦腔的天才。老一辈的能唱，小一辈的能唱，男的能唱，女的能唱；唱秦腔成了做人最体面的事，任何一个乡下男女，只有唱秦腔，才有出人头地的可能。大凡有出息的，是个人才的，哪一个何曾未登过台，起码不能哼一阵秦腔呢！

  农民是世上最劳苦的人，尤其是在这块平原上，生时落草在黄土炕上，死了被埋在黄土堆下；秦腔是他们大苦中的大乐。当老牛木犁疙瘩绳，在田野已经累得筋疲力尽，立在犁沟里大喊大叫来一段秦腔，那心胸肺腑，关关节节的困乏便一尽儿涤荡净了。秦腔与他们，要和"西凤"白酒，长线辣子，大叶卷烟，牛肉泡馍一样成为生命的五大要素。若与那些年长的农民聊起来，他们想象的伟大的共产主义生活，首先便是这五大要素。他们有的是吃不完的粮食，他们缺的是高超的艺术享受。他们教育自己的子女，不会是那些文豪们讲的，幼年不是祖母讲着动人的迷离的童话，而是一字一板传授着秦腔。他们大都不识字，但却出奇地能一本一本整套背诵出剧本，虽然那常常是之乎者也的字眼从那一圈胡子的嘴里吐出来十分别扭。有了秦腔，生活便有了乐趣，高兴了，唱"快板"，高兴得像被烈性炸药爆炸了一样，要把整个身心粉碎在天空！痛苦了，唱"慢板"，揪心裂肠的唱腔却表现了多么有情有味的美来，美给了别人享受，美也熨平了自己心中愁苦的皱纹。当他们在收获时节的土场上，在月挂中天的庄院里，大吼大叫唱起来的时候，那种难以想象的狂喜，激动，雄壮，与那些献身于诗歌的文人，与那些有吃有穿却总感空虚的都市人相比，常说的什么伟大而痛苦的爱情，是多么渺小、有限和虚弱啊！

  我曾经在西府走动了两个秋冬，所到之处，村村都有戏班，人人都会清唱。在黎明或者黄昏的时分，一个人独独地到田野里去，远远看着天幕下一个一个山包一样隆起的十三个朝代帝王的陵墓，细细辨认着田埂上、荒草中那一截一截汉唐时期石碑上的残字，高高的土屋上的窗口里就飘出一阵冗长的二胡声，几声雄壮的秦腔叫板，我就痴呆了，感觉到那村口的土尘里，一头叫驴的打滚是那么有力；猛然发现了自己心胸中一股强硬的气魄随同着胳膊上的肌肉疙瘩一起产生了。

  每到农闲的夜里，村里就常听到几声锣响：戏班排演开始了。演员们都集合起来，到那古寺庙里去。吹，拉，弹，奏，翻，打，念，唱，提袍甩袖，吹胡瞪眼，古寺庙成了古今真乐府，天地大梨园。导演是老一辈演员，享有绝对权威；演员是一家几口，夫妻同台，父子同台，公公儿媳也同台。按秦川的风俗：父和子不能不有其序，爷和孙却可以无道，弟与哥嫂可以嬉闹无常，兄与弟媳则无正事不能多言。但是，一到台上，秦腔面前人人平等，兄可以拜弟媳为帅为将，子可以将老父绳绑索捆。寺庙里有窗无扇，屋梁上蛛丝结网；夏天蚊虫飞来，成团成团在头上旋转，熏蚊草就墙角燃起，一声唱腔一声咳嗽。冬天里四面透风，柳木疙瘩火当中架起，一出场一脸正经，一下场凑近火堆，热了前怀，凉了后背。排演到什么时候，什么时候都有观众，有抱着二尺长的烟袋的老者，有凳子高、桌子高趴满窗台的孩子。庙里一个跟头未翻起，窗外就哇的一声叫倒好，演员出来骂一声：谁说不好的滚蛋！他们抓住窗台死不滚去，倒要连声讨好：翻得好！翻得好！更有殷勤的，跑回来偷拿了红薯、土豆，在火堆里煨熟给演员作夜餐，赚得进屋里有一个安全位置。排演到三更鸡叫，月儿偏西，演员们散了，孩子们还围了火堆弯腰踢腿，学那一招一式。

  一出戏排成了，一人传出，全村振奋，扳着指头盼那上演日期。一年十二个月，正月元宵日，二月龙抬头，三月三，四月四，五月五日过端午，六月六日晒丝绸，七月过半，八月中秋，九月初九，十月一日，再是那腊月五豆，腊八，二十三……月月有节，三月一会，那戏必是上演的。戏台是全村人的共同的事业，宁肯少吃少穿也要筹资集款，买上好的木石，请高强的工匠来修筑。村子富不富，就比这戏台阔不阔。一演出，半下午人就扛凳子去占座位了；未等戏开，台下坐的、站的人头攒拥，台两边阶上立的、卧的是一群顽童。那锣鼓就叮叮咣咣地闹台，似乎整个世界要天翻地覆了。各类小吃趁机摆开，一个食摊上一盏马灯，花生，瓜子，糖果，烟卷，油茶，麻花，烧鸡，煎饼，长一声短一声叫卖不绝。锣鼓还在一声儿敲打，大幕只是不拉，演员偶尔从幕边往下望望，下边就喊：开演呀，场子都满了！幕布放下,只说就要出场了,却又叮叮咣咣不停。台下就乱了,后边的喊前边的坐下,前边的喊后边的为什么不说最前边的立着,场外的大声叫亲朋子女的名字,问有坐处没有,场内的锐声回应快进来;有要吃煎饼的喊熟人去买一个,熟人买了站在场外一扬手,"日"地一声隔人头甩去,不偏不倚目标正好;左边的喊右边的踩了他的脚,右边的叫左边的挤了他的腰,一个说:狗年快完了,你还叫啥?一个说:猪年还没到,你便拱开了!言语伤人,动了手脚;外边的趁机而入,一时四边向里挤,里边向外扛。人的漩涡涌起,如四月的麦田起风,根儿不动,头身一会儿倒西,一会儿倒东;喊声、骂声、哭声一片。有拼命挤将出来的,一出来方觉世界偌大,身体胖胖,但差不多却光了脚,乱了头发。大幕又一挑,站出戏班头儿,大声叫喊要维持秩序,立即就跳出一个两个所谓"二干子"人物来。这类人物多是头脑简单,四肢发达,却十二分忠诚于秦腔,此时便拿了树条儿,哪里人挤,往哪里打去,如凶神恶煞一般。人人恨骂这些人,人人又盼有这些人,叫他们是秦腔宪兵。宪兵者越发忠于职责,虽彻夜不得看戏,但大家一夜满足了,他们也就满足了一夜。

  终于台上锣鼓停了,大幕拉开,角色出场。但不管男的女的,出来偏不面对观众,一律背身掩面,女的就碎步后移,水上漂一样,台下就叫:瞧那腰身,那肩头,一身的戏哟!是男的就摇那帽翎,一会双摇,一会单摇,一边上下飞闪,一边纹丝不动,台下便叫:绝了,绝了!等到那角色儿猛一转身,头一高扬,一声高叫,声如炸雷豁啷啷直从人们头顶碾过,全场一个冷颤,从头到脚,每一个手指尖儿,每一根头发梢儿都麻酥酥的了。如果是演《救裴生》,那慧娘站在台中往下蹲,慢慢地,慢慢地,慧娘蹲下去了,全场人头也矮下去了半尺;等那慧娘往起站,慢慢地,慢慢地,慧娘站起来了,全场人的脖子也全拉长了起来。他们不喜欢看生戏,最欢迎看熟戏,那一腔一调都晓得,哪个演员唱得好,就摇头晃脑跟着唱,哪个演员走了调,台下就有人要纠正。说穿了,看秦腔不为求新鲜,他们只图过过瘾。

  在这样的地方,这样的环境,这样的气氛,面对着这样的观众,秦腔是最逞能的,它的艺术享受,是和拥挤而存在,是有力气而获得的。如果是冬天,那风在刮着,像刀子一样,如果是夏天,人窝里热得如蒸笼一般,但只要不是大雪,冰雹,暴雨,台下的人是不肯撤场的。最可贵的是那些老一辈的秦腔迷,他们没有力气挤在台下,也没有好眼力看清演员,却一溜一排地蹲在戏台两侧的墙根,吸着草烟,慢慢将唱腔品赏。一声叫板,便可以使他们坠入艺术之宫,"听了秦腔,肉酒不香",他们是体会得最深。那些大一点的,脾性野一点的孩子,却占领了戏场周围所有的高空,杨树上,柳树上,槐树上,一个枝杈一个人。他们常常乐而忘了险境,双手鼓掌时竟从树杈上摔下来;掉下来自不会损伤,因为树下是无数的人头,只是招致一顿臭骂罢了。更有一些爬在了场边的麦秸上,夏天四面来风,好不凉快;冬日就扒个草洞,将身子缩进去,露一个脑袋。也正是有闲阶级享受不了秦腔吧,他们常就瞌睡了;一觉醒来,月在西天,戏毕人散,只好苦笑一声,悄然没声儿地溜下来回家敲门去了。

  当然,一次秦腔演出,是一次演员亮相,也是一次演员受村人评论的考场。每每角色一出场,台下就一片喊喊喧喧:这是谁的儿子,谁的女子,谁家的媳妇,娘家何处?于是乎,谁有出息,谁没能耐,一下子就有了定论。有好多外村的人来提亲说媒,总是就在这个时候进行。据说有一媒人将一女子引到台下,相亲台上一个男演员,事先夸口这男的如何俊样,如何能干;但戏演了过半,那男的还未出场。后来终于出来,是个国民党的伪兵,持枪还未走到中台,扮游击队长的演员挥枪一指,"叭"的一声,那伪兵就倒地而死,爬着钻进了后幕。那女子当下哼一声,闭了嘴,一场亲事自然了了。这是喜中之悲一例。据说还有一例,一个老头在脖子上架了孙孙去看戏,孙孙吵着要回家,老头好说好劝只是不忍半场而去,便破费买了半斤花生。他眼相着台上,手在下边剥花生,然后一颗一颗扬手喂到孙孙嘴里,但喂着喂着,竟将一颗塞进孙孙鼻孔,吐不出,咽不下,口鼻出血,连夜送到医院动手术,花去了七十元钱。但是,以秦腔引喜的事却不计其数。每个村里,总会有那么个老汉,夜里看戏,第二天必是头一个起床往戏台下跑。戏台下一片石头,砖头,一堆堆瓜子皮,糖果纸,烟屁股,他掀掀这块石头,踢踢那堆尘土,少不了会捡到一角两角甚至三元四元钱币来,或者一只鞋,或者一条手帕。这是村里钻刁人干的营生,而馋嘴的孩子们有的则夜里趁各家锁门之机,去地里摘那香瓜来吃,去谁家院里将桃杏装在背心兜里回来分红。自然少不了有那些青春妙龄的少男少女,则往往在台下混乱之中眼送秋波,或者就悄悄退出,相依相偎到黑黑的渠畔树林子里去了……

秦腔在这块土地上,有着神圣的不可动摇的基础。凡是到这些村庄去下乡,到这些人家去做客,他们最高级的接待是陪着看一场秦腔;实在不逢年过节,他们就会要合家唱一会乱弹,你只能点头称好,不能耻笑,甚至不能有一点不入神的表示。……每每村里过红白丧喜之事,那必是要包一台秦腔的;生儿以秦腔迎接,送葬以秦腔志哀;似乎这人生的世界,就是秦腔的舞台,人只要在舞台上,生,旦,净,丑,才各显了真性;恶的夸张其丑,善的凸现其美,善的使他们获得美的教育,恶的也使丑里化作了美的艺术。

广漠旷远的八百里秦川,只有这秦腔,也只能有这秦腔,八百里秦川的劳作农民,只有也只能有这秦腔使他们喜怒哀乐。秦人自古是大苦大乐之民众,他们的家乡交响乐除了大喊大叫的秦腔还能有别的吗?

1983年5月2日草于五味村

【思考与练习】

1. 简要概括秦腔艺术的特点和作用。秦腔没有被淘汰或沉沦的原因是什么?为什么说秦腔是秦川人大苦中的大乐?

2. 简析本文的主题意蕴。

2　箱　子　岩①

沈从文

【阅读提示】

> 作家本人的地域文化心理,来自故乡的自然风物、乡俗民情、历史遗迹、文化传统的熏陶和感染,这种地域文化心理更是引发了作者绵长悠远的乡情。沈从文带着浓浓的乡情两次游览了箱子岩。作者在描绘故乡山美、水美、人美的同时,也展现了故乡落后、保守和神秘的一面。他把人、物、情、景、事、理、古今与未来交融在一起,在宁静清纯的叙述中,蕴含着作者敏锐而深刻的思考;在朴素平实的笔触下,潜伏着作者浓烈而多彩的情感激流,表达了他对乡土的挚爱,浸透了他发自内心的乡土悲悯情怀。这里的古朴原始的生活与生命形式固然令人心驰神往,但未来何去何从又让作者困惑迷茫。阅读文章,注意归纳文章的主题思想。

十五年以前,我有机会独坐一只小篷船,沿辰河上行,停船在箱子岩脚下。一列青黛崭削的石壁,夹江高矗,被夕阳烘炙成为一个五彩屏障。石壁半腰约百米高的石缝中,有古代巢居者的遗迹,石罅隙间横横的悬撑起无数巨大横梁,暗红色长方形大木柜尚依然好好的搁在木梁上。岩壁断折缺口处,看得见人家茅棚同水码头,上岸喝酒下船过渡人也得从这缺口通过。那一天正是五月十

---

① 选自《沈从文散文选》,人民文学出版社,2004年版,略有改动。

五,河中人过大端阳节。箱子岩洞窟中最美丽的三只龙船,早被乡下人拖出浮在水面上。船只狭而长,船舷描绘有朱红线条,全船坐满了青年桨手,头腰各缠红布。鼓声起处,船便如一支没羽箭,在平静无波的长潭中来去如飞。河身大约一里路宽,两岸皆有人看船,大声呐喊助兴。且有好事者,从后山爬到悬岩顶上去,把"铺地锦"百子鞭炮从高岩上抛下,尽鞭炮在半空中爆裂,形成一团团五彩碎纸云尘。彭彭彭彭的鞭炮声与水面船中锣鼓声相应和,引起人对于历史回溯发生一种幻想,一点感慨。

  当时我心想:多古怪的一切!两千年前那个楚国逐臣屈原,若本身不被放逐,疯疯癫癫来到这种充满了奇异光彩的地方,目击身经这些惊心动魄的景物,两千年来的读书人,或许就没有福分读《九歌》那类文章,中国文学史也就不会如现在的样子了。在这一段长长岁月中,世界上多少民族皆堕落了,衰老了,灭亡了。即如号称东亚大国的一片土地,也已经有过多少次被从西北方远来沙漠中的蛮族,骑了膘壮的马匹,手持强弓硬弩,长枪大戟,到处践踏蹂躏!(辛亥革命前夕,在这苗蛮杂处的一个边镇上,向土民最后一次大规模施行杀戮的统治者,就是一个北方清朝的宗室!辛亥以后,老袁梦想做皇帝时,又有两师北佬在这里和滇军作战了大半年。)然而这地方的一切,虽在历史中照样发生不断的杀戮,争夺,以及一到改朝换代时,派人民担负种种不幸命运,死的因此死去,活的被逼迫留发,剪发,在生活上受新朝代种种限制与支配。然而细细一想,这些人根本上又似乎与历史毫无关系。从他们应付生存的方法与排泄感情的娱乐看上来,竟好像今古相同,不分彼此。这时节我所眼见的光景,或许就和两千年前屈原所见的完全一样。

  那次我的小船停泊在箱子岩石壁下,附近还有十来只小渔船,大致打渔人也有玩龙船竞渡的,所以渔船上妇女小孩们,精神无不十分兴奋,各站在尾梢上或船篷上锐声呼喊。其中有几个小孩子,我只担心他们太快乐兴奋了些,会把住家的小船跳沉。

  日头落尽云影无光时,两岸渐渐消失在温柔暮色里。两岸看船人呼喝声越来越少,河面被一片紫雾笼罩,除了从锣鼓声中还能辨别那些龙船方向,此外已别无所见。然而岩壁缺口处却人声嘈杂,且闻有小孩子哭声,有妇女们尖锐叫唤声,综合给人一种悠然不尽的感觉。天气已经夜了,吃饭是正经事。我原先还以为再等一会儿,那龙船一定就会傍近岩边来休息,被人拖进石窟里,在快乐呼喊中结束这个节日了。谁知过了许久,那种锣鼓声尚在河面飘扬着,表示一班人还不愿意离开小船,回转家中。待到我把晚饭吃过后,爬出舱外一望,呀,天上好一轮圆月。月光下石壁同河面,一切如镀了银,已完全变换了一种调子。岩壁缺口处水码头边,正有人用废竹缆或油柴燃着火燎,火光下只见许多穿白衣人的影子移动。问问船上水手,方知道那些人正把酒食搬移上船,预备分派给龙船上人。原来这些青年人白日里划了一整天船,看船的已慢慢散尽了,划船的还不尽兴,并且谁也不愿意扫兴示弱,先行上岸,因此三只长船还得在月光下玩个上半夜。

  提起这件事,使我重新感到人类文字语言的贫俭。那一派声音,那一种情调,真不是用文字语言可以形容的事情。要一个常年身在城市里住下,以读读《楚辞》就"神往意移"的人,来描绘那月下竞舟的一切,更近于徒然的努力。我可以说的,只是自从我把这次水上所领略的印象保留到心上后,一切书本上的动人记载,全看得平平常常,不至于发生任何惊讶了。这正像我另外一时,看过人类许多不同花样的愚蠢杀戮,对于其余书上叙述到这件事情时,同样不能再给我如何感动。

  十五年后我又有了机会乘坐小船沿辰河上行,应当经过箱子岩。我想温习温习那地方给我的印象,就要管船的不问迟早,把小船在箱子岩下停泊。这一天是十二月七号,快要过年的光景。没有太阳的阴沉酿雪天,气候异常寒冷。停船时还只下午三点钟左右,岩壁上藤萝草木叶子多已萎落,显得那一带斑驳岩壁十分瘦削。悬岩高处红木柜,只剩下三四具,其余早不知到哪里去了。小船最先泊在岩壁下洞窟边,冬天水落得太多,洞口已离水面两三丈以上,我从石壁裂罅爬上洞口,到搁龙船处看了一下,旧船已不知坏了还是早被水冲去了,只见有四只新船搁在石梁上,船头还贴有鸡血同鸡毛,一望就明白是今年方下水的。出得洞口时,见岩下左边泊定五只渔船,有几个老渔婆缩颈敛手在船头寒风中修补渔网。上船后觉得这样子太冷落了,可不是个办法,就又要船上水手为我把小船撑到岩壁断折处有人家地方去,就便上岸,看看乡下人过年以前是甚么光景。

四点钟左右,黄昏已逐渐腐蚀了山峦与树石轮廓,占领了屋角隅。我独自坐在一家小饭铺柴火边烤火。我默默的望着那个火光煜煜的枯树根,在我脚边很快乐的燃着,爆炸出轻微的声音。铺子里人来来往往,有些说两句话又走了,有些就来镶在我身边长凳上,坐下吸他的旱烟。有些来烘烘脚,把穿着湿草鞋的脚去热灰里乱搅。看看每一个人的脸子,我都发生一种奇异的乡情。这里是一群会寻快乐的正直善良乡下人,有捕鱼的,打猎的,有船上水手和编制竹缆工人。若我的估计不错,那个坐在我身旁,伸出两只手向火,中指节有个放光顶针的,肯定还是一位乡村里的成衣人。这些人每到大端阳时节,都得下河去玩一整天的龙船。平常日子特别是隆冬严寒天气,却在这个地方,按照一种分定,很简单的把日子过下去。每日看过往船只摇橹扬帆来去,看落日同水鸟。虽然也同样有人事上的得失,到恩怨纠纷成一团时,就陆续发生庆贺或仇杀。然而从整个说来,这些人生活却仿佛同"自然"已相融合,很从容的各在那里尽其性命之理,与其他无生命物质一样,惟在日月升降寒暑交替中放射,分解。而且在这种过程中,人是如何渺小的东西,这些人比起世界上任何哲人,也似乎还更知道的多一些。

听他们谈了许久,我心中有点忧郁起来了。这些不辜负自然的人,与自然妥协,对历史毫无担负,活在这无人知道的地方。另外尚有一批人,与自然毫不妥协,想出种种方法来支配自然,违反自然的习惯,同样也那么尽寒暑交替,看日月升降。然而后者却在慢慢改变历史,创造历史。一份新的日月,行将消灭旧的一切。我们用甚么方法,就可以使这些人心中感觉一种对"明天"的"惶恐",且放弃过去对自然和平的态度,重新来一股劲儿,用划龙船的精神活下去?这些人在娱乐上的狂热,就证明这种狂热能换个方向,就可使他们还配在世界上占据一片土地,活得更愉快更长久一些。不过有甚么方法,可以改造这些人的狂热到一件新的竞争方面去,可是个费思索的问题。

一个跛脚青年人,手中提了一个老虎牌新桅灯,灯罩光光的,洒着摇着从外面走进了屋子。许多人见了他都同声叫唤起来:"什长,你发财回来了!好个灯!"

那跛子年纪虽很轻,脸上却刻划了一种兵油子的油气与骄气,在乡下人中仿佛身份特高一层。把灯搁在木桌上,大洋洋的坐近火边来,拉开两腿摊出两只大手烘火,满不高兴的说:"碰鬼,运气坏,甚么都完了。"

"船上老八说你发了财,瞒我们。怕我们开借。"

"发了财,哼。用得着瞒你们?本钱去七角,桃源行市只一块零,除了上下开销,二百两货有甚么捞头,我问你。"

这个人接着且连骂带唱的说起桃源后江娘儿们种种有趣的情形,使得一班人活泼兴奋起来,话说得正有兴味时,一个人来找他,说"什长,猪蹄膀炖好了,酒已热好了,"他搓搓手,说声有偏各位,提起那个新桅灯就走了。

原来这个青年汉子,是个打渔人的独生子。三年前被省城里募兵委员看中了招去,训练了三个月,新开到江西边境去同共产党打仗。打了半年仗,一班兄弟中只剩下他一个人好好的活着,奉令调回后防招募新军补充时,他因此升了班长。第二次又训练三个月,再开到前线去打仗。于是碎了一只腿,抬回省中军医院诊治,照规矩这只腿得用锯子锯去。一群同乡都以为从辰州地方出来的家乡人,"辰州符"比截割高明得多了,信他个洋办法像话吗?就把他从医院中抢出,在外边用老办法找人敷水药治疗。说也古怪,不到三个月,那只腿居然不必截割全好了。战争是个甚么东西他也明白了。取得了本营证明,领得了些伤兵抚恤费后,于是回到家乡来,用什长名义受同乡恭维,又用伤兵名义作点特别生意。这生意也就正是有人可以赚钱,有人可以犯法,政府也设局收税,也制定法律禁止,又可以杀头,又可以发财,那种从各方面说来都似乎极有出息的生意。我想弄明白那什长的年龄,从那个当地惟一成衣人口中,方知道这什长今年还只二十一岁。那成衣人尚说:

"这小子看事有眼睛,做事有魄力,蹶了一只腿,还会一月一个来回下常德府,吃喝玩乐发财走好运。若两只腿全弄坏,那就更好了。"

有个水手插口说:"这是甚么话。"

"甚么画,壁上挂。穷人打光棍,一只腿打坏了不顶事。如两只腿全打坏了,他就不会卖烟土走私赚了钱,再到桃源县后江玩花姑娘了!"

成衣人末后一句打趣话,把大家都弄笑了。

回船时,我一个人坐在灌满冷气的小小船舱中,屈指计算那什长年龄,二十一岁减十五,得到个数目是六。我记起十五年前那个夜里一切光景,那落日返照,那狭长而描绘朱红线条的船只,那锣鼓与热情兴奋的呼喊……尤其是临近几只小渔船上欢乐跳掷的小孩子,其中一定就有一个今晚我所见到的跛脚什长。唉,历史是多么古怪的事物。生硬性痈疽的人,照旧式治疗方法,可用一星一点毒药敷上,尽它溃烂,到溃烂净尽时,再用药物使新的肌肉生长,人也就恢复健康了。这跛脚什长,我对他的印象虽异常恶劣,想起他就是个可以溃烂这乡村居民灵魂的人物,不由人不寄托一种幻想……

【思考与练习】

1. 作者第二次游箱子岩见到了什么现象?他有何感慨?对现实与历史社会有什么样的思考?

2. 作者是怎样描写跛脚什长这个人物的?

3. 阅读课文第一段,并回答问题:

(1) 这段文字属于什么描写?

(2) 作者是从哪几个方面来进行描写的?

(3) 采用了什么修辞手法?

3　北京的春节①

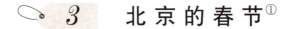

老　舍

【阅读提示】

> 对中国人来说,没有哪一个节日像春节那样,承载着所有中国人的生命内涵,体现了我们华夏民族的文化精神、价值理念、生活状态。春节,是我国最隆重、最热闹的一个传统节日,不同的地区、不同的民族过春节,都有自己独特的风俗。让我们走进民俗大师老舍的《北京的春节》,在全景式的风俗描写中,饱览一幅幅老北京春节的民风民俗画卷,体会北京文化所蕴含的高雅、舒展、含蓄。今天,虽然老北京春节的一些风俗习惯已从我们的生活中渐渐淡去,但永远不变的,是过春节时那热闹、欢乐的气氛。春节,一种叫作"年"的东西把中国人牢牢地拴在一起,它表面上是一个节日,但实质上则是中国人根深蒂固的精神寄托。阅读时,注意体会作者"俗白"的风格、充满京味的语言以及丰富的文化内涵。

---

① 选自《老舍散文选集》,百花文艺出版社,2004年版。

按照北京的老规矩,过农历的新年(春节),差不多在腊月的初旬就开头了。"腊七腊八,冻死寒鸦",这是一年里最冷的时候。可是,到了严冬,不久便是春天,所以人们并不因为寒冷而减少过年与迎春的热情。在腊八那天,人家里,寺观里,都熬腊八粥。这种特制的粥是祭祖祭神的,可是细一想,它倒是农业社会的一种自傲的表现——这种粥是用所有的各种的米,各种的豆,与各种的干果(杏仁,核桃仁,瓜子,荔枝肉,桂圆肉,莲子,花生米,葡萄干,菱角米……)熬成的。这不是粥,而是小型的农业展览会。

腊八这天还要泡腊八蒜。把蒜瓣在这天放到高醋里,封起来,为过年吃饺子用的。到年底,蒜泡得色如翡翠,而醋也有了些辣味,色味双美,使人要多吃几个饺子。在北京,过年时,家家吃饺子。

从腊八起,铺户中就加紧的上年货,街上加多了货摊子——卖春联的,卖年画的,卖蜜供的,卖水仙花的等等都是只在这一季节才会出现的。这些赶年的摊子都叫儿童们的心跳得特别快一些。在胡同里,吆喝的声音也比平时更多更复杂起来,其中也有仅在腊月才出现的,像卖宪书①的,松枝的,薏仁米的,年糕的等等。

在有皇帝的时候,学童们到腊月十九日就不上学了,放年假一月。儿童们准备过年,差不多第一件事是买杂拌儿。这是用各种干果(花生,胶枣,榛子,栗子等)与蜜饯搀和成的,普通的带皮,高级的没有皮——例如:普通的用带皮的榛子,高级的就用榛瓤儿。儿童们喜吃这些零七八碎儿,即使没有饺子吃,也必须买杂拌儿。他们的第二件大事是买爆竹,特别是男孩子们。恐怕第三件事才是买玩艺儿——风筝,空竹,口琴等——和年画儿。

儿童们忙乱,大人们也紧张。他们须预备过年吃的使的喝的一切。他们也必须给儿童赶做新鞋新衣,好在新年时显出万象更新的气象。

二十三日过小年,差不多就是过新年的"彩排"。在旧社会里,这天晚上家家祭灶王,从一擦黑儿鞭炮就响起来,随着炮声把灶王的纸像焚化,美其名叫送灶王上天。在前几天,街上就有多少多少卖麦芽糖与江米糖的,糖形或为长方块或为大小瓜形。按旧日的说法:用糖粘住灶王的嘴,他到了天上就不会向玉皇报告家庭中的坏事了。现在,还有卖糖的,但是只由大家享用,并不再粘灶王的嘴了。

过了二十三,大家就更忙起来,新年眨眼就到了啊。在除夕以前,家家必须把春联贴好,必须大扫除一次,名曰扫房。必须把肉,鸡,鱼,青菜,年糕什么的都预备充足,至少足够吃用一个星期的——按老习惯,铺户多数关五天门,到正月初六才开张。假若不预备下几天的吃食,临时不容易补充。还有,旧社会里的老妈妈论,讲究在除夕把一切该切出来的东西都切出来,省得在正月初一到初五再动刀,动刀剪是不吉利的。这含有迷信的意思,不过它也表现了我们确是爱和平的人,在一岁之首连切菜刀都不愿动一动。

除夕真热闹。家家赶作年菜,到处是酒肉的香味。老少男女都穿起新衣,门外贴好红红的对联,屋里贴好各色的年画,哪一家都灯火通宵,不许间断,炮声日夜不绝。在外边做事的人,除非万不得已,必定赶回家来,吃团圆饭,祭祖。这一夜,除了很小的孩子,没有什么人睡觉,而都要守岁。

元旦的光景与除夕截然不同:除夕,街上挤满了人;元旦,铺户都上着板子,门前堆着昨夜燃放的爆竹纸皮;全城都在休息。

男人们在午前就出动,到亲戚家,朋友家去拜年。女人们在家中接待客人。同时,城内城外有许多寺院开放,任人游览,小贩们在庙外摆摊,卖茶,食品和各种玩具。北城外的大钟寺,西城外的白云观,南城的火神庙(厂甸)是最有名的。可是,开庙最初的两三天,并不十分热闹,因为人们还正忙着彼此贺年,无暇及此。到了初五六,庙会开始风光起来,小孩们特别热心去逛,为的是到城外看看野景,可以骑毛驴,还能买到那些新年特有的玩具。白云观外的广场上有赛骄车赛马的;在老年间,据说还有赛骆驼的。这些比赛并不争取谁第一谁第二,而是在观众面前表演骡马与骑者的美好

---

① 宪书:皇历、历史。

姿态与技能。

多数的铺户在初六开张，又放鞭炮，从天亮到清早，全城的炮声不绝。虽然开了张，可是除了卖吃食与其他重要日用品的铺子，大家并不很忙，铺中的伙计们还可以轮流着去逛庙，逛天桥，和听戏。

元宵（汤圆）上市，新年的高潮到了——元宵节（从正月十三到十七）。除夕是热闹的，可是没有月光；元宵节呢，恰好是明月当空。元旦是体面的，家家门前贴着鲜红的春联，人们穿着新衣裳，可是它还不够美。元宵节，处处悬灯结彩，整条的大街像是办喜事，火炽①而美丽。有名的老铺都要挂出几百盏灯来，有的一律是玻璃的，有的清一色是牛角的，有的都是纱灯；有的各形各色，有的通通彩绘全部《红楼梦》或《水浒传》故事。这，在当年，也就是一种广告：灯一悬起，任何人都可进到铺中参观；晚间灯中都点上烛，观者就更多。这广告可不庸俗。干果店在灯节还要做一批杂拌儿生意，所以每每独出心裁的，制成各样的冰灯，或用麦苗作成一两条碧绿的长龙，把顾客招来。

除了悬灯，广场上还放花合。在城隍庙里并且燃起火判，火舌由判官的泥像的口、耳、鼻、眼中伸吐出来。公园里放起天灯，像巨星似的飞到天空。

男男女女都出来踏月，看灯，看焰火；街上的人拥挤不动。在旧社会里，女人们轻易不出门，她们可以在灯节里得到些自由。

小孩子们买各种花炮燃放，即使不跑到街上去淘气，在家中也照样能有声有光的玩耍。家中也有灯：走马灯——原始的电影——宫灯，各形各色的纸灯，还有纱灯，里面有小铃，到时候就叮叮的响。大家还必须吃汤圆呀。这的确是美好快乐的日子。

一眨眼，到了残灯末庙②，学生该去上学，大人又照常做事，新年在正月十九结束了。腊月和正月，在农村社会里正是大家最闲在的时候，而猪牛羊等也正长成，所以大家要杀猪宰羊，酬慰一年的辛苦。过了灯节，天气转暖，大家就又去忙着干活了。北京虽是城市，可是它也跟着农村社会一齐过年，而且过得分外热闹。

在旧社会里，过年是与迷信分不开的。腊八粥，关东糖，除夕的饺子，都须先去供佛，而后人们再享用。除夕要接神；大年初二要祭财神，吃元宝汤（馄饨），而且有的人要到财神庙去借纸元宝，抢烧头股香。正月初八要给老人们顺星，祈寿。因此那时候最大的一笔浪费是买香蜡纸马的钱。现在，大家都不迷信了，也就省下这笔开销，用到有用的地方去。特别值得提到的是现在的儿童只快活地过年，而不受那迷信的熏染，他们只有快乐，而没有恐惧——怕神怕鬼。也许，现在过年没有以前那么热闹了，可是多么清醒健康呢。以前，人们过年是托神鬼的庇佑；现在是大家劳动终岁，大家也应当快乐地过年。

【思考与练习】

1. 本文是以什么来串联材料的？
2. 阅读课文第12—15自然段，分析作者从几个方面来描写元宵之夜的，这一描写有什么特点？
3. 有些年轻人对圣诞节的狂热已经超过了春节，针对这一情况，谈谈你自己的看法。

---

① 火炽：旺盛、热闹、紧张。　② 残灯末庙：指节日活动已经接近尾声。

4 山城遗事①(节选)

[英]彼得·梅尔

李 舫 译

【阅读提示】

> 普罗旺斯,地中海沿岸的瑰奇之地,孕育了法国吟游诗人,滋养过塞尚、凡·高、毕加索,吸引了赫胥黎、尼采、劳伦斯……直到彼得·梅尔到来,它才脱下面纱,成为一个令人口中泛甜、鼻际萦香的名字。罗曼·罗兰有这样一句名言:"法国人之所以浪漫,是因为它有普罗旺斯。"法国的普罗旺斯以秀丽的山川、香醇的葡萄酒、蔚蓝的海岸、一望无际的薰衣草、众多的罗马文化遗址博得了浪漫小镇的美名。经年持久地在拥挤、繁忙、喧嚣、竞争、压力中生活的都市人,向往着这里朴实的民风。让我们跟随作者的步伐走进这古老、自然、淳朴、悠闲的乡村小镇,找寻我们在不经意间失去的平和与安宁,领略普罗旺斯人对家乡的依恋与挚爱,体悟他们对本土文化传统的固守。阅读本文,注意感悟在作者散文化的笔法中所展示的普罗旺斯人的生活样态和精神气韵。

对我来说,瞬间——组成日常生活的听觉、视觉和嗅觉——界定了普罗旺斯的特色、历史以及风景。如果要我选择一种我最怀念的美国东西,那么这就是乡村集市。那儿没什么特别的东西,就是从阿普特到洛曼尼的每个城镇每星期摆出来的货摊。

这些市场给人以视觉上的诱惑。市场上有五颜六色的花儿和蔬菜,手写的招牌,货摊在古老的悬铃木树荫下,有的靠着更古老的石墙。也许这些货摊是专为明信片摄影师安排的,艺术气息颇为浓厚。也许是因为旅游旺季的缘故,它们在夏末时节就会拆掉,被人忘得一干二净。不过,在一月和八月份,你会看到这样的货摊,因为它们销售的面包和黄油是当地居民自己制作的。旅游者只不过是一团果酱,尽管非常受欢迎,但并不一定必要。

摊主和顾客都认识,购物过程十分缓慢,带有社交的倾向。老让·克洛德挑选奶酪时脸上绽出让人十分羡慕的笑意。他刚刚装了一副假牙,对哪种奶酪最合适自己犹豫不决。布里干酪太软,米姆赖特奶酪又太硬,也许来点波弗特奶酪最好不过了,就等着新牙适应了。达尔马佐太太站在番茄摊位旁边,带着十分疑惑的神色。当地的番茄还不到成熟的季节,这些番茄是从哪里来的呢?为什么不把产地写在标签上?她看了一会儿,捏了一下番茄,擤擤鼻子,噘着嘴唇,最后决定把谨慎抛向风中,称半公斤尝尝。一位留小胡子的男人在他的摊位前走来走去,一只手里端着一杯玫瑰酒,另一只手中拿着一个婴儿的奶瓶。奶瓶是来喂他收养的一个野猪崽。闻到牛奶的香味,猪的小黑鼻子贪婪地抽动着。卖花的妇女给我妻子找了零钱,然后急忙弯下腰去,从她的摊子下面拿出两个刚下的蛋,用报纸卷包得很漂亮。广场另一侧,咖啡馆外面的桌子旁坐满了人。来自蒙特·卡洛(Monte Carlo)电台的声音掩盖了煮浓咖啡器发出的嘶嘶声,播音员以狂喜般的热情描述本周的赛事。他们是在哪儿找到这些从来不需休息的人呢?四个老年人一溜儿坐在一堵低矮的石墙上面,等着闭市,好打扫广场,他们就

---

① 选自《重返普罗旺斯》,新世界出版社,1999年版。

能玩滚球游戏了。一条狗在挨着他们的墙上蹲着,它要是戴上一顶平平的无檐帽,看起来就像那些非常耐心、满脸皱纹的人一样。

摊贩开始收货闭市,几乎有种伸手可触的预感。吃饭的时间就要到了,今天阳光和煦,午餐可以摆在户外。

法瑞苟勒是一位退休的中学教师,自诩为法国文化和法语纯洁性的捍卫者。他对从快餐到棒球的所有东西都焦虑不安,这些东西已开始在头脑简单的法国人身上显现。但在这个特别的秋日,他的头脑中有更严肃的东西,当他从酒吧凳子上站起身走到我旁边时,他的担心显而易见。

"这真是一件令人愤慨的事情。"这是他的开场白,紧跟着是一串环绕大西洋出口对法国人乡村生活结构有害影响的轻蔑评论。法瑞苟勒身材矮小,几乎是一个小人国的人。激动时,为了加强说话的语气,他的脚上下跳动,活像一只愤怒的皮球。假如他是一条狗,他会是一条猎犬。我问是什么使他不安,同时发现自己的脑袋也开始随着他的晃动而左右摇摆。

"万圣节,"他说,"我们需要这个吗?这是一片产生了伏尔泰、拉辛、莫里哀的国土,我们把路易斯安娜拱手让给了美国人的美国,可他们给了我们什么回报?"

我不知道他在说什么,但从他的语调和紧紧绷着的向下撇着的嘴唇,显然这是一场大灾难,堪与葡萄架上出现根瘤蚜或巴黎外的欧洲迪斯尼的到来相提并论。

"我并不这样认为。"我说。

"你怎能看不见?到处都有——面目全非的南瓜——阿普特,卡瓦隆,到处都有。"

面目全非的南瓜只意味着一件事,就像米老鼠和番茄酱在法国已经家喻户晓一样,万圣节也来到法国,这是文化的又一个催命符。

在加以说明之后,我决定亲自到阿普特去看看。法瑞苟勒有些言过其实,这是他的一贯伎俩。不过,万圣节饰品确实已经装点了一两个橱窗,普罗旺斯也是这样。我想知道,在正式印发的年历上,万圣节是否也已经登堂入室,他们是否知道应该怎样对待这个节日。我在阿普特的大街随意询问了几个行人,他们对此表现的只有困惑。南瓜只意味着南瓜汤。

让万圣节在普罗旺斯谬种流传究竟是谁的主意?允许孩子们晚上在农庄四周玩"不请吃就捣蛋"的游戏,提醒他们应该注意的健康问题吗?狗肯定会咬住他们。幸运的是,地方报纸上没有任何流血事件的报道,至少在今年,看起来万圣节是没有人出席的聚会之一。

无论如何,法国已经拥有许多自己的传统节日,我们每月都有新发现。

五月初有一个公众假日,接下来还有好几个;为八月的节日做好准备,那时全国都在休假。官僚机构的永远节日,以雪片般的文件为标志。每个圣徒都有每个圣徒的节日,每个村庄都有每个村庄的节日。由于大众的要求,每星期都有普通人的节日,即星期天午餐。

星期天是与众不同的一天,是即使没在办公室里度过一周也感到不同的日子。周遭的声音改变了,工作日里有鸟鸣和嗡嗡响的拖拉机声,星期日早上却换成猎狗的吠叫声和远方枪火的砰砰声。普罗旺斯的猎人喜欢行使他捍卫乡村的权力,从不容忍作恶的野兔和歌鸫的来犯。

今年,他面临一个比以前更严重的挑战,这种挑战来自变异的野猪。没人知道是怎么回事,但野猪的数量却逐年剧增。它们正威胁着葡萄园和果园。到处都能看到它们作恶的痕迹:寻找食物时在地上挖的凹痕,糟蹋的菜园,撞歪的石头墙。

我们房子附近的地区在一个星期日被封,这是一场有组织的驱赶野猪的运动。沿着漫长而肮脏的土路,每隔一段,猎人们已把他们的搬运车停在灌木丛里。穿着绿色伪装服的人们,手里拿着武器,正在那儿耐心等待。猎狗围成圈儿,气势汹汹地走着,项圈上的铃铛叮叮当当作响,它们因兴奋而发出的吠叫声听起来十分嘶哑。我觉得我似乎被卷入一场大搜捕或者一场战争之中。

我走近房子附近时,第一个伤者出现了。一个猎人正朝我走来,阳光从他的背后照过来,只能看见一个依稀的轮廓。他的肩上斜挎着来复枪的枪筒,胳膊抱一个毛茸茸、长着腿的什么东西。他走动时,那只掉下来的腿在晃动着。

他走到我面前停下来,我方看清楚那只长着腿的东西原来是一只黝黑色的猎犬。它朝我们的狗翻着眼睛,阴郁,哀伤,而它的主人更是以一副痛悼的神情,问我早上好。我问他爱犬受伤的原因,是不是在灌木丛里受到了一个肥壮、凶猛、护窝的野猪的袭击?

"唉,"猎人叹着气说,"它在养狗场度过了整个夏天,爪子不太凶猛了。今天它跑得太远,脚受了伤。"

十一点半,道路上已空无一人。大队人马撤退了,回去重新组织一下,换换衣服和武器。战斗服和枪支被干净的衬衣和刀叉所取代,猎人们准备在餐桌上继续鏖战。

无论什么时候,星期日午餐都是我最感兴趣的一餐。早晨没有工作干扰,午睡也没有内疚感。我觉得餐馆周围有一种非同寻常的幽默气氛,几乎是一种潜伏的节日情绪在流动。我确信大师傅们非常卖力,知道他们的客人是来享用厨艺而不是来谈生意的。这一点毫无疑问。星期日的饭菜味道更好。

在我们房子周围大约二十分钟车程的范围内,十几家相当不错的餐馆琳琅满目。众多的选择把我们的胃口宠惯坏了,我们精挑细捡,准备找一个适合天气的地方。麦斯·托特伦院落阔大,绿树成荫,酒店还提供样式繁多的草帽供顾客挑选以便纳凉,这感觉就像浴于九十度的高温里在天堂吃饭。冬天有埃格布伦客栈,这是一个户外火炉,宽敞明亮,悬挂着雪白的窗帘,甚至可以欣赏到私人河谷的风景。

这两家与大多数当地其他餐馆——的确还有许多别的法国餐馆——大相径庭的是,厨师都是女人。传统的劳动力分工模式总是男人在灶前,女人管针线活。现在,时代变了,尽管没有女厨师像阿兰·迪卡斯那样得到国际认可。这个女人不简单,她获得的星状勋章足以在圣诞节装饰一整棵圣诞树。法国妇女的地位在医药、政治、法律方面要比餐馆厨房里高得多。这在美国却大不相同,我觉得匪夷所思,是否与男性至上主义有关呢?我不得而知。

关于这个微妙的社会问题,如果你想得到一个富有挑衅性的答案,那么只有一个人才能办得到,他就是我的朋友罗杰斯。事实上,我相信,他是法国精神的杰出代表。在烹饪和男权至上主义方面他都十分出众,并且非常乐意与整个世界一同分享他的观点。他对女性厨师的激烈态度一点也不出乎我的意料。我问他为什么法国没有更多女厨师,我的话音刚落,他的答案已经像子弹一样射出来。"你必须明白,"他说,"在法国,有些事情被认为太重要了因而不给妇女们去做。"

女医生、女法官和女内阁成员都很少见,但是她们还勉强可以被接受。女厨师们和女餐饮总管则令他感到怀疑和不舒服。他认为,这些事情违反事物的正常规律,专业化烹饪是男人的工作。

在埃格布伦客栈的一个冬日的星期天午餐,我们想他应该幡然悔悟了。刚开始时,他还相当谨慎地对付瑞士牛肉奶汁,后来便很轻松地处理炖羊肉,最后大刀阔斧地吃掉一堆小山似的各色奶酪和一块黑色三味巧克力。而所有这些都是一位妇女烹制出来的。

我们走出餐馆,我等着他承认他也许错了。然而,什么都没有。他只是调整了一下他的男权至上主义,来调整此刻的尴尬。

"只有在法国,"他说,"你才能在默默无闻的地方见识到这样绝妙的烹调手艺。"

【思考与练习】

1. 从集市上人们缓慢的购物过程中,可以看出普罗旺斯人有着什么样的生活状态?
2. 从退休中学教师法瑞苟勒的言行中,可以看出普罗旺斯人对本民族的文化是什么态度?
3. 罗杰斯对女厨师激烈的态度表明了什么样的"法国精神"?

5* 江南的冬景

郁达夫

【阅读提示】

> 本文是近代作家郁达夫于1935年12月创作的一篇优美的散文,写出了江南之冬的和暖、恬静。作者通过与北国、闽粤、德国等地冬季的比较,写出了江南冬景的独一无二。无论是曝背谈天、寒郊散步还是围炉对酒、月映梅花,都在点滴晕染间,勾勒出一幅高雅宁静又古风古韵的水墨画。正如画家刘海粟所说:"青年画家不经读郁达夫的游记,画不了浙皖的山水;不看钱塘的富阳、新安,也读不通郁达夫的妙文。"阅读时还可以特别留意一下作者是如何运用古人诗句,使得笔下的江南冬景如诗如画,姗姗可爱,表达悠闲适意的心境和高雅诗意的情趣的。

凡在北国过过冬天的人,总都道围炉煮茗,或吃涮羊肉,剥花生米,饮白干的滋味。而有地炉、暖炕等设备的人家,不管它门外面是雪深几尺,或风大若雷,而躲在屋里过活的两三个月的生活,却是一年之中最有劲的一段蛰居异境;老年人不必说,就是顶喜欢活动的小孩子们,总也是个个在怀恋的,因为当这中间,有的萝卜、雅儿梨等水果的闲食,还有大年夜、正月初一、元宵等热闹的节期。

但在江南,可又不同;冬至过后,大江以南的树叶,也不至于脱尽。寒风——西北风——间或吹来,至多也不过冷了一日两日。到得灰云扫尽,落叶满街,晨霜白得像黑女脸上的脂粉似的清早,太阳一上屋檐,鸟雀便又在吱叫,泥地里便又放出水蒸气来,老翁小孩就又可以上门前的隙地里去坐着曝背谈天,营屋外的生涯了;这一种江南的冬景,岂不也可爱得很么?

我生长江南,儿时所受的江南冬日的印象,铭刻特深;虽则渐入中年,又爱上了晚秋,以为秋天正是读读书,写写字的人的最惠节季,但对于江南的冬景,总觉得是可以抵得过北方夏夜的一种特殊情调,说得摩登些,便是一种明朗的情调。

我也曾到过闽粤,在那里过冬天,和暖原极和暖,有时候到了阴历的年边,说不定还不得不拿出纱衫来着;走过野人的篱落,更还得见许多杂七杂八的秋花!一番阵雨雷鸣过后,凉冷一点;至多也只好换上一件夹衣,在闽粤之间,皮袍棉袄是绝对用不着的;这一种极南的气候异状,并不是我所说的江南的冬景,只能叫它作南国的长春,是春或秋的延长。

江南的地质丰腴而润泽,所以含得住热气,养得住植物;因而长江一带,芦花可以到冬至而不败,红叶也有时候会保持得三个月以上的生命。像钱塘江两岸的乌桕树,则红叶落后,还有雪白的桕子着在枝头,一点一丛,用照相机照将出来,可以乱梅花之真。草色顶多成了赭色,根边总带点绿意,非但野火烧不尽,就是寒风也吹不倒。若遇到风和日暖的午后,你一个人肯上冬郊去走走,则青天碧落之下,你不但感不到岁时的肃杀,并且还可以饱觉着一种莫名其妙的含蓄在那里的生气;"若是冬天来了,春天也总马上会来"的诗人的名句,只有在江南的山野里,最容易体会得出。

说起了寒郊的散步,实在是江南的冬日,所给与江南居住者的一种特异的恩惠;在北方的冰天雪地里生长的人,是终他的一生,也决不会有享受这一种清福的机会的。我不知道德国的冬天,比起我

---

① 选自《郁达夫文集》,当代世界出版社,2010年版。

们江浙来如何,但从许多作家的喜欢以 Spaziergang 一字来做他们的创造题目的一点看来,大约是德国南部地方,四季的变迁,总也和我们的江南差仿不多。譬如说十九世纪的那位乡土诗人洛在格(Peter Rosegger 1843—1918)罢,他用这一个"散步"做题目的文章尤其写得多,而所写的情形,却又是大半可以拿到中国江浙的山区地方来适用的。

江南河港交流,且又地滨大海,湖沼特多,故空气里时含水分;到得冬天,不时也会下着微雨,而这微雨寒村里的冬霖景象,又是一种说不出的悠闲境界。你试想想,秋收过后,河流边三五家人家会聚在一道的一个小村子里,门对长桥,窗临远阜,这中间又多是树枝槎丫的杂木树林;在这一幅冬日农村的图上,再洒上一层细得同粉也似的白雨,加上一层淡得几不成墨的背景,你说还够不够悠闲?若再要点景致进去,则门前可以泊一只乌篷小船,茅屋里可以添几个喧哗的酒客,天垂暮了,还可以加一味红黄,在茅屋窗中画上一圈暗示着灯光的月晕。人到了这一个境界,自然会得胸襟洒脱起来,终至于得失俱亡,死生不同了;我们总该还记得唐朝那位诗人做的"暮雨潇潇江上树"的一首绝句罢?诗人到此,连对绿林豪客都客气起来了,这不是江南冬景的迷人又是什么?

一提到雨,也就必然的要想到雪:"晚来天欲雪,能饮一杯无?"自然是江南日暮的雪景。"寒沙梅影路,微雪酒香村",则雪月梅的冬宵三友,会合在一道,在调戏酒姑娘了。"柴门村犬吠,风雪夜归人",是江南雪夜,更深人静后的景况。"前树深雪里,昨夜一枝开",又到了第二天的早晨,和狗一样喜欢弄雪的村童来报告村景了。诗人的诗句,也许不尽是在江南所写,而做这几句诗的诗人,也许不尽是江南人,但假了这几句诗来描写江南的雪景,岂不直截了当,比我这一枝愚劣的笔所写的散文更美丽得多?

有几年,在江南也许会没有雨没有雪的过一个冬,到了春间阴历的正月底或二月初再冷一冷下一点春雪的;去年(一九三四)的冬天是如此,今年的冬天恐怕也不得不然,以节气推算起来,大约太冷的日子,将在一九三六年的二月尽头,最多也总不过是七八天的样子。像这样的冬天,乡下人叫作旱冬,对于麦的收成或者好些,但是人口却要受到损伤;旱得久了,白喉,流行性感冒等疾病自然容易上身,可是想恣意享受江南的冬景的人,在这一种冬天,倒只会得到快活一点,因为晴和的日子多了,上郊外去闲步逍遥的机会自然也多;日本人叫作 Hiking,德国人叫作 Spaziergang 狂者,所最欢迎的也就是这样的冬天。

窗外的天气晴朗得像晚秋一样;晴空的高爽,日光的洋溢,引诱得使你在房间里坐不住,空言不如实践,这一种无聊的杂文,我也不再想写下去了,还是拿起手杖,搁下纸笔,上湖上散散步罢!

一九三五年十二月一日

6* 根①(节选)

[美] 亚历克斯·哈利
郑惠丹　译

【阅读提示】

回顾美国文学,以最敏感的黑人问题为题材的作品已形成了一个专门的类别,其中《汤姆

---

① 选自《根》,译林出版社,1997 年版。亚历克斯·哈利(1921—1992),美国著名新闻记者和小说家。他于 1976 年写出长篇家史小说《根》,1977 年因这部书获普利策特别奖。1999 年美国水警部队将一艘舰艇命名为亚历克斯·哈利号,以示对哈利的褒奖。

> 叔叔的小屋》《飘》和《根》影响较大。但完全以黑人生活为主要情节且以黑人为主人公的作品，《根》具有开创意义。《根》更贴近人性的层面，以独特的叙述方式，"从头道来"，从"根"挖起，以一代代黑人的命运，以他们的苦难和追求，雄辩地展示了主题，赋予了《根》以史诗的光辉。
>
> 《根》挖掘出一条美国黑人之根。这条根开始于1750年早春，西非冈比亚河上的嘉福村。这是作者祖先的降生之地，这条根也是所有美国黑人之根的代表和象征。非洲部落的生活曾经是多么淳朴和谐、优雅自如，然而白人"土霸"断了他们的非洲之根。作者通过祖祖辈辈口耳相传的只语片言的非洲话，经过十二年的探索，终于找到了冈比亚河畔祖先的村落，找到了他的第一代祖先康达·金特的来历。作者坚信："寻到根就寻到一切！"他希望黑人寻到根就寻到了尊严；白人寻到根就能了解和理解黑人；天下所有人都来寻根，就能相容相通，和睦相处。

一七五〇年的早春，沿西非冈比亚河岸向上行需四天行程之处，有个叫作嘉福村的村落，村民欧玛若·金特的妻子嫔塔·金特刚临盆生下一个男孩。小家伙奋力从嫔塔硕健的体内挣脱出来便号啕大哭，皮肤和母亲一样黝黑，带着斑点的小身躯滑溜溜的，还有片片的血块。两位面容满布皱纹的接生婆，尼欧婆婆和婴儿的祖母爱莎，一看到是个男娃娃都开心地笑了。依据先祖的习俗说法，家中头胎男孩的到来预言阿拉神不仅会把特别的恩宠赐给父母，还会泽及父母亲的家族。因此，她们喜滋滋地知晓"金特"这个姓氏将会大放光彩，而且永垂后世。

鸡鸣破晓之前，屋内夹杂着这两位老妇人喋喋不休的聊天声，此娃儿所听到的第一个声音是屋外村妇用木杆舂谷所发出此起彼落的"嘟噗！嘟噗！"声。她们把瓦甑搭架在三块石头上，正在准备传统的早粥。

炊烟袅袅升起，飘过了村中的圆形茅草泥屋，弥漫空中，气味虽是呛鼻但仍令人感到愉悦。此时，村中的祭师——卡扬里·丹巴开始用他惯有的鼻音号叫，唤醒睡梦中的村民起来进行每日对阿拉神五次朝拜祈祷中的第一次早祷。村民于是仓促地跳离他们的竹床和兽皮棉被，并以最快的速度套上粗棉长袍，然后神采奕奕地奔向祈祷场。在那儿祭师会率领大家膜拜，口中念着："伟大的神啊，我确证世上只有一位真神！"祈祷完毕，当村民正准备回家吃早餐时，欧玛若冲到人群里，眼中闪露出光芒，兴奋地向大家宣布喜获麟儿的大好消息。顿时，所有的村民都纷纷回应以各种大吉大利的贺喜话。

每个男人一回自己的茅屋后都会从妻子手中接过一碗粥，妻子会再回到厨房去喂小孩，然后才轮到自己吃。早饭后，男人们拎起木制把柄上已由村中铁匠嵌上铁路的弯柄短锄，然后动身前往田地工作，准备种植落花生、粗麦和棉花。那是男人的主要农作物，就如同在这热带，草木苍翠滋荣的国家冈比亚，种稻米是女人的主要工作一样。

依循古例，往后的七天，欧玛若必须很郑重其事地只专注于一件职务——为孩子命名。这个名字必须富有历史意义而且带有预言性，因为他的族人——曼丁喀族——深信孩子会从他所取名的人或事中承袭七种特性。

在七天的思索当中，欧玛若代表他自己和嫔塔拜访了嘉福村的家家户户，并邀请每个家庭前来参加此新生儿的命名典礼——传统上是在出生后的第八天。当天，这位新生儿会和父亲、祖父一样正式成为曼丁喀族的一分子。

第八天来临时，村民清早就聚集在欧玛若和嫔塔的茅屋前，双方家族的妇女头上都会顶着葫芦瓢，内盛庆典用的酸奶和揭米加蜂蜜做成的甜糕。村长卡拉莫·希拉背着咚咚鼓在那儿；祭师和小孩子将来的教师布里玛·西赛也在场。此外，欧玛若的两个兄弟——约尼和索罗——听到鼓声传来侄儿出生的消息也从老远赶来参加此典礼。

当嫔塔骄傲地抱着婴儿时，依惯例今天要剪去婴儿头上的一小撮头发。所有的妇女都惊叹他五官长得正。当村长开始击鼓时，大家就静肃无声，祭师对着酸奶和甜糕说了一段祷告词。在他祈祷时,每位客人都用右手触摸葫芦瓢的边缘,以示对食物的尊敬。然后祭师转身对婴儿祈祷,恳求阿拉神赐予长命百岁,将来能光宗耀祖,且为他的家、他的村及他的族带来子子孙孙,最后,并赐给他力量和精神,为他将要领受的名字带来荣誉。

欧玛若走到群聚的村民面前,从妻子手中接过小孩,并把他高举;在众目睽睽之下,他对着婴儿的耳朵喃喃轻喊三次他为他挑选的名字。这是婴儿的名字第一次被说出来,因为欧玛若的族人认为每个人都有权利第一个知道自己是谁。

此时咚咚鼓再度响起。欧玛若接着在嫔塔耳边轻喊了婴儿的名字,嫔塔骄傲且愉快地笑了;然后他对站在村民面前的教师布里玛·西赛轻喊了这个名字。

于是布里玛·西赛便大声呼喊:"欧玛若和嫔塔·金特的长子名叫做'康达'!"

大家都知晓,那是婴儿已逝祖父卡拉巴·康达·金特的中间名字。他祖父当初从祖国毛里塔尼亚来到冈比亚;在此,他拯救了嘉福村村民免受饥饿,娶了祖母爱莎,然后一生奉献给嘉福村直到他逝世。他被尊奉为圣人。

布里玛·西赛接着开始唱念婴儿的祖父——卡拉巴·康达·金特,以及那些毛里塔尼亚祖先的名字。这些既伟大且众多的名字,可追溯至两百多年前。此时村长敲击着他的咚咚鼓,所有的村民均对此卓越列祖列宗高喊出他们的赞赏和崇敬。

当晚,在皎月耀星之下,欧玛若单独陪伴他的儿子,完成了命名的仪式,硕壮的手臂里抱着纤小的康达,他走到村落的边缘高举婴儿,使其面向上苍,柔和地说道:"看呀!这是唯一比自己更重要的东西!"

耕耘的季节到了,第一个雨季随时都会来到。在所有的农耕地上,嘉福村的男人早已垒起一堆堆的干草,准备放火烧掉,让微风把灰烬飘吹至田上,以滋养土壤。女人们也已经在自己稻田的泥巴里种起青色的幼苗。

嫔塔在产后复原期,稻米田的工作就由爱莎祖母来代劳。但她现在已准备恢复自己的分内事,于是她用背布把康达缠在身后,加入妇女群——其中有些人,包括她自己的好友珍姬·桃瑞,也带着自己的初生儿,头顶着包袱——走向泊在村中隆沟岸边的中空独木船。此隆沟是冈比亚河自内陆蜿蜒分歧而至的支流之一,是家喻户晓的肯必·波隆河。每艘独木船载着五六个妇女,大家合力摇着桨轻快地擦掉河水而过。每次嫔塔弯腰摇橹时就可感到康达温暖的身子轻压在自己的背后。

空气中弥漫着红树林的浓郁麝香味,混着河两旁畅茂滋长的草木香。小舟掠过,惊醒了两岸熟睡中的狒狒,使他们气愤地直咆哮,踩脚乱跳和猛摇棕榈树枝。野猪嘴巴咕噜咕噜,鼻子又直喷气地跑到树丛里躲起来。栖息在泥泞岸边数千计的鹈鹕、鹤鸟、白鹭丝、苍鹭、白鹳、燕鸥和篦鹭都停止觅食,提心吊胆地望着独木船划过。斑鸠、撇水鸟、秧鸡和鱼狗等较小的鸟类会振翅而飞,在空中盘旋,发出尖锐刺耳的叫声,直到入侵者完全离开。

当独木舟驶过波纹涟涟的水面时,鲦鱼会轻快地跃出水,在空中闪耀地舞了几下,然后再"泼刺"地钻入水里。有时候一些凶猛的大鱼在追逐鲦鱼时会饥不择食,啪嗒地扑到正在行进的船上;此时船上的妇女会协力把它捉住,准备今晚好好地饱餐一顿。可是今晨,鲦鱼没有来打扰她们。

蜿蜒逶迤的河流带着摇桨的妇女经过一个急转弯,来到一个更宽广的支流。当她们一出现时即见成千上万的海鸟翱翔在天空,组成一道天际彩虹似的巨毯。被成群飞鸟遮得昏暗的河面上点缀着片片的凫羽。

当她们快接近嘉福村世世代代的妇女种植稻米的沼泽田"法鲁"时,独木舟行经重重聚集如云的蚊虫堆,然后停泊在一条杂草丛生的走道边,这些杂草厘分了每个妇女的耕地。现在翠绿色的秧苗已长出水面有手掌高了。

因为每位妇女所耕田面积的大小是由村中老人会依据每个人喂养的人数来决定,所以嫔塔的田还很小。当她背着婴儿步出独木舟时,一直小心翼翼,以免失去重心。走了几步,她停了片刻,惊讶但满心欢愉地望着一个盖有茅草顶的小竹棚屋。那是当她上工时,欧玛若过来为他们儿子搭的小棚,但他却绝口不提——典型的大男人。

喂过奶后,嫔塔让婴儿安稳舒适地躺在小棚内,她自己则换上工作服,下田去干活,她全身弯到水田里,连根拔起周围的稂莠,否则繁殖过多的稂莠会抑制稻米的生长。每当康达一哭叫,嫔塔就会从田中涉出,甩掉手上的水,再到阴凉的棚内去喂奶。

小康达因此每天都浸濡在妈妈温馨的照顾里。每晚回到自己的屋内,侍奉欧玛若吃过晚餐后,嫔塔会用树脂油擦拭滋润婴儿全身上下。她经常会很骄傲地背着他穿过村落到爱莎祖母家——她会不断地逗他玩,轻吻他。两妇人常东摸西捏婴儿的五官,想使其发展得完美,但常引起婴儿的烦躁哭闹。

有时候,欧玛若会把儿子带离妇女群,到自己的屋内——丈夫通常不与妻子住一起。他会让孩子浏览和触摸一些具有吸引力的物品,如他床头上驱魔的符咒。任何带有色彩的东西都会引起小康达的兴趣——特别是他父亲那镶满玛瑙贝的猎袋,每个玛瑙贝都代表一只欧玛若亲自猎到的动物。小康达会对着吊在旁边的弓箭和箭袋发出唧唧咕咕的声音。当他伸出小手抓住细长的矛柄时,欧玛若就会会心地笑。他让康达触摸每件东西,除了那块神圣的祷告毯外。欧玛若还会对懵懂的儿子说他将来长大后必须要有的英勇行为和善良品德。

最后,他把儿子带回嫔塔的屋内喂奶。无论在哪儿,小家伙总是很愉快。他常常在妈妈的摇晃下或催眠曲中睡着了:

> 我的乖宝贝,
> 名字祖先给;
> 将来的好战士,
> 爸爸骄傲,妈妈爱。

第十一单元 真美寻踪

单元导读

庄子云:"天地有大美而不言。"美,是一种自然的存在,不必言说,也难以言明。"木末芙蓉花,山中发红萼"是美,"飘若惊鸿,矫如游龙"也是美;姹紫嫣红是美,古朴苍凉也是美;山川河流中有美,人生百态中有美;科学中有美,艺术中有美……美,多姿多彩而又无处不在。那么,我们如何去发现和感受美呢?

本单元所选的六篇文章涉及文艺欣赏、创作及民族文化心理等几个方面,帮助我们在感受美的同时对美进行理性的思考。

金开诚先生的《漫谈"想诗"》分析了"想"在鉴赏诗歌中的作用,启发我们通过想象和联想去感受诗歌的意蕴美。欧阳修在《梅圣俞诗集序》中,就梅诗的成就提出了"穷而后工"的观点,启发我们思考:人生困境对于艺术创作的价值,创作者的精神力量对于艺术之美的贡献。《"慢慢走,欣赏啊!"——人生的艺术化》中,朱光潜先生提出将人生艺术化的观念,启发我们以欣赏的态度去关照自己的人生,让生活多一些趣味,多一些美感,使人生成为艺术品。《建筑艺术》是李泽厚先生站在哲学的高度对中国建筑所进行的观照,有助于我们深切地感受中华民族的审美特征,并对实践理性精神进行深入的思考。丘吉尔在《我与绘画的缘分》中讲述了自己通过大胆尝试而与绘画结缘,并感受到极大快乐的经历,告诉我们,与艺术结缘可以得到许多乐趣和美感享受。宗白华先生在《美从何处寻》中总结说:美要向内心去寻,美要向外界去寻。"万物静观皆自得",抱着欣赏的态度,便可以感受到事物之美。

海德格尔说:"人诗意地栖居在大地上。"正是因为对美的追寻,人才成为了人。只有在追寻美的过程中,个体的人生才可诗意充盈,群体的精神才可和谐完美。

培养健康高尚的审美情趣,是美育的重要任务之一。在阅读中融入生命体验,提升审美情趣,人生才可能充满诗意。

1　漫谈"想诗"①

金开诚

【阅读提示】

> 诗歌讲究以凝练的语言表现深厚的意蕴,那么,如何品鉴诗歌丰厚的蕴涵？金开诚先生明确指出了"想"在欣赏诗歌中的重要作用。"想"是联结诗人与读者的纽带,读者通过"想"来理解语言,领悟诗意,与诗人产生共鸣。如何达到这一步呢？作者在文中层层深入地为我们讲述了"想"的运用之法。作者还指出文学评论范畴内的诗歌赏析既离不开"想",同时还须运用理论知识对诗歌的思想和艺术作出评价。说理透彻、思路清晰、逻辑严密是本文的特色。

我曾不止一次听人说,现在报刊上发表的诗词赏析之类的文章,都是作者想出来的;也就是说,他们原来在阅读中并没有欣赏到那么多东西,只是为了写文章,所以才把这些意思想出来,使"赏诗"变成了"想诗"。这些同志还说,广大读者谁会这样去看诗词呢？所以,现在许多赏析文章是脱离群众的欣赏实际的。

我认为这种议论虽然是有感而发,但却值得商榷。诗词赏析是一种文学研究工作,属于文学评论的范围,不同于随便浏览,所以很需要开动脑筋,力求作出正确深刻的论述。就拿"广大读者"来说,如果想在诗词欣赏中真正得到思想教益和艺术享受,也是必须用心去想的。因为阅读与欣赏的过程主要完成于大脑。当然,接受诗词要通过眼睛或耳朵,没有它们,诗词的特殊信息就不能进入大脑;但无论如何,在阅读中间,字与字、音与音之所以会在内容上联系起来,从而变成一项有意义的欣赏活动,主要还应归功于大脑的分析与综合。由于大脑对外界信息的分析综合早已习惯成了自然,所以人们仿佛觉得阅读与欣赏都是由眼睛(耳朵)就地完成的,但这毕竟是一种错觉。有句俗话叫"小和尚念经,有口无心",其实"小和尚"也不是完全"无心"的;倘若完全"无心",那么连佛经的文字或声音符号都不能认知和记忆,也就无法"念经"了。但"小和尚"毕竟用心不够,因此虽然"念经",还是不解佛经的意义,感受佛经中的形象。所以在诗词的阅读与欣赏中,"想诗"乃是正常的、普遍的现象;赏析作者与一般读者相比,只是想得更深透一些。这也是应该的,因为研究工作毕竟要提高一步,才有助于促进一般的阅读。

欣赏诗词要想,那么怎样想呢？由于诗词是一种特殊的认识对象,所以就要按照它的特点去想它,具体说来主要有三点：

一、诗词是语言的艺术,当然要弄懂了语言才能欣赏到艺术。因此,准确地了解诗句的含义,就是第一个要想的问题。

二、诗词是用语言文字符号的组合写出来的,表现为一句句话或一行行字,本身并没有形象性;然而人们在欣赏中却能产生丰富的形象感。这形象感的产生,从欣赏者一方面来说,乃是因为根据诗句所规定的"再造条件",进行了"再造想象"的缘故。因此,诗词欣赏者准确地按照诗句所规定的"再造

---

① 选自《文史知识》1984年第8期。金开诚(1932—2008),著名学者,北京大学中文系教授。著有《文艺心理学论稿》《楚辞选注》《金开诚文集》等。

条件"来进行"再造想象",就是第二个要想的问题。

三、诗词具有"言有尽而意无穷"的特点,因此,欣赏者在感受诗词所表现的形象时,还要进行恰当的联想,这就是第三个要想的问题。

以上所说的"三想",是由诗词这种认识对象的特点所决定了的。因此,任何人欣赏诗词,不管自觉或不自觉,事实上都在以上三个方面用过心思。现在要追究的是,为什么有的人用了心思就有较深的心得,而有的人却难以深入呢?这里边当然有种种原因,其中有些问题也不是一朝一夕所可以解决的。我现在想要着重谈论的只有一点,那就是在进行"三想"的时候,不能一头扎到诗词本身之上,而必须善于运用自己各方面的知识经验,把它和所读的诗词准确地联系起来,才会有较为深入的理解与感受。下面主要以《文史知识》所发表的诗词赏析为例,来具体说说这个问题。

首先在诗词字句的解释上,由于中国古代诗词不但是用古代汉语写的,而且还是精练含蓄、跳跃性较大的"诗家语",它所反映的又是古代的社会生活和古人的思想感情,因此准确地解释字句既要借助有关的古代汉语知识、历史文化知识,还要借助欣赏古诗词的经验。关于这一点,在欣赏包含典故的诗词时,情况尤为明显。例如《文史知识》1981年2期,有倪其心同志分析唐代孟浩然《过故人庄》的一篇文章。《过故人庄》一诗粗看起来明白如话,然而倪其心同志根据律诗的规则和前人的注释,指出诗中第一句"鸡黍"化用《论语·微子》荷蓧丈人典;第五句"开轩"用阮籍《咏怀》"开轩临四野,登高望所思"语意;第六句"桑麻"用陶渊明《归田园居》"相见无杂言,但道桑麻长"语意;末二句又用陶渊明在重阳节出宅把菊、酌酒醉归典。从而揭示这首诗在叙事、抒情中还有述志之意,写出了孟浩然原来想学孔子"为了行义而谋仕",后来又像阮籍那样"从现实政治中有所觉悟";最后"追慕陶渊明的意向","有意要归耕田园"。这一层自述志趣变化的含义,在诗词中蕴藏较深,倪其心同志是运用了丰富的历史文化知识和诗词欣赏经验才把它挖掘出来的,这就是真正把古诗作为古代人的诗来读,显然表现了对原作各句的深入理解。

其次,根据诗词所规定的"再造条件"来进行"再造想象",这是欣赏中的重要环节,诗词需要反复玩味,所谓"玩味"主要就是指读者在准确理解诗句的基础上,去想象和感受它所表现的形象与情味。人类心理活动的实际情况是,任何"再造想象"(包括通过说明书去想象物品的样子,根据设计图去想象楼房的形象),都是需要借助想象者本身的知识经验的;而在诗词中,则因为诗句所指示的"再造条件"极其简练、含蓄而富有启发性,所以更需要调动读者的有关知识经验,才有可能把诗词所要表现的抒情形象充分想象出来。例如杜甫的《绝句》"两个黄鹂鸣翠柳"一首,其最后一句"门泊东吴万里船"所表现的形象,一般都认为是容易想象的,无非是说杜甫草堂的门外停泊着远航的船只。然而《文史知识》1983年12期所刊李思敬同志的《画意与诗情》一文中,却表现了一种新的想象:"诗人欣赏过以窗为框的西山雪景之后,再把眼光投向窗外,又发现了奇观:透过他那院门口,又看到辽远的水面上飘着东去的航船。……这又是一个合乎透视学原理的描绘:他把辽远的'万里船'和杜家的门口压在一个平面上来欣赏,以门口为画框,则万里船竟如泊在门中。"这一新的"再造想象"相当精辟有理,而作者之所以会对原句作出这种想象,则是因为他把绘画艺术中的透视学知识与原诗联系起来,从而对原诗所提供的"再造条件"有了新的理解的缘故。关于"门泊东吴万里船",在《文史知识》1981年5期所刊张永芳同志的文章中,又有不同的"再造想象",也是言之成理而颇有新意的:"一般都认为四句诗一句一景,全部是诗人凭窗而望时见到的景物,我却以为第四句写的虽是实有之景,却未必会是与黄鹂、白鹭、西岭同时出现在诗人眼前的景物,而是浮现于诗人心中的景象。在诗人触动离情的时候,平日久已见惯的'门泊东吴万里船'之景,顿时浮上心头,历历如在目前,这是十分自然的。"作者之所以作出这样的想象,也是把有关的知识经验同原作联系起来的结果(详见原文)。由此可见,就像"门泊东吴万里船"这样一句看来简单的诗,通过仔细玩味及与不同的知识经验相联系,还是可能作出不同的"再造想象";人们可能一时难以判别哪一种想象更符合诗人的原意,却显然可见两种说法都表现了对原诗的深入理解与感受。

下面再说一个例子。《文史知识》1982年10期中有葛晓音同志的《读杜甫的〈丹青引赠曹将军霸〉》一文,原诗中写到著名画家曹霸为"先帝御马玉花骢"写生,那天先帝把这匹马牵到庭前,曹霸受诏作画,须臾画成。接着原诗写道:"玉花却在御榻上,榻上庭前屹相向。至尊含笑催赐金,圉人太仆皆惆怅。"葛晓音同志对这四句是这样说的:"骢马本不应站在御榻之上,一个'却'字以疑怪的语气造成画马乱真的错觉,榻上庭前两马屹立相对的奇思又使这错觉更为逼真。'屹'字与上文'迥'字照应,便从双马昂然的姿态活画出它们矫健的奇骨。'至尊'和'圉人太仆'虽是陪衬,简略的神态描绘也都切合各自的身份。玄宗虽喜而只是含笑催促赐金,确乎是帝王风度。养马的圉人与掌舆马的太仆在两马相比之下怅然若失,更是马官才有的特殊心理,这就从观者的反应巧妙地点出画马的神骏即使真马也难胜过。"这种"再造想象"在诗词赏析中较为多见,它并没有用上什么特殊的知识经验(如历史资料、艺术理论等),而只是凭着对原诗所提供的"再造条件"的细致理解来进行"再造想象",然后把想象的结果准确地记述下来,即成一段较好的赏析文章。说到这里就涉及一个问题:目前许多初学者写作诗词赏析往往有一个毛病,就是过多复述原作的内容,同时在复述中穿插一些解释或观感。这样的文章总被认为没有深度,不算有质量的评论。那么,为什么葛晓音同志也是复述原诗的内容并作解释和谈观感,却被认为是较好的赏析呢?这里的关键就在于,她根据原诗所作的"再造想象"是较为确切而清晰的,可以说是揭示了原诗所表现的生动画面和幽默意趣,说得也较有分寸。这里所表现的"再造想象",虽然表面看来并未运用特殊的知识经验,实际上却还是与作者的历史知识、文化素养和艺术欣赏经验密切联系的;在思维过程中不充分调动这些因素,也是没法作出这种"再造想象"的。

最后说说诗词欣赏中的联想问题。凡是艺术,都有引发联想的功能,而诗词则是引发力较强、留下余地较大的一种。但联想的产生也有待于欣赏者用心玩味思索;假如一目十行,匆匆翻阅,那么连诗中所表现的形象都无法准确"再造",也就更谈不上由此引发联想并感受隽永的诗味了。宋代司马光在《续诗话》中说:"古人为诗,贵于意在言外,使人思而得之。……近世诗人,惟杜子美最得诗人之体,如'国破山河在,城春草木深。感时花溅泪,恨别鸟惊心':山河在,明无余物矣;草木深,明无人矣;花鸟,平时可娱之物,见之而泣,闻之而悲,则时可知矣。"司马光举了他读杜诗《春望》的一串联想,而明确指出这种联想是必须"思而得之"的。"思而得之"也就是"想诗"。

诗词欣赏中产生联想的情况相当复杂,但大致可归为两类,可以称之为预期的联想与非预期的联想。所谓"预期的联想"是指诗人在写诗的时候已经期望欣赏者产生这种联想,为此而在诗中作了巧妙的限制与诱导,使读者在欣赏时能循着作者的意图去进行联想;这种预期的联想虽然"意在言外",却是作者所要表现的诗词内容的有机组成。例如《文史知识》1983年11期,吴战垒同志在《诗的含蓄美》一文中说:"'似花还似非花,也无人惜从教坠',所写既是杨花,又不仅仅是杨花,而包孕着对风尘沦落的女子的深厚同情;'闲愁最苦,休去倚危栏,斜阳正在烟柳断肠处',所写既是日暮春愁,又不仅仅是日暮春愁,而流露了对国是日非的殷忧和感慨;而且更重要的往往在后面的深层意蕴。"这一段中所举二例都属比喻范围,而被比的对象却是"更重要的""深层意蕴";欣赏者对这种"意蕴"是必须通过准确的联想才能发现的,而联想当然又离不开欣赏者已有的知识经验。

"非预期的联想",即并非作者在创作中有意表现的内容,只是因为欣赏者另有其特定的思想感情或生活经历,因此在欣赏中产生他所特有的联想。例如《文史知识》1982年6期,胡经之同志在《美感和真实》中说:"离别姑苏三十载,怀念故乡之情总是萦回不断。每当想起故乡,自然而然地就想起唐代诗人张继那首流传千古、脍炙人口的《枫桥夜泊》……默想之际,自己便不知不觉地进入了诗中的境界,激起我对故乡的美好回忆:静夜河边的点点渔火,深夜启程的乌篷航船,寺院清晨鸹鸹乱叫的树巅群鸦,隔壁庵堂昼夜常响的钟磬之声……重新唤起了我对少年生活的多少怀念。当然我也想起了我曾经见到的枫桥。……那时,苏州刚从日寇铁蹄下挣脱出来,享有盛名的古迹枫桥,满目疮痍,一片衰败景象……"唐代张继在创作此诗时,并没有想要引发读者的思乡之情;广大读者也并非都是苏州人,不一定都有对苏州的那些"美好回忆",更不一定见过"一片衰败景象"的"古迹枫桥"。因此胡经之同志的那些联想乃是他个人所特有的,当然也是和他本人的知识经验相联系的。

在诗词赏析中,通过预期的联想把原作的"深层意蕴"挖掘出来,这是必须要做的事情,否则就谈不上深入地认识原作。至于非预期的联想,则在一般阅读中乃是读者的"自由联想";有时,这种联想也能加深对某一首诗的感受,甚至成为特别喜爱这首诗的原因。但在作为文学研究的诗词赏析中,非预期的联想就可有可无。既然可有可无,那就要运用恰当;像胡经之同志所写的那一段,就很有感染力量,既有利于加深其他读者对原作魅力的认识,也使赏析文章本身很有特色。

以上主要是谈在对诗词的理解与感受中应该怎样想。由于诗词赏析属于文学评论的范围,所以如果写作正规的赏析文章,在理解与感受的同时,还不能不对诗词的思想和艺术作出评价,而这就又需要运用历史唯物主义和文艺理论,还要了解作家、作品的历史背景和文学发展背景等等,把这些知识同赏析对象联系起来进行思考,才能得出一定的结论。所以,总起来说,诗词赏析始终离不开一个"想"字。

【思考与练习】

1. 结合文中例子谈谈何为诗歌的深层意蕴。
2. 读诗中的"三想"之间有何联系?
3. 选取一首自己喜爱的诗歌,按想诗三法完成一篇赏析。

2　梅圣俞诗集序①

欧阳修

【阅读提示】

> 北宋诗人梅圣俞,一生颇不得意,诗作多反映社会矛盾和民生疾苦,诗风平淡朴实。他的诗,对宋代诗风的转变影响很大,甚受陆游等人的推重。欧阳修为梅圣俞的诗集作序,一方面是肯定梅圣俞在矫正宋初浮艳诗风方面的功绩,另一方面提出了"穷而后工"这一重要观点,指出创作需要一种强大的内在精神动力,而这种精神动力得之于人生的穷困。
>
> 作为诗集之序,本文对诗人及其作品进行了评论,并交代了梅圣俞诗集的搜集、整理、编次、作序过程。作者评论梅圣俞扣紧一个"穷"字,评论其诗,扣紧一个"工"字,有力论证了"穷而后工"的道理。全文把说理、记人、谈诗融为一体,有理,有趣,有感怀。文章言简意赅,神完气足。
>
> 文中欧阳修提出的"穷而后工"说,与司马迁的"发愤而作"说、韩愈的"不平则鸣"说一脉相承,相互补充,皆千古不易之论。

　　予闻世谓诗人少达而多穷②,夫岂然哉③!盖④世所传诗者,多出于古穷人之辞也。凡士之蕴其

---

① 梅圣俞:梅尧臣(1002—1060),字圣俞,宣州宣城人。宣城古名宛陵,故世称梅宛陵。北宋著名诗人。他年轻时应进士不第,历任州县官属。中年后赐进士出身,授国子监直讲,晚年官至尚书都官员外郎。有《宛陵先生集》六十卷。　② 达:显达。穷:主要指仕途失意,政治上不得志。　③ 夫岂然哉:哪里是这样呢!　④ 盖:发语词,有推究原因之意。

所有而不得施①于世者,多喜自放于山巅水涯之外,见虫鱼草木风云鸟兽之状类,往往探其奇怪;内有忧思感愤之郁积,其兴于怨刺,以道羁臣②寡妇之所叹,而写人情之难言,盖愈穷则愈工。然则非诗之能穷人,殆③穷者而后工也。

予友梅圣俞,少以荫补为吏④,累举⑤进士,辄抑于有司⑥,困于州县⑦,凡十余年。年今五十⑧,犹从辟书⑨,为人之佐⑩,郁其所蓄,不得奋见于事业⑪。其家宛陵,幼习于诗,自为童子,出语已惊其长老⑫。既长,学乎六经仁义之说⑬;其为文章,简古纯粹,不求苟说⑭于世,世之人徒⑮知其诗而已。然时无贤愚,语诗者必求之圣俞;圣俞亦自以其不得志者,乐于诗而发之。故其平生所作,于诗尤多。世既知之矣,而未有荐于上者。昔王文康公尝见而叹曰:"二百年无此作矣⑯!"虽知之深,亦不果荐⑰也。若使其幸得用于朝廷,作为雅颂⑱,以歌咏大宋之功德,荐之清庙⑲,而追商、周、鲁颂⑳之作者,岂不伟欤!奈何使其老不得志,而为穷者之诗,乃徒发于虫鱼物类、羁愁感叹之言?世徒喜其工,不知其穷之久而将老也,可不惜哉!

圣俞诗既多,不自收拾。其妻之兄子谢景初惧其多而易失也,取其自洛阳至于吴兴已来所作㉑,次为十卷。予尝嗜㉒圣俞诗,而患㉓不能尽得之,遽喜谢氏之能类次也㉔,辄序而藏之㉕。

其后十五年㉖,圣俞以疾卒于京师。余既哭而铭之㉗,因索㉘于其家,得其遗稿千余篇,并旧所藏,掇其尤者六百七十七篇㉙,为一十五卷。呜呼!吾于圣俞诗,论之详矣,故不复云。

庐陵欧阳修序。

【思考与练习】

1. 文章从哪几方面来阐述梅诗之工?
2. 试说明本文是如何将说理、写人、谈诗结合在一起的。
3. 结合所了解的诗人谈谈对"穷而后工"的看法。

---

① 施:施行,实行。 ② 羁臣:宦游或贬谪在外地做官的人。 ③ 殆:恐怕,大概。 ④ 荫补:封建时代,子孙因先世有功勋而推恩得赐官爵为"荫",官吏有缺额选人充职为"补"。梅尧臣因其叔梅洵而受荫,得任河南主簿。 ⑤ 累举:屡次荐考。 ⑥ 辄抑于有司:总是被主考官所压抑而不得录取。辄,总是,常常。有司,负责某项职事的官吏,这里指主考官。 ⑦ 困于州县:被困在州县做小官。梅尧臣曾任德兴县令、知建德、襄城,监湖州税等地方官。 ⑧ 年今五十:欧阳修写本文时,梅尧臣四十五岁,这里举整数而言。 ⑨ 辟(bì)书:招聘的文书。庆历五年(1045),梅尧臣应王举正的招聘,为许昌忠武军节度签书判官。 ⑩ 佐:辅佐者,即僚属。 ⑪ 郁其所蓄:郁积他所蓄存的知识和才能。郁,郁积,闭结。不得奋见于事业:不能在事业上得到充分的展现。见,同"现"。 ⑫ 长老:年长的人。 ⑬ 六经:儒家的六种经典著作,也称"六艺",即《诗》《书》《礼》《乐》《易》《春秋》。后世学者,或认为《乐》因秦焚书而亡佚;或认为儒家本来就没有《乐》,"乐"即包括在《诗》《礼》之中。 ⑭ 说:同"悦"。 ⑮ 徒:只是,仅仅。 ⑯ 王文康公:王曙,字晦叔。宋仁宗时曾任宰相,卒谥"文康"。他曾对梅尧臣说:"子之诗有晋宋遗风,自杜子美殁后二百余年不见此作。" ⑰ 不果荐:没有真正荐举他。 ⑱ 雅颂:原为《诗经》中的两个部分,这里借指盛世之歌。 ⑲ 清庙:宗庙。 ⑳ 商、周、鲁颂:指《诗经》"颂"中的《商颂》《周颂》《鲁颂》。 ㉑ "取其"句:梅尧臣于宋仁宗天圣九年(1031)在洛阳官河南主簿,庆历二年至四年(1042—1044)在吴兴任湖州监税。谢景初曾将他这十余年间的诗作编次成十卷本,今已佚。吴兴,今浙江湖州。已,通"以"。 ㉒ 嗜:爱好。 ㉓ 患:担忧。 ㉔ 遽:顿时。类次:分类编排。 ㉕ 辄:即。此句以上文字,作于庆历六年(1046)。 ㉖ 其后十五年:此句以下文字,为宋仁宗嘉祐六年(1061)所补写。 ㉗ 既哭:哭后。铭:古代的一种文体。这里用作动词,即为之作铭。当时欧阳修写了《梅圣俞墓志铭》。 ㉘ 索:求。 ㉙ 掇(duō):选取。尤者:特别好的。

3 "慢慢走,欣赏啊!"——人生的艺术化

朱光潜

【阅读提示】

> 这篇文章是朱光潜先生《谈美》一书的最后一章,作者以论述艺术和人生的关系为《谈美》作结。"人生的艺术化"是朱光潜美育思想的核心观念。通常我们会认为艺术与人生是有距离的,朱光潜先生却认为,人生本身是艺术的一种。那么,人生与艺术究竟有什么相通之处呢?美感的活动、科学的活动、实用的活动究竟是否相通呢?如果要将一世的生活作成一篇好的文章,又应该如何去创作呢?本文在细述生命史与艺术品的相通之处的同时也详细介绍了将人生艺术化的方法。"美"之所以为美,是在于"无所为而为的玩索",而就在这种玩索中"真""善""美"成为一体。所以"欣赏"在我们的生活中是必需的,欣赏能使人真正领略情趣,在欣赏时人与神一样自由、有福。"慢慢走,欣赏啊!"就是鼓励读者欣赏人生。

人生是多方面而却相互和谐的整体,把它分析开来看,我们说某部分是实用的活动,某部分是科学的活动,某部分是美感的活动,为正名析理起见,原应有此分别;但是我们不要忘记,完满的人生见于这三种活动的平均发展,它们虽是可分别的而却不是互相冲突的。"实际人生"比整个人生的意义较为窄狭。一般人的错误在把它们认为相等,以为艺术对于"实际人生"既是隔着一层,它在整个人生中也就没有什么价值。有些人为维护艺术的地位,又想把它硬纳到"实际人生"的小范围里去。这般人不但是误解艺术,而且也没有认识人生。我们把实际生活看作整个人生之中的一片段,所以在肯定艺术与实际人生的距离时,并非肯定艺术与整个人生的隔阂。严格地说,离开人生便无所谓艺术,因为艺术是情趣的表现,而情趣的根源就在人生;反之,离开艺术也便无所谓人生,因为凡是创造和欣赏都是艺术的活动,无创造、无欣赏的人生是一个自相矛盾的名词。

人生本来就是一种较广义的艺术。每个人的生命史就是他自己的作品。这种作品可以是艺术的,也可以不是艺术的,正犹如同是一种顽石,这个人能把它雕成一座伟大的雕像,而另一个人却不能使它"成器",分别全在性分与修养。知道生活的人就是艺术家,他的生活就是艺术作品。

过一世生活好比做一篇文章。完美的生活都有上品文章所应有的美点。

第一,一篇好文章一定是一个完整的有机体,其中全体与部分都息息相关,不能稍有移动或增减,一字一句之中都可以见出全篇精神的贯注。比如陶渊明的《饮酒》诗本来是"采菊东篱下,悠然见南山",后人把"见"字误印为"望"字,原文的自然与物相遇相得的神情便完全丧失。这种艺术的完整性在生活中叫做"人格"。凡是完美的生活都是人格的表现。大而进退取与,小而声音笑貌,都没有一件和全人格相冲突。不肯为五斗米折腰向乡里小儿,是陶渊明的生命史中所应有的一段文章,如果他错过这一个小节,便失其为陶渊明。下狱不肯脱逃,临刑时还叮咛嘱咐还邻人一只鸡的债,是苏格拉底的生命史中所应有的一段文章,否则他便失其为苏格拉底。这种生命史才可以使人把它当作一幅图画去惊赞,它就是一种艺术的杰作。

其次,"修辞立其诚"是文章的要诀,一首诗或是一篇美文一定是至性深情的流露,存于中然后形于外,不容有丝毫假借。情趣本来是物我交感共鸣的结果。景物变动不居,情趣亦自生生不息。我有

我的个性,物也有物的个性,这种个性又随时地变迁而生长发展。每人在某一时会所见到的景物,和每种景物在某一时会所引起的情趣,都有它的特殊性,断不容与另一人在另一时会所见到的景物,和另一景物在另一时会所引起的情趣完全相同。毫厘之差,微妙所在。在这种生生不息的情趣中我们可以见出生命的造化。把这种生命流露于语言文字,就是好文章;把它流露于言行风采,就是美满的生命史。

文章忌俗滥,生活也忌俗滥。俗滥就是自己没有本色而蹈袭别人的成规旧矩。西施患心病,常捧心颦眉,这是自然的流露,所以愈增其美。东施没有心病,强学捧心颦眉的姿态,只能引人嫌恶。在西施是创作,在东施便是滥调。滥调起于生命的干枯,也就是虚伪的表现。"虚伪的表现"就是"丑",克罗齐已经说过。"风行水上,自然成纹",文章的妙处如此,生活的妙处也是如此。在什么地位,是怎样的人,感到怎样情趣,便现出怎样言行风采,叫人一见就觉其谐和完整,这才是艺术的生活。

俗语说得好:"惟大英雄能本色",所谓艺术的生活就是本色的生活。世间有两种人的生活最不艺术,一种是俗人,一种是伪君子。"俗人"根本就缺乏本色,"伪君子"则竭力遮盖本色。朱晦庵有一首诗说:"半亩方塘一鉴开,天光云影共徘徊。问渠那得清如许?为有源头活水来。"艺术的生活就是有"源头活水"的生活。俗人迷于名利,与世浮沉,心里没有"天光云影",就因为没有源头活水。他们的大病是生命的干枯。"伪君子"则于这种"俗人"的资格之上,又加上"沐猴而冠"的伎俩。他们的特点不仅见于道德上的虚伪,一言一笑、一举一动,都叫人起不美之感。谁知道风流名士的架子之中掩藏了几多行尸走肉?无论是"俗人"或是"伪君子",他们都是生活中的"苟且者",都缺乏艺术家在创造时所应有的良心。像柏格森所说的,他们都是"生命的机械化",只能作喜剧中的角色。生活落到喜剧里去的人大半都是不艺术的。

艺术的创造之中都必寓有欣赏,生活也是如此。一般人对于一种言行常欢喜说它"好看"、"不好看",这已有几分是拿艺术欣赏的标准去估量它。但是一般人大半不能彻底,不能拿一言一笑、一举一动纳在全部生命史里去看,他们的"人格"观念太淡薄,所谓"好看"、"不好看"往往只是"敷衍面子"。善于生活者则彻底认真,不让一尘一芥妨碍整个生命的和谐。一般人常以为艺术家是一班最随便的人,其实在艺术范围之内,艺术家是最严肃不过的。在锻炼作品时常呕心呕肝,一笔一画也不肯苟且。王荆公作"春风又绿江南岸"一句诗时,原来"绿"字是"到"字,后来由"到"字改为"过"字,由"过"字改为"入"字,由"入"字改为"满"字,改了十几次之后才定为"绿"字。即此一端可以想见艺术家的严肃了。善于生活者对于生活也是这样认真。曾子临死时记得床上的席子是季路的,一定叫门人把它换过才瞑目。吴季札心里已经暗许赠剑给徐君,没有实行徐君就已死去,他很郑重地把剑挂在徐君墓旁树上,以"中心契合,死生不渝"的风谊。像这一类的言行看来虽似小节,而善于生活者却不肯轻易放过,正犹如诗人不肯轻易放过一字一句一样。小节如此,大节更不消说。董狐宁愿断头不肯掩盖史实,夷齐饿死不愿降周,这种风度是道德的也是艺术的。我们主张人生的艺术化,就是主张对于人生的严肃主义。

艺术家估定事物的价值,全以它能否纳入和谐的整体为标准,往往出于一般人意料之外。他能看重一般人所看轻的,也能看轻一般人所看重的。在看重一件事物时,他知道执著;在看轻一件事物时,他也知道摆脱。艺术的能事不仅见于知所取,尤其见于知所舍。苏东坡论文,谓如水行山谷中,行于其所不得不行,止于其所不得不止。这就是取舍恰到好处,艺术化的人生也是如此。善于生活者对于世间一切,也拿艺术的口胃去评判它,合于艺术口胃者毫毛可以变成泰山,不合于艺术口胃者泰山也可以变成毫毛。他不但能认真,而且能摆脱。在认真时见出他的严肃,在摆脱时见出他的豁达。孟敏堕甑,不顾而去,郭林宗见到以为奇怪。他说:"甑已碎,顾之何益?"哲学家斯宾诺莎宁愿靠磨镜过活,不愿当大学教授,怕妨碍他的自由。王徽之居山阴,有一天夜雪初霁,月色清朗,忽然想起他的朋友戴逵,便乘小舟到剡溪去访他,刚到门口便把船划回去。他说:"乘兴而来,兴尽而返。"这几件事彼此差很远,却都可以见出艺术家的豁达。伟大的人生和伟大的艺术都要同时并有严肃与豁达之胜。晋代清流大半只知道豁达而不知道严肃,宋朝理学又大半只知道严肃而不知道豁达。陶渊明和杜子美庶几算得恰到好处。

一篇生命史就是一种作品,从伦理的观点看,它有善恶的分别,从艺术的观点看,它有美丑的分别。善恶与美丑的关系究竟如何呢?

就狭义说,伦理的价值是实用的,美感的价值是超实用的;伦理的活动都是有所为而为,美感的活动则是无所为而为。比如仁义忠信等等都是善,问它们何以为善,我们不能不着眼到人群的幸福。美之所以为美,则全在美的形象本身,不在它对于人群的效用(这并不是说它对于人群没有效用)。假如世界上只有一个人,他就不能有道德的活动,因为有父子才有慈孝可言,有朋友才有信义可言。但是这个想象的孤零零的人还可以有艺术的活动,他还可以欣赏他所居的世界,他还可以创造作品。善有所赖而美无所赖,善的价值是"外在的",美的价值是"内在的"。

不过这种分别究竟是狭义的。就广义说,善就是一种美,恶就是一种丑。因为伦理的活动也可以引起美感上的欣赏与嫌恶。希腊大哲学家柏拉图和亚理斯多德,讨论伦理问题时都以为善有等级,一般的善只有外在的价值,而"至高的善"则有内在的价值。这所谓"至高的善"究竟是什么呢?柏拉图和亚理斯多德本来是一走理想主义的极端,一走经验主义的极端,但是对于这个问题,意见却一致。他们都以为"至高的善"在"无所为而为的玩索"(disinterested contemplation)。这种见解在西方哲学思潮上影响极大,斯宾诺莎、黑格尔、叔本华的学说都可以参证。从此可知西方哲人心目中的"至高的善"还是一种美,最高的伦理的活动还是一种艺术的活动了。

"无所为而为的玩索"何以看成"至高的善"呢?这个问题涉及西方哲人对于神的观念。从耶稣教盛行之后,神才是一个大慈大悲的道德家。在希腊哲人以及近代莱布尼兹、尼采、叔本华诸人的心目中,神却是一个大艺术家,他创造这个宇宙出来,全是为着自己要创造,要欣赏。其实这种见解也并不减低神的身份。耶稣教的神只是一班穷叫花子中的一个肯施舍的财主佬,而一般哲人心中的神,则是以宇宙为乐曲而要在这种乐曲之中见出和谐的音乐家。这两种观念究竟是哪一个伟大呢?在西方哲人想,神只是一片精灵,他的活动绝对自由而不受限制,至于人则为肉体的需要所限制而不能绝对自由。人愈能摆脱肉体需求的限制而作自由活动,则离神亦愈近。"无所为而为的玩索"是唯一的自由活动,所以成为至上的理想。

这番话似乎有些玄渺,在这里本来不应说及。不过无论你相信不相信,有许多思想却值得当作一个意象悬在心眼前来玩味玩味。我自己在闲暇时也欢喜看看哲学书籍。老实说,我对于许多哲学家的话都很怀疑,但是我觉得他们有趣。我以为穷到究竟,一切哲学系统也都只能当作艺术作品去看。哲学和科学穷到极境,都是要满足求知的欲望。每个哲学家和科学家对于他自己所见到的一点真理(无论它究竟是不是真理)都觉得有趣味,都用一股热忱去欣赏它。真理在离开实用而成为情趣中心时就已经是美感的对象了。"地球绕日运行","勾方加股方等于弦方"类的科学事实,和《密罗斯爱神》或《第九交响曲》一样可以慑魂震魄。科学家去寻求这一类的事实,穷到究竟,也正因为它们可以慑魂震魄。所以科学的活动也还是一种艺术的活动,不但善与美是一体,真与美也并没有隔阂。

艺术是情趣的活动,艺术的生活也就是情趣丰富的生活。人可以分为两种,一种是情趣丰富的,对于许多事物都觉得有趣味,而且到处寻求享受这种趣味。一种是情趣干枯的,对于许多事物都觉得没趣味,也不去寻求趣味,只终日拼命和蝇蛆在一块争温饱。后者是俗人,前者就是艺术家。情趣愈丰富,生活也愈美满,所谓人生的艺术化就是人生的情趣化。

"觉得有趣味"就是欣赏。你是否知道生活,就看你对于许多事物能否欣赏。欣赏也就是"无所为而为的玩索"。在欣赏时人和神仙一样自由,一样有福。

阿尔卑斯山谷中有一条大汽车路,两旁景物极美,路上插着一个标语牌劝告游人说:"慢慢走,欣赏啊!"许多人在这车如流水马如龙的世界过活,恰如在阿尔卑斯山谷中乘汽车兜风,匆匆忙忙地急驰而过,无暇一回首流连风景,于是这丰富华丽的世界便成为一个了无生趣的囚牢。这是一件多么可惋惜的事啊!

朋友,在告别之前,我采用阿尔卑斯山路上的标语,在中国人告别习用语之下加上三个字奉赠:

"慢慢走,欣赏啊!"

光 潜
一九三二年夏,莱茵河畔。

【思考与练习】

1. 作者认为完美的人生与上品的文章有何相似之处?
2. 结合自身理解谈谈欣赏与创作中的"严肃"和"豁达"。
3. 你对"在欣赏时人和神仙一样自由,一样有福"这句话如何理解?

4 建筑艺术

李泽厚

【阅读提示】

> 本文选自李泽厚先生《美的历程》一书第三章《先秦理性精神》。《美的历程》是中国美学的经典著作,其美学特色是现代哲学观念与传统文化精神的融合。它可以使人们直接感触到中华民族的心灵的历史,探讨美与人的本体存在,感受众多美学现象中的历史积淀和心理积淀,感受延绵不断的民族艺术精神。正是站在这个高度,作者从中华民族文化特点这一角度来观照中国建筑艺术,发前人所未发。本文论建筑艺术并未从纯欣赏的角度切入,而是在纵观中国建筑史的基础上,直接指出中国建筑艺术风格的内在精神是实践理性精神。那么,方形或长方形的土木建筑的建筑形式与实践理性精神有什么关系?实践理性精神又是如何体现在群体建筑与个体建筑物中的呢?作者以简洁有力、极为浓缩的文笔,旁征博引,娓娓道来,使读者在建筑艺术中游历的同时深入了解民族文化心理。

如同诗文中的情感因素一样,前面几章已说,在造型艺术部类,线的因素体现着中国民族的审美特征。线的艺术又恰好是与情感有关的。正如音乐一样,它的重点也是在时间过程中展开。又如本章前节所说,这种情感抒发大都在理性的渗透、制约和控制下,表现出一种情感中的理性的美。所有这些特征也在一定程度和意义上出现在以抽象的线条、体积为审美对象的建筑艺术中,同样展现出中国民族在审美上的某些基本特色。

从新石器时代的半坡遗址等处来看,方形或长方形的土木建筑体制便已开始,它终于成为中国后世主要建筑形式。与世界许多古文明不同,不是石建筑而木建筑成为中国一大特色,为什么?似乎至今并无解答。在《诗经》等古代文献中,有"如翚斯飞"、"作庙翼翼"之类的描写,可见当时木建筑已颇具规模,并且具有审美功能。从"翼翼"、"斯飞"来看,大概已有舒展如翼,四宇飞张的艺术效果。但是,对建筑的审美要求达到真正高峰,则要到春秋战国时期。这时随着社会进入新阶段,一股所谓"美轮美奂"的建筑热潮盛极一时地蔓延开来。不只是为避风雨而且追求使人赞叹的华美,日益成为新兴贵族们的一种重要需要和兴趣所在。《左传》、《国语》中便有好些记载,例如"美哉室,其谁有此乎"

（《左传·昭公二十六年》），"台美乎"（《国语·晋语》）。《墨子·非乐》说吴王夫差筑姑苏之台十年不成，《左传·庄公三十一年》有春夏秋三季筑台的记述，《国语·齐语》有齐襄公筑台的记述，如此等等。

这股建筑热潮大概到秦始皇并吞六国后大修阿房宫而达到最高点。据文献记载，两千年前的秦代宫殿建筑是相当惊人的：

> 秦每破诸侯，写放其宫室，作之咸阳北阪上，南临渭，自雍门以东至泾、渭，殿屋复道周阁相属。

> 始皇以为咸阳人多，先王之宫廷小……乃营作朝宫渭南上林苑中。先作前殿阿房，东西五百步，南北五十丈，上可以坐万人，下可以建五丈旗。周驰为阁道，自殿下直抵南山。表南山之颠以为阙。（《史记·秦始皇本纪》）

从这些文字材料可以看出，中国建筑最大限度地利用了木结构的可能和特点，一开始就不是以单一的独立个别建筑物为目标，而是以空间规模巨大、平面铺开、相互连接和配合的群体建筑为特征的。它重视的是各个建筑物之间的平面整体的有机安排。当年的地面建筑已不可见，但地下始皇陵的规模格局也清晰地表明了这一点。从现在发掘的极为片断的陵的前沿兵马俑坑情况看，那整个场面简直是不可思议的雄伟壮观。从这些陶俑的身材状貌直到建筑材料（秦砖）的厚大坚实，也无不显示出那难以想象的宏大气魄。这完全可以与埃及金字塔相媲美。不同的是，它是平面展开的整体复杂结构，不是一座座独立自足的向上堆起的比较单纯的尖顶。

"百代皆沿秦制度"。建筑亦然。它的体制、风貌大概始终没有脱离先秦奠定下来的这个基础规范。秦汉、唐宋、明清建筑艺术基本保持了和延续着相当一致的美学风格。

这个艺术风格是什么呢？简单说来，仍是本章所讲的作为中国民族特点的实践理性精神。

首先，各民族主要建筑多半是供养神的庙堂，如希腊神殿、伊斯兰建筑、哥特式教堂等等。中国主要大都是宫殿建筑，即供世上活着的君主们所居住的场所，大概从新石器时代的所谓"大房子"开始，中国的祭拜神灵即在与现实生活紧相联系的世间居住的中心，而不在脱离世俗生活的特别场所。自儒学替代宗教之后，在观念、情感和仪式中，更进一步发展贯彻了这种神人同在的倾向。于是，不是孤立的、摆脱世俗生活、象征超越人间的出世的宗教建筑，而是入世的、与世间生活环境联在一起的宫殿宗庙建筑，成了中国建筑的代表。从而，不是高耸入云、指向神秘的上苍观念，而是平面铺开、引向现实的人间联想；不是可以使人产生某种恐惧感的异常空旷的内部空间，而是平易的、非常接近日常生活的内部空间组合；不是阴冷的石头，而是暖和的木质，等等，构成中国建筑的艺术特征。在中国建筑的空间意识中，不是去获得某种神秘、紧张的灵感、悔悟或激情，而是提供某种明确、实用的观念情调，正如中国绘画理论所说，山水画有"可望"、"可游"、"可居"种种，但"可游"、"可居"胜过"可望"、"可行"。中国建筑也同样体现了这一精神。即是说，它不重在强烈的刺激或认识，而重在生活情调的感染熏陶，它不是一礼拜才去一次的灵魂洗涤之处，而是能够经常瞻仰或居住的生活场所。在这里，建筑的平面铺开的有机群体，实际已把空间意识转化为时间进程，就是说，不是像哥特式教堂那样，人们突然一下被扔进一个巨大幽闭的空间中，感到渺小恐惧而祈求上帝的保护。相反，中国建筑的平面纵深空间，使人慢慢游历在一个复杂多样楼台亭阁的不断进程中，感受到生活的安适和对环境的和谐。瞬间直观把握的巨大空间感受，在这里变成长久漫游的时间历程。实用的、入世的、理智的、历史的因素在这里占着明显的优势，从而排斥了反理性的迷狂意识。正是这种意识构成许多宗教建筑的审美基本特征。

中国的这种理性精神还表现在建筑物严格对称结构上，以展现严肃、方正、井井有条（理性）。所以，就单个建筑来说，比起基督教、伊斯兰教和佛教建筑来，它确乎相对低矮，比较平淡，应该承认逊色一筹。但就整体建筑群说，它却结构方正，透迤交错，气势雄浑。它不是以单个建筑物的体状形貌，而是以整体建筑群的结构布局、制约配合而取胜。非常简单的基本单位却组成了复杂的群体结构，形成在严格对称中仍有变化，在多样变化中又保持统一的风貌。即使像万里长城，虽然不可能有任何严格对称之可言，但它的每段体制则是完全雷同的。它盘缠万里，虽不算高大却连绵于群山峻岭之巅，像一条无尽的龙蛇在作永恒的飞舞。它在空间上的连续本身即展示了时间中的绵延，成了我们民族的伟大活力的象征。

这种本质上是时间进程的流动美，在个体建筑物的空间形式上，也同样表现出来，这方面又显示出线的艺术特征，因为它是通过线来做到这一点的。中国木结构建筑的屋顶形状和装饰，占有重要地位。屋顶的曲线，向上微翘的飞檐（汉以后），使这个本应是异常沉重的往下压的大帽，反而随着线的曲折，显出向上挺举的飞动轻快，配以宽厚的正身和阔大的台基，使整个建筑安定踏实而毫无头重脚轻之感，体现出一种情理协调、舒适实用、有鲜明节奏感的效果，而不同于欧洲或伊斯兰以及印度建筑。就是由印度传来的宗教性质的宝塔，正如同传来的雕塑壁画一样，也终于中国化了。它不再是体积的任意堆积而繁复重累，也不是垂直一线上下同大，而表现为一级一级的异常明朗的数学整数式的节奏美。这使它便大不同于例如吴哥寺那种繁复堆积的美。如果拿相距不远的西安大小雁塔来比，就可以发现，大雁塔更典型地表现出中国式的宝塔的美。那节奏异常单纯而分明有层次，那每个层次之间的疏朗的、明显的差异比例，与小雁塔各层次之间的差距小而近，上下浑如一体，不大相同。后者尽管也中国化了，但比较起来，恐怕更接近于异域的原本情调吧。同样，如果拿1968年在北京发现的元代城门和人们熟悉的明代城门来比，这种民族建筑的艺术特征也很明显。元代城门以其厚度薄而倾斜度略大的形象，便自然具有某种异国风味，例如它似乎有点近于伊斯兰的城门。明代城门和城墙（特别像南京城的城墙）则相反，它厚实直立而更显雄浑。尽管这些都已是后代的发展，但基本线索仍要追溯到先秦理性精神。

也由于是世间生活的宫殿建筑，供享受游乐而不只供崇拜顶礼之用，从先秦起，中国建筑便充满了各种供人自由玩赏的精细的美术作品（绘画、雕塑）。《论语》中有"山节藻棁"、"朽木不可雕也"，从汉赋中也可以看出当时建筑中绘画雕刻的繁富。斗栱、飞檐的讲究，门、窗形式的自由和多样，鲜艳色彩的极力追求，"金铺玉户"、"重轩镂槛"、"雕梁画栋"，是对它们的形容描述。延续到近代，也仍然如此。

"庭院深深深几许"。大概随着晚期封建社会中经济生活和意识形态的变化，园林艺术日益发展。显示威严庄重的宫殿建筑的严格的对称性被打破，迂回曲折、趣味盎然、以模拟和接近自然山林为目标的建筑美出现了。空间有畅通，有阻隔，变化无常，出人意料，可以引动更多的想象和情感，"山重水复疑无路，柳暗花明又一村"。这种仍然是以整体有机布局为特点的园林建筑，却表现着封建后期文人士大夫们更为自由的艺术观念和审美理想。与山水画的兴起大有关系，它希求人间的环境与自然界更进一步的联系，它追求人为的场所自然化，尽可能与自然合为一体。它通过各种巧妙的"借景"、"虚实"的种种方式、技巧，使建筑群与自然山水的美沟通汇合起来，而形成一个更为自由也更为开阔的有机整体的美。连远方的山水也似乎被收进这人为的布局中，山光、云树、帆影、江波都可以收入建筑之中，更不用说其中真实的小桥、流水、"稻香村"了。它们的浪漫风味更浓了。但在中国古代文艺中，浪漫主义始终没有太多越出古典理性的范围，在建筑中，它们也仍然没有离开平面铺展的理性精神的基本线索，仍然是把空间意识转化为时间过程；渲染表达的仍然是现实世间的生活意绪，而不是超越现实的宗教神秘。实际上，它是以玩赏的自由园林（道）来补足居住的整齐屋宇（儒）罢了。

【思考与练习】

1. 中国的宫殿建筑与其他各民族宗教建筑艺术在审美指向上有何不同之处？
2. 本文认为中国建筑艺术的理性精神体现在何处？
3. 李泽厚先生认为所谓"实践理性"，是把理性引导和贯彻在日常现实生活、伦常感情和政治观念中，而不作抽象的玄思。试从其他方面谈谈"实践理性"的影响。

5* 我与绘画的缘分①

[英]温斯顿·丘吉尔

王汉梁 译

【阅读提示】

> 人如何与艺术结缘,并在其中找到乐趣和美?本文对此做了极好的诠释。本文是丘吉尔谈绘画的长文《业余绘画》的摘选,所述的就是他如何与绘画结缘,找到"真正的快乐"并"本能地意识到了自己"的过程。那么,在这个寻求真正快乐的过程中,丘吉尔所认为的唯一的门券——"大胆"究竟是什么呢?为什么在绘画中学会了发现"自然景色中还有那么许多以前从未注意到的东西"后,就能"本能地意识到了自己"?丘吉尔认为"为了得到真正的快乐,避免烦恼和脑力的过度紧张,我们都应该有一些嗜好",读了此文,你作何感受呢?

年至四十而从未握过画笔,老把绘画视为神秘莫测之事,然后突然发现自己投身到了一个颜料、调色板和画布的新奇兴趣中去了,并且成绩还不怎么叫人丧气——这可真是个奇异而又大开眼界的体验。我很希望别人也能分享到它。

为了得到真正的快乐,避免烦恼和脑力的过度紧张,我们都应该有一些嗜好。它们必须都很实在,其中最好最简易的莫过于写生画画了。这样的嗜好在一个最苦闷的时期搭救了我。1915年5月末,我离开了海军部,可我仍是内阁和军事委员会的一个成员。在这个职位上,我什么都知道,却什么都不能干。我有一些炽烈的信念,却无力去把它们付诸实现。那时候,我全身的每根神经都热切地想行动,而我却只能被迫赋闲。

尔后,一个礼拜天,在乡村里,孩子们的颜料盒来帮我忙了。我用他们那些玩具水彩颜料稍一尝试,便促使我第二天上午去买了一整套油画器具。下一步我真的动手了。调色板上闪烁着一摊摊颜料;一张崭新的白白的画布摆在我的面前;那支没蘸色的画笔重如千斤,性命攸关,悬在空中无从落下。我小心翼翼地用一支很小画笔蘸真正一点点蓝颜料,然后战战兢兢地在咄咄逼人的雪白画布上画了大约像一颗小豆子那么大的一笔。恰恰那时候只听见车道上驶来了一辆汽车,而且车里走出来的不是别人,正是著名肖像画家约翰·赖弗瑞爵士的才气横溢的太太。"画画!不过你还在犹豫什么哟!给我一支笔,要大的。"画笔扑通一声浸进松节油,继而扔进蓝色和白色颜料中,在我那块调色板上疯狂地搅拌了起来,然后在吓得簌簌直抖的画布上肆恣汪洋地涂了好几笔蓝颜色。紧箍咒被打破了。我那病态的拘束烟消云散了。我抓起一支最大的画笔,雄赳赳气昂昂地朝我的牺牲品扑了过去。打那以后,我再也不怕画布了。

这个大胆妄为的开端是绘画艺术极重要的一个部分。我们不要野心太大。我们并不希冀传世之作。能够在一盒颜料中其乐陶陶,我们就心满意足了。而要这样,大胆则是唯一的门券。

我不想说水彩颜料的坏话,可是实在没有比油画颜料更好的材料了。首先,你能比较容易地修改

---

① 选自《外国散文百年精华》,人民文学出版社,2001年版。温斯顿·丘吉尔(1874—1965),英国政治家、历史学家、传记作家,曾任英国首相。1953年获得诺贝尔文学奖。

错误。调色刀只消一下子就能把一上午的心血从画布上"铲"除干净;对表现过去的印象来说,画布反而来得更好。其次,你可以从各种途径达到自己的目的。假如开始时你采用适中的色调来进行一次适度的集中布局,尔后心血来潮时,你也可以大刀阔斧,尽情发挥。最后,颜色调弄起来真是太妙了。假如你高兴,可以把颜料一层一层地加上去,你可以改变计划去适应时间和天气的要求。把你所见的景象跟画面相比较简直令人着迷。假如你还没有那么干过的话,在你归天以前——不妨试一试。

当一个人开始慢慢地不感到选择适当的颜色、用适当的手法把它们画到适当的位置上去是一种困难时,我们便面临更广泛的思考了。人们会惊讶地发现在自然景色中还有那么许多以前从未注意到的东西。每当走路乘车时,附加了一个新目的,那可真是新鲜有趣之极。山丘的侧面有那么丰富的色彩,在阴影处和阳光下迥不相同;水塘里闪烁着如此耀眼夺目的反光,光波在一层一层地淡下去;表面和那边缘那种镀金镶银般的光亮真是美不胜收。我一边散步,一边留心着叶子的色泽和特征,山峦那迷梦一样的紫色,冬天的枝干的绝妙的边线,以及遥远的地平线的暗白色的剪影,那时候,我便本能地意识到了自己。我活了四十多岁,除了用普通的眼光,从未留心过这一切。好比一个人看着一群人,只会说"人可真多啊!"一样。

我以为,这种对自然景色观察能力的提高,便是我从学画中得来的最大乐趣之一。假如你观察得极其精细入微,并把你所见的情景相当如实地描绘下来,结果画布上的景象就会惊人地逼真。

嗣后,美术馆便出现了一种新鲜的——至少对我如此——极其实际的兴趣。你看见了昨天阻碍过你的难点,而且你看见这个难点被一个绘画大师那么轻而易举地就解决了。你会用一种剖析的理解眼光来欣赏一幅艺术杰作。

一天,偶然的机缘把我引到马赛附近的一个偏僻角落里,我在那儿遇见了两位塞尚的门徒。在他们眼中,自然景色是一团闪烁不定的光,在这里形体与表面并不重要,几乎不为人所见,人们看到的只是色彩的美丽与谐和对比。这些彩色的每个小点都放射出一种眼睛感受得到却不明其原因的强光,你瞧,那大海的蓝色,你怎么能描摹它呢?当然不能用现成的任何单色。临摹那种深蓝色的唯一办法,是把跟整个构图真正有关的各种不同颜色一点一点地堆砌上去。难吗?可是迷人之处也正在这里!

我看过一幅塞尚的画,画的是一座房里的一堵空墙。那是他天才地用最微妙的光线和色彩画成的。现在我常能这样自得其乐:每当我盯着一堵墙壁或各种平整的表面时,便力图辨别从中能看出的各种各样不同的色调,并且思索着这些色调是反光引起的呢,还是出于天然本色。你第一次这么试验时,准会大吃一惊,甚至在最平凡的景物上你都能看见那么许多如此美妙的色彩。

所以,很显然地,一个人被一盒颜料装备起来,他便不会心烦意乱,或者无所事事了。有多少东西要欣赏啊,可观看的时间又那么少!人们会第一次开始去嫉妒梅休赛兰①。

注意到记忆在绘画中所起的作用是很有趣的,当惠斯特勒②在巴黎主持一所学校时,他要他的学生们在一楼观察他们的模特儿,然后跑上楼,到二楼去画他们的画。当他们比较熟练时,他就把他们的画架放高一层楼,直到最后那些高材生们必须拼命奔上六层楼梯到顶楼里去作画。

所有最伟大的风景画常常是在最初的那些印象归纳起来好久以后在室内画出来的。荷兰或者意大利的大师在阴暗的地窖里重现了尼德兰狂欢节上闪光的冰块,或者威尼斯的明媚阳光。所以,这就要求对视觉形象具有一种惊人的记忆力。就发展一种受过训练的精确持久的记忆力来说,绘画是一种十分有效的锻炼。

另外,作为旅游的一种刺激剂,实在没有比绘画更好的了。每天排满了有关绘画的远征和实践——既省钱易行,又能陶情养心。哲学家的宁静享受替代了旅行者的无谓的辛劳。你走访的每一个国家都有它自己的主调,你即使见到了也无法描摹它,但你能观察它,理解它,感受它,也会永远地

---

① 梅休赛兰:远古传说中的人物,活了九百六十九岁,成为长寿的象征。 ② 惠斯特勒(1834—1903):居住在英国的美国画家。

赞美它。不过,只要阳光灿烂,人们是大可不必出国远行的。业余画家踌躇满志地从一个地方到另一个地方东游西荡,老在寻觅那些可以入画可以安安稳稳带回家去的迷人胜景。

作为一种消遣,绘画简直十全十美了。我不知道还有什么在筋疲力尽消耗体力的情况下比绘画更使人全神贯注的了。不管面临何等样的目前的烦恼和未来的威胁,一旦画面开始展开,大脑屏幕上便没有它们的立足之地了。它们退隐到阴影黑暗中去了。人的全部注意力都集中到了工作上面。当我列队行进时,或者甚至,说来遗憾,在教堂里一次站上半个钟头,我总觉得这种站立的姿势对男人来说很不自在,老那么硬挺着只能使人疲惫不堪而已。可是却没有一个喜欢绘画的人接连站三四个钟点画画会感到些微的不适。

买一盒颜料,尝试一下吧。假如你知道充满思想和技巧的神奇新世界,一个阳光普照色彩斑斓的花园正近在咫尺等待着你,与此同时你却用高尔夫和桥牌消磨时间,那真是太可怜了。惠而不费,独立自主,能得到新的精神食粮和锻炼,在每个平凡的景色中都能享有一种额外的兴味,使每个空闲的钟点都很充实,都是一次充满了销魂荡魄般发现的无休止的航行——这些都是崇高的褒赏。我希望它们也能为你所享有。

6* 美从何处寻①

宗白华

【阅读提示】

"生活中从不缺少美,而是缺少发现美的眼睛。"那么,美从何处寻?美究竟是在外面的世界还是在我们的内心呢?宗白华先生在此文中以深入浅出的论述追寻了美的踪迹。诗人华兹华斯说:"一朵微小的花对于我可以唤起不能用眼泪表达出的那样深的思想。"就是说,要发现这样深度的美,既要有主观的心理的准备,也要有客观的物的条件。那么,在主观准备方面,何为积极的"移人之情",何为消极的"静观"呢?两者何以能让人感受到美?而在客观方面,怎样的物能表现丰富深刻的意义、情感和价值呢?为何"每一个造出新节奏来的人,就是拓展了我们的感情并使它更为高明的人"呢?相信掩卷之后,你会了解到如何以澄明的心境发现世间之大美。

啊,诗从何处寻?
在细雨下,点碎落花声,
在微风里,飘来流水音,
在蓝空天末,摇摇欲坠的孤星!

(《流云小诗》)

---

① 选自《美学散步》,上海人民出版社,2005年版。宗白华(1897—1986),哲学家、美学家、诗人。原名之櫆,字伯华。祖籍江苏常熟,出生于安徽安庆市。1919年在上海主编《时事新报》文艺副刊《学灯》。1920年赴德留学,先后在法兰克福大学和柏林大学学习哲学和美学。1925年回国,任东南大学、中央大学哲学系教授。1952年任北京大学哲学系美学史教授直至逝世。宗白华是我国现代美学的先行者和开拓者,被誉为"融贯中西艺术理论的一代美学大师"。1925年即开始讲授康德哲学及西方美学,当时有"南宗北邓"(邓以蛰)之称。

> 尽日寻春不见春，
> 芒鞋踏遍陇头云。
> 归来笑拈梅花嗅，
> 春在枝头已十分。
>
> （宋 罗大经：《鹤林玉露》中载某尼悟道诗）

诗和春都是美的化身，一是艺术的美，一是自然的美。我们都是从目观耳听的世界里寻得她的踪迹。某尼悟道诗大有禅意，好像是说"道不远人"，不应该"道在迩而求诸远"。好像是说"如果你在自己的心中找不到美，那么，你就没有地方可以发现美的踪迹"。

然而梅花仍是一个外界事物呀，大自然的一部分呀！你的心不是"在"自己的心的过程里，在感情、情绪、思维里找到美，而只是"通过"感觉、情绪、思维找到美，发现梅花里的美。美对于你的心，你的"美感"是客观的对象和存在。你如果要进一步认识她，你可以分析她的结构、形象、组成的各部分，得出"谐和"的规律、"节奏"的规律、表现的内容、丰富的启示，而不必顾到你自己的心的活动，你越能忘掉自我，忘掉你自己的情绪波动，思维起伏，你就越能够"漱涤万物，牢笼百态"（柳宗元语），你就会像一面镜子，像托尔斯泰那样，照见了一个世界，丰富了自己，也丰富了文化。人们会感谢你的。

那么，你在自己的心里就找不到美了吗？我说，如果我们的心灵起伏万变，经常碰到情感的波涛，思想的矛盾，当我们身在其中时，恐怕尝到的是苦闷，而未必是美。只有莎士比亚或巴尔扎克把它形象化了，表现在文艺里，或是你自己手之舞之，足之蹈之，把你的欢乐表现在舞蹈的形象里，或把你的忧郁歌咏在有节奏的诗歌里，甚至于在你的平日的行动里、语言里。一句话，就是你的心要具体地表现在形象里，那时旁人会看见你的心灵的美，你自己也才真正地切实地具体地发现你的心里的美。除此以外，恐怕不容易吧！你的心可以发现美的对象（人生的，社会的，自然的），这"美"对于你是客观的存在，不以你的意志为转移。（你的意志只能指使你的眼睛去看她，或不去看她，而不能改变她。你能训练你的眼睛深一层地去认识她，却不能动摇她。希腊伟大的艺术不因中古时代而减少它的光辉。）

宋朝某尼虽然似乎悟道，然而她的觉悟不够深，不够高，她不能发现整个宇宙已经盎然有春意，假使梅花枝上已经春满十分了。她在踏遍陇头云时是苦闷的、失望的。她把自己关在狭窄的心的圈子里了。只在自己的心里去找寻美的踪迹是不够的，是大有问题的。王羲之在《兰亭序》里说："仰观宇宙之大，俯察品类之盛，所以游目骋怀，足以极视听之娱，信可乐也。"这是东晋大书法家在寻找美的踪迹。他的书法传达了自然的美和精神的美。不仅是大宇宙，小小的事物也不可忽视。诗人华滋沃斯曾经说过："一朵微小的花对于我可以唤起不能用眼泪表达出的那样深的思想。"

达到这样的、深入的美感，发见这样深度的美，是要在主观心理方面具有条件和准备的。我们的感情是要经过一番洗涤，克服了小己的私欲和利害计较。矿石商人仅只看到矿石的货币价值，而看不见矿石的美的特性。我们要把整个情绪和思想改造一下，移动了方向，才能面对美的形象，把美如实地和深入地反映到心里来，再把它放射出去，凭借物质创造形象给表达出来，才成为艺术。中国古代曾有人把这个过程唤做"移人之情"或"移我情"。琴曲《伯牙水仙操》的序上说：

> 伯牙学琴于成连，三年而成。至于精神寂寞，情之专一，未能得也。成连曰："吾之学不能移人之情，吾师有方子春在东海中。"乃赍粮从之，至蓬莱山，留伯牙曰："吾将迎吾师！"刳船而去，旬日不返。伯牙心悲，延颈四望，但闻海水汩没，山林窅冥，群鸟悲号。仰天叹曰："先生将移我情！"
> 乃援操而作歌云："繄洞庭兮流斯护，舟楫逝兮仙不还，移形素兮蓬莱山，歆钦伤宫仙不还。"

伯牙由于在孤寂中受到大自然强烈的震撼，生活上的异常遭遇，整个心境受了洗涤和改造，才达到艺术的最深体会，把握到音乐的创造性的旋律，完成他的美的感受和创造。这个"移情说"比起德国美学家栗卜斯的"情感移入论"似乎还要深刻些，因为它说出现实生活中的体验和改造是"移情"的基础呀！并且"移易"和"移入"是不同的。

这里我所说的"移情"应当是我们审美的心理方面的积极因素和条件，而美学家所说的"心理距离"、"静观"，则构成审美的消极条件。女子郭六芳有一首诗《舟还长沙》说得好：

> 侬家家住两湖东,
> 十二珠帘夕照红。
> 今日忽从江上望,
> 始知家在画图中。

自己住在现实生活里,没有能够把握它的美的形象。等到自己对自己的日常生活有相当的距离,从远处来看,才发现家在画图中,溶在自然的一片美的形象里。

但是在这主观心理条件之外,也还需要客观的物的方面的条件。在这里是那夕照的红和十二珠帘的具有节奏与和谐的形象。宋人陈简斋的海棠诗云:"隔帘花叶有辉光"。帘子造成了距离,同时它的线文的节奏也更能把帘外的花叶纳进美的形象,增强了它的光辉闪灼,呈显出生命的华美,就像一段欢愉生活嵌在素朴而具有优美旋律的歌词里一样。

这节奏,这旋律,这和谐等等,它们是离不开生命的表现,它们不是死的机械的空洞的形式,而是具有丰富内容,有表现、有深刻意义的具体形象。形象不是形式,而是形式和内容的统一,形式中每一个点、线、色、形、音、韵,都表现着内容的意义、情感、价值。所以诗人艾里略说:"一个造出新节奏的人,就是一个拓展了我们的感情并使它更为高明的人。"又说:"创造一种形式并不是仅仅发明一种格式、一种韵律或节奏,而且也是这种韵律或节奏的整个合式的内容的发觉。莎士比亚的十四行诗并不仅是如此这般的一种格式或图形,而是一种恰是如此思想感情的方式",而具有着理想的形式的诗是"如此这般的诗,以致我们看不见所谓诗,而但注意着诗所指示的东西"(《诗的作用和批评的作用》)。这里就是"美",就是美感所受的具体对象。它是通过美感来摄取的美,而不是美感的主观的心理活动自身。就像物质的内部结构和规律是抽象思维所摄取的,但自身却不是抽象思维而是具体事物。所以专在心内搜寻是达不到美的踪迹的,美的踪迹要到自然、人生、社会的具体形象里去找。

但是心的陶冶,心的修养和锻炼是替美的发现和体验作准备的。创造"美"也是如此。捷克诗人里尔克在他的《柏列格的随笔》里有一段话精深微妙,梁宗岱曾把它译出,现介绍如下:

……一个人早年作的诗是这般乏意义,我们应该毕生期待和采集,如果可能,还要悠长的一生;然后,到晚年,或者可以写出十行好诗。因为诗并不像大家所想象,徒是情感(这是我们很早就有了的),而是经验。单要写一句诗,我们得要观察过许多城许多人许多物,得要认识走兽,得要感到鸟儿怎样飞翔和知道小花清晨舒展的姿势。得要能够回忆许多远路和僻境,意外的邂逅,眼光光望它接近的分离,神秘还未启明的童年,和容易生气的父母,当他给你一件礼物而你不明白的时候(因为那原是为别一人设的欢喜)和离奇变幻的小孩子的病,和在一间静穆而紧闭的房里度过的日子,海滨的清晨和海的自身,和那与星斗齐飞的高声呼号的夜间的旅行——而单是这些犹未足,还要享受过许多夜不同的狂欢,听过妇人产时的呻吟,和坠地便瞑目的婴儿轻微的哭声,还要曾经坐在临终人的床头和死者的身边,在那打开的、外边的声音一阵阵拥进来的房里。可是单有记忆犹未足,还要能够忘记它们,当它们太拥挤的时候,还要有很大的忍耐去期待它们回来。因为回忆本身还不是这个,必要等到它们变成我们的血液、眼色和姿势了,等到它们没有了名字而且不能别于我们自己了,那么,然后可以希望在极难得的顷刻,在它们当中伸出一句诗的头一个字来。

这里是大诗人里尔克在许许多多的事物里、经验里,去踪迹诗,去发现美,多么艰辛的劳动呀!他说:诗不徒是感情,而是经验。现在我们也就转过方向,从客观条件来考察美的对象的构成。改造我们的感情,使它能够发现美。中国古人曾经把这唤做"移我情",改变着客观世界的现象,使它能够成为美的对象,中国古人曾经把这唤做"移世界"。

"移我情"、"移世界",是美的形象涌现出来的条件。

我们上面所引长沙女子郭六芳诗中说过"今日忽从江上望,始知家在画图中",这是心理距离构成审美的条件。但是"十二珠帘夕照红",却构成这幅美的形象的客观的积极的因素。夕照、明月、灯光、帘幕、薄纱、轻雾,人人知道是助成美的出现的有力的因素,现代的照相术和舞台布景知道这个而尽量利用着。中国古人曾经唤做"移世界"。

明朝文人张大复在他的《梅花草堂笔谈》里记述着：

邵茂齐有言，天上月色能移世界，果然！故夫山石泉涧，梵刹园亭，屋庐竹树，种种常见之物，月照之则深，蒙之则净，金碧之彩，披之则醇，惨悴之容，承之则奇，浅深浓淡之色，按之望之，则屡易而不可了。以至河山大地，邈若皇古，犬吠松涛，远于岩谷，草生木长，闲如坐卧，人在月下，亦尝忘我之为我也。今夜严叔向，置酒破山僧舍，起步庭中，幽华可爱，旦视之，酱盎纷然，瓦石布地而已，戏书此以信茂齐之语，时十月十六日，万历丙午三十四年也。

月亮真是一个大艺术家，转瞬之间替我们移易了世界，美的形象，涌现在眼前。但是第二天早晨起来看，瓦石布地而已。于是有人得出结论说：美是不存在的。我却要更进一步推论说，瓦石也只是无色、无形的原子或电磁波，而这个也只是思想的假设，我们能抓住的只是一堆抽象数学方程式而已。究竟什么是真实的存在？所以我们要回转头来说，我们现实生活里直接经验到的、不以我们的意志为转移的、丰富多彩的、有声有色有形有相的世界就是真实存在的世界，这是我们生活和创造的园地。所以马克思很欣赏近代唯物论的第一个创始者培根的著作里所说的物质以其感觉的诗意的光辉向着整个的人微笑（见《神圣家族》），而不满意霍布士的唯物论里"感觉失去了它的光辉而变为几何学家的抽象感觉，唯物论变成了厌世论"。在这里物的感性的质、光、色、声、热等不是物质所固有的了，光、色、声中的美更成了主观的东西。于是世界成了灰白色的骷髅，机械的死的过程。恩格斯也主张我们的思想要像一面镜子，如实地反映这多彩的世界。美是存在着的！世界是美的，生活是美的。它和真和善是人类社会努力的目标，是哲学探索和建立的对象。

美不但是不以我们的意志为转移的客观存在，反过来，它影响着我们，教育着我们，提高生活的境界和意趣。它的力量更大了，它也可以倾国倾城。希腊大诗人荷马的著名史诗《伊利亚特》歌咏希腊联军围攻特罗亚九年，为的是夺回美人海伦，而海伦的美叫他们感到九年的辛劳和牺牲不是白费的。现在引述这一段名句：

特罗亚长老们也一样的高踞城雉，
当他们看见了海伦在城垣上出现，
老人们便轻轻低语，彼此交谈机密：
"怪不得特罗亚人和坚胫甲阿开人，
为了这个女人这么久忍受苦难呢，
她看来活像一个青春长驻的女神。
可是，尽管她多美，也让她乘船去吧，
别留这里给我们子子孙孙作祸根。"

（引自缪朗山译《伊利亚特》）

荷马不用浓丽的词藻来描绘海伦的容貌，而从她的巨大的惨酷的影响和力量轻轻地点出她的倾国倾城的美。这是他的艺术高超处，也是后人所赞叹不已的。

我们寻到美了吗？我说，我们或许接触到美的力量，肯定了她的存在，而她的无限的丰富内涵却是不断地待我们去发现。千百年来的诗人艺术家已经发现了不少，保藏在他们的作品里，千百年后的世界仍会有新的表现。每一个造出新节奏来的人，就是拓展了我们的感情并使它更为高明的人！

第十二单元 道义良知

单元导读

道义即道德和正义,是人类文明发展到一定程度形成的为社会所普遍推崇的行为准则。良知,是萌发自内心的一种善良觉悟和道德意识,是所有的正常人,不分种族、民族、职业,都具有的心理共性,是人之所以为人、人之区别于禽兽的根本所在。可见,良知是一个社会人对道义原则的良好的心理体验,而这种心理体验只有演变为符合道义的行为,才有意义。因此,"道义""良知"往往合起来讲。

本单元旨在反映人们对人性的思考,对人类行为的反思,对社会道义的求索。人类社会的发展前行,一直伴随着大大小小的战争、武斗和个体杀戮事件,而社会走向文明的标志是富裕、繁荣、友爱、和平。本单元的选文,正是通过对典型人物事件的深情记录和深入反思,进而呼唤人类的道义、良知,企盼社会的友爱和平。

法国作家雨果对英法联军焚毁圆明园的凛然谴责,反映了一个伟大作家超越国界的道义良知。当代作家张抗抗的《感悟珍珠港》,让我们悟到了滥用武力的后果。时间推移到21世纪,不同形式、不同规模的杀戮在这个世界上仍然此起彼伏,那些肆意发动的战争又毁灭了多少无辜的生命?

面对"文革"的伤痛,巴金老人在人生的暮年用他颤抖的双手书写出一部《随想录》,这是要在他的人生大幕拉上之前,讲一番真话,也希望人人讲真话。《呵旁观者文》条理分明,义正严词,气势磅礴,从关系"国家之盛衰兴亡"的高度,对中国的青年们进行谆谆教诲。清代词人纳兰性德,品行高洁,鄙视名利场,喜结交饱学超俗之士,并视为知己。《金缕曲·赠梁汾》一词足见其与友人的肝胆相照和对朋友的高义良知。刘心武的《十首足矣》从十首百读不厌的唐诗中挖掘出诗中蕴含的人性美,而且处处观照现实社会当中的假丑恶现象,字里行间跃动着对真善美的追求和对人文精神回归的期盼。

总之,本单元选文由远及近,由大到小,从不同角度、不同侧面直面古今中外的事件、人物,在对人性、灵魂的叩问中唤醒良知,弘扬正义,表现主题。

1 我的赞誉——雨果给巴特雷的信[①]

[法] 雨 果

【阅读提示】

> 圆明园是明清两代的皇家园林，1860年在英法联军侵略中国之时被焚毁，园中珍宝被洗劫一空。巴特雷上尉作为劫掠圆明园的参与者，本想利用雨果的显赫声望，让他为远征中国的所谓胜利捧场，但雨果这位正直的作家，没有狭隘的民族主义情绪，反而在这封信中充分地肯定了这座园林的艺术价值，毫无顾忌地揭露了联军焚毁这座艺术宝库的罪行，强烈地谴责了联军劫掠圆明园的强盗行径，对侵略者所谓的"荣耀"给予无情而有力的抨击。
>
> 雨果的难能可贵之处，不仅在于他站在全人类的立场上，凭着人类的良知，公开斥责强盗政府颠倒黑白，不以为耻，反以为荣，还在于他珍视人类文明成果，尊重人类文明的创造者。他指出"岁月创造的一切都是属于人类的"，这种见解是非常透彻的。他盛赞中华民族是一个"超人的民族"，表达了对中国人民的同情和尊敬。通过学习，我们要特别感知雨果在特定的历史时期所具有的超乎寻常的道义精神，进一步认识他的伟大之处。
>
> 从写作的角度来看，要学习作者针锋相对、有理有据的论辩特点，体味作者的情感魅力和讽刺力量，注意文中使用反语的句子，认真体会其正面意思和表达效果。

先生：

你征求我对远征中国的看法。你认为这次远征行动干得体面而漂亮。你如此重视我的想法，真是太客气了。在你看来，这次在维多利亚女王和拿破仑皇帝旗号下进行的远征中国的行动是法兰西和英格兰共享之荣耀。你希望知道我认为可在多大程度上对英法的这一胜利表示赞同。

既然你想知道，那么下面就是我的看法：

在地球上某个地方，曾经有一个世界奇迹，它的名字叫圆明园。艺术有两个原则：理念和梦幻。理念产生了西方艺术，梦幻产生了东方艺术。如同巴黛农[②]是理念艺术的代表一样，圆明园是梦幻艺术的代表。它荟集了一个民族的几乎是超人类的想象力所创作的全部成果。与巴黛农不同的是，圆明园不但是一个绝无仅有、举世无双的杰作，而且堪称梦幻艺术之崇高典范——如果梦幻可以有典范的话。你可以去想象一个你无法用语言描绘的、仙境般的建筑，那就是圆明园。这梦幻奇景是用大理石、汉白玉、青铜和瓷器建成，雪松木做梁，以宝石点缀，用丝绸覆盖；祭台、闺房、城堡分布其中，诸神众鬼就位于内；彩釉熠熠[③]，金碧生辉；在颇具诗人气质的能工巧匠创造出天方夜谭般的仙境之后，再加上花园、水池及水雾弥漫的喷泉，悠闲信步的天鹅、白鹮[④]和孔雀。一言以蔽之：这是一个以宫殿、庙宇形式表现出的充满人类神奇幻想的、夺目耀眼的宝洞。这就是圆明园。它是靠两代人的长期辛

[①] 选自1995年1月15日《光明日报》。题目是编者加的。维克多·雨果（1802—1885），19世纪法国著名的浪漫主义诗人和作家。代表作品有《巴黎圣母院》《悲惨世界》《九三年》等。　[②] 巴黛农：古希腊神庙，建于公元前5世纪，是献给雅典保护神雅典娜的神庙。它位于雅典卫城的入口，结构匀称，比例合理，有精美的浮雕装饰，是世界艺术史上最完美的建筑典范之一。　[③] 熠熠（yì）：闪光发亮的样子。　[④] 白鹮（huán）：一种水鸟。

劳才问世的。这座宛如城市、跨世纪的建筑是为谁而建？是为世界人民。因为历史的结晶是属于全人类的。世界上的艺术家、诗人、哲学家都知道有个圆明园，伏尔泰现在还提起它。人常说，希腊有巴黛农，埃及有金字塔，罗马有竞技场，巴黎有巴黎圣母院，东方有圆明园。尽管有人不曾见过它，但都梦想着它。这是一个震撼人心的、尚不被外人熟知的杰作，就像在黄昏中，从欧洲文明的地平线上看到的遥远的亚洲文明的倩影。

这个奇迹现已不复存在。

一天，两个强盗走进了圆明园，一个抢掠，一个放火。可以说，胜利是偷盗者的胜利，两个胜利者一起彻底毁灭了圆明园。人们仿佛又看到了因将巴黛农拆运回英国而臭名远扬的埃尔金的名字。

当初在巴黛农所发生的事情又在圆明园重演了，而且这次干得更凶、更彻底，以至于片瓦不留。我们所有教堂的所有珍品加起来也抵不上这座神奇无比、光彩夺目的东方博物馆。那里不仅有艺术珍品，而且还有数不胜数的金银财宝。多么伟大的功绩！多么丰硕的意外横财！这两个胜利者一个装满了口袋，另一个装满了钱柜，然后勾肩搭背，眉开眼笑地回到了欧洲。这就是两个强盗的故事。

我们欧洲人自认为是文明人，而在我们眼里，中国人是野蛮人，可这就是文明人对野蛮人的所作所为。

在历史面前，这两个强盗分别叫做法兰西和英格兰。但我要抗议，而且我感谢你给我提供了这样一个机会。统治者犯的罪并不是被统治者的错，政府有时会成为强盗，但人民永远也不会。

法兰西帝国将一半战利品装入了自己的腰包，而且现在还俨然以主人自居，炫耀从圆明园抢来的精美绝伦的古董。我希望有一天，法兰西能够脱胎换骨，洗心革面，将这不义之财归还给被抢掠的中国。

在此之前，我谨作证：发生了一场偷盗，作案者是两个强盗。

先生，这就是我对远征中国的赞美之辞。

维克多·雨果
1861年11月25日
于欧特维尔-豪斯

【思考与练习】

1. 请用简洁的语言概括作者所表达的主要观点。通过本文的学习，你认为雨果的伟大表现在哪些方面？

2. 翻译作品的译文可能有较大差别。下面是同一段文字的不同翻译，你觉得哪段译文更有表现力，并说明理由。

（1）一天，两个强盗走进了圆明园，一个抢掠，一个放火。可以说，胜利是偷盗者的胜利，两个胜利者一起彻底毁灭了圆明园。人们仿佛又看到了因将巴黛农拆运回英国而臭名昭著的埃尔金的名字。

（2）有一天，两个强盗闯进了圆明园。一个强盗洗劫，另一个强盗放火。似乎得胜之后，便可以动手行窃了。他们对圆明园进行了大规模的劫掠，赃物由两个胜利者均分。我们看到，这整个事件还与额尔金的名字有关，这名字又使人不能不忆起巴特农神庙。

3. 以"勿忘国耻，振兴中华"为题写一篇演讲稿。

2* 感悟珍珠港①

张抗抗

【阅读提示】

> 作为一位当代著名女作家,张抗抗具有良好的艺术感觉和艺术素质。一方面,她以女性的温柔和细腻,探索青年一代的追求与痛苦;以敏锐、潇洒的笔墨揭示人的心灵底蕴,作品中洋溢着青春的朝气和纯净的诗意。另一方面,她的作品包含着许多理性思考。她不被感觉和情绪所左右,而是以一个智者的清醒,有意识地将作品当作某些思考的载体,故其很多作品以深邃而独到的思索见长。
>
> 20世纪的无数次残酷的战争曾经毁灭了无数的生命,给人类带来无尽的灾难。日本偷袭珍珠港便是其中的一个典型事件,能带给我们许多启示。21世纪本应该是一个和平的世纪,但事实并非如此。虽然希特勒、东条英机不在了,但各种类型的残酷的战争仍在继续。多少年来祈求和平的愿望何时才能真正变为现实?正是基于这样的感怀,作者在本文最后发出了严正的呼告:"人类啊,若是继续滥用战争,你终将坠入万劫不复的深渊。"

从博物馆的沙盘上看,珍珠港蜗居于火奴鲁鲁岛一端曲折的山岙里,山如屏障,海为通衢,是一处进退自如的天然军港,因而成为美国控制南太平洋地区的重要军事基地。

坐渡船过海,到水上去祭奠丧生于珍珠港事变的美国将士。那座洁白的亚利山那纪念堂,漂浮在碧蓝的海中央,像一艘刚刚升上水面的白色潜艇。

六十年过去,海风早已吹散了炸弹的硝烟,来而复去的波浪扑灭了熊熊战火,燃烧的海水早已恢复了平静。唯有沉默的凭吊者,能听见自己嘭嘭的心跳。

架设在海面上的纪念堂,整座扁长形的建筑呈中间凹下,而两端朝上延伸直至耸立的结构,肃穆中传递出再生的力量、庄重里透出吉祥和希望,象征着太平洋战争初遭惨败但终告大胜的过程。中央会堂两侧墙体有开敞的窗栏和通透的屋顶,任视线落在何处,都可望见蓝色的大海和天空。"亚利山那"号沉没前的最后一分钟,将士们在浓烈的火焰中,曾用最后的目光与它匆匆诀别。如今阳光和海风从这里穿过,深情地抚慰着海底的亡灵。祠堂设立在最里端的尾部,在鲜花和国旗环绕中,满满一面大理石墙上,刻写着珍珠港事变中所有殉难者的名字。

——其中有1 177名海军将士,长眠于"亚利山那"号战舰,1941年12月7日清晨。

他们静静地躺在海底,列队成行,做了永生永世的战友。有的人甚至还未睁开眼就永远地闭上了,有的人也许至今还保持着战斗的姿态。当日军的第一批轰炸机穿云破雾临近珍珠港上空时,美军雷达站报告的讯息,竟被错误地判断为那是从美国本土飞来的侦查机群而未予理会。当日军战机从航母上起飞时,岛上的战士还在椰树下度假,姑娘们在沙滩上跳呼拉舞,那短暂的浪漫即将付出最惨重的代价。几分钟后,大规模的空袭开始,此时,美军太平洋舰队的130艘舰艇,仍若无其事地停泊在珍珠港内;美国海军的飞机一群群仍无动于衷地排列在福特岛上;那个星期天各报还刊登了马特森公司开往夏威夷旅游客船的广告。12月7日那一天曙光初露,风平浪静,只有海上的鲨鱼嗅到了血腥的

---

① 选自《中国散文年度排行榜》(2000—2001),长江文艺出版社,2002年版。

气息。

阴谋和罪恶就在明媚的阳光下、在有恃无恐的骄傲与轻敌中、在华盛顿的赫尔接见日本使者的时刻，猝不及防地发生了。美丽的欧胡岛在瞬间陷入火海而后迅速沉入黑暗；美军停泊在港湾内的舰队，以及大大咧咧"摆在地上"的那些毫无遮掩的战机，在一个小时内被日军准确的投弹炸得落花流水，日军飞机随即击毁美军8艘战列舰、9艘巡洋舰和若干驱逐舰，珍珠港美军基地几乎坐以待毙。美军地对空高射炮在5分钟之后才开始还击，引信不良的炮弹落在檀香山市区，欧胡岛一片混乱。当晚罗斯福总统在华盛顿城直到深夜12点半才勉强用过晚饭，他仍然不相信，如此强大的美军基地怎么竟然会如此不堪一击。

2 403名美国人，在那个恐怖的清晨，灵魂随同硝烟融入蓝天。

"亚利山那"号战舰的甲板被1 760磅的炸弹击中，引爆舰首的弹药库，9分钟之内，战舰与1 177名船员一并迅疾沉没。

从白色纪念堂开敞的窗口中望去，犹如置身于罗马竞技场的看台，俯瞰着一场遥远的水上战争——眼前灰蓝色的海水中，隐隐地浮现出当年"亚利山那"号战舰的全部轮廓。它庞大的身躯，静卧于纪念堂底部的海水中，像一头巨兽残留的骨骸。从一侧海面的船尾部，露出战舰锈迹斑斑的圆形炮塔，如一口深井，扎入海底的礁石；当年战舰的旗杆基座依旧矗立，紧靠着纪念堂白色的墙体，在折毁后重又修复的旗杆上，飘扬着美国国旗。另一侧海面便是船头的方向，巨大的平台陷于水下一米左右深处，朽蚀的甲板、舱盖在海水中清晰可辨，延伸至前方百余米，只是它们从此永远地停泊在这片海域了。六十年前的威风与耻辱，在锈铁残骸的缝隙中一波一波地荡漾开去。

若是从空中看，横卧的纪念堂与竖卧的"亚利山那"号战舰，一白一黄，一隐一现，水上水下交叉叠架，像一座漂浮于海上的十字架。那是我迄今为止见过的最奇特最富创意的水上墓园——就在牺牲者的牺牲之地，追念者与牺牲者同在。

清澈的海水中，五色斑斓的热带游鱼，成群结队悠悠然掠过。它们是"亚利山那"号沉舰最忠实的陪伴者。但它们会对"亚利山那"号说出并不悦耳的实话么——在这个从未获得真正和平的世界上，"亚利山那"号如果健在，在后来的朝鲜战争越南战争的烽烟里，会遭遇什么样的命运？它若是不被炸沉，在另一次海战中，定会奉命去攻击别的战舰，那么，将是哪一艘无辜的船只，成为大西洋、印度洋或是地中海上，另一座水上废墟兼纪念堂呢？

悄然地，从灰蓝色的海面上，升起一滴琥珀色的气泡，浮在水上然后迅速地洇渗开去，一圈宝蓝一圈紫红再一圈橙黄，像是从海底冒出的一朵硕大的热带花卉。那色彩继续变幻扩展着，在波浪中飘荡，最外围的一圈已渐渐泛白，如一只巨大的伞状水母，令人惊绝。

朋友告诉我，那是油星。从沉在海底的"亚利山那"号油库里渗漏出来的汽油。1941年那个清晨，"亚利山那"号战舰被击沉之前，刚刚加满了油。几十年中，在强大的海水压力下，船内的油星从锈蚀的钢板中一滴一滴挤出来，如今已渗漏了整整六十年。按照油库储存的油量计算，还将渗漏一百年之久。由于沉舰每日冒出的油星并未对周围海域构成污染的威胁，战事纪念委员会不打算对海底的油库进行封闭处理，任由那油星隔三差五源源不断地浮到海面上，营造出逼真的环境气氛，成为美国"爱国主义"教育最生动无言的活教材。

凝神注目，只见周边的海域，竟然无声无息地连续冒出了一串气泡。继而，红黄赤紫交织翻滚，将海水染得一片缤纷，像是一幅动态的现代绘画，变换着时而悲壮时而荒诞、时而诡秘时而调侃的面孔。

有人低声耳语说，那是殉难者的鲜血，至今还在流淌。

忽然就冷冷地颤栗。那油珠子在海水中一圈圈化开去，做着狰狞的鬼脸，一张一弛的，分明是海底的舱中有人尚在呼吸，那是呼吸形成的气泡。除了呼吸还会有什么，能如此持续不断地传递出生命的气息呢？那一刻"亚利山那"号猛然就活了过来，或许从来就没有死过。不死是因为不甘，不甘是由于许多未解的疑问，在后来的几十年间，吐出了一个一个叩问的气泡。

在那次席卷全球的大战中，究竟谁是最后真正的赢家呢？

世上的许多事情,都带有自杀性质,所谓弄巧成拙,结果当然事与愿违。日本军方偷袭珍珠港的如意算盘,原是为了摧毁美军的太平洋舰队,使美军再无足够的军事力量干涉日本的侵略计划,可让日本得以喘息并获得战争决定性的胜利。但利令智昏的战争狂人却没有想到,正是由于偷袭珍珠港给美军带来的重创与耻辱,激起了美国人民的愤怒,使得本来对参战与否举棋不定的美国人,迅速达成了对法西斯宣战的共识,闪电般出手还击,形成了反战的世界联盟。日军在珍珠港偷袭的得逞与成功,恰恰成为日本国最后惨败的关键性转折。

在某种情况下,偶尔侥幸的成功,也许是失败之母。

所以恼羞成怒的美国人,竟也身不由己地循着这一反定律,在广岛扔下原子弹,以最疯狂的复仇愿望,制造了人类历史上最惨烈的悲剧,而遭到全世界的谴责。正如曾深受德国纳粹残害的犹太人建立了以色列国后,转而迫害巴勒斯坦人那样,正义和非正义在一定条件下会互相转化,自卫的武器也会变成侵犯的屠刀,以暴易暴是一条危机四伏的钢索,暴力一旦过度,立即走向除暴初衷的反面。

美丽活泼的小鱼们又游过来,钻入了水上弥漫的油污,被那顶巨伞覆盖了。忽而觉着那来自舰舱底部的呼吸,其实多一半是在窒息中挣扎的。

那泅漫的油彩渐渐散开去,圆圈愈来愈大,也愈来愈薄淡。远海上涌来的浪,掀拱着它,如抖动一匹残旧的绸布。猝然一击,撕裂成无数碎片,无色无形,无声地消融在蓝色的海水中……

人类啊,若是继续滥用战争,你终将坠入万劫不复的深渊。

作为一艘注满了油而后沉入黑暗的战舰,满舱能源已成为另一种动力,那是留给后人的百年警示——珍珠港。

3　未来(说真话之五)①

巴　金

【阅读提示】

> 仅凭早期的《激流三部曲》《爱情三部曲》,巴金就已经确立了"巴、老、曹"并称的文学巨匠地位。但因为有了五卷本、四十多万字的《随想录》,不但使他的文学创作攀上新的高峰,也更使他因"讲真话"的巨大勇气,而成为一个特殊时代中最具标志性意义的榜样。从早年的激情澎湃,到晚年的心灵自省,那真诚的色彩照亮了一个世纪。正如鲁迅已经不仅是中国新文学的旗手,更是民族性格和意志的标志一样,巴金是作为民族良心和品质的旗帜而被人们所崇敬。读他的《说真话》篇章,仿佛看到一位慈祥的百年老人,正以平和宁静的话语向你讲述他的过去,讲述他对社会人生的感悟;你依然能强烈地感受到贯穿于朴实的文字中的热情、忧患、良知,以及燃尽自己、照亮别人的火把精神。"讲出了真话,我可以心安理得地离开人世了。"这就是他最终的如释重负般的交代。

客人来访,闲谈中我说明自己的主张:"鼓舞人前进的是希望,而不是失望。"客人就说:"那么我们

---

① 选自《随想录》,作家出版社,2005年版。

是不是把一切不愉快的事情都深深埋葬,多谈谈美满的未来?!"

于是我们畅谈美满的未来,谈了一个晚上。客人告辞,我回到寝室,一进门便看见壁炉架上萧珊的照片,她的骨灰盒在床前五斗柜上面。它们告诉我曾经发生过的那些不愉快的事情。

萧珊逝世整整十年了。说真话,我想到她的时候并不多,但要我忘记我在《怀念萧珊》中讲过的那些事,恐怕也难办到。有人以为做一两次报告,做一点思想工作,就可以使人忘记一些事情,我不大相信。我记得南宋诗人陆游的几首诗,《钗头凤》的故事知道的人很多,诗人在四十年以后"犹吊遗踪一泫然",而且想起了四十三年前的往事,还要"断肠"。那么我偶尔怀念亡妻写短文说断肠之情,也是可以理解的吧。我不是在散布失望的情绪,我的文章不是"伤痕文学",也没有人说陆游的诗是"伤痕文学"。陆游不但有伤痕,而且他的伤痕一直在流血,他有一些好诗就是用这血写成的。七百多年以后,我在法国一位学哲学的中国同学那里读了这些诗,过了五十几年还没有忘记,不用翻书就可以默写出来。我默念这些诗,诗人的痛苦和悲伤打动我的心,我难过,我同情,我思索,但是我从未感到绝望或者失望。人们的幸福生活给破坏了,就应当保卫它。看见人们受苦,就会感到助人为乐。生活的安排不合理,就要改变它。看够了人间的苦难,我更加热爱生活,热爱光明。从伤痕里滴下来的血一直是给我点燃希望的火种。通过我长期的生活经验和创作实践,我认为即使不写满园春色的美景,也能鼓舞人心;反过来说,纵然成天大做一切都好的美梦,也产生不了良好的效果。

据我看,最好是讲真话。有病治病;无病就不要吃药。

要谈未来,当然可以。谈美满的未来,也可以。把未来设想得十分美满,谁也干涉不了,因为每个人都有未来,而且都可以为自己的未来作各种的努力。未来就像一件有可塑性的东西,可以由自己努力把它塑成不同的形状。当然这也不那么容易。不过努力总会产生效果,好的方面的努力就有可能产生好的效果。产生希望的是努力,是向上、向前的努力,而不是豪言壮语。

客人不同意我这种"说法"。他说:"多讲些豪言壮语有什么不好?至少可以鼓舞士气嘛。"

我听过数不清的豪言壮语,我看过数不清的万紫千红的图画。初听初看时我感到精神振奋,可是多了,久了,我也就无动于衷了。我看,别人也是如此。谁也不希罕不兑现的支票。我不久前编自己的选集,翻看了大部分的旧作,使我感到惊奇的是从一九五〇到一九六六年十六年中间,我也写了那么多的豪言壮语,我也绘了那么多的美丽图画,可是它们却迎来十年的浩劫,弄得我遍体鳞伤。我更加惊奇的是大家都在豪言壮语和万紫千红中生活过来,怎么那么多的人一夜之间就由人变为兽,抓住自己的同胞"食肉寝皮"。我不明白,但是我想把问题弄清楚。最近遇见几位朋友,谈起来他们都显得惊惶不安,承认"心有余悸"。不能怪他们,给蛇咬伤的人看见绳子会心惊肉跳。难道我就没有恐惧?我在《随想录》中不断地提出问题,发表意见,正因为我有恐惧。不用说大家都不愿意看见十年的悲剧再次上演,但是不弄清楚它的来龙去脉,不把它的来路堵死,单靠念念咒语,签发支票,谁也保证不了已经发生过的事不再发生。难道对于我们的未来中可能存在的这个阴影就可以撒手不管?我既然害怕见到第二次的兽性大发作,那么为什么要把自己的恐惧埋葬在心底?为什么不敢把心里话老实地讲出来?

埋葬!忘记!有一个短时期我的确想忘记十年的悲剧,但是偏偏忘记不了,即使求神念咒,也不管用。于是我又念起陆游的诗。像陆游那样朝夕盼望"王师北定中原"的爱国大诗人,对于奉母命离婚的"凡人小事"一辈子也不曾忘记,那么对于长达十年使几亿人受害的大灾难,谁又能够轻易忘记呢?

不忘记浩劫,不是为了折磨别人,而是为了保护自己,为了保护我们的下一代。保护下一代,人人有责。保护自己呢,我经不起更大的折腾了。过去我常想保护自己,却不理解"保护"的意义。保护自己并非所谓明哲保身,见风转舵。保护自己应当是严格要求自己,面对现实,认真思考。不要把真话隐藏起来,随风向变来变去,变得连自己的面目也认不清楚,我这个惨痛的教训是够大的了。

十年的灾难,给我留下一身的伤痕。不管我如何衰老,这创伤至今还像一根鞭子鞭策我带着分明的爱憎奔赴未来。纵然是年近八旬的老人,我也还有未来,而且我还有雄心壮志塑造自己的未来。望梅止渴、画饼充饥的年代早已过去,人们要听的是真话。我是一个什么样的人?是不是想说真话?是不是敢说真话？无论如何，我不能躲避读者们的炯炯目光。

四月十四日

【思考与练习】

1. 学习陆游的《钗头凤》和《示儿》，并借此搜集资料，具体了解作者的爱情和社会理想是如何被毁灭的，进而深入理解作者引用这两首诗的用意。

2. 题目是"未来"，可文中内容多讲过去，讲"文革"十年的伤痛，甚至讲到了古人的遭遇。认真阅读课文，说说作者认为创建美满的"未来"与不忘"过去"、"讲真话"是什么关系，明确作者对未来的态度。

4* 呵旁观者文①

梁启超

【阅读提示】

> 《呵旁观者文》发表于1900年2月的《清议报》，是梁启超的"新文体"代表作之一。此时距戊戌变法失败一年有余，梁启超有感于维新变法中未能得到更多社会支持而失败，痛定思痛，写此文以警醒国人。
>
> 文章开篇，痛责旁观者为天下最可厌、可憎、可鄙之人；随后，把旁观者定义为无血性之人；进而从关系"国家之盛衰兴亡"的高度，提出了"国人无一旁观者，国虽小而必兴；国人尽为旁观者，国虽大而必亡"的论点；并具体入微地剖析了六派旁观者的面目；最后，论证国家与个人命运休戚相关，疾呼青年人应担当平治天下大任。
>
> 这篇政论文情感充沛，流畅易懂，义正词严，气势磅礴。既有形象生动的比喻，又有严肃深刻的议论，条理清晰，笔锋犀利，充满了作者对国家命运的深深忧虑和对国民性的清醒认识。此文对当下社会仍有一定的现实意义。

天下最可厌可憎可鄙之人，莫过于旁观者。

旁观者，如立于东岸，观西岸之火灾，而望其红光以为乐。如立于此船观彼船之沉溺，而睹其凫浴以为欢。若是者，谓之阴险也不可，谓之狠毒也不可。此种人无以名之，名之曰无血性。嗟乎，血性者，人类之所以生，世界之所以立也。无血性则是无人类无世界也。故旁观者，人类之蟊贼②，世界之仇敌也。

人生于天地之间，各有责任。知责任者，大丈夫之始也。行责任者，大丈夫之终也。自放弃其责任，则是自放弃所以为人之责也。是故人也者，对于一家而有一家之责任，对于一国而有一国之责任，对于世界而有世界之责任。一家之人各各自放弃其责任，则家必落。一国之人各各自放弃其责任，则

---

① 原载1900年2月20日《清议报》。　② 蟊(máo)贼：吃庄稼的害虫。

国必亡。全世界人人各各自放弃其责任,则世界必毁。旁观云者,放弃责任之谓也。

中国词章家有警语二句:"济人利物非吾事,自有周公孔圣人。"中国寻常人有熟语二句曰:"各人自扫门前雪,不管他人瓦上霜。"此数语者,旁观派之经典也,口号也。而此种经典口号,深入于全国人之脑中,拂之不去,涤之不净。质而言之,即旁观二字,代表吾全国人之性质也。是即无血性三字,为吾全国人所专有物也。呜呼,吾为此惧!

旁观者,立于客位之意义也。天下事不能有客而无主。譬如一家,大而教训其子弟,综核其财产;小而启闭其门户,洒扫其庭除,皆主人之事也。主人为谁? 即一家之人是也。一家之人,各尽其主人之职,而家以成。若一家之人,各自立于客位,父诿之于子,子诿之于父;兄诿之于弟,弟诿之以兄;夫诿之以妇,妇诿之于夫,是之谓无主之家。无主之家,其败亡可立而待也。惟国亦然。一国之主人为谁? 一国之人是也。西国之所以强者无他焉,一国之人各其主人之职而已。

中国则不然,入其国,问其主人为谁,莫之承也。将谓百姓为主人与? 是姓曰:此官吏之事也,我何与焉? 将谓官吏为主人与? 官吏曰:我之尸此位也①,为吾威势耳,为吾利源耳,其他我何知焉? 若是乎一国虽大,竟无一主人也。无主人之国,则奴仆人而弄之、盗贼从而夺之固宜。《诗》曰:"子有庭内,弗洒弗扫。子有钟鼓,弗鼓弗考。宛其死矣,他人是保。"此天理所必至也,于人乎何尤?

夫对于他人之空他人之国而旁观焉,犹可言也。何也? 我固客也。(侠者之义,虽对于他家他园,亦不当旁观。今姑置勿论。)对于吾家国而旁观焉,不可言也。何也? 我主人也。我尚旁观,而更望谁之代吾责也? 大抵家国之盛衰兴亡,恒以其家中国中旁观者之有克多少为差。国人无一旁观者,国虽小而必兴。国人尽为旁观者,国虽大而必亡。今吾观中国四万万人,皆旁观者也。谓余人信,请征其流派。

一曰浑沌派。此派者,可谓之无脑筋之动物也。彼等不知者有所谓不知有所谓国,不知何者为可忧,不知何者为可惧。质而论之,即不知人世间有应做之事也。饮而食,饱而游,困而睡,觉而起。户以内即其小天地,争一钱可以陨其命。彼等既不知有事,何所谓办与不办。既不知有国,恨与不亡,譬之游鱼居将沸之鼎,犹误为水暖之春江。巢燕处半火之堂,犹疑为照赋予之出日。彼等之生也,如以机器制成者,能运动而不能知觉。其锢也,如以电气殛②毙者,有堕落而不有苦痛。蠕蠕然度数十寒暑而已。

彼等虽为旁观者,然曾不自知其为旁观者。吾命之为旁观派中之天民。四万万人中属于此派者,殆不止三万万五千万人。然此又非徒不识字不治生之人而已。天下固有不识字不治生之人而浑沌者,亦有号称能识字能治生之人而实大浑沌者。大抵京外大小数十万之官吏,应乡会岁科试数百万之士子,满天下之商人,皆于其中有十有九属于此派者。

二曰为我派。此派者,俗语所谓遇雷打尚按住荷包者也。事之当办,彼非不知。国之将亡,彼非不知。虽然,办此事而无益于我,则我惟旁观而已。高性能此国而无损于我,则我惟旁观而已。若冯道当五季鼎沸之际,朝梁夕晋,犹以五朝元老自夸;张之洞自言瓜分之后,尚不失小朝廷大臣,皆此类也。彼等在世界中,似是常立于主位而非立于客位者。虽然,不过以公众之事业,而计其一己之得害。若夫公众之利害,则彼始终旁观也。吾昔见日本报纸中,有一段最能摹写此辈情形者。其言曰:

吾尝游辽东半岛,见其沿道人民,察其情态。彼等于国家存亡之危机,如不自知者。彼等之待日本军队,不见为敌人,而见为商店之顾客。彼等心目中不知有辽东半岛割归日本与否之问题,惟知有日本银色与纹银,兑换补水几何之问题。

此实写出魑魅魍魉之情状,如禹鼎铸奸矣。推为我之敌,割数千里之地,赔数百兆之款以易其衙门咫尺之地,而曾无所顾惜。何也? 吾者既已六七十矣,但求目前数年无事,至一瞑目之后虽天翻地覆,非所问也。明知官场积习之当改,而必不肯改,吾衣人生观饭确定之所在也。明知学校科举之当变,而不肯变,吾子孙出身之所由也。

此派者,以老聃为先圣,以杨朱无元帅。一国中无论为官绅为士为商,其据要津握重权者,皆此辈

---

① 尸位:如尸(神像)居位,只享祭祀,而不做事。指官吏居位而不理事。 ② 殛:杀。

也。故此派有左右世界之力量。一国联盟才智之士,皆走集于其旗下。而方在萌孵芽卵之少年子弟,转率仿效之,如麻疯肺病者传于子孙,故遗毒遍于天下。此为旁观者中最有魔力者。

三曰呜呼派。何谓呜呼派?彼辈以咨嗟太息痛哭流涕为独一无二之事业者也。其面常有忧国之容,其口不少哀时之语。告以事之当办,彼则曰:诚当办也,奈无从办起何?告以国之已危,彼则曰:诚极危也,奈已无救何?再穷诘之,彼则曰:国运而已,天心而已。无可奈何四字是其口诀,束手待毙一语是其真传。如见火之起,不务扑灭,而太息于火势之炽炎。如见人之溺,不思拯救,而痛恨于波涛之澎湃。

此派者,彼固自谓非旁观者也,然他人之旁观也以目,彼辈之旁观也以口。彼辈非不关心国事,然以国事为诗料;非不好言时务,然以时务为谈资者也。吾人读波兰灭亡之记、埃及惨状之史,何尝不为之感叹!然无益于波兰埃及者,以吾固旁观也。吾人见菲律宾与美血战,何尝不为之惠民敬。然无助于菲律宾者,以吾固旁观也。所谓呜呼派者,何以异此?此派似无补于世界,亦无害于世界。虽然,灰国民之志气,阻将来之进步,其罪实为薄也。此派者,一国中号称名士者皆归之。

四曰笑骂派。此派者,谓之旁观,宁谓之后观。以其常立于人之背后,而以冷言热语批评人者也。彼辈不惟自为旁观者,又欲逼人使不得不为旁观者。既骂守旧,亦骂维新。既骂小人,亦骂君子。对老辈则骂其暮气已深,对青年则骂躁进喜事。事之成也,则曰:竖子成名。事败也,则曰:吾早料及。彼辈常自立于无可指摘之地。何也?不办事故无可指摘,旁观故无可指摘。己不办事,而立于办事者之后,引绳批根①以嘲讽掊击。此最巧黠之术,而使勇者所以短气,怯者所以灰心也。岂直使人灰心短气而已!而将成之事,彼辈必以笑骂沮之。已成之事,彼辈能以笑骂败之。故彼辈者,世界之阴人也。

夫排斥人未尝不可,己有主义欲伸之,而排斥他人主义,此西国政党不讳也。然彼笑骂派果有何主义乎?譬如孤舟遇风于大洋,彼辈骂风骂大洋骂孤舟,乃至遍骂同舟之人。若问此船当以何术可达彼岸乎?彼等瞠然无对也。何也?彼辈藉旁观以行笑骂,失旁观之地位,则无笑骂也。

五曰暴弃派。呜呼派者,以天下为无可为之事。暴弃派者,以我为无可为之人也。笑骂派者,常责人而不责己。暴弃派者,常望人而望己也。彼辈之意,以为一国四百兆人,其三百九十九光九亿九万九千九百九十九人中,才智不知几许,英杰不知几许,我之一人,岂足轻重。推此派之极弊,必至四百兆人,人人皆除出自己,而以国事望诸其余之三百九十九兆九亿九万九千九百九十九人。统计而互消之,则是四百兆人卒至实无一人也。

夫国事者,国民人人各自夸有其责任者也。愈贤智,则其责任居。即愚不肖,亦不过责任稍小而已,不能谓之无也。他人虽有绝大智慧绝在能力,只能尽其本身分内之责任,岂能有分毫之代我。譬之欲不食而使善饭者为我代食,欲不寝而使善睡者为我代寝,能乎否乎?且我虽不肖,然既为人矣,即为人类之一分子也。既生此国矣,即为国民之一阿屯也。我暴弃己之一身犹可言也,污蔑人类之资格,灭损国民之体面,不何言也。故暴弃者实人道之罪人也。

六曰待时派。此派者有旁观之实而不自居其名者也。夫待之云者,得不得未可当必之词也。吾待至可以办事之时,然后办之。若终无其时,则是终不办也。寻常之旁观则旁观人事,彼辈之旁观则旁观无时也。且必如何然后为可以办事之时,岂有空形哉。办事者,无时而非可办之时,不办事者,无时而非不可办之时。故有志之士,惟造时势而已,未闻用待时势者也。待时云者,欲见风潮之所向,而从旁拾其余利。向于东则随之布满东,向于西则随之而西,是乡愿之本色,而旁观派之最巧者也。

以上六派,吾中国之性质尽于是矣。其为派不同,而其为旁观者则同。若是乎,吾中国四万万人,果无一非旁观埏也。吾中国四万万人!果无一主人也。以无一主人之国,而立于世界生存竞争最剧最烈万鬼环瞰丰虎眈视之大舞台,吾不知其如何机时可为!六派之中,第一派不知责任之人,以下五派为不行责任之人。知而不行,与不知等耳。且彼不知者犹有冀焉,冀其他日之知而即行也。若知而不行,则是自绝于天地也。故吾责第一派之人犹浅。责下五派之人最深。

---

① 引绳批根:互相合力,排斥异己。

虽然,以阳明学知行合一之说论之,彼知而不行者,终是未知也。苟知之极明,则行之必极勇。猛虎在于后,虽跛者或能跃数丈之涧。燎火及于邻,虽弱者或能运千钧之力。何也?彼确知猛虎大火之一至,而吾之性命必无幸也。夫国亡种灭之惨酷,又岂止猛虎大火而已。吾以不举国之旁观挺直未知之耳,或知其一二而未故友其究竟耳。若真知之,若究竟知之,吾意虽箝其手箝其口,犹不能使之默然而息,块然而坐也。安有悠悠日月,歌舞太平,如此江山,坐付他族,袖手而作壁上之观,面缚以待死期之至,如今日者耶?

嗟呼,今之拥高位,秩厚禄,与无号称先达名士有闻于时者,皆一国中过去之人也。如已退院之僧,如已闭房之妇,彼自顾此身之寄居此世界,不知尚有几年。固其于国也,有过客之观,其苟且以愉逸乐,袖手以终余年,固无足怪焉。若我辈青年,正一国将来之主人也。与此国为缘之日正长。前途茫茫,未知所届。国之兴也,我辈实躬享其荣。国之亡也,我辈实亲尝其惨。欲避无可避,欲逃无可逃。其荣也,非他人之所得攘;其惨也,非他人之所得代。言念及此,夫宁可旁观耶?夫宁可旁观耶?吾岂好不深文刻薄之言以骂尽天下哉!毋亦发于不忍旁观区区之苦心,不得不大专疾呼,以为我同胞四万万人告也。

旁观之仅对曰:任。孔子曰:"天下有道,丘不与易也。"孟子曰:"如欲平治天下,当今之世,舍我其谁也!"任之谓也。

5 金缕曲①·赠梁汾②

纳兰性德

【阅读提示】

> 纳兰性德(1655—1685),原名成德,字容若,号楞伽山人,满族正黄旗人。清朝著名词人。家世显赫,系清康熙大学士纳兰明珠之子。他自幼勤于修文习武,他品性淡泊,无意功名,惜于31岁时英年早逝。他酷爱读书,擅长书法,精于书画鉴赏。纳兰性德在清初词坛上独树一帜,词作风格近李煜,有清李后主之称。所写词清丽婉约,哀感顽艳,格高韵远,独具特色,直指本心。24岁时有词集《侧帽集》问世,另有《饮水词》,后人合称为《纳兰词》。
>
> 作者鄙视名利场而喜欢结交饱学超俗之士,与顾贞观交情最深。顾贞观仕途失意,只任过内阁中书等微职,但作者把他视为知己,不仅平等相待,而且在他以及他的友人遇到麻烦时尽力相助。如顾的好友吴汉槎获罪流放,顾填词寄怀,纳兰读后深受感动,倾力相助,终使吴得赦而归。此事成为清初广为流传的士林佳话,足见两人的肝胆相照和作者对朋友的高义良知。这首《金缕曲》写于初识顾梁汾(顾贞观号梁汾)之时,深情地表明了作者与顾梁汾相见恨晚、相互知心的友情,抒发了他对才士贤人不幸遭际的同情与不平。
>
> 这首词风格凄切深沉又慷慨淋漓,耐人寻味,充分体现了纳兰词的基本特征:主情。其真情实感的表达,获得了人们永久的喜爱。

---

① 金缕曲:词牌名。 ② 梁汾:顾贞观(1637—1714),字华峰,号梁汾。江苏无锡人,纳兰性德的朋友。清康熙五年(1666)顺天举人。著有《积书岩集》及《弹指词》。清康熙十五年(1676)与纳兰性德相识,从此交契,直至纳兰性德病殁。

德也狂生耳①。偶然间、淄尘京国,乌衣门第②。有酒惟浇赵州土③,谁会成生此意④。不信道、竟逢知己⑤。青眼高歌俱未老⑥,向尊前、拭尽英雄泪⑦。君不见,月如水。

共君此夜须沉醉。且由他、蛾眉谣诼,古今同忌⑧。身世悠悠何足问⑨,冷笑置之而已。寻思起、从头翻悔⑩。一日心期千劫在⑪,后身缘、恐结他生里⑫。然诺重,君须记⑬。

【思考与练习】

1. 具体分析这首词表达情感直露而不浅薄的特点。
2. 说一说词中几处用典的含义及作用。

6 十首足矣⑭

刘心武

【阅读提示】

> 唐诗是中国古代文化的瑰宝,其中的名篇精品令人百读不厌。经常诵读体悟,既能陶冶思想情操,又能丰富文学修养,可谓受益终身。
>
> 《十首足矣》一文思路清晰,内涵丰富。作者从香港"最受欢迎唐诗"选举起笔,然后依次引录了榜上有名的十首小诗,边录边析,篇末呼唤人们在纷忙的生活中"读一点唐诗,背一点唐诗,品一点唐诗,悟一点唐诗"。就思想内容而言,作者将古典文学与现实生活紧密地结合起来,从一个全新的视角剖析了古典文学精华对个体灵魂的净化作用。作者高举人性的大旗,从思想、情感、志向等多方面贬斥了假恶丑,弘扬了真善美,企盼人文精神的回归。
>
> 在社会竞争如此激烈的今天,本文将引发学生对人际交往、价值取向、从业道德等诸多问题的思考,并促使其做出正确的抉择。阅读时要能领会每一首诗的意蕴,产生心灵上的共鸣。还可以联系现实,作恰到好处的创造性的分析鉴赏。

---

① 德也狂生耳:我本是个狂放不羁的人。德,作者自称。 ② 偶然间、淄尘京国,乌衣门第:我在京城混迹于官场,又出身于高贵门第,这只是命运的偶然安排。淄尘京国,表居北京之无奈。淄尘,黑尘,喻污垢。此处作动词用,指混迹。淄,通"缁",黑色。京国,京城。乌衣门第:东晋王、谢大族多居金陵乌衣巷,后世遂以该巷名指称世家大族。 ③ 有酒惟浇赵州土:用李贺《浩歌》"买丝绣作平原君,有酒唯浇赵州土"句意,是说希望有战国时赵国平原君那样招贤纳士的人来善待天下贤德才士。浇,浇酒祭祀。赵州土,平原君墓土。 ④ 谁会成生此意:谁会理解我的这片心意。会,理解。成生,作者自称。作者原名成德,后避太子讳改性德。 ⑤ 不信道、竟逢知己:万万没有想到,今天竟然遇到了知己。 ⑥ 青眼高歌俱未老:趁我们青壮盛年,纵酒高歌。青眼,契重之眼光,此指青春年少。 ⑦ 向尊前、拭尽英雄泪:姑且面对酒杯,擦去英雄才有的眼泪。为二人均不得志而感伤。尊,同"樽"。 ⑧ 且由他、蛾眉谣诼,古今同忌:姑且由他去吧,才干出众,品行端正的人容易受到谣言中伤,这是古今常有的事。语出《离骚》:"众女嫉余之蛾眉兮,谣诼谓余以善淫。"蛾眉,亦作"峨眉",喻才能。谣诼,造谣毁谤。忌,语助词,无实义。 ⑨ 身世悠悠何足问:人生岁月悠悠,遭受挫折苦恼,不必去追究。悠悠,遥远而不定貌。 ⑩ 寻思起、从头翻悔:若对挫折耿耿于怀,反复寻思,那么从人生一开始就错了。 ⑪ 一日心期千劫在:一日以心相许成为知己,即使经历千万劫难,我们二人的友情也将依然长存。心期:以心相许,情投意合。 ⑫ 后身缘、恐结他生里:来世他生,我们的情缘还将保持。后身缘,来生情缘。 ⑬ 然诺重,君须记:朋友间信用为重,您要切记。然诺重,指守信誉,不食言。 ⑭ 选自《我是怎样的一个瓶子》,成都出版社,1993年版。

据载香港一家文化机构不久前举办了一项"最受欢迎唐诗"选举,结果投票者从成千上万首唐诗中票数相当集中地选出十首来。

列在榜首的是孟郊的《游子吟》:"慈母手中线,游子身上衣。临行密密缝,意恐迟迟归。谁言寸草心,报得三春晖!"

我想不用解说,大家都懂得这是一首歌颂母爱的诗。但这首语言质朴的诗歌为什么在历经了千年的传诵后,至今仍具有最强烈的感染力?要理解这一奥秘,我们就必须体会到,人生在世,广义而言,无人不在羁旅①之中,旅途中人固然着眼于前程,特别是实利,却不能不有所眷念,不能不保留一段热肠一片温情,不能见利而忘义,不能丧失良知人道,因而那"慈母"所构成的意象便超越了狭义的生母,而象征着孕育抚养调教指引了我们个体生命的所有外在因素,使我们对个体与他人与群众的和谐,产生出一种向往,引发出切实的努力。

最近在报纸上看到了一些令人难堪令人恶心乃至令人发指的报道,例如子女虐待生母生父致死,以及后母虐待前妻生下的可爱的男孩,其生父无动于衷终致殴毙。还有一位想发横财的运动队教练,在工作不负责被解聘后,将幼小的学员绑票,妄图索取巨额赎金——最令人毛骨悚然的是这个丧尽天良的绑票者连究竟什么是"绑票"和"人质"的概念也弄不清,他是先将那男孩弄死再递送出索取巨款的通知书的,他居然不知道先"撕票"后索款是决计不可能得逞并且违反自古以来绑票者的起码常识的!哀哉!也许是我这个分析事物的角度太古怪,我总觉得,倘若这些人读过一点唐诗,不用多读,哪怕只读过这回香港人选出的十首,哪怕只体味出其不足一半的诗意,引发出哪怕些微的感动与审美愉悦,那么他们也许仍是糟糕的人物,却总不至于那么样地没有人性和那么样地颟顸②!

香港人这回选出的十首唐诗都是最常见于各类选本和最易读懂字面意思的短诗,除《游子吟》外,其余九首依次是:

第二首是杜牧的《清明》:"清明时节雨纷纷,路上行人欲断魂。借问酒家何处有?牧童遥指杏花村。"这首诗为什么荣列亚军?难道仅仅是因为如画如乐、明丽清新?我以为其中也蕴涵着一种温馨的人性,在"行人"与"牧童"的亲合之中,体现出一种对人生乐趣的健康追求。能进入这个诗境的人,他忍心将那牧童绑票以谋求一己的私欲么?

第三首是李白的《静夜思》:"床前明月光,疑是地上霜。举头望明月,低头思故乡。"乡土之恋,是一种最基本的人情,乡土往往决定了自己的人种属性、民族血缘、家庭谱系,乡恋之情会使我们意识到个体血脉与他人与群体的承续关系,"父老乡亲"构成了一个固定的语汇,很难想象对李白这首千古绝唱的怀乡诗有所感悟的人,会自己居华屋食佳肴而将老父老母驱入猪圈掷以残羹!

第四首是王之涣的《登鹳雀楼》:"白日依山尽,黄河入海流。欲穷千里目,更上一层楼!"人生的境界,原应如此宏廓。第五首是李商隐的《乐游原》:"向晚意不适,驱车登古原。夕阳无限好,只是近黄昏!"在体味到人生有层楼可上的同时,又深知人生的有限,以一种彻悟的心态维系一种进退的度数③,吃透了这两首诗精髓的人,又有哪位会短视到谋取近利而不顾廉耻、妄想永葆荣华而贪得无厌呢?

第六首是孟浩然的《春晓》:"春眠不觉晓,处处闻啼鸟。夜来风雨声,花落知多少!"第七首是白居易的《赋得古原草送别》:"离离原上草,一岁一枯荣。野火烧不尽,春风吹又生。远芳侵古道,晴翠接荒城。又送王孙去,萋萋满别情。"第八首是李绅的《悯农》:"锄禾日当午,汗滴禾下土。谁知盘中餐,粒粒皆辛苦!"我想一个多少能从这些诗句中感受到对落花这种最低等生物的怜惜、对野草这种最卑微事物枯荣的关切以及对最普通的劳动者汗珠的珍惜的美好情愫④的人,他是决计不可能对活泼泼的儿童的生命粗暴戕害⑤的!

最后两首是李白的《朝发白帝城》:"朝辞白帝彩云间,千里江陵一日还。两岸猿声啼不住,轻舟已过万重山!"贺知章的《回乡偶书》:"少小离家老大回,乡音未改鬓毛衰。儿童相见不相识,笑问客从何

---

① 羁(jī)旅:长久寄居他乡。 ② 颟顸(mān hān):糊涂而马虎。 ③ 度数:原意为按度计算的数目,此处指程度、限度和分寸。 ④ 情愫(sù):感情。 ⑤ 戕(qiāng)害:伤害。

处来?"一是把我们引到大自然的奇瑰怀抱中,一是将我们导入人世间最朴素的人情中,反复咏诵这样一些明白如话而又美不胜收的诗句,我们灵魂上纵有厚尘积垢,总也能涤出一些真善美来吧?

  我想许多读者当会讶怪我何以如此常见的唐诗也要首首俱录,但这十首唐诗实在是常诵常新,即使过录一遍,灵魂也总有一种难言的欣悦!倘有的读者连这十首唐诗也不能逐一背诵或简直有的还是头一回读到,那么我恳求他们一定要把这十首唐诗背诵下来,从一定意义上说,这十首唐诗凝聚着我们中华民族文化传统中最值得珍惜和承袭的精华,并且也体现着我们中华民族对美的追求所达到的一种全人类必须仰望的高度。工作太忙吗?事情太多吗?赚钱必须抓紧吗?唱卡拉OK搓麻将"抓黑叉"跳迪斯科练气功求算命遛鸟养鱼喂猫饲狗再没有闲空吗?当然!谁能强求谁呢?人们各自安排着属于自己的生活,但我仍要近乎痴憨地吁请人们在纷忙的生活中读一点唐诗背一点唐诗品一点唐诗悟一点唐诗——不必太多,以上十首足矣!

【思考与练习】

  1. 限时阅读课文,阅后将书合拢,分别说出十首诗的诗名与作者。背诵这十首唐诗。

  2. 作者认为品读唐诗"十首足矣"的理由是什么?你是否同意作者的观点?说说你的看法。

第十三单元　恒星闪烁

单元导读

从古至今，无论中外，优秀的文学作品浩如烟海、灿若星辰。这一篇篇经典之作，文理兼容，意蕴深邃，宛如一颗颗闪烁的恒星，照亮着我们，指引着我们，激励着我们。

《登徒子好色赋》让我们领略了中国古典文学中的一朵奇葩——"赋"。这一文体"极尽铺叙之能事"的魅力，尤其是那描写美女所用的手法已成为经典的传统表现手法。

唐诗宋词是中国古代文学的两颗璀璨的明星。唐诗中同为七言歌行体的《春江花月夜》和《长恨歌》则体现出各自不同的特色。前者熔诗情、画意、哲理于一炉，营造出明丽、静谧、梦幻般的意境；后者则叙事、抒情、写景相结合，韵律优美，词采绚丽，缠绵感人。宋词《水龙吟·登建康赏心亭》通过独特的表现手法展现词作的艺术感染力。

鲁迅积其一生之力铸造国人的灵魂，他自己也因敏锐的洞察力、与黑暗势力不断的抗争、在艰难中顽强求索的精神而成为我们民族的不朽灵魂。《秋夜》让我们再次感受到鲁迅不愧为不朽的"民族魂"。

季羡林的散文，文字典雅清丽，纯朴而不乏味，情浓而不矫作，庄重而不板滞。《清塘荷韵》摹写莲荷从无到有到繁茂的漫长历程，突出其生命力的顽强，写出了作者的欣慰和希望。文中浸透了作者对人生及人类历史的沉重思索，是智者与自然的对话，是心灵与自然的交融。

此外，本单元还选择了两篇外国文学作品。一篇是法国浪漫主义文学最杰出的代表雨果的代表作品《巴黎圣母院》，课文节选部分在对比中让我们感受到了人性的真善美与假丑恶的对立交织，以及作者对人道主义的呼唤。而莫泊桑的《羊脂球》的节选部分，则让我们看到了作者的批判现实主义精神。

这些作品或以生花妙笔描绘景致事物而陶冶我们的情操，或以隽永的哲思与诗意启迪我们的心智，或以历史的启悟、现实的感慨引发我们的思索，或以真挚深厚的情感撼动我们的心灵。

让我们共同走进名著，从经典中感受文学的艺术美，并从中受到启迪。

1* 登徒子好色赋①

宋 玉

【阅读提示】

> 有这样一个绝色美女,她"增之一分则太长,减之一分则太短;著粉则太白,施朱则太赤"。这个绝色美女就出自著名小赋《登徒子好色赋》,是宋玉为我国古典文学画廊描绘的一幅不朽的肖像。赋,是中国古典文学的一种重要文体,萌生于战国,兴盛于汉唐,衰于宋元明清,是介于诗、文之间的边缘文体。虽然对于现代人来说,其远不及诗词、散文、小说那样脍炙人口,但在古代,特别在汉唐时诗与赋往往并举连称,从曹丕的"诗赋欲丽"和陆机的"诗缘情而绮靡,赋体物而浏亮"可窥端倪。在赋的发展过程中,宋玉是继屈原之后,成就最高并有作品流传至今的楚辞代表作家,他将主要精力用于赋的创作,最终完成了赋体文学的定型化改造,文学史上将其与屈原并称"屈宋"。他的作品在内容上和艺术上都很有特色,对后人的作品产生过很大的影响。学习本文,感受作者运用比较、铺陈、夸张的手法,极尽铺叙之能事,进而了解赋铺叙夸张、逐层递进的特点。

大夫登徒子侍于楚王②,短③宋玉曰:"玉为人体貌闲丽④,口多微辞⑤,又性好色。愿王勿与出入后宫。"

王以登徒子之言问宋玉。玉曰:"体貌闲丽,所受于天也;口多微辞,所学于师也;至于好色,臣无有也。"王曰:"子不好色,亦有说乎?有说则止⑥,无说则退。"玉曰:"天下之佳人,莫若楚国,楚国之丽者,莫若臣里,臣里之美者,莫若臣东家之子⑦。东家之子,增之一分则太长,减之一分则太短;著⑧粉则太白,施朱⑨则太赤,眉如翠羽,肌如白雪;腰如束素⑩,齿如含贝;嫣然一笑,惑阳城,迷下蔡⑪。然此女登墙窥⑫臣三年,至今未许⑬也。登徒子则不然:其妻蓬头挛⑭耳,龂唇历齿⑮,旁行踽偻⑯,又疥且痔⑰。登徒子悦之,使有五子⑱。王孰察⑲之,谁为好色者矣。"

是时,秦章华大夫在侧⑳,因进而称曰:"今夫宋玉盛称邻之女,以为美色,愚乱之邪㉑;臣自以为守德,谓不如彼㉒矣。且夫南楚穷巷之妾㉓,焉足为大王言乎?若臣之陋,目所曾睹者,未敢云也。"王曰:

---

① 选自《文选》卷十九,中华书局,1977年版。此赋也有人认为是后人托名宋玉而作。宋玉,生卒年不详,战国时楚人,屈原之后楚国著名辞赋家,文学史上往往"屈宋"并称。他的作品对后代文学产生过深远影响,代表作有《风赋》《登徒子好色赋》《高唐赋》《神女赋》和《对楚王问》等作品。 ② 楚王:这里是指楚襄王。 ③ 短:这里指攻其所短。 ④ 闲丽:文雅英俊。 ⑤ 微辞:不满的话。 ⑥ 止:与下文"退"相对,指留下。 ⑦ 东家之子:东边邻家的女儿。 ⑧ 著:搽。 ⑨ 施朱:涂胭脂。 ⑩ 束素:一束白色生绢。这是形容腰细。 ⑪ 惑阳城,迷下蔡:使阳城、下蔡两地的男子着迷。阳城、下蔡是楚国贵族封地。 ⑫ 窥:偷看。 ⑬ 未许:不同意,没有答应。 ⑭ 挛(luán):卷曲。 ⑮ 龂(yàn)唇历齿:稀疏又不整齐的牙齿露在外面。龂,牙齿外露的样子。历齿,形容牙齿稀疏不整齐。 ⑯ 旁行踽(jǔ)偻(lóu):弯腰驼背,走路摇摇晃晃。踽偻,驼背。 ⑰ 又疥且痔:长了疥疮和痔疮。 ⑱ 使有五子:使她生有五个儿女。 ⑲ 孰察:孰,通"熟"。仔细端详。 ⑳ 秦章华大夫在侧:当时秦国的章华大夫正在楚国。章华,楚地名,这里是以地望代称。 ㉑ 愚乱之邪:美色能使人乱性,产生邪念。 ㉒ 彼:他,指宋玉。 ㉓ 南楚穷巷之妾:指楚国偏远之地的女子,即"东家之子"。

"试为寡人说之。"大夫曰:"唯唯。臣少曾远游,周览九土①,足历五都②。出咸阳③,熙邯郸④,从容郑、卫、溱、洧之间⑤。是时向⑥春之末,迎夏之阳⑦,鸧鹒喈喈⑧,群女出桑⑨。此郊之姝⑩,华色含光⑪,体美容冶,不待饰装。臣观其丽者,因称《诗》⑫曰:'遵大路兮揽子祛⑬。'赠以芳华辞甚妙。于是处子怳若有望而不来⑭,忽若有来而不见⑮。意密体疏⑯,俯仰异观⑰,含喜微笑,窃视流眄⑱。复称诗曰:'寐春风兮发鲜荣⑲,洁斋俟兮惠音声⑳,赠我如此兮不如无生㉑。'因迁延而辞避㉒。盖徒以微辞㉓相感动,精神相依凭;目欲其颜㉔,心顾其义㉕,扬《诗》守礼,终不过差㉖,故足称㉗也。"

于是楚王称善,宋玉遂不退。

2 唐诗宋词三首

【阅读提示】

唐诗宋词是中国古代文学两颗璀璨的明星。唐诗数量多,成就高,并涌现了王维、李白、杜甫、白居易等一大批优秀的诗人。唐诗题材广泛,举凡国家大事、社会风情、民间习俗,以及传统的文学题材如边塞、山水、田园、咏史、咏物、言情、酬赠等,都成为唐诗表现的内容。唐诗表现手法丰富,风格多样,或以叙事见长,或以抒情取胜;或清水芙蓉,不假雕饰,或锦绣雕栏,精工锤炼;或雄奇奔放,或纤巧幽丽。唐诗诗体完备,不仅保留了前代古诗的体制,还创造了五言、七言律诗、排律、绝句,并使七言歌行体有了长足的发展。初唐的张若虚以一曲《春江花月夜》熔诗情、画意、哲理于一炉,创造出情景交融、玲珑别透的诗境,成为唐诗的一个范本,在文学史上确立了永不磨灭的光辉地位。而白居易的《长恨歌》则叙事有致,张弛自如;抒情深挚,缠绵细腻;语言优美明丽,自然流畅,被后人奉为古代长篇歌行中的绝唱。

作为宋代文学的主要标志——词,经柳永、苏轼等大家的发展而有新的突破,而南宋杰出的爱国词人辛弃疾则又使宋词的思想境界和精神面貌达到了新的高度。辛弃疾的一曲《水龙吟·登建康赏心亭》意境慷慨悲壮,深曲含蓄,抒发了英雄失意、功业难成的郁愤之情。

---

① 周览九土:足迹踏遍九州。九土,九州。 ② 五都:五方都会,泛指繁盛的都市。 ③ 咸阳:当时秦国都城,故址在今陕西省咸阳市东北。 ④ 熙邯郸:在邯郸游玩。熙,游玩。邯郸,当时赵国都城,故址在今河北省邯郸市。 ⑤ 从容郑、卫、溱(zhēn)、洧(wěi)之间:在郑卫两国的溱水和洧水边逗留。从容,逗留,停留。郑、卫,春秋时的两个国名,故址在今河南省新郑市到滑县、濮阳一带。溱、洧,郑国境内的两条河。 ⑥ 向:接近,临近。 ⑦ 迎夏之阳:将有夏天温暖的阳光。迎,迎接,将要出现。 ⑧ 鸧(cāng)鹒(gēng)喈喈:鸧鹒鸟喈喈鸣叫。 ⑨ 群女出桑:众美女在桑间采桑叶。 ⑩ 此郊之姝(shū):意指郑、卫郊野的美女。 ⑪ 华色含光:美妙艳丽,光彩照人。 ⑫ 称《诗》:称引《诗经》里的话。 ⑬ 遵大路兮揽子祛(qū):沿着大路与心上人携手同行。祛,衣袖。《诗经·郑风·遵大路》:"遵大路兮,掺执子之祛兮。" ⑭ 怳:同"恍"。有望:有所期望。 ⑮ 忽:与"怳"为互文。恍惚:心神不定的样子。这两句是说,那美人好像要来又没有来,撩得人心烦意乱,恍惚不安。 ⑯ 意密体疏:尽管情意密切,但形迹却又很疏远。 ⑰ 俯仰异观:那美人的一举一动都与众不同。 ⑱ 窃视流眄(miàn):偷偷地看看她,她正含情脉脉,暗送秋波。 ⑲ 寐春风兮发鲜荣:万物在春风的吹拂下苏醒过来,一派新鲜繁茂。寐,苏醒。 ⑳ 洁斋俟兮惠音声:那美人心地纯洁,庄重矜持,正等待我惠赠佳音。斋,举止庄重。 ㉑ 赠我如此兮不如无生:似这样不能与她结合,还不如死去。 ㉒ 因迁延而辞避:她引身后退,婉言辞谢。 ㉓ 微辞:指终于没能打动她的诗句。 ㉔ 目欲其颜:很想亲眼看看她的容颜。 ㉕ 心顾其义:心里想着道德规范,男女之大防。 ㉖ 扬《诗》守礼,终不过差:口诵《诗经》古语,遵守礼仪,也终于没有什么越轨的举动。过差:过失,差错。 ㉗ 足称:值得称道。

春江花月夜①

张若虚

春江潮水连海平,海上明月共潮生。滟滟②随波千万里,何处春江无月明?江流宛转绕芳甸③,月照花林皆似霰④。空里流霜不觉飞,汀上白沙看不见。江天一色无纤尘,皎皎空中孤月轮⑤。江畔何人初见月?江月何年初照人?人生代代无穷已,江月年年只相似。不知江月待何人,但见长江送流水。白云一片去悠悠,青枫浦上不胜愁。谁家今夜扁舟子?何处相思明月楼⑥?可怜楼上月徘徊⑦,应照离人妆镜台⑧。玉户帘中卷不去,捣衣砧上复还来⑨。此时相望不相闻,愿逐月华流照君⑩。鸿雁长飞光不度,鱼龙潜跃水成文⑪。昨夜闲潭⑫梦落花,可怜春半不还家。江水流春去欲尽,江潭落月复西斜。斜月沉沉藏海雾,碣石潇湘无限路。不知乘月几人归,落月摇情满江树⑬。

【思考与练习】

1. 朗读课文,仔细体味情、景、理交融营造诗境的妙处,并背诵全文。
2. 本文在结构方面有哪些特点?它对诗歌艺术效果的产生起着怎样的作用?
3. 有人认为,这首诗的情感基调是"哀而不伤",请谈谈你的感受和认识。

长 恨 歌

白居易

汉皇重色思倾国⑭,御宇⑮多年求不得。杨家有女初长成,养在深闺人未识。天生丽质难自弃,一朝选在君王侧。回眸一笑百媚生,六宫粉黛无颜色。春寒赐浴华清池,温泉水滑洗凝脂。侍儿扶起娇无力,始是新承恩泽时。云鬓花颜金步摇,芙蓉帐暖度春宵。春宵苦短日高起,从此君王不早朝。承欢侍宴无闲暇,春从春游夜专夜。后宫佳丽三千人,三千宠爱在一身。金屋妆成娇侍夜,玉楼宴罢醉和春。姊妹弟兄皆列土,可怜光彩生门户。遂令天下父母心,不重生男重生女。骊宫高处入青云,仙乐风飘处处闻。缓歌慢舞凝丝竹,尽日君王看不足。渔阳鼙鼓动地来,惊破霓裳羽衣曲。九重城阙烟尘生,千乘万骑西南行。翠华摇摇行复止,西出都门百余里。六军不发无奈何,宛转蛾眉马前死。花钿委地无人收,翠翘金雀玉搔头。君王掩面救不得,回看血泪相和流。黄埃散漫风萧索,云栈萦纡登剑阁。峨嵋山下少人行,旌旗无光日色薄。蜀江水碧蜀山青,圣主朝朝暮暮情。行宫见月伤心色,夜雨闻铃肠断声。天旋日转回龙驭,到此踌躇不能去。马嵬坡下泥土中,不见玉颜空死处。君臣相顾尽沾衣,东望都门信马归。归来池苑皆依旧,太液芙蓉未央柳。芙蓉如面柳如眉,对此如何不泪垂。春风桃李花开日,秋雨梧桐叶落时。西宫南内多秋草,落叶满阶红不扫。梨园弟子白发新,椒房阿监青

---

① 《春江花月夜》是古乐府清商曲吴声歌旧题,本为吴地民歌。据宋郭茂倩《乐府诗集》卷四十七引《晋书·乐志》云,此曲被引入陈朝宫廷,成为陈隋以来宫体诗题之一。《乐府诗集》载《春江花月夜》共七首:隋炀帝杨广两首,隋诸葛颖一首,唐张子容两首,张若虚和温庭筠各一首。　② 滟滟:水波闪耀。　③ 芳甸:花草丛生的原野。　④ 霰:细小的雪粒。　⑤ "空里"四句写秋夜的江畔,空气清新,人不觉得霜飞,但汀洲沙滩已经被清霜覆盖了。在一轮明月照耀之下,江天一色,皎洁澄明。空里流霜:古人认为霜是从天空落下的。　⑥ "白云"四句:白云飘离青枫浦,象征游子离去。扁(piān)舟子:游子。相思明月楼:指思妇。　⑦ 月徘徊:月照妆楼,思妇徘徊难眠。曹植《七哀诗》:"明月照高楼,流光正徘徊。"　⑧ 妆镜:梳妆台。　⑨ 玉户:华美的屋子。捣衣砧:洗衣用的石头。这两句说月光时时处处引起她的相思之情。　⑩ 逐:追随。月华:月光。　⑪ "鸿雁"两句写月光普照之深远,引起人深远的相思。雁长飞也飞不出月光;江中潜游的鱼也在明月照耀下跳出水面。此两句感慨音信难通。　⑫ 闲潭:幽静的水潭。　⑬ 最后六句写时光流逝,青春易去,相思的人却天南地北,且不知归期。碣石:山名,在今河北省昌黎县。潇湘:水名,在湖南。　⑭ 倾国:汉代李延年歌:"北方有佳人,绝世而独立。一顾倾人城,再顾倾人国。"　⑮ 御宇:统治。

娥老。夕殿萤飞思悄然,孤灯挑尽未成眠。迟迟钟鼓初长夜,耿耿①星河欲曙天。鸳鸯瓦②冷霜华重,翡翠衾寒谁与共。悠悠生死别经年,魂魄不曾来入梦。临邛道士鸿都客,能以精诚致魂魄。为感君王展转思,遂教方士殷勤觅。排空驭气奔如电,升天入地求之遍。上穷碧落下黄泉,两处茫茫皆不见。忽闻海上有仙山,山在虚无缥缈间。楼阁玲珑五云起,其中绰约多仙子。中有一人字太真,雪肤花貌参差是。金阙西厢叩玉扃③,转教小玉报双成。闻道汉家天子使,九华帐里梦魂惊。揽衣推枕起徘徊,珠箔银屏迤逦开。云鬓半偏新睡觉,花冠不整下堂来。风吹仙袂飘飘举,犹似霓裳羽衣舞。玉容寂寞泪阑干,梨花一枝春带雨。含情凝睇谢君王,一别音容两渺茫。昭阳殿里恩爱绝,蓬莱宫中日月长。回头下望人寰处,不见长安见尘雾。唯将旧物表深情,钿合金钗寄将去。钗留一股合一扇,钗擘黄金合分钿。但教心似金钿坚,天上人间会相见。临别殷勤重寄词,词中有誓两心知。七月七日长生殿,夜半无人私语时。在天愿作比翼鸟,在地愿为连理枝。天长地久有时尽,此恨绵绵无绝期。

【思考与练习】

1. 对《长恨歌》的主题,历来有不同的认识,有人以为是讽刺荒淫,有人以为是歌颂爱情,有人以为是双重主题。你的意见如何,理由是什么?
2. 你认为《长恨歌》千载流传的艺术魅力何在?试作具体分析。

水龙吟·登建康赏心亭④

辛弃疾

楚天⑤千里清秋,水随天去秋无际。遥岑远目⑥,献愁供恨,玉簪螺髻⑦。落日楼头,断鸿声里⑧,江南游子⑨。把吴钩⑩看了,栏干拍遍⑪,无人会、登临意。

休说鲈鱼堪脍,尽西风,季鹰归未⑫?求田问舍,怕应羞见,刘郎才气⑬。可惜流年,忧愁风雨,树犹如此⑭!倩何人、唤取红巾翠袖,揾英雄泪⑮?

【思考与练习】

1. 善用典故是辛弃疾词作的一个特色,请分别说明词中所用典故的涵义,体会稼轩词"以文为词"的艺术特色。
2. 词中描写自然景物,是怎样呈现浓厚的主观色彩的?
3. 背诵这首词。

---

① 耿耿:明亮。 ② 鸳鸯瓦:屋瓦一俯一仰扣合在一起。 ③ 扃:门户。 ④《水龙吟》:词牌名。又名《龙吟曲》等。 ⑤ 楚天:长江中下游一带,春秋时属楚国,故称楚天。 ⑥ 遥岑远目:极目眺望远山。岑,小而高的山岭。 ⑦ 献愁供恨:指祖国的山川使人产生愁恨。玉簪螺髻:形容那些山的形状有的像碧玉簪,有的像青螺髻。 ⑧ 落日:象征国势衰颓。断鸿:失群离散的雁,兼比身世漂泊。 ⑨ 江南游子:作者自称。 ⑩ 吴钩:古代吴地人所制的佩刀。弯月如钩,故名。 ⑪ 栏干拍遍:以此怀想世事,表示心中愤懑(mèn)不平。 ⑫ "休说鲈鱼"三句:晋人张翰字季鹰,在洛阳做官。见秋风起,因思吴中莼菜羹、鲈鱼脍,遂弃官回家(见《世说新语·识鉴篇》)。 ⑬ "求田问舍"三句:三国时,许汜(fàn)对刘备说,陈元龙很无礼貌,他自己睡大床,却让我这个客人睡下床。刘备对许说:现在天下大乱,正希望你忧国忘家,你却问田求舍,没有大志,元龙实在不屑与你谈话;若是我,我会自己睡到百尺楼上,让你睡到地下,岂止上床下床之别而已(见《三国志·陈登传》)。刘郎,即刘备。 ⑭ 树犹如此:东晋时桓温北征,路过金城,见前种柳树皆已十围,"慨叹说:'木犹如此,人何以堪!'攀枝折条,泫然流泪"(见《世说新语·言语篇》)。意即光阴易过,人生易老。 ⑮ 倩:请。揾:揩拭。

3　秋　夜[①]

鲁　迅

【阅读提示】

> 在黑暗势力面前,他刚强地矗立着;在人民大众面前,他忠实如牛。因体现了中华民族的良知,鲁迅被誉为"民族魂"。然而大智者往往有大苦闷、大孤独。1924 年,"《新青年》团体散掉了,有的高升,有的退隐,有的前进",鲁迅"又经验了一回同一战阵中的伙伴还是会这么变化"的人生之痛,他感到苦闷、孤独,仿佛"在沙漠中走来走去"(《〈自选集〉自序》)。当时,北洋军阀统治下的北京,笼罩在一片黑暗之中,但是鲁迅并未消沉下去,而是继续以笔为武器,同黑暗的社会作顽强的斗争。散文诗《秋夜》就是在这样的背景下创作的,它以象征的手法,借景抒情,托物言志,是一篇寓意深刻、意境独特的散文。让我们一起来欣赏并悉心感受鲁迅与黑暗势力勇敢抗争,在艰难中顽强求索的精神。

在我的后园,可以看见墙外有两株树,一株是枣树,还有一株也是枣树。

这上面的夜的天空,奇怪而高,我生平没有见过这样的奇怪而高的天空,他仿佛要离开人间而去,使人们仰面不再看见。然而现在却非常之蓝,闪闪地着几十个星星的眼,冷眼。他的口角上现出微笑,似乎自以为大有深意,而将繁霜洒在我的园里的野花草上。

我还不知道那些花草真叫什么名字,人们叫他们什么名字。我记得有一种开过极细小的粉红花,现在还在开着,但是更极细小了,她在冷的夜气中,瑟缩地做梦,梦见春的到来,梦见秋的到来,梦见瘦的诗人将眼泪擦在她最末的花瓣上,告诉她秋虽然来,冬虽然来,而此后接着还是春,蝴蝶乱飞,蜜蜂都唱起春词来了。她于是一笑,虽然颜色冻得红惨惨地,仍然瑟缩着。

枣树,他们简直落尽了叶子。先前,还有一两个孩子来打他们别人打剩的枣子,现在是一个也不剩了,连叶子也落尽了。他知道小粉红花的梦,秋后要有春;他也知道落叶的梦,春后还是秋。他简直落尽叶子,单剩干子,然而脱了当初满树是果实和叶子时候的弧形,欠伸得倒很舒服。但是,有几枝还低亚着,护定他从打枣的竿梢所得的皮伤,而最直最长的几枝,却已默默地铁似的直刺着奇怪而高的天空,使天空闪闪地鬼𥉉眼;直刺着天空中圆满的月亮,使月亮窘得发白。

鬼𥉉眼的天空越加非常之蓝,不安了,仿佛想离去人间,避开枣树,只将月亮剩下。然而月亮也暗暗地躲到东边去了。而一无所有的干子,却仍然默默地铁似的直刺着奇怪而高的天空,一意要制他的死命,不管他各式各样地着许多蛊惑的眼睛。

哇的一声,夜游的恶鸟飞过了。

我忽而听到夜半笑声,吃吃地,似乎不愿意惊动睡着的人,然而四周的空气都应和着笑。夜半,没有别的人,我即刻听出这声音就在我嘴里,我也即刻被这笑声所驱逐,回进自己的房。灯火的带子也即刻被我旋高了。

后窗的玻璃上丁丁地响,还有许多小飞虫乱撞。不多久,几个进来了,许是从窗纸的破孔进来的。

[①]　选自《野草》,《鲁迅全集》第二卷,人民文学出版社,1981 年版。

他们一进来,又在玻璃的灯罩上撞得丁丁地响。一个从上面撞进去了,他于是遇到火,而且我以为这火是真的。两三个却休息在灯的纸罩上喘气。那罩是昨晚新换的罩,雪白的纸,折出波浪纹的叠痕,一角还画出一枝猩红色的栀子①。

猩红的栀子开花时,枣树又要做小粉红花的梦,青葱地弯成弧形了……。我又听到夜半的笑声;我赶紧砍断我的心绪,看那老在白纸罩上的小青虫,头大尾小,向日葵子似的,只有半粒小麦那么大,遍身的颜色苍翠得可爱,可怜。

我打一个呵欠,点起一支纸烟,喷出烟来,对着灯默默地敬奠这些苍翠精致的英雄们。

一九二四年九月十五日

【思考与练习】

1. 分析天空、小粉红花、小青虫形象的各自特征及其象征性意蕴。
2. 分析枣树形象的特征及其象征性意蕴。
3. 文章第一句"在我的后园,可以看见墙外有两株树,一株是枣树,还有一株也是枣树"是否重复?此句在文中有何作用?

4 清塘荷韵②

季羡林

【阅读提示】

散文在内容上或状物,或记人,或写景,所写的总是作者自我感悟至深的生活体验的一部分。所谓自我感悟,也就是对事物的特殊意义和美质的发现。这种发现不仅是观察和思索的结果,也是感觉的结果。阅读散文时,要善于透过"形"抓住"神",体会作者所要表达的思想情感。

季羡林的散文,文字典雅清丽,纯朴而不乏味,情浓而不矫作,庄重而不板滞。《清塘荷韵》是季先生于八十六岁高龄时完成的佳作,写的是莲荷从无到有到繁茂的漫长历程,重在写莲荷顽强的生命力,写作者的欣慰和希望。文章中浸透了作者对人生及人类历史的沉重思索,是智者与自然的对话,是心灵与自然的交融。人们在阅读这篇散文时会感受到自然法则中蕴含的深邃哲理,从"生存的力量"中获得人生的启迪。

楼前有清塘数亩。记得三十多年前初搬来时,池塘里好像是有荷花的,我的记忆里还残留着一些绿叶红花的碎影。后来时移事迁,岁月流逝,池塘里却变得"半亩方塘一鉴开,天光云影共徘徊",再也不见什么荷花了。

我脑袋里保留的旧的思想意识颇多,每一次望到空荡荡的池塘,总觉得好像缺点什么。这不符合

---

① 猩红色的栀子:一种常绿灌木,夏日开花,一般为白色或淡黄色;红栀子花是罕见的品种。　② 选自《清塘荷韵》,江苏文艺出版社,2004年版。

我的审美观念。有池塘就应当有点绿的东西,哪怕是芦苇呢,也比什么都没有强。最好的最理想的当然是荷花。中国旧的诗文中,描写荷花的简直是太多太多了。周敦颐的《爱莲说》读书人不知道的恐怕是绝无仅有的。他那一句有名的"香远益清"是脍炙人口的。几乎可以说,中国没有人不爱荷花的。可我们楼前池塘中独独缺少荷花。每次看到或想到,总觉得是一块心病。

有人从湖北来,带来了洪湖的几颗莲子,外壳呈黑色,极硬。据说,如果埋在淤泥中,能够千年不烂。因此,我用铁锤在莲子上砸开了一条缝,让莲芽能够破壳而出,不至永远埋在泥中。这都是一些主观的愿望,莲芽能不能够出,都是极大的未知数。反正我总算是尽了人事,把五六颗敲破的莲子投入池塘中,下面就是听天命了。

这样一来,我每天就多了一件工作:到池塘边上去看上几次。心里总是希望,忽然有一天,"小荷才露尖尖角",有翠绿的莲叶长出水面。可是,事与愿违,投下去的第一年,一直到秋凉落叶,水面上也没有出现什么东西。经过了寂寞的冬天,到了第二年,春水盈塘,绿柳垂丝,一片旖旎的风光。可是,我翘盼的水面却仍然没有露出什么荷叶。此时我已经完全灰了心,以为那几颗湖北带来的硬壳莲子,由于人力无法解释的原因,大概不会再有长出荷花的希望了。我的目光无法把荷叶从淤泥中吸出。

但是,到了第三年,却忽然出了奇迹。有一天,我忽然发现,在我投莲子的地方长出了几个圆圆的绿叶,虽然颜色极惹人喜爱,但是却细弱单薄,可怜兮兮地平卧在水面上,像水浮莲的叶子一样。而且最初只长出了五六个叶片。我总嫌这有点太少,总希望多长出几片来。于是,我盼星星,盼月亮,天天到池塘边上去观望。有校外的农民来捞水草,我总请求他们手下留情,不要碰断叶片。但是经过了漫漫的长夏,凄清的秋天又降临人间,池塘里浮动的仍然只是孤零零的那五六个叶片。对我来说,这又是一个虽微有希望但究竟仍是令人灰心的一年。

真正的奇迹出现在第四年上。严冬一过,池塘里又溢满了春水。到了一般荷花长叶的时候,在去年飘浮的五六个叶片的地方,一夜之间,突然长出了一大片绿叶,而且看来荷花在严冬的冰下并没有停止行动,因为在离开原有五六个叶片的那块基地比较远的池塘中心,也长出了叶片。叶片扩张的速度,扩张范围的扩大,都是惊人地快。几天之内,池塘内不小一部分,已经全为绿叶所覆盖。而且原来平卧在水面上的像是水浮莲一样的叶片,不知道是从哪里聚集来了力量,有一些竟然跃出水面,长成了亭亭的荷叶。原来我心中还迟迟疑疑,怕池中长的是水浮莲,而不是真正的荷花。这样一来,我心中的疑云一扫而光;池塘中生长的真正是洪湖莲花的子孙了。我心中狂喜,这几年总算是没有白等。

天地萌生万物,对包括人在内的动植物等有生命的东西,总是赋予一种极其惊人的求生存的力量和极其惊人的扩展蔓延的力量,这种力量大到无法抗御。只要你肯费力来观察一下,就必然会承认这一点。现在摆在我面前的就是我楼前池塘里的荷花。自从几个勇敢的叶片跃出水面以后,许多叶片接踵而至。一夜之间,就出来了几十枝,而且迅速地扩散、蔓延。不到十几天的工夫,荷叶已经蔓延得遮蔽了半个池塘。从我撒种的地方出发,向东西南北四面扩展。我无法知道,荷花是怎样在深水中淤泥里走动。反正从露出水面的荷叶来看,每天至少要走半尺的距离,才能形成眼前的这个局面。

光长荷叶,当然是不能满足的。荷花接踵而至,而且据了解荷花的行家说,我门前池塘里的荷花,同燕园其他池塘里的,都不一样。其他地方的荷花,颜色浅红;而我这里的荷花,不但红色浓,而且花瓣多,每一朵花能开出十六个复瓣,看上去当然就与众不同了。这些红艳耀目的荷花,高高地凌驾于莲叶之上,迎风弄姿,似乎在睥睨一切。幼时读旧诗:"毕竟西湖六月中,风光不与四时同。接天莲叶无穷碧,映日荷花别样红。"爱其诗句之美,深恨没有能亲自到杭州西湖去欣赏一番。现在我门前池塘中呈现的就是那一派西湖景象。是我把西湖从杭州搬到燕园里来了。岂不大快人意也哉!前几年才搬到朗润园来的周一良先生赐名为"季荷"。我觉得很有趣,又非常感激。难道我这个人将以荷而传吗?

前年和去年,每当夏月塘荷盛开时,我每天至少有几次徘徊在塘边,坐在石头上,静静地吸吮荷花和荷叶的清香。"蝉噪林愈静,鸟鸣山更幽。"我确实觉得四周静得很。我在一片寂静中,默默地坐在那里,水面上看到的是荷花的绿肥、红肥。倒影映入水中,风乍起,一片莲瓣堕入水中,它从上面向下落,水中的倒影却是从下边向上落,最后一接触到水面,二者合为一,像小船似的漂在那里。我曾在某一本诗话上读到两句诗:"池花对影落,沙鸟带声飞。"作者深惜第二句对仗不工。这也难怪,像"池花对影落"这样的境界究竟有几个人能参悟透呢?

晚上,我们一家人也常常坐在塘边石头上纳凉。有一夜,天空中的月亮又明又亮,把一片银光洒在荷花上。我忽听扑通一声。是我的小白波斯猫毛毛扑入水中,它大概是认为水中有白玉盘,想扑上去抓住。她一入水,大概就觉得不对头,连忙矫捷地回到岸上,把月亮的倒影打得支离破碎,好久才恢复了原形。

今年夏天,天气异常闷热,而荷花则开得特欢。绿盖擎天,红花映日,把一个不算小的池塘塞得满而又满,几乎连水面都看不到了。一个喜爱荷花的邻居,天天兴致勃勃地数荷花的朵数。今天告诉我,有四五百朵;明天又告诉我,有六七百朵。但是,我虽然知道他为人细致,却不相信他真能数出确实的朵数。在荷叶底下,石头缝里,旮旮旯旯,不知还隐藏着多少儿,都是在岸边难以看到的。粗略估计,今年大概开了将近一千朵。真可以算是洋洋大观了。

连日来,天气突然变寒。好像是一下子从夏天转入秋天。池塘里的荷叶虽然仍然是绿油一片,但是看来变成残荷之日也不会太远了。再过一两个月,池水一结冰,连残荷花也将消逝得无影无踪。那时荷花大概会在冰下冬眠,做着春天的梦。它们的梦一定能够圆的。"既然冬天到了,春天还会远吗?"

我为我的"季荷"祝福。

【思考与练习】

1. 作者为什么如此喜爱荷花,以至"楼前池塘中独独缺少荷花"时,"每次看到或想到,总觉得是一块心病","每一次望到空荡荡的池塘,总觉得好像缺点什么"?

2. 一般植物到了生命的尽头,总是给人萧条、凄凉的感觉(比如秋天的落叶),那么作者笔下的残荷是不是也是萧条的、凄凉的?

3. 学了本文后,请结合自身的生活体验,谈谈你的感想。

5 巴黎圣母院①(节选)

[法] 雨 果

管震湖 译

【阅读提示】

> 法国巴黎圣母院因它的哥特式建筑而受到世人的关注,更因法国浪漫主义文学最杰出的代表雨果的长篇小说《巴黎圣母院》而闻名于世。《巴黎圣母院》以其深刻的思想性和高度的艺术性蜚声世界文坛。小说情节惊险、怪诞,富有传奇色彩;语言色彩斑斓,富有感情。全书共十一卷六十一章,节选的部分为原著的第六卷。人们常说一滴水中可以折射出太阳的光辉,在本文中,我们看到爱斯梅拉达喂水的行动,感动了卡西莫多,感动了群众。作者借卡西莫多受刑的大场面的描绘,用对比的手法把美与丑、善与恶、崇高与卑下展示在这个看台上,并通过对美和善的化身——爱斯梅拉达形象的塑造,揭示真善美的真谛,呼唤人道主义的到来。

---

① 选自《巴黎圣母院》,上海译文出版社,1989年版,有删节。

早晨九点钟就有四名军警分立在河滩广场耻辱柱四角。因此,群众指望就要正正规规地行刑了:大概不会是绞刑,但起码也得是鞭刑,或者割耳朵,反正总得有点什么。于是,顷刻之间,人愈聚愈多,那四名军警被挤得太厉害,只好不止一次——用当时的话来说——向两侧"压压"他们,就是说,使用皮索鞭和马屁股。

群众等待观看公开用刑倒是训练有素的,并没有显得特别不耐烦。待着无聊,他们就仔细观察耻辱柱来消遣。这玩意儿其实很简单,只是一个立方石头台子,约摸十尺高,里面是空的。有一道粗石垒成的陡峭台阶,当时一般称作"梯子",通至上面的平台,平台上有一个平放着的转盘,是光板橡木制作的。犯人双臂反剪,跪着,绑在这个转盘上面。有一个木杆轴,由平台里面藏着的绞盘起动,使得转盘旋转,总是保持水平,这样,犯人的脸就能转动给广场上任何一点上的观众看见。这就叫做"转"犯人。

犯人终于绑在车屁股后面给运来了。当他被抬上平台,广场各个角落都能看见绳绑索缠的他被扔在转盘上的时候,嘘声震天价响,笑声和喝彩声轰然而起。大家都认出来了:原来是卡西莫多。

果真是他。他这次归来可也奇特:今天他绑在耻辱柱上,而昨天就在这个广场上,众人一致欢呼致敬,拥戴他为众丑之王,随从他的有埃及公爵、屠纳王和伽利略皇帝!但是,肯定无疑,人群中任何人,甚至凯旋而去、缧绁①而归的卡西莫多自己,脑子里都没有清楚地想到作此今昔对比。

不一会儿,吾王的宣过誓的号手米歇·努瓦瑞,根据府尹大人尊旨,喝令市民禁声,高声宣读判决词。然后,率领他那些身穿号衣的手下,退至车子后面。

卡西莫多漠然不为所动,连眉头也不皱一下。任何反抗都是不可能的,因为——按照当时刑事判决的用语——"束缚坚固而牢靠",这就是说,皮索和铁链大概都嵌进肉里面去了。不过,这是一种至今还没有丢弃的监狱和苦刑传统,而且通过手铐把它在我们这样的文明、优雅、人道的民族中间保留至今(且不说苦役场和断头台)。

卡西莫多任凭别人拖他,推他,扛他,抬他,把他绑上加绑。从他的面容上只能隐约看出有点野人、白痴的惊愕。人们知道他是个聋子,现在干脆就是眼睛也瞎了。

他们把他拖到转盘上去跪下,他就跪下。他们把他里外上衣都扒掉,他就让他们扒掉。他们又用皮索、环扣按照一种新捆法来捆他,他就让他们如此这般捆绑。只是,他不时大声喘气,就像一头小牛犊把脑袋搭拉着在屠夫的大车旁摇头晃脑。

"这傻子!"约翰·弗罗洛·木弗对他的朋友罗班·普斯潘说(这两个学生理所当然似的,一直跟着犯人来了):"他什么也不明白,就跟关在盒子里的金龟子似的!"

卡西莫多前鸡胸、后驼背,以及硬皮多毛的两肩,统统裸露出来,群众见了,哈哈大笑。大伙快活的当儿,一条汉子身穿城防号衣,五短三粗,登上平台,走到犯人跟前。他的姓名顿时在观众中间传开:此人是彼埃腊·托特律——小堡的宣过誓的行刑吏。

他一上去就把一个黑色的沙漏时计放在耻辱柱的一个角落里。这个沙漏上面的瓶子里装满红色沙子,向下面的容器漏下去。接着,他脱去两色对半的披风。于是,群众看见他右手上吊着一根细皮鞭,白色的长皮索闪亮,编绞成束,尽是疙瘩,尖端是一个个金属爪。他伸出左手,漫不经心地挽起右臂衬衫袖子,一直挽至腋下。

这当儿,约翰·弗罗洛把金色鬈发的脑袋高高探出在人群之上(为此,他撑着罗班·普斯潘的肩膀),喊道:"先生们,女士们,来看呀!要强制鞭笞我哥哥若萨副主教先生的打钟人卡西莫多先生啦!瞧这东方式的古怪建筑,背上背着个圆屋顶,两腿长成弯弯曲曲的柱子!"

群众又哈哈大笑,儿童和姑娘们笑得最起劲。

终于,行刑吏一跺脚,转盘开始旋转。卡西莫多在束缚之下摇晃起来。他那畸形的脸上突然现出惊呆的神情,周围的群众笑得更厉害了。

---

① 缧绁(léi xiè):捆绑犯人的绳索,这里用作动词,被捆绑的意思。

旋转着的转盘把卡西莫多的驼背送到彼埃腊先生的眼下,他猛然抬起右臂,细长的皮索像一团毒蛇在空中嘶嘶地叫,狠命地抽在不幸人的肩上。

卡西莫多这才猛醒,就地往上一蹿。他开始明白了。他在捆绑中扭曲着身子,又惊讶又痛苦,脸猛烈抽搐着,脸上的肌肉也紊乱了。但是,一声叹息也没有。他只是把脑袋使劲向后仰,又左右躲闪,晃动着,就像一头公牛给牛虻猛螫腰侧。

皮鞭一下又一下抽下来,抽个不停。转盘不住地旋转,鞭笞雨点般刷刷落下。顿时,血喷了出来,在驼子的黑皮肩膀上淌出一道道细流,细长的皮索在空中嘶鸣,飞旋着,把血滴溅得到处都是,飞溅到观众中间。

卡西莫多至少表面上又恢复了原来的漠然。起初,外表上看不出来,他却悄悄地使劲,企图挣断绳索链条。只见他两眼冒火,肌肉僵硬,四肢蜷缩,皮索和链条绷得紧紧的了。这场挣扎极为有力,令人惊赞,却也是绝望的挣扎。然而,府尹衙门久经考验的缧绁颇有韧性,轧轧一阵响,如此而已。卡西莫多精疲力竭,颓然作罢。脸上的惊愕换成了痛苦而又深沉的沮丧表情。他那只独眼闭了起来,脑袋搭拉在胸前,半死不活的样子。

随后他再也不动了。一切都对他不起作用了:血尽管继续不断往下淌,鞭笞尽管越来越凶猛,行刑吏挥鞭执法,兴奋不已,无比陶醉,也就越来越愤怒,而可怕的皮鞭更为刻毒,唰唰直响,赛似巨灵神挥动魔掌,尽管这样,卡西莫多还是一动也不动。

鞭刑一开始,就有一个小堡执法吏骑着黑马,守候在"梯子"旁边。这时,他伸出手上的乌木棒,指指沙漏。行刑吏遵命住手。转盘也不再转动。卡西莫多才缓缓睁开那只独眼。

鞭笞完毕。行刑吏的两名下手过来,洗净犯人肩背上的血迹,用一种无名油膏涂抹他的身子,身上的伤立即愈合了。然后,他们把一件无袖法衣式的黄色披衫给他披在身上。与此同时,彼埃腊甩着那鲜血浸透染红的皮鞭,血一滴滴又落在地面上。

卡西莫多罪并没有全部受完。他还得在耻辱柱台子上跪一个小时,这是弗洛里昂·巴勃迪安老爷在罗伯·戴屠维耳老爷所作判决之外十分英明地增加的。

于是,把沙漏翻转过来,让驼子继续绑在木台上,跪满严明法纪所需的时间。

民众,尤其是中世纪的民众,在社会里,就像小孩在家庭里。只要民众继续处于这种混沌未开的状态,道德上智力上的未成年状态,我们说孩子的话也可以用来说他们:

在这种年龄①,是没有怜悯心的。

读者从上述已经得知:卡西莫多为众人所憎恨,——确实,理由不止一个,而且都很充足。人群中间简直找不出一个人,没有(或者自认为没有)理由来嫌恶圣母院驼子这坏蛋。先前看见他出现在耻辱柱台子上的时候,大家都高兴得不得了;而后他受尽酷刑,刑余幸存的可怜状态,远远没有使观众大发慈悲,只是使人们的憎恨中有了一份欢乐的成分,从而憎恨更带残忍。

因此,一旦(借用法学界今日仍在使用的行话来说)"公罚"完毕,就该千千万万个私人来报仇雪恨了。在这里也像大厅里一样,尤其是妇女闹得最凶。她们一个个都对他心怀怨恨,有的是因为他坏,有的是因为他丑。后一类女人尤其凶狠。

一个喊道:"呸!反基督的丑八怪!"

另一个喊道:"骑扫帚的魔鬼②!"

另一个吼叫:"多妙的悲剧丑脸呀!今天要是昨天,就凭这个,你还会当上丑人王!"

一个老太婆接口说:"好哇!瞧这耻辱柱上的丑脸!什么时候你变成绞刑架上的鬼脸呢?"

"你什么时候顶着你的大钟给埋在地下一百尺呀,该死的打钟的!"

"可就是这个鬼给咱们敲奉告祈祷钟呀!"

---

① 年龄:法语里,"年龄"又作"时代"解,含义双关。 ② 骑扫帚的魔鬼:从16世纪到18世纪,英美流行着巫婆在夜里骑着扫帚柄飞行散播坏事的故事。

"啊！聋子！独眼！驼子！怪物！"

"他那丑脸会吓得孕妇流产，比什么医道药品堕胎都灵呀！"

两个大学生——约翰和罗班·普斯潘用震耳欲聋的声音唱起古老的民谣：

> 绞索往死囚脖子上戴，
>
> 柴堆烧死丑八怪！

千千万万声咒骂倾泻，嘘声、笑声四起，诅咒声不绝，时刻有石头砸过来。

卡西莫多虽然耳朵聋，但是他看得清清楚楚。公众的凶焰闪发在脸上，疯狂的程度并不亚于表露为言词。况且，石头砸在他身上，比听见笑声更为清楚。

起初他还挺得住。可是，先前在行刑吏鞭笞下他始终忍受着，不为所动，这时被这样的虫豸从四面八方又叮又咬，他渐渐动摇了，失去了耐心。好比是阿斯屠里亚①的公牛，在斗牛士攻打之下倒不怎么激动，狗吠、旗枪②刺，是要使它恼怒的。

起初，他只是以威胁的目光缓缓扫视人群。但是，既然他被牢牢捆绑，这种目光并没有力量，是不能赶走这些咬他伤口的苍蝇的。于是，他不顾绳捆索绑，用力挣扎，狂蹦乱跳，震得陈旧的转盘在木轴上轧轧直响。群众见了，笑声、嘘声更加响亮。

这不幸的人既然挣不脱束缚野兽的缧绁，只好重新安静下来。只是不时发出愤怒的叹息，整个胸膛都鼓胀起来。他脸上却并无羞赧之色。这个人距离社会状态太远，距离自然状态太近，是不会懂得什么叫做羞耻的。况且，他既然畸形到如此地步，耻辱他又怎能感知？然而，愤怒、憎恨、绝望，缓缓在这张丑脸上密布起阴云，越来越阴沉，越来越负荷着闪电，这独眼巨人的那一只眼睛也就闪耀着千万道电光。

不过，忽然这乌云密布的脸开朗了一会儿：原来有一头骡子驮着一个教士穿过人群来了。卡西莫多老远就瞥见这头骡子和这个教士，于是可怜的犯人面容柔和了。先是愤怒得全身抽搐，现在脸上浮现出奇异的微笑，温和、宽容、柔情，难以尽述。教士越走越近，这笑容也就越来越明显、清晰、灿烂。仿佛是这不幸人在向一位救星的来临致敬。但是，等到骡子走近耻辱柱，骑者能够认出受刑者是谁的时候，教士却把头一低，赶紧转道回程，驱骡疾奔，仿佛是忙不迭地要摆脱什么使他丢脸的要求，并不愿意被处于这种姿态的一个可怜的家伙认出、致意。

这个教士就是副主教堂·克洛德·弗罗洛③。

乌云更加浓密，沉落在卡西莫多的脸上。多少还夹杂着一丝笑容，但那是苦笑，沮丧，忧伤已极。

时间消逝。他在那里至少已经一个半小时了，痛心，备受虐待，受人奚落，苦恼不尽，而且简直快被人用石头砸死。

突然，他再次挣扎，要挣脱锁链，绝望的挣扎加倍剧烈，连身下的整个木架都晃动了。他打破了迄今顽固保持的沉默，叫了起来："水！"愤懑的嘶哑声音不像是人声，倒像是犬吠，盖过了群众的嘲骂声。

这凄惨的呼喊丝毫也没有打动人们的同情心，只是使得"梯子"周围的巴黎善良百姓更加开心。应该指出，这些人作为群体看待，整体而言，残忍与愚钝并不亚于那帮位于民众最底层的可怕的无赖汉（前面我们已经引导读者去他们那里结识过了）。这不幸的罪人周围响起的没有别的声音，只有嘲笑他口渴的哄笑。当然，他那样脸憋得通红，汗流满面，目光散乱，又愤怒又痛苦，嘴里白沫四溅，舌头差不多完全伸了出来，这副模样也确实滑稽可笑，叫人恶心而不是怜悯。也应该指出，这群人中间即使有那么一位男女市民大发善心，忍不住要送一杯水去给这个受苦的不幸人喝，耻辱柱那可耻的台阶周围弥漫着的羞耻偏见，也足以使这善良的撒玛利亚人④望而却步。

---

① 阿斯屠里亚：古西班牙地区名。　② 旗枪：这里指挑斗公牛用的带小红旗的长矛。　③ 堂·克洛德·弗罗洛：他迷恋于爱斯梅拉达的美貌，先唆使卡西莫多劫走爱斯梅拉达，未成，致使卡西莫多被捕受刑。后又设计陷害爱斯梅拉达，在狱中向她逼婚，被拒绝，致使爱斯梅拉达被误判死刑。　④ 撒玛利亚人：是《圣经》中行善的人，见《路加福音》第十章。

过了几分钟,卡西莫多以绝望的目光扫视人群,以更加令人心碎的嗓音再次喊叫:"水!"

又是全场哄笑。

"给你喝这个!"罗班·普斯潘叫道,扑面向他扔去一块在阴沟里浸湿的抹布,"给,坏蛋聋子!我可是你的恩人呀!"

一个女人向他脑袋上扔去一块石头:"给你,看你还敲你下地狱的鬼钟半夜吵醒我们!"

"好呀,小子!"一个跛子想用拐杖去打他,吼叫道,"你还敢从圣母院钟楼上散播厄运吗?"

"给你一罐子,叫你去喝!"一条汉子拿起一只破罐子,向他胸脯上扔去,叫道,"就是你,从我老婆跟前走过,就让她生下一个两个脑袋的孩子!"

"还有我的猫下了六只脚的小猫!"一个老太婆尖声怪叫,抓起一块瓦片向他砸去。

"水!"卡西莫多第三次叫喊,上气不接下气。

正当这时,他看见人群闪开,进来一个服饰古怪的姑娘。一只金角山羊跟着她。她手里拿着一面巴斯克手鼓。

卡西莫多的独眼目光一闪。这正是他昨夜企图抢走的吉卜赛姑娘。他模模糊糊感觉到自己此刻受处罚,就是为了这一暴行。其实丝毫也不是,他受惩罚只是因为他不幸是个聋子,更倒霉的是审判他的法官也是聋子。不过,他毫不怀疑她也是来报仇的,来跟别人一样给他打击。

果然,眼看着她迅速登上梯子。愤怒和怨恨使他窒息。他恨不得自己能够震坍这耻辱柱,自己的眼睛如果能够发射雷霆,吉卜赛姑娘来不及爬上平台早已殪为齑粉①。

爱斯梅拉达一声不响,走近这柱自扭曲身子想要躲开她的罪人,从腰带上解下一个水壶,轻轻地把它送到不幸人的焦渴的嘴唇边。

于是,他那迄今完全干涸、犹如火烧的独眼里,大滴的泪珠转动,缓缓滴落,顺着那由于绝望而长久抽搐的畸形的脸庞流下。也许这是这苦命人生平第一次流泪。

这时,他忘了喝水。吉卜赛姑娘不耐烦了,噘起了小嘴唇,笑笑,又把水壶贴上卡西莫多紧绷着的嘴唇。

他大口大口地喝着。口干得火烧火燎似的。

可怜的人喝完以后,伸出他那乌黑的嘴唇,大概是想吻吻这救援了他的美丽的小手。但是,姑娘也许心存戒备,也许想起了昨夜的暴力企图,急忙把手缩回,好像是孩子害怕被野兽咬,吓得缩手不及。

于是,可怜的聋子死死盯着她,眼睛里流露出责备和无可表达的伤感。

这样美丽的姑娘,鲜艳、纯洁、妩媚,同时又这样纤弱,却这样虔诚地跑去救助如此不幸、如此畸形、如此邪恶的怪物。这样的景象在任何地方见了,都是令人感动的;出现在耻辱柱上,这更是壮丽的场面。

即使民众也深为感动,鼓起掌来,大声欢呼:"妙啊!妙啊!"

【思考与练习】

1. 卡西莫多这个只对副主教言听计从、没有了善恶之分的人,残酷的刑罚没有使他流泪,群众的冷嘲热讽与打骂没有使他落泪,副主教的忘恩负义没有使他落泪,而爱斯梅拉达给他喂水却使他生平第一次流泪了,为什么?

2. 美丑对照原则的运用是本文浪漫主义文学特征的一个充分体现,请举出一二例,并结合文章分析这种手法在文中的作用。

3. 在阅读《巴黎圣母院》全文的基础上,对文章塑造的三个主要人物进行分析。

---

① 殪(jī)为齑(jī)粉:杀死并使之为细粉。殪,杀死。齑,细、碎。

6* 羊脂球①（节选）

[法]莫泊桑

赵少侯 译

【阅读提示】

> 1870年7月普法战争爆发，法国大部分领土处在普鲁士军队的铁蹄之下。面对普军的蹂躏，统治阶层或通敌媚外，或望风而逃，或苟且偷生；而广大下层人民却站出来，与侵略者进行了殊死的斗争，表现出可歌可泣的爱国主义精神。莫泊桑有见于此，满怀激情地写下了许多讴歌下层人民英勇杀敌和维护民族尊严的短篇小说，《羊脂球》就是其中最著名的一篇。小说采用以小见大法，一辆马车就是一个社会的缩影，每个人物都代表一个特定的阶层，具有自己的个性。全篇以羊脂球这个被侮辱、被损害的妓女形象为代表，歌颂了法国人民敢于反抗普鲁士侵略者的凛然正气，以及他们维护民族利益的爱国情操和善良热情、乐于助人的高尚品德。莫泊桑不仅辛辣地讽刺和挖苦了那批上流社会的人物，而且敢于超越种种世俗偏见，把一个妓女作为正面主人公加以歌颂，将一个妓女的高尚行为与统治阶层人物进行对比，充分反映了他的民主思想和超凡的胆识。

她刚一走，大家先是你看看我，我看看你，然后把椅子往一块儿挪挪，因为他们都感到，已经到了应该决定个办法的时候了。鸟先生忽然灵机一动，他主张向军官建议，把羊脂球一个人留下，让别的人走路。

仍旧是弗朗维先生担任了这个传话的使命，可是他几乎马上就回到楼下。那个德国人是深知人类的本性的，所以把他赶了出来。他的意思是他的希望一天得不到满足，就必须把全部的人扣留一天。

鸟夫人的市井下流脾气一下子爆发出来："我们总不能老死在这儿啊。跟所有的男子干这种事，原来就是这个娼妇的本行，我认为她就没有权利拒绝这个人或接受那个人。我倒要请问一下，在鲁昂碰着谁要谁，哪怕是马车夫，她也要！是的，太太，她接过省政府的马车夫！这个事，我知道得很清楚，那马车夫就在我们店里买葡萄酒。可是今天，要她帮我们解决困难了！她这个肮脏女人，倒假充起正经人来了！……这个军官，我觉得他的行为很正派。他也许好久没近女人了；我们这三个女人当然比羊脂球更对他的胃口。可是，不，他只想把这个人尽可夫的妇人弄到手就满意了。他对有丈夫的妇人是知道尊重的。请你们想一想，他可是此地的主人。他只要开口说一声：'我要'，就可以在他那些大兵的帮助下把我们强奸的。"

---

① 选自《羊脂球》，人民文学出版社，2003年版。莫泊桑（1850—1893），19世纪法国杰出的批判现实主义作家。本文节选自《羊脂球》后半部分。小说前半部分主要情节是：法国里昂城被普鲁士军队占领，一辆载着伯爵、富商、修女及一个叫"羊脂球"的妓女的马车准备到尚未陷敌的勒阿弗尔。由于走得太匆忙，途中，大家都忘记带食品了，只有"羊脂球"带了一篮精美的食物。善良的"羊脂球"邀请大家分享她的食物，本来对她不屑一顾、极度鄙视的高贵人物们竟将一篮子食物全部吃光。后来，马车在多德被扣，德国军官要羊脂球委身于他，遭到拒绝，恼羞成怒，扣下全部人员做人质。大家都为自身考虑，设计劝说甚至威胁、诱骗羊脂球顺从德国军官的要求……

那两个妇人打了一个小小的寒战。漂亮的卡雷拉玛东夫人眼里闪出了光芒,并且面色有点发白,好像觉得自己已经被那个军官强施无礼似的。

男人们原在一旁商量,现在都走了过来。鸟先生怒气冲天主张把这个"贱货"连手带脚捆起来,交给敌人。不过伯爵出身于三代都做过外交大使的家庭,而且他自己又天生一副外交家的气派,他主张运用计谋,他说:"还是应该好好地劝她。"

于是他们秘密地商量起来。

妇人们挤得更紧一些,说话的声音放得很低,大家议论纷纷,各人发表各人意见,而且话说得都很体面。尤其是这些太太们寻出一些委婉曲折的说法和文雅可爱的措词来表达最猥亵的事。因为话都说得那么谨慎含蓄,局外人闯进来的话,一点也听不懂。不过一切上流社会的妇女披在身上的那层薄薄的廉耻心,只能掩盖外表,她们遇到这件猥亵下流的意外事故,却也止不住心花怒放,骨子里竟觉得异常散心解闷,简直可以说是如鱼得水。她们是抱了一种跃跃欲试的心在为别人从中撮合,正如一个馋嘴厨子馋涎欲滴地在为另一个人做晚餐。

到最后,这个故事在他们眼中,显得那么有趣,因此不由自主地大家都轻松愉快起来。伯爵想出了一些相当大胆的趣话妙语,但是他说得那么巧妙,并不刺耳而是引起了微笑。鸟先生说出了一些比较粗鲁的猥亵词句,大家听了也不觉得难听;他的太太于是直截了当表示了她的看法,得到所有在座人的同意,她说:"既然是这个姑娘的本行,她为什么对别人不拒绝,却偏偏要拒绝这个人?"那位可爱的卡雷拉玛东夫人似乎竟有这样的想法,就是如果她是羊脂球,她是宁肯拒绝别人而不肯拒绝这个人的。

他们费了好半天的时间商量包围的办法,就好比对付一座被围困的要塞。每人都定好了自己应该担任的任务,应该讲的理由和应该玩的手段。大家共同决定了进攻的计划,应该施展的妙计和乘其不备的突然袭击,以便强迫这座活城堡开门迎接敌人。

不过高尼岱始终躲在一边,丝毫不过问这桩事。

大家的注意力都是那么集中,竟没有一个人听见羊脂球回来。幸亏伯爵轻轻地嘘了一声,大家才抬起头来。她已经到了跟前。他们突然闭上嘴,感到十分尴尬,一时无法和她搭话。伯爵夫人究竟比别人更惯于交际场中的两面派作风,就问她:"这次洗礼好玩吗?"

胖姑娘心里的激动还没平息下去,于是把一切都讲给他们听:她都看见了什么样的人,那些人是什么态度,甚至教堂里的外观,她都讲到。最后她还找补一句:"偶尔祷告一次很有好处。"

一直到吃午饭,这几位太太都对她很和气,为的是取得她的信任,更容易听从她们的劝告。

等到一坐上饭桌,进攻就开始了。一开始是泛泛谈到献身精神。他们举了些古代的事例,先举犹底特和荷罗菲纳①;又毫无理由地举了鲁克雷斯和塞克都斯②,又谈起克娄巴特拉③,说她曾把敌军所有的将领先后引到自己床上,使他们像奴隶似的俯首听命。于是一个无比荒诞的故事出现了,这个故事是从这些不学无术的百万富翁脑中产生的;在这个故事里,罗马的女公民们跑到加布,把汉尼拔④搂在怀中哄他睡觉,不但搂他,还搂他那些将领和雇佣兵的所有官兵。凡是曾经阻挡过征服者,把自己的身体作为战场,作为支配工具,作为武器的女人,凡是用自己英勇的爱抚战胜丑恶可恨的败类的女人,凡是曾经为复仇与效忠而牺牲贞操的妇人,他们都一一举了出来。

他们甚至还用含蓄的词句谈到英国的一个名门闺秀,她故意染上一种可怕的传染病,准备传给拿破仑;靠天保佑,幸亏拿破仑在这次不幸的幽会时,突然感到虚弱无力,才算得救。

---

① 犹底特:古代传说中的犹太女英雄。维杜利城受巴比伦军队围攻,情况危急。寡妇犹底特出城来,深入敌营,灌醉了敌军大将荷罗纳纳,砍下了他的头,敌军因而惊溃。 ② 鲁克雷斯:古罗马名将之妻,夜间被罗马皇帝的一个儿子塞克都斯奸污,次日把受辱事告诉父亲和丈夫后,愤而自杀。据传她的死招致罗马皇帝的垮台,共和国的建立。 ③ 克娄巴特拉:古埃及女王,传说曾凭自己的美貌征服恺撒等罗马名将。 ④ 汉尼拔:古代迦太基的大将,攻罗马不克,屯兵罗马附近的加布等待援兵。有些历史学家硬说他迷恋于加布妇女的美丽。小说里的这些富人又附会其词大肆渲染,所以莫泊桑说他们不学无术。

这一切都是用一种很得体、很有分寸的方式讲述出来,时不时还故意爆发出一片热烈赞赏,足以激发人去仿效。

听了他们说的,你最后简直会相信,妇女在世界上唯一的使命就是永恒不断地牺牲自己的身体,无尽无休地听从丘八老粗们的任意摆布。

那两位修女好像陷入沉思之中,什么也没听见。羊脂球也一句话都没有说。

整个下午,他们都不打扰她,容她仔细考虑。不过,谁也说不出为什么,大家却都改了口,简单地叫她"小姐",而不像以往那样称呼她"夫人"了,倒好像是要把她从她现已爬到的、颇受尊敬的地位往下拉一级,让她感觉出她所处的不体面的地位似的。

汤刚刚送上来,弗朗维先生又出现了,还是头天晚上那句话:"普鲁士军官叫我问伊丽莎白·鲁塞小姐,她是不是还没有改变主意。"

羊脂球冷冷地回道:"没有,先生。"

但是在这顿晚饭中间,同盟军的力量减弱了。鸟先生说了三句话,效果都很坏。每个人都搜索枯肠寻找新的例子,但是枉费心机,一点也找不出来。伯爵夫人也许并没有经过事先考虑,只是有点儿希望对教会表示敬意,向那位年长的修女打听圣人们都有什么丰功伟绩。哪知许多圣人都曾经干过在我们看来可算是犯罪的事,不过这些罪如果是为了天主的光荣或是为了他人的利益,那么教会便会毫不困难地加以宽恕。这是一个有力的论据,伯爵夫人马上加以利用。也许是由于双方有了默契,或者是一方暗献殷勤,凡是身披教会法衣的人都善于干这一手,也许仅仅是由于正巧缺乏头脑,或者由于爱帮人忙的糊涂傻劲儿,总之这位老修女却给他们的阴谋帮了一个大忙。大家原以为她胆子小怕羞,哪知她很胆大,话也很多并且很激烈。这位修女从来不受决疑论者的那些探讨研究的影响,她主张的信仰有如铁打的一般;她的信念从来也没有动摇过;她的良心从来没有任何不安的时候。她觉得亚伯拉罕①杀子祭天没有丝毫可惊奇的地方,因为只要上天有命令下来叫她杀父杀母,她也是立刻会动手的;依她看来,只要意图正当,做什么事也不会惹得天主不高兴。这位意想不到的同谋者是有神圣的权威的,伯爵夫人乘机加以利用,要引她对"但问结果不问手段"那句道德格言做一番大有教益的解释。她是这样问修女的:

"那么,我的姑奶奶,您认为,无论用什么方法,天主是允许的吗?只要动机纯洁,行为本身总是可以得到天主原谅的了?"

"有谁能怀疑这个呢,太太?本身应该受谴责的行为,常常因为启发行动的念头良好而变成可敬可佩。"

她们就这样继续谈下去,她们判断天主的意愿,估计天主的决定,迫使天主操心许多与他实在毫不相干的事情。

这一切都说得含而不露,既巧妙,又得体。不过这位戴元宝帽的圣女的每一句话,对那个妓女的愤怒的抗拒来说,都起着攻破缺口的作用。后来谈话稍稍离开了本题,手执念珠的女人谈到了她所属的修会的各个修道院,谈到她的院长,谈到她自己和那个娇小的同伴,那个亲爱的圣尼赛福尔修女。她们是应召到勒阿弗尔那些医院里去看护好几百身染天花的兵士的。她描绘了那些可怜人的情形,仔仔细细地讲述他们的病情。只因为这个普鲁士军官任性横行,她们被截在半路上。在这个时候很多法国人可能送了命,她们如果在那里,本来是可以把他们救活的。看护军人原是她的专长:克里米亚、意大利、奥地利她都到过;在她讲述她参加过的那些战役的时候,突然使人感到了她就是那些打着军鼓、吹着军号的修女队中的一位,这些修女好像天生就是为随着兵营奔走,在战争的漩涡中抢救伤兵的;她们比官长还能干,能够一句话便制服那些不守纪律的老兵。她可以算是一个真正随军的好修女,那一张被天花毁掉的、数不清有多少麻瘢痘痕的面孔,就好像是战争带来的破坏蹂躏的写照。

---

① 故事见《旧约·创世记》,神要试验亚伯拉罕,叫他把独生儿子杀来祭天。亚伯拉罕就遵命亲自动手杀子,刚要举刀,耶和华的使者止住了他。

在她说完以后,因为效果是那么好,所以别人也就不再说什么了。

饭一吃完,大家都很快回到各人的房间,第二天早晨下来得相当晚。

午饭也平平静静地过去了。他们让头天晚上播下的种子有抽芽结果的时间。

午后,伯爵夫人提议大家出去散步;于是伯爵按照预定计划,挽着羊脂球的胳膊,和她一起走在最后面。

他跟她谈着话,用的是稳重的男人对卖笑女子说话的那种口气,亲热随便,慈祥和蔼,多少还带点儿轻蔑;他喊她"我的孩子";他从高高在上的社会地位和无可争辩的崇高身份,屈尊俯就地对待她。他单刀直入,一下子就讲到了本题:

"这么说,您是宁愿让我们留在这里,和您一样等普鲁士军队吃败仗之后,冒遭受他们种种强暴对待的危险,而不肯随和一点,答应做您一生经常做的事?"

羊脂球什么话也不回答。

他亲切地对待她,和她说理,用感情打动她。他能够保持"伯爵先生"这个身份,同时在需要的时候又能殷勤献媚、恭维夸奖,表现得十分可爱。他竭力渲染她可以帮他们多么大的忙,也谈到他们将如何感激她;然后突然笑嘻嘻,亲密地改用"你"来称呼她①,说道:"你知道,我亲爱的,他将来还可以夸耀,说他曾经尝过一个他们国内不多见的美女的滋味呢。"

羊脂球一语不答,她追上了其余的人。

一回到旅馆,她立刻上楼到自己的房间去,再也没有露面。大家都忧心忡忡。她倒是要怎么办呢?如果她还是抗拒,那可真糟糕!

吃晚饭的时间到了,大家等她没有等到。后来弗朗维先生走了进来,通知大家说鲁塞小姐身体有点不舒服,大家可以先吃。人人都竖起耳朵听。伯爵走到老板身旁,低声问道:"行了?"——"行了。"为了顾全面子,他对同伴们什么也没说,只是朝他们微微点了点头。立刻所有的人都如释重负,深深地叹了一口气,脸上露出轻松愉快的表情。鸟先生大声喊道:"他奶奶的!我请大家喝香槟酒,这旅馆里不知有没有?"鸟太太却不免心惊肉跳,因为老板马上手里拿着四瓶酒重新走进来了。每一个人都突然间变得爱说爱笑,爱吵爱闹;各人心里都充满了一种不大正派的快乐。伯爵好像发现卡雷拉玛东夫人丰韵很足,而那个棉纺厂厂主,卡雷拉玛东先生则不住向伯爵夫人献殷勤。谈话活跃、愉快,有很多精彩的妙语趣话。

忽然鸟先生满面惊恐,高举双臂,嚷了起来:"都别作声!"大家吃了一惊,甚至又有点害怕,果然停止了谈话。鸟先生这时支起耳朵听,一面双手拢着嘴发出一声"嘘!"抬起眼睛望望天花板;他又用心听了一会儿,恢复了本来的嗓音说道:"放心吧,没事。"

最初大家有点莫名其妙,但是很快地都露出了微笑。

一刻钟之后这出滑稽剧他又重演了一次,并且这个晚上经常地重演;他还常常装出和楼上某个人打招呼的样子,把那些从他的市侩脑子里挖掘出来的语意双关的建议提给对方。有时他装作愁眉苦脸叹着气说:"可怜的女孩子哟!"要不就怒气填胸地咬着牙嘟囔:"混账的普鲁士人!"有时候,大家谁也不想这件事了,他却提高了嗓子连喊几次:"够啦!够啦!"然后仿佛跟自己说话似的又说:"但愿我们还能见到她的面,可别叫这个坏蛋给收拾死啊!"

虽然这些玩笑话趣味低级,不堪入耳,但是没有一个人感到生气,大家还都觉得好玩;原来气愤也和其他东西一样,是和环境有关的,而在这些人周围逐渐形成的气氛里,充满了猥亵的念头。

吃到点心水果时,妇人们也不免说了些很俏皮的、但是也很含蓄的影射话。大家的眼睛都亮闪闪的;因为酒喝了不少。伯爵即使在吃喝玩乐的时候也保持住他那庄重的外表,他打了一个颇为大家欣赏的比喻,说北极严冬已经过去,一群被困在冰冻中的难民看见通往南方的道路已经打开,因此快活

---

① 法语中一般情况下用第二人称复数 vous(你们)来代替第二人称单数 tu(你),表示客气。用第二人称单数时,表示与对方关系密切。

异常。

鸟先生正在兴头上,他站了起来,手中举着一杯香槟,说道:"为庆贺我们的解放,我喝这一杯!"大家都站了起来,向他欢呼。几位太太横劝竖劝,那两位修女也同意把嘴唇在这个她们从没尝过的起泡沫的酒里抿一抿。她们说有点像柠檬汽水,不过味道好得多。

鸟先生对当时的情况做了一个概括:

"可惜的是没有钢琴,不然倒可以跳它一场四对舞。"

高尼岱一直没有说话,也没有动一动;他好像深深地沉浸在严肃的思想中;有时他狠狠地扯着自己的大胡子,仿佛想把它拉得更长一些。末了,快到十二点的时候,大家要散了,喝得东倒西歪的鸟先生,忽然在高尼岱的肚子上轻轻拍了一下,口里含糊不清地说道:"您今晚话也不说,为什么不高兴,公民?"哪知高尼岱却突然抬起了头,两目凶光闪闪地把所有在座的人扫视了一周,说道:"告诉你们大家,你们刚才干的事无耻透顶。"说完就站起来,走到门口,又说了一遍:"无耻透顶!"才走出去不见了。

大家都感到十分扫兴。鸟先生冷不防碰了这个钉子,也目瞪口呆,发了傻;可是他恢复镇静以后,突然弯了腰大笑起来,口里不住念叨:"葡萄太酸了,老伙计。太酸了。"大家不明白他这句话什么意思,他于是把"走廊里的秘密"讲给他们听。于是大家又兴高采烈起来。几位太太乐得跟疯子一样。伯爵和卡雷拉玛东先生笑得直流泪。他们不相信会有这个事。

"怎么!您没弄错吗?他真想……"

"告诉你们,我是亲眼看见的。"

"她居然不答应……"

"那是因为普鲁士人就住在隔壁房间里。"

"哪儿会有这种事呢?"

"我向你们发誓。"

伯爵笑得喘不过气来。卡雷拉玛东先生两手紧紧捧着肚子。鸟先生还不肯住口:

"你们明白了吧,今天晚上,他笑不出来,一点儿也笑不出来了。"

三个人又哈哈大笑,笑得肚子痛,笑得气都透不过来,笑得直咳嗽。

笑完大家也就散了。鸟太太的性情是从不饶人的;当夫妇一睡到床上,她就告诉她的丈夫,卡雷拉玛东太太这个小泼妇整个晚上都在苦笑;"你知道,女人们要是看中了穿军服的,不管是法国人或普鲁士人,全都欢迎。这还不够丢人吗?我的天啊!"

这一整夜,在黑暗的走廊里,老像有轻微的颤动,轻得几乎听不见、像喘息似的轻悄悄的响声;还有光着脚底板在地上走过的声音和不易觉察的咯咯声。当然大家都很晚才睡着,因为好久好久以后还有灯光从那些卧室的门下透出来。这一切都是香槟酒的效果;据说香槟酒会打扰人的睡眠。

第二天,在明亮的冬日阳光照耀下白雪晶光耀眼。公共马车总算套上马,在门外等着了;大群白鸽子,粉红眼睛黑瞳孔,厚厚的羽毛,昂首挺胸,一本正经地在六匹马的腿底下绕来绕去,啄着还冒热气的马粪,寻找它们的食物。

车夫围着他那块羊皮,在座上抽着烟斗;旅客们都心花怒放,忙着叫人给他们包扎食物,以便在剩下的路程上吃。

只等羊脂球一人了。她露了面。她好像有点激动,有点羞惭;她怯生生地向旅伴们这边走过来,这些人一齐转过脸去,就像没见她似的。伯爵昂然地搀着太太的胳膊,把她领到一边,躲开这种不干净的接触。

胖姑娘十分诧异,站住不再往前走;随后才鼓足勇气对那棉纺厂厂主的太太打招呼,很谦恭地轻轻说了一声"早安,太太"。对方只是极其傲慢地点了点头,同时像一个贞洁的女人受到了侮辱似的朝她望了一眼。人人都仿佛很忙碌,并且都离她远远的,仿佛她的裙子里带来了什么传染病。后来大家都急忙朝车子奔过去,把她丢在最后,她独自一人爬上车,一声不响地坐到前一段路程坐过的位子上。

大家仿佛没有看见她这个人,也不认识她;可是鸟太太怒气满脸,远远地望着她,低声对她的丈夫说："幸亏我不坐在她的旁边。"

笨重的马车晃动起来，旅行又开始了。

最初谁也不说话。羊脂球头也不敢抬。她对这些旅伴感到气愤，同时感到羞愧，羞愧的是没有坚持到底而让了步，被他们假仁假义地推到这个普鲁士人的怀中，被他所玷污。

伯爵夫人很快地打破这种难堪的沉寂，她转过脸来向卡雷拉玛东夫人问道：

"您大概认识德·哀特莱尔夫人吧？"

"认识的，还是我的朋友呢。"

"是个多么可爱的人啊！"

"太招人喜欢了！这才真是个顶儿尖儿的人物，学问好，多才多艺，唱得一口好歌，画得一手好画。"

棉纺厂厂主在和伯爵聊天，在车窗玻璃的格格声中，不时地可以听见像息票啦，到期啦，溢价啦，限期啦等等字眼儿。

鸟先生和他的太太在斗纸牌，牌是他从旅馆里偷来的，在抹得不干净的桌子上已经摩擦了五年，牌上满是油腻。

两位修女把腰带上挂着的长念珠取下来拿在手里，一同画了十字，突然嘴唇很快地动起来，并且越来越快，跟比赛念经似的叽里咕噜地念着，还不时地吻吻一块圣像牌，吻完又画十字，然后嘴唇又迅速不停地动起来。

高尼岱一动不动，他在想心事。

走了三个钟头以后，鸟先生收好纸牌。"肚子饿了！"他说。

他的太太伸手拿过来一个细绳捆好的纸包，从里面取出一块冷牛肉。她很利落地把它切成薄而整齐的片儿，两个人就吃起来。

"我们也吃，好不好？"伯爵夫人问。得到同意以后，她把给两家预备的食品都打开来。一个椭圆形的盆子，盆盖上有一个粗瓷野兔，表示盆里盛的是一只熟的野兔，那是一种滋味鲜美的熟肉，紫堂堂兔肉上横着一排一排白色的肥猪肉丁，还拌着别种剁得很碎的肉。此外还有一大块瑞士出产的干酪，是用一张报纸包着的，报上的"社会琐闻"四个字也印在油汪汪的干酪面上了。

两位修女从纸包里拿出了一截香肠，发出一阵大蒜的气味；高尼岱两手同时插进了他那件肥大的外套的大口袋里，从一只口袋里掏出四个带皮煮熟的鸡蛋，从另一只口袋里掏出一段面包。他剥掉了蛋壳，扔在脚下的稻草里，就咬起他的鸡蛋来，蛋黄的末屑落在他的大胡子上，很像一颗一颗的星星。

羊脂球原是匆匆忙忙慌里慌张起的床，什么也没有想到；看见这些人若无其事地吃着东西，不觉气愤填胸，憋得喘不过气来。她先是一阵狂怒，她张开嘴已经预备把他们好好地教训一顿，一大堆辱骂的话已经涌到嘴边；可是她说不出来，怒火是那样强烈，竟锁住了她的嗓门。

没有一个人看她，没有一个人想到她。她觉得自己淹没在这些正直的恶棍的轻蔑里；他们先是把她当作牺牲品，然后又像抛弃一件肮脏无用的东西似的把她抛掉。她于是想起了她那只满满装着好东西的大篮子，他们是那样贪狠地把它吞个精光；她想起了她那两只冻得亮晶晶的小鸡，她那些肉酱、梨子，她那四瓶波尔多红葡萄酒；这时她的怒气，好像一根绳子绷得太紧绷断了似的，反倒平息下去；她觉得要哭出来。她拼命地忍住，跟孩子似的把呜咽硬咽下去，可是眼泪还是涌上来，亮晶晶地挂在眼圈边儿上，一忽儿工夫两颗大泪珠离开了眼睛，慢慢地顺着两颊流了下来。跟着又流下别的泪珠，流得更快，就好比岩石里渗出来的水珠，一滴一滴落在她的圆鼓鼓的胸膛上。她腰板笔挺，眼睛定着向前看，脸绷得紧紧的，脸色苍白，只希望别人不要看她。

可是伯爵夫人偏偏看出来了，并且递了个眼色通知她的丈夫。他耸了耸肩膀，仿佛说："有什么法子呢？这不能怪我啊。"鸟夫人得意扬扬，不出声地笑了笑，嘟囔着说："她在痛哭自己做了丢脸的事。"

两位修女把吃剩的香肠卷在一张纸里，又念起经来。

高尼岱正在消化刚吃下去的几个鸡蛋，把两条长腿伸到对面的长凳下面，向后一靠，两臂交叉放在胸前,好像刚刚找到了捉弄人的办法似的,脸上露出了微笑,随后用口哨吹起《马赛曲》的调子来。

所有的人都涨红了脸。毫无疑义,同车的那些人是不喜爱这个人民的歌声的。他们都感觉心里烦躁,激怒,仿佛要大嚷大叫才好,就好比狗听见了手摇风琴的声音总要狂吠一样。

他看出了这种情形,再也不肯住嘴。有时候甚至把歌词也哼了出来:

  对祖国的神圣的爱,

  快来领导、支持我们复仇的手,

  自由,最亲爱的自由,

  快来跟保卫你的人们一道战斗!

雪地比较坚硬,车子也走得比较快了。在旅途的漫长的愁惨的这几小时内,在车子颠簸震动的声响中,不管是黄昏刚黑的那一刹那,也不管是车里已经漆黑乌暗的时候,一直到第厄普为止,他便是这样一直执拗顽固地继续吹着他那带复仇性的、单调的调子,逼得那些人,脑筋尽管非常疲乏,心情尽管十分愤怒,却也无法不从头至尾倾听着他的歌声,并且每听一拍,还不由得要把唱的每句歌词都记起来。

羊脂球一直在哭,有时候在两节歌声的中间,黑暗里送出一声呜咽,那是她没能忍住的一声悲啼。

第十四单元 教育之梦

单 元 导 读

教师拥有光荣的称号和神圣的使命,教育是既充满梦想又脚踏实地的事业。作为教育工作者,我们每天的感觉几乎都是新的:可能有着意想不到的乐趣,也可能会有令人惊喜的回报,还可能有无数的问题等着我们去解决……我们的工作是百年大计。

我们将从本单元所选的文章中感受到从古至今的教育者们睿智的思想和不懈的追求。

在《论语》和《学记》里,我们会领略到博大精深的古代教育思想。

在《教学合一》中,陶行知先生用朴素的语言表达了以人为本的现代教育理念。

谢冕教授的《永远的校园》让我们更深入地感悟大学的真正内涵,感悟什么才是"永远的校园"。

《给我一个班,我就心满意足了》,多么恬淡的文字,多么惬意的人生。薛瑞萍老师借此向我们展示了一名普通教师如何将平凡、平淡演绎成了幸福、美好。

《傅雷家书》中记录了傅雷夫妇教育孩子要先做人、后成"家"、超越小我、独立思考、礼仪得体以及如何理财、婚恋等等,无论是父母还是子女,读了都会深受启迪,终生受益。

《劳动教育和个性全面发展》中阐述了著名教育家苏霍姆林斯基关于劳动教育中遵循的原则和要求,体现了教育的目标:培养全面发展的人。

当我们怀揣教育之梦,跨进大学校园时,内心一定充满着对未来事业的憧憬。让我们记住苏霍姆林斯基的话:在人的心灵深处都有一种需要,那就是希望自己是一个发现者、研究者、探索者。

1 《论语》《学记》六则

【阅读提示】

> 我们期盼理想的教育,倡导以人为本,强调素质教育。这些理念几乎都可以从先秦诸子的著述中找到理论与实践的雏形。这些历时久远至今仍熠熠生辉的教育思想,至今读来,仍会给我们带来许多深刻的启示,让我们感受到我国教育思想的源远流长和先哲们睿智的光芒。
>
> 孔子提出的"因材施教""学以致用"等教育方法,深为后人所推崇。《学记》是中国第一部教育著作,其中对教育的作用、制度、管理、考核、原则、方法等方面的精辟论述,对我们今天的教育仍有启示作用。
>
> 历史是最好的过滤器,它告诉我们什么是经典和精华。在第一届诺贝尔奖获得者国际大会上,一批诺贝尔奖获得者在会议结束时呼吁:"如果人类要在二十一世纪生存下去,必须回顾二千五百年,去吸取孔子的智慧。"由此可见,博大精深的儒家思想不论是对人类的过去、现在还是未来,都会产生深刻的影响,而其教育思想,是十分重要的一部分。

《论语》四则

子曰:"不愤①不启,不悱②不发。举一隅③不以三隅反,则不复也。"

子谓子贡曰:"女与回也孰愈④?"对曰:"赐也何敢望回?回也闻一以知十⑤,赐也闻一以知二⑥。"子曰:"弗如也。吾与女弗如也。"

子路问:"闻斯⑦行诸⑧?"子曰:"有父兄在,如之何其闻斯行之?"冉有问:"闻斯行诸?"子曰:"闻斯行之。"公西华曰:"由也问闻斯行诸,子曰'有父兄在';求也问闻斯行诸,子曰'闻斯行之'。赤也惑,敢问。"子曰:"求也退,故进之;由也兼人⑨,故退之。"

子曰:"若圣与仁,则吾岂敢?抑为之不厌⑩,诲人不倦,则可谓云尔⑪已矣。"公西华曰:"正唯弟子不能学也。"

---

① 愤:苦思冥想而仍然领会不了的样子。 ② 悱(fěi):想说又不能明确说出来的样子。 ③ 隅(yú):角落。 ④ 愈:胜过,超过。 ⑤ 十:指数的全体。旧注云:"一,数之始;十,数之终。" ⑥ 二:旧注云:"二者,一之对也。" ⑦ 斯:此,指合于义理的事。 ⑧ 诸:"之乎"二字的合音。 ⑨ 兼人:好勇过人。 ⑩ 抑:转折语气词,"只不过是"的意思。之:指圣与仁。 ⑪ 云尔:这样说。

《学记》二则

大学之法①,禁于未发之谓豫②,当其可之谓时③,不凌节而施之谓孙④,相观而善之谓摩⑤。此四者,教之所由兴⑥也。

发然后禁则扞格而不胜⑦,时过然后学则勤苦而难成,杂施而不孙⑧则坏乱而不修⑨,独学而无友则孤陋而寡闻⑩,燕朋逆其师⑪,燕辟废其学⑫。此六者,教之所由废⑬也。

学者有四失⑭,教者必知之。人之学也,或失则多⑮,或失则寡,或失则易⑯,或失则止⑰。此四者,心之莫同也⑱。知其心,然后能救⑲其失也,教也者,长善⑳而救其失者也。

【思考与练习】

1. 熟读、背诵全文,完成下面各题。
(1) 概括《论语》四则中的教学方法。
(2) 总结归纳《学记》二则中值得借鉴的教育方法。
2. 结合自己所经历或了解的教育现状,说说这几则教育思想在现实中的指导意义。

2 教 学 合 一㉑

陶行知

【阅读提示】

"爱满天下"是陶行知先生毕生追求的教育真谛;"热爱每一个学生",是陶行知先生的人生格言;"为了孩子,甘为骆驼。于人有益,牛马也做",是陶行知先生的办学心愿;"教人求真",使学生"学做真人"是陶行知先生神圣的使命;"你的教鞭下有瓦特,你的冷眼中有牛顿,你的讥笑

---

① 大学之法:大学(进行教育)的方法,也就是大学的教学原则。大学,古时最高的学校。 ② 禁于未发之谓豫:问题还没有发生就加以防范,叫做预防。之谓,也可以说"是谓",现在说"叫作"。豫,预防。 ③ 当其可之谓时:在适当的时候(学习),叫作适时。可,适当。 ④ 不凌节而施之谓孙(xùn):不超过学的人的接受能力而进行(教育),叫作合乎顺序。凌,超越。节,限度。孙,通"逊",顺。 ⑤ 相观而善之谓摩:互相观察(也就是互相参观学习),吸取对方的长处,叫作观摩。摩,切磋,互相研究。 ⑥ 兴:这里是成功的意思。 ⑦ 则扞格而不胜:就抵触而不易克服。意思是,坏习惯已成,不易接受教育。扞格,抵触。胜,克服。 ⑧ 杂施而不孙:杂乱地进行(教育)而不合乎顺序。 ⑨ 坏乱而不修:陷入混乱的境地而不好收拾。修,整治。 ⑩ 孤陋而寡闻:学识短浅,见闻不广。 ⑪ 燕朋逆其师:交品德不好的朋友,就会违反师长(的教诲)。燕朋,坏朋友,这里有交坏朋友的意思。燕,玩,戏。逆,违背。 ⑫ 燕辟(pì)废其学:同坏朋友谈不正经的事,就会荒废学业。燕辟,谈不正经的话。辟,邪僻。 ⑬ 废:失败。 ⑭ 失:过失,缺点。 ⑮ 或失则多:意思是,或者失之于多(也就是说缺点在于学得过多)。则,这里有"于"的意味。 ⑯ 易:看轻,把学习看得太容易(不肯深入思考)。 ⑰ 止:停止,遇到困难就停止不进。 ⑱ 此四者,心之莫同也:这四种缺点,是由于学的人的心理各有不同。 ⑲ 救:补救。 ⑳ 长(zhǎng)善:发展优点。 ㉑ 本文发表在《世界教育新思潮》,原载于1919年2月24日《时报·教育周刊·世界教育新思潮》第1号。

> 中有爱迪生",是陶行知先生对教师和家长的良言忠告……陶行知对教育事业的热爱,对祖国和人民的无私奉献,对中华民族伟大复兴的坚定信念,像一面大旗,历经岁月的洗礼,依然指引着一代代为人师者。是什么让陶行知先生成为无数人师的楷模?又是什么使陶行知先生的教育理论、实践成为众多教育者研究的对象?认真阅读课文,你会在课文中找到答案。

现在的人叫在学校里做先生的为教员,叫他所做的事体为教书,叫他所用的法子为教授法,好像先生是专门教学生些书本知识的人。他似乎除了教以外,便没有别的本领;除书之外,也没有别的事教。先生只管教,学生只管受教,好像是学的事体,都被教的事体打消掉了。论起名字来,居然是学校;讲起实在来,却又像教校。这都是因为重教太过,所以不知不觉的就将教和学分离了。然而教学两者,实在是不能分离的,实在是应当合一的。依我看来,教学要合一,有三个理由。

第一,先生的责任不在教,而在教学,而在教学生学。大凡世界上的先生可分三种:第一种只会教书,只会拿一本书要儿童来读它、记它,把那活泼的小孩子做个书架子、字纸篓。先生好像是书架子字纸篓之制造家,学校好像是书架子字纸篓的制造厂。第二种的先生不是教书,乃是教学生;他所注意的中心点,从书本上移到学生身上来了。不像从前拿学生来配书本,现在他拿书本来配学生了。他不但是要拿书本来配学生,凡是学生需要的,他都拿来给他们。这种办法,果然比第一种好得多,然而学生还是在被动的地位,因为先生不能一生一世跟着学生。热心的先生,固想将他所有的传给学生,然而世界上新理无穷,先生安能尽把天地间的奥妙为学生一齐发明?既然不能与学生一齐发明,那他所能给学生的,也是有限的,其余还是要学生自己去找出来。况且事事要先生传授,既有先生,何必又要学生呢?所以专拿现成的材料来教学生,总归还是不妥当的。那么,先生究竟应该怎样子才好?我以为好的先生不是教书,不是教学生,乃是教学生学。教学生学有什么意思呢?就是把教和学联络起来:一方面要先生负指导的责任,一方面要学生负学习的责任。对于一个问题,不是要先生拿现成的解决方法来传授学生,乃是要把这个解决方法如何找来的手续程序,安排停当,指导他,使他以最短的时间,经过相类的经验,发生相类的理想,自己将这个方法找出来,并且能够利用这种经验理想来找别的方法,解决别的问题。得了这种经验理想,然后学生才能探知识的本源,求知识的归宿,对于世间一切真理,不难取之无尽,用之无穷了。这就是孟子所说的"自得",也就是现今教育家所主张的"自动"。所以要想学生自得自动,必先有教学生学的先生。这是教学应该合一的第一个理由。

第二,教的法子必须根据于学的法子。从前的先生,只管照自己的意思去教学生;凡是学生的才能兴味,一概不顾,专门勉强拿学生来凑他的教法,配他的教材。一来先生收效很少,二来学生苦恼太多,这都是教学不合一的流弊。如果让教的法子自然根据学的法子,那时先生就费力少而成功多,学生方面也就能够乐学了。所以怎样学就须怎样教;学得多教得多,学得少教得少;学得快教得快,学得慢教得慢。这是教学应该合一的第二个理由。

第三,先生不但要拿他教的法子和学生学的法子联络,并须和他自己的学问联络起来。做先生的,应该一面教一面学,并不是贩买些知识来,就可以终身卖不尽的。现在教育界的通病,就是各人拿从前所学的抄袭过来,传给学生。看他书房里书架上所摆设的,无非是从前读过的几本旧教科书;就是这几本书,也还未必去温习的,何况乎研究新的学问,求新的进步呢?先生既没有进步,学生也就难有进步了。这也是教学分离的流弊。那好的先生就不是这样,他必定是一方面指导学生,一方面研究学问。如同柏林大学包尔孙先生(Fr. Paulsen)[①]说:"德国大学的教员就是科学家。科学家就是教员。"德国学术发达,大半靠着这教学相长的精神。因为时常研究学问,就能时常找到新理。这不但是教诲丰富,学生能多得些益处,而且时常有新的材料发表,也是做先生的一件畅快的事体。因为教育

[①] 包尔孙:即包尔生(1846—1908),德国哲学家、伦理学家、教育学家,著有《伦理学体系》。

界无限枯寂的生活,都是因为当事的人,封于故步,不能自新所致。孔子说:"学而不厌,诲人不倦。"真是过来人阅历之谈。因为必定要学而不厌,然后才能诲人不倦;否则年年照样画葫芦,我却觉得有十分的枯燥。所以要想得教育英才的快乐,首先要把教学合而为一。这是教学应该合一的第三个理由。

总之:一,先生的责任在教学生学;二,先生教的法子必须根据学的法子;三,先生须一面教一面学。这是教学合一的三种理由。第一种和第二种理由是说先生的教应该和学生的学联络;第三种理由是说先生的教应该和先生的学联络。有了这样的联络,然后先生学生都能自得自动,都有机会方法找那无价的新理了。

【思考与练习】

1. 阅读课文,概括文章的基本观点。
2. 回顾自己的求学生活,谈谈自己所受的教育符合陶行知先生的教育思想吗?在今后的工作中你将为自己的学生提供什么样的教育?

3 永远的校园

谢 冕

【阅读提示】

> 有谁不曾做过大学梦呢?"大学是每个人永恒的精神家园",谢冕先生如是说。在《永远的校园》中,作者情真意切地描绘了未名湖的绰约风姿,回忆了影响自己终生的刻骨铭心的北大经历,写出那一方精神圣地——燕园的永恒魅力。从作者真情流淌的文字中可以感受到北大深厚的文化底蕴,感受到为什么作者称之为"永远的校园"。
>
> 阅读本文,要理清作者行文的思路,深入领会"永远"表现在哪些方面,体会作者对母校的深厚情感,欣赏充满诗情和激情的语言。

一颗蒲公英小小的种子,被草地上那个小女孩轻轻一吹,神奇地落在这里便不再动了——这也许竟是夙缘。已经变得十分遥远的那个八月末的午夜,车子在黑幽幽的校园里林丛中旋转终于停住的时候,我认定那是一生中最神圣的一个夜晚:命运安排我选择了燕园一片土。

燕园的美丽是大家都这么说的,湖光塔影和青春的憧憬联系在一起,益发充满了诗意的情趣。每个北大学生都会有和这个校园相联系的梦和记忆。尽管它因人而异,而且也并非一味的幸福欢愉,会有辛酸烦苦,也会有无可补偿的遗憾和愧疚。

我的校园是永远的。因偶然的机缘而落脚于此,终于造成决定一生命运的契机。青年时代未免有点虚幻和夸张的抱负,由于那个开始显得美丽、后来愈来愈显得严峻的时代,而变得实际起来。热情受到冷却,幻想落于地面,一个激情而有些飘浮的青年人,终于在这里开始了实在的人生。

匆匆五个寒暑的学生生活,如今确实变得遥远了,但师长那些各具风采但又同样严格的治学精神影响下的学业精进,那些由包括不同民族和不同国籍同学组成的存在着差异又充满了友爱精神的班级集体,以及战烟消失后渴望和平建设的要求促使下向科学进军的总体时代氛围,给当日的校园镀上一层光环。友谊的真醇、知识的切磋、严肃的思考、轻松的郊游,甚至失魂落魄的考试,均因它的不曾虚度而始终留下充实的记忆。

燕园其实不大,未名不过一勺水。水边一塔,并不可登;水中一岛,绕岛仅可百余步;另有楼台百十座,仅此而已。但这小小校园却让所有在这里住过的人终生梦绕魂牵。其实北大人说到校园,潜意识中并不单指眼下的西郊燕园,他们大都无意间扩展了北大特有的校园的观念:从未名湖到红楼,从蔡元培先生铜像到民主广场。或者说,北大人的校园观念既是现实的存在,也是历史的和精神的存在。在北大人的心目中,校园既具体又抽象,他们似乎更乐于承认象征性的校园的精魂。

我同样拥有精神上的一座校园。我的校园回忆包蕴了一段不平常的记忆。时代曾给予我们那一代青年以特殊的际遇,及今思来,可说是痛苦多于欢愉。我们曾有个充满期待也充满困惑的春天。一个预示着解放的早春降临了,万物因严冬的解冻而萌动。北大校园内传染着悄悄的激动,年轻的心预感于富有历史性转折时期的可能到来而不安和兴奋。白天连着夜晚,关于中国前途和命运、关于人民的民主和自由的辩论,在课堂、在宿舍、在湖滨,也在大小膳厅、广场上激烈地进行。

这里有向着习惯思维和因袭势力的勇敢抗争。那些富有历史预见和进取的思想,在那个迷蒙的时刻发出了动人的微光。作为时代的骄傲,它体现北大师生最敏感、也最有锐气的品质。与此同时,观念的束缚、疑惧的心态、处于矛盾的两难境地的彷徨,更有年轻的心因沉重的负荷而暗中流血。随后而来的狂热的夏季,多雨而湿闷。轰然而至的雷电袭击着这座校园,花木为风雨所摧折。激烈的呼喊静寂以后,蒙难的血泪默默唤醒沉睡的灵魂。他们在静默中迎接肃杀的秋季和苍白而漫长的冬日。

那颗偶然落下的种子不会长成树木,但因特殊的条件被催化而成熟。都过去了,湖畔走不到头的花阴曲径;都过去了,宿舍水房灯下午夜不眠的沉思,还有轻率的许诺,天真的轻信。告别青春,告别单纯,从此心甘情愿地跋涉于泥泞的长途而不怨尤。也许即在此时,忧患与我们同在,我们背上了沉重的人生十字架。曼妙的幻想,节日的狂欢,天真的虔诚,随着无可弥补的缺憾而远逝。我们有自己的青春祭。从这个意义上说,这校园与我们青春的希望与失望相连,它永远。

燕园的魅力在于它的不单纯。就我们每个人说,我们把青春时代的痛苦和欢乐、追求和幻灭,投入并消融于燕园,它是我们永远的记忆。未名湖秀丽的波光与长鸣的钟声、民主广场上悲壮的呐喊,混成了一代人又一代人的校园记忆。一种眼前的柔美与历史的雄健的合成;一种朝朝夕夕的弦诵①之声与岁岁年年的奋斗呐喊的合成;一种勤奋的充实自身与热情的参与意识的合成;这校园的魅力多半产生于上述那些复合丰富的精神气质的合成。

燕园有一种特殊的气氛:总是少有闲暇的急匆匆的脚步,总是思考着的皱着的眉宇,总是这样没完没了的严肃和沉郁。当然也不尽然,广告牌上那些花花绿绿的招贴,间或也露出某些诙谐和轻松,时不时地出现一些令人震惊的举动,更体现出北大自由灵魂的机智和聪慧。北大又是洒脱的和充满了活力的。

这真是一块圣地。数十年来这里成长着中国几代最优秀的学者。丰博的学识,闪光的才智,庄严无畏的独立思想,这一切又与先于天下的严峻思考,耿介不阿的人格操守以及勇锐的抗争精神相结合。这更是一种精神合成的魅力。科学与民主是未经确认却是事实上的北大校训。二者作为刚柔结合的象征,构成了北大的精神支柱。把这座校园作为一种文化和精神现象加以考察,便可发现科学民主作为北大精神支柱无所不在的影响。正是它,生发了北大恒久长存的对于人类自由境界和社会民主的渴望与追求。

这里是我的永远的校园,从未名湖曲折向西,有荷塘垂柳、江南烟景,从镜春园进入朗润园,从成府小街东迤,入燕东园林阴曲径,以燕园为中心向四面放射性扩张,那里有诸多这样的道路。年复一年,日复一日,那里行进着一些衣饰朴素的人。从青年到老年,他们步履稳健、仪态从容,一切都如这

---

① 弦诵:古代学校里的读诗,有用琴瑟等弦乐器配合歌唱的,有只口诵而不用乐器的。后因以称学校教学。弦,弦歌。诵,诵读。

座北方古城那样质朴平常。但此刻与你默默交臂而过的,很可能就是科学和学术上的巨人。当然,跟随在他们身后的,有更多他们的学生,作为自由思想的继承者,他们默默地接受并奔涌着前辈学者身上的血液——作为精神品质不可见却实际拥有的伟力。

这圣地绵延着不会熄灭的火种。它不同于父母的繁衍后代,但却较那种繁衍更为神妙,且不朽。它不是一种物质的遗传,而是灵魂的塑造和远播。生活在燕园里的人都会把握到这种恒远同时又是不具形的巨大的存在,那是一种北大特有的精神现象。这种存在超越时间和空间成为北大永存的灵魂。

北大学生以最高分录取,往往带来了优越感和才子气。与表层现象的骄傲和自负相联系的,往往是北大学生心理上潜在的社会精英意识:一旦佩上北大校徽,每个人顿时便具有被选择的庄严感。北大人具有一种外界人很难把握的共同气质,他们为一种深沉的使命感所笼罩。今日的精英与明日的栋梁,今日的思考与明日的奉献,被无形的力量维系在一起。青春曼妙的青年男女一旦进入这座校园,便因这种献身精神和使命感而变得沉稳起来。

这是一片自由的乡土。从上个世纪末叶到如今,近百年间中国社会的痛苦和追求,都在这里得到集聚和呈现。沉沉暗夜中的古大陆,这校园中青春的精魂曾为之点燃昭示理想的火炬。一代又一代的中国学者,从这里眺望世界,用批判的目光审度漫漫的封建长夜,以坚毅的、顽强的、几乎是前仆后继的精神,在这片落后的国土上传播文明的种子。近百年来这种奋斗无一例外地受到阻扼。这里生生不息地爆发抗争。北大人的呐喊举世闻名。这呐喊代表了民众的心声。阻扼使北大人遗传了沉重的忧患。于是,你可以看到一代又一代人的沉思的面孔总有一种悲壮和忧愤。北大魂——中国魂在这里生长,这校园是永远的。

怀着神圣的皈依感,一颗偶然吹落的种子终于不再移动。它期待并期许一种奉献,以补偿青春的遗憾,并至诚期望冥冥之中不朽的中国魂永远绵延。

【思考与练习】

深入领会作品,想一想,北大这永远的校园,"永远"表现在哪里?你的心中是否也有"永远的校园"?

  给我一个班,我就心满意足了①

薛瑞萍

【阅读提示】

> 她是一名普普通通的小学教师,她热爱学生,酷爱读书,陶醉于自己的语文教学。
> 她说:"站在台上,我就是语文。"
> 她说:"人要永远活在当下。"
> 她说:"人生无大事,平凡生活中让人怦然心动的时候,就是人生中的大事。"
> 她说:"什么是教育?教育是让人拥有美好的一生。所以老师自己首先要成为一个幸福的人。儿童阅读最重要的是老师自己因为读书成为幸福的人。"

---

① 选自《给我一个班,我就心满意足了》,华东师范大学出版社,2006年版。

> 　　大量的高品位的阅读,让薛老师的内心充实而丰盈。因为阅读,薛老师在小学语文教师和班主任这个平凡的岗位上,绽放出夺目的光彩;因为阅读,薛老师才敢发豪言——"站在台上,我就是语文。"
> 　　一个人如果没有理想,没有追求,就永远无法领略人生最美的风景;一个教师如果不多读书,没有丰富的积累,也永远无法体验教育者的幸福。
> 　　让我们走近薛老师,感受她发自内心的幸福和她幸福的源泉,感受她流畅优美的文学语言。

　　在学校,我每天都要"发声读"一个小时左右,且读无定所:办公室没有其他人,我自可放声朗读;有人,我就去走廊——大家早就见怪不怪了;刮风下雨或者阳光暴烈、寒冷难当的日子里,我就去空教室——总有一两个班正上体育、音乐、电脑课的。

　　上课,我肯定是要带上"读本"的。考试和作文这样的黄金时段自不必说——学生预习、练习、背诵、讨论,只要有五分钟以上的时间,我就在台上端坐而读。下面安静,我的声音就极低;他们热闹,我就放开了嗓子。

　　一两周一换,当我更换新读本的时候,总有学生跟着买跟着换:《朝花夕拾》《悲惨世界》《论语》《张晓风散文》……而《苏菲的世界》,竟然有六个学生同时读,还告诉我:"不太懂得,古希腊人的名字好难记,什么唯物唯心的真绕人。薛老师,我发现它其实不是一本故事书!"孩子的语气里有抱怨的成分在。我笑了:"老师三十多岁读它,也是读了两遍才基本弄通的呀。先放书架上吧,到了高中——如果你够聪明,也许到初中就读懂啦。"

　　这种现象,我称之为熏陶,称之为"种下美丽的种子"。我总以为,比起到边到角的课堂教学,这种朦胧的好奇和喜欢,同样可贵。从私心里说:我之所以敢于在教学上玩潇洒,也是有恃无恐的,因为我的学生早已走出教材的方寸之地了。

　　三年级的时候我说过:课外阅读的步伐一旦迈开,你们将渐行渐远。总有一天,不是老师向你们推荐读物,而是老师从你们这儿发现好书;总有一天,你们中间的优秀者将会走出我有限的视野。

　　方念念(化名)正读《我们仨》,我准备借来翻翻。

　　开学以来,读《情人的礼物》。

　　定价0.6元的一本小书,纸张已经发黄发脆。初读时,我在扉页上还题了几句"诗",落款是"1985年11月8日晚9点"——那时候,我刚刚二十岁,刚刚参加工作。这几天,我总情不自禁看看这一页,有一种恍如隔世的感觉。

　　书中有多处批注和感想。那些当初感动我的依然感动我,而当初没有留下阅读痕迹的,现在,则深深打动我的心。比如:

> 　　在这奢华的春天的阳光里,我的诗人,你该歌唱那些人;他们走过而并不留连光景,他们且笑且跑而绝不回顾,他们在一个钟头的无端喜悦里开花,在片刻之间凋落而毫无懊悔。
> 　　你别默默地坐下来,作念珠祷告似的追忆过去的眼泪和微笑——你别驻足拾起昨夜的花朵今朝的落瓣,别去寻求那躲避你的事物,别去探索那难以明白的道理——且把你一生中的空隙留在原地,让音乐从空隙的深处涌将出来。

　　"好书耐得千回读,经典是值得用一生的时间去品味的呀。"我幸福地长叹。

　　学生照例想知道老师读的是什么。估计这次,他们比从前有更强烈的好奇心——让薛老师摇头晃脑、沉醉不已的,是怎样的一本小旧书呢?第一排的孩子盯着看,然后失望地和后面一排的孩子交流几句,接着写作业。

　　不是从前那种故意让学生看清楚封面的"大开",是将封面和印着书名的封二卷起来的"半开"。还挺麻烦的,我有一种鬼鬼祟祟的感觉。我问自己:"有必要吗?这是一本不能让小学生看见的书吗?"

思考的结果,是我为自己的"正统"感到羞愧。我对自己说:"我想遮挡的是什么呀!就凭这样的境界,你也配读《情人的礼物》!"

感谢网友铁皮鼓,他说他把自己所有的文章都读给学生听,他拿那当发表——于是我也更多地给学生读我的文章,但不是全部,毕竟我所在是小学。

感谢网友芷眉,她所在的金茵学校专门开设了阅读课,她就在课堂上给孩子们读《吉檀迦利》。这是我没有做过的,我一直是自顾自地读——于是,我给他们读张晓风的《许士林独白》和《寻人启事》。安静的教室里,我将我的嗓子压到很低——越低他们越听得入境。

在这两种朗读中,我和学生得到了绝大的满足——我和学生也被激起更大的渴望。现在他们是六年级,我已经做得太迟,我是在亡羊补牢。

13日,周末。下午的阅读课上,三个孩子向大家朗读一周来读到的最美丽者——孙添的《醉翁亭记》熟到几乎能背;夏璇和李子涵分别带来的散文《哪怕他是上帝》和《超越》。

该我了。

安静中,我怀着半是虔诚、半是负疚的情绪,双手擎书,将封面端端正正地朝向前方,走向他们——好让他们每个人都清清楚楚地看见书名。

"孩子们,这就是老师几天来反复朗读的语文书。它是泰戈尔的《情人的礼物》。"

有人捂住嘴笑了,互相交换着暧昧的眼神。

"我知道你们都知道——明天是情人节。李老师刚刚收到男友请快递公司送来的玫瑰,你们有人也看到了。因为明天是周末,所以,我要在今天,在情人节前的这个特殊的日子里,让你们记住这本书,让你们都去读这本书。

"我必须承认,做这件事情之前,我是经过一番犹豫的。原因不用我说,你们也知道!"

他们的表情变得明朗和专注起来,朝着我,会意地笑了。

"现在的我,很为自己前些日子在你们跟前的遮遮掩掩而感到惭愧。如果是你们不能读的,我就不该带到教室。我怎么愚蠢到以为这样干净的文字不适合你们呢——在低年级,你们每个人的小脑袋就装满了《灰姑娘》《白雪公主》《海的女儿》《青蛙王子》……而现在,就在你们中间,有正努力忘记《还珠格格》的'燕子迷',有能将《大话西游》台词倒背如流的'星驰迷',你们中间更有周杰伦、孙燕姿、蔡依林、王力宏的追星族。而你们中间的优秀者,已经读过了《乱世佳人》《简爱》《茶花女》《穆斯林的葬礼》,会背了《诗经》开篇的《关雎》。在这种背景之下,你们的语文老师,竟然担心《情人的礼物》会给你们带来负面影响——我真是蠢得可怜!

"爱是世界上最纯洁最高贵的感情,爱也是世界上被污染被糟蹋得最严重的字眼儿。爱是博大的,可以是亲情之爱、师生之爱、同学之爱、朋友之爱,可以是对大自然、对一切有生命无生命的美好事物的爱——当然包括了男女之间的爱情。《情人的礼物》,一本关于爱的好书。在这里,你可以根据自己对于爱的体会,读出不同层次不同广度的意义。你的心胸有多么广阔,你的收获就有多么丰厚。

"老师刚刚发出一封短信,我选取了一段话,送给一位负着重担奋斗的网友。现在,我读给你们听,你们也许懂也许不懂,这都不要紧,因为老师也是刚刚才读懂它的。

> 我的镣铐啊,你在我的心里响起音乐。我整日价和你游戏,把你作为我的装饰。我的镣铐啊,你是我朋友中最好的。有好几次,我是害怕你的,但我的害怕使我更加爱你。你是我黑暗长夜的伙伴,我的镣铐啊,在我同你告别之前,让我向你鞠躬致意。

"从小到大,关于读书,没有人给老师作过指点,老师和那些好书的认识有很多偶然的原因——为此,老师无数次感谢命运给我的厚爱。现在,老师最想做的,就是借着一个岗位的便利,一本教科书的掩护,带你们结识你们应当享受的人间好书。将来,你们中间必定有人和我一样,一再读起、一再感动于《情人的礼物》。那时候,不论你们是正值青春或者年富力强,甚至或者两鬓斑白,如果你们中有人抚摸着那本旧书,想起来是在六年级的时候,是在薛老师的班上,听说了这本书,开始读这本书——哪怕只有一个人呢,我也会有感知的。我当那是生活给予我的最高褒奖!

"现在,再读一段给你们听。这是我二十年前就深深陶醉的。你们可以拿它和你们在歌词、影视及《幻城》《我为歌狂》这类小说里读到的爱的表白相比较。"

如果我拥有天空和空中所有的繁星,以及世界和世上无穷的财富,我还会要求更多的东西;然而,只要她是属于我的,给我地球上最小的一角,我就满足了。

教室里是出奇的安静。他们的表情里有一种神圣肃穆。恍惚间觉得,凭着这一卷旧书,我和我的学生已经出离现实,到达一个完全不同的无比静谧、清新、美好的所在。

我又读了一遍,然后说:"如果给我丰厚的收入,以及足够高的职位,我还会要求更多东西;然而,只要他们是爱我的,给我一个班,我就会心满意足了。孩子们,老师热爱生活。老师当你们是生活送给我的——情人的礼物。"

【思考与练习】

今天我们可以通过各种渠道获取信息,还需要读书吗?写一篇随笔,谈谈你学习本文的感受,在班上交流。

5* 《傅雷家书》二则①

【阅读提示】

傅雷作为翻译家,有人说"没有他,就没有巴尔扎克在中国",他译介罗曼·罗兰的《约翰·克利斯朵夫》深深影响了几代中国人;作为音乐鉴赏家,他写下了对贝多芬、莫扎特和肖邦的赏析;作为文学评论家,他对张爱玲小说的精湛点评,为学界作出了文本批评的典范。《傅雷家书》自1980年代出版至今,已经感动了数百万读者。该书是一本优秀的青年思想修养读物,是素质教育的经典范本,是教子名篇。《傅雷家书》凝聚着傅雷对祖国、对儿子(傅聪——著名钢琴大师、傅敏——英语特级教师)深厚的爱。信中首先强调的是一个年轻人如何做人、如何对待生活的问题。傅雷用自己的经历现身说法,教导儿子待人要谦虚,做事要严谨,礼仪要得体;遇困境不气馁,获大奖不骄傲;要有国家和民族的荣辱感,要有艺术、人格的尊严,做一个"德艺兼备、人格卓越的艺术家"。同时,对儿子的生活,傅雷也进行了有益的引导,对日常生活中如何劳逸结合,正确理财,以及如何正确处理恋爱婚姻等问题,都像良师益友一样提出意见和建议。眷眷爱子之心,溢于言表。

傅雷致傅敏的一封信

亲爱的孩子:

很高兴知道你有了一个女友,也高兴你现在就告诉我们,让我们有机会多指导你。对恋爱的经验

---

① 选自《家长版傅雷家书》,长江文艺出版社,2011年版。

和文学艺术的研究，朋友中数十年悲欢离合的事迹和平时的观察思考，使我们在儿女的终身大事上能比别的父母更有参加意见的条件，帮助你过这一人生的大关。

首先态度和心情都尽可能的冷静，否则观察不会准确。初期交往容易感情冲动，单凭印象，只看见对方的优点，看不出缺点，便是与同性朋友相交也不免如此，对异性更是常有的事。感情激动时期不仅会耳不聪，目不明，看不清对方；自己也会无意识的只表现好的一方面，把缺点隐藏起来。保持冷静还有一个好处，就是不至于为了谈恋爱而荒废正业，或是影响功课，或是浪费时间，或是损害健康，或是遇到或大或小的波折时扰乱心情。

所谓冷静，不但表面的行动，尤其内心和思想都要做到这点，是很难。人总是人，感情上来，不容易控制，年轻人没恋爱经验更难保持身心的平衡。同时与各人的气质有关。我生平总不能临事沉着，极易激动，这是我的大缺点。幸而事后还能客观分析，周密思考，才不致于使当场的意气继续发展，闹得不可收拾。

我告诉你这一点，让你知道如临时不能克制，过后必须由理智来控制大局；该纠正的就纠正，该向人道歉的就道歉，该收蓬时就收蓬。总而言之，以上二点归纳起来只是：感情必须由理智控制。要做到，必须下一番苦功在实际生活中长期锻炼。

我一生从来不曾有过"恋爱至上"的看法。"真理至上"、"道德至上"、"正义至上"，这种种都应当作立身的原则。恋爱不论在如何狂热的高潮阶段也不能侵犯这些原则。朋友也好，爱人也好，一遇到重大关头，与真理、道德、正义等等有关问题，决不能让步。

其次，人是最复杂的动物，观察决不可简单化，而要耐心、细致、深入，经过相当的时间、各种不同的事故和场合。处处要把客观精神和大慈大悲的同情心结合起来。对方的优点，要认清是不是真实可靠的，是不是你自己想象出来的，或者是夸大的。对方的缺点，要分出是不是与本质有关。与本质有关的缺点，不能因为其它次要的优点多而加以忽视。次要的缺点也得辨别是否能改，是否发展下去会影响品性或日常生活。

人人都有缺点，谈恋爱的男女双方都是如此。问题不在于找一个全无缺点的对象，而是要找一个双方缺点都能各自认识，各自承认，愿意逐渐改，同时能彼此容忍的伴侣。（此点很重要。有些缺点双方都能容忍；有些则不能容忍，日子一久即造成裂痕。）最好双方尽量自然，不要做作，各人都拿出真面目来，优缺点一齐让对方看到……

1962年3月8日

傅雷致成家榴①的一封信

榴：

读八月二十五信，觉得我和你的教育主张颇有差别。

第一，我认为教育当以人格为主，知识其次。孩子品德高尚，为人正直；学问欠缺一些没有关系。

第二，民族观念是立身处世的根本，只有真正的民族主义者才是真正有骨气的人。只有真正懂得，而且能欣赏、热爱本国传统的道德、人生观、文化、艺术的特点，才能真正吸收外来文化的精华，而弃其糟粕。

第三，求学的目的应该是"化"，而不是死吞知识，变成字典或书架。我最讨厌有些专家，除了他本身学科以外，一窍不通。这都是读书不化，知识是知识，我是我，两不相关之故。

第四，在具体的学习方面，我一向不大重视学校的分数，分数同真正的成绩往往不一致。学校的高材生，年年名列前茅，在社会上混了一二年而默默无闻的人，不知有多少！反之，真正杰出之士倒在

---

① 成家榴，时居香港，傅雷夫妇好友。

求学时期平平常常,并不出色。为什么?因为得高分的多半是死读书的机械头脑,而有独立思考的人常常不肯,也不屑随波逐流在一般的标准上与人争长短。青年时代仅仅是人生的一个阶段,智、愚、贤、不肖的程度还有待以后的发展。年轻时绝顶聪明的,不一定将来就成就大器。年轻时不大出色的也不一定一辈子没出息。你读过卓别林的自传没有?以他十九岁前的情形(包括他的家世、教育、才具)来说,谁敢预言他是二十世纪最了不起的艺术家之一呢。

1965年9月8日

6* 劳动教育和个性全面发展①(节选)

[苏] 苏霍姆林斯基

杜殿坤 译

【阅读提示】

> 苏霍姆林斯基是苏联著名的教育家,他用毕生的心血对教育进行探索,写出了一系列关于教育理论研究的著作,《给教师的一百条建议》《把整个心灵献给孩子》《巴甫雷什中学》《公民的诞生》《失去的一天》《学生的精神世界》《致女儿的信》《妈妈,我不是最弱小的》等。他从教育者、父母和孩子的不同角度进行思考,他的教育核心理念是"怎样培养真正的人"。
>
> 苏霍姆林斯基在著作中多次提到劳动教育,他认为通过劳动教育可以促进德、智、体、美全面发展;在劳动中可以展示、发展个人的天赋才能;通过劳动教育促进学生的职业定向。在本篇文章里,苏霍姆林斯基重点提出了进行劳动教育应遵循的原则和要求。2020年7月,教育部印发的《大中小学劳动教育指导纲要(试行)》中提到,把劳动教育纳入大中小学必修课程,并提出了劳动教育的总体目标:树立正确的劳动观念、具有必备的劳动能力、培育积极的劳动精神和养成良好的劳动习惯和品质。虽然时代不同,但都体现了教育的目标:培养全面发展的人。

列宁关于教学与生产劳动相结合的思想,决定着劳动教育(即实际培养年轻一代自觉而积极地参加社会生产、参与社会的物质和精神生活)的原则。我们是紧密联系德育、智育、美育来看待劳动教育的。我们认为学校教育的使命就在于,要使劳动进入个性的精神生活、进入集体的生活,要使热爱劳动早在少年时期和青年早期就成为一个人的最重要的品质之一。我们在劳动教育方面的工作遵循下列各项原则和要求:

(1) 劳动素养和一般发展(即道德的、智力的、审美的、身体的发展)相结合。在"劳动素养"这个概念里,不仅包括完善实际技能和技巧,掌握技艺,而且包括劳动活动在人的精神生活中的作用和地位,包括劳动创造活动的智力充实性和完满性、道德丰富性和公民目的性。劳动素养还指一个人达到了这样的精神发展阶段:他感到缺少为公共谋福利的劳动就无法生活。劳动作为一种高尚的道德鼓舞力量充实着他的生活,并且从精神上丰富着集体的生活。

(2) 在劳动中展示、发现和发展个性。我们的劳动教育的理想是,要使每一个人早在少年时期和

---

① 选自《给教师的建议》,教育科学出版社,2016年版。苏霍姆林斯基(1918—1970),苏联著名教育实践家和教育理论家。

青年早期就找到这样一种劳动,在这种劳动中能够最充分、最鲜明地展示他的天赋才能,并给他带来精神创造性的幸福。我们在分析一个人对劳动生活的准备程度时,总要考虑到:他能给社会贡献些什么,以及劳动能为他的精神生活提供些什么。

(3)劳动的高度的道德意义及其公益方向性。我们的目的是培养为社会谋福利而劳动的愿望。因此,首先吸引儿童参加创造全民财富的劳动(提高土壤的肥沃性,种植防护林带,开辟果园等等)。一个人在童年、少年和青年早期在为社会的无偿劳动中贡献的力量越多,他在内心就会更加深切地珍惜那些好像是与他个人没有什么直接关系的事物。劳动的高度的道德实质还在于:一个人把自己的智慧、技艺和对事业的无私的热爱变成劳动的物质成果,他会享受到光荣感、自尊感,为自己的成就而自豪。

(4)在童年期和少年期早期参加生产劳动,体验劳动生活。要让儿童通过亲身体验理解:没有劳动就不可能生活。从劳动开始认识世界——只有在这个条件下,人才能理解和希望劳动的欢乐。为了早期吸引儿童参加生产劳动,很重要的一点就是要在周围的生产环境中,找到一些儿童力能胜任的并且有社会意义的劳动项目。

(5)劳动种类的多样化。儿童的天性喜欢各种类型的劳动活动相互交换、轮流和交错进行,不同的劳动类型都有其各自的特点,所要求的技能和操作也各不相同,就是到了学龄中期和学龄后期,这种对多样化劳动的兴趣仍然保持着。高年级学生的劳动多样化,还是培养他们自觉地选择职业的重要条件。

(6)劳动的经常性、不断性。只在贯穿着一种创造性的意图、其目的在于达到社会目的的经常性劳动中,才能为个性的劳动生活和精神生活的统一创造条件。

(7)儿童劳动中要有成年人生产劳动的性质。儿童的劳动,无论在社会意义方面,还是在劳动过程的技术和工艺方面,都应当尽可能多地具有与成年人的生产劳动共同的因素。不应当限制儿童的发展,应当让他们尽可能地使用跟成年人一样的劳动工具。当然,供儿童使用的机器、机械和工具,应当符合年龄特点、学校卫生和安全生产的要求。为儿童制造的专用的机器和工具,也应当尽可能地体现出真正的技术,并且能利用它们来进行真正的劳动,这是十分重要的教育任务之一。

(8)儿童劳动的量力性。在任何劳动中,都允许有正常的疲劳,但是绝不允许过度地耗费体力和神经系统。所谓儿童劳动的量力性,不仅是指体力负担要适合儿童的力量,而且要求把体力劳动和脑力劳动正确地交替进行,以及变换劳动活动的种类。由于把农业劳动(植物栽培、动物饲养)和技术创作活动(设计、制作模型、金属加工)交替进行,就使得儿童在从事单一的劳动时不能胜任的劳动变得能够胜任了。经验还使我们深信,当儿童的劳动不是只进行一些零散的操作,而是在一件有意义的设想的基础上进行长期的活动时,儿童的力量和可能性就能大大增长。

(9)劳动内容、技能和技巧的衔接性。我们力求把儿童在学龄初期和中期所做的一切,在他们以后的各年里,继续地发展、深化和更加广泛的基础上加以运用。十分重要的是,要使少年时期的劳动成为他们以后在青年时期掌握新的技能和技巧的阶梯。例如,我们不能让16、17岁的青年才刚刚开始学习在金属上钻孔、为播种小麦整地、做果树的芽接,——这些技能和技巧是他们在五年之前就应当掌握的;他们对这些东西掌握得越好,他们在进入青年期时的全面发展就越扎实。我们全体教师都很关心,使学生掌握一套多样性的技能和技巧,使之符合综合技术训练的目的,但这并不是职业化,也不是过早专业化,而是所有学生都必须具备的劳动基础。

(10)劳动的创造性,脑力和体力相结合。劳动的意图越有意义,学生的活动兴趣就越高,即使最简单的劳动也是这样(而人的劳动生活中是无法避免这种最简单的劳动的)。掌握技艺、不断地改善技能和技巧、进行实验、把科学知识运用于劳动——这一切都应当使学生作为一种道德高尚行为来理解和体会。

(11)生产劳动的普及性。无论一个人对哪些活动种类表现出天赋和爱好,他在学校期间都必须参加生产劳动。所有学生都必须参加体力劳动(特别是那些包含着并不吸引人的、并不愉快的操作的体力劳动)——这是保证集体有一个健康的思想基础的极重要的条件。

（12）劳动与多方面的精神生活相结合。人的生活中不是只有劳动,只有当他同时享受到其他的欢乐、文明宝藏和精神财富(文艺、音乐、绘画、运动、旅行)的时候,劳动的欢乐才能在他面前展开。这些精神财富能够提高人,发展他的精神的崇高品质,从而使他更深刻地理解和体验创造活动的欢乐。在青年时期,人类文明的源泉在人的理智和心灵面前打开得越多,劳动就越能在更大的程度上使人变得高尚。

（13）使学生理解和体会到一个人获得的生活福利和文化财富是与他个人参加共同的劳动有依赖关系的。生活应当使人深信,对于懒惰和不负责任的人,通往热爱劳动和勤奋工作的人所能享受的东西的大门是关闭着的。我们学校和家庭共同努力,尽量使每一个学生认识到：使劳动者的生活充满欢乐的那些文化宝藏和精神财富,一个游手好闲的人是无法享受的。

下编 写作实践

第一单元　计　划

一、计划概述

(一) 计划的含义和作用

计划是单位、部门或个人对一定时期的工作或要完成某项任务而预先拟订的书面材料。幼儿园计划是幼儿园领导、教师根据国家的方针政策和上级的指示精神,结合单位、个人的实际情况,把事先为达到某一时期目标所要完成的任务,以及完成这项任务要采取的措施、步骤等写成的书面材料。

通常所说的规划、方案、安排、设想等也是一种计划,是广义的计划。一般来说,规划是时间较长、范围较广、作用较大、内容较概括的计划,如《××幼儿园十年发展规划》;方案是政策原则性较强、针对某项具体工作所制订的计划,如"幼儿园游戏课程开发与应用"实验的方案;安排是时间较短、内容较单一的计划,如《××幼儿园"六一"活动安排》;设想是初步的、不够明确的计划,如《××幼儿园推进素质教育的设想》。

"凡事预则立,不预则废",订好计划,对工作、学习能起指导、推动和督促作用,从而减少和避免盲目性,提高工作、学习效率。

幼儿园园长办园、教师施教,都需要制订计划。幼儿园教育教学工作有了切实可行的计划,目的任务明确,措施步骤具体,就可以减少盲目性,增强自觉性,保证幼儿园工作顺利开展。

(二) 计划的种类

教师、学生常用的计划较多,按不同的标准可以分为不同的种类。

按内容分,有学期工作计划、课程主题计划、教学活动计划、个人学习进修计划等。

按时间分,有学年计划、学期计划、月计划、周计划、日计划。

按形式分,有条文式计划、表格式计划、条文和表格结合式计划。

有时计划的这些种类又是交叉的,如《××幼儿园大班 2005—2006 学年教育教学计划》,既属于时间类,又属于内容类。

二、计划的格式、内容和写法

计划的格式主要有两种,一种是表格式,另一种是条文式。

(一) 表格式计划

这种计划简明、醒目,重点突出,制订起来省时省力,且便于张贴公布,如班级活动安排、周计划、日计划等都可采用此种形式。表格式计划适用于内容单一的计划或项目比较固定的计划。这种计划按表格填写,有时还需要加上文字说明。

(二) 条文式计划

这种计划目的明确,条理分明,层次清楚,内容往往比较复杂。条文式计划一般由标题、正文、结尾三部分组成。

1. 标题

这是计划的名称,写在第一行中间,字体稍大些。它一般包括制订计划的单位名称、适用时间和计划的内容种类。例如:《××幼儿园中班2005—2006学年第二学期教育教学计划》。

2. 正文

这是计划的主要部分,一般包括前言和计划事项。

(1) 前言。概括分析单位或个人的基本情况,作为制订计划的背景和起点;说明制订计划的指导思想,即遵守的方针和政策、上级的指示要求,作为制订计划的依据。这些内容应力求写得简短。

(2) 计划事项。它包括计划的三要素,即目标、措施、步骤。目标指做什么。这是计划的灵魂。它要明确写出具体的任务、指标或目的、要求。措施指怎样做。这是实现计划的保证,是完成任务、指标的手段、方法。要写明完成任务、指标需要采取哪些具体办法,动员哪些力量,创造什么条件等。步骤指分几步走。这是实现计划的具体程序和时间安排。任务、指标是分阶段完成的。步骤就是要确定执行计划分几个阶段进行,每个阶段的时间限定,要完成哪些具体任务、指标。

有的计划由于任务有几个方面,也可以分条阐述,在每一方面任务后接着写完成这方面任务的要求、措施、步骤等。

3. 结尾

计划的结尾需要在正文右下方先写上制订计划的单位名称或个人姓名(如果单位名称已在标题中写明,在结尾处就不必再写了)。然后把制订日期写在单位名称或个人姓名的下面。有的计划的结尾还在上述落款之前,正文内容之后,写上注意事项和检查、修订的办法,或表明完成计划的决心等。

在实际应用中,有些计划可省去前言、结尾中的说明性文字,但目标、措施、步骤的内容不能省略。

三、制订计划应注意的问题

第一,制订计划要从实际出发。所定指标不能过高,也不能过低,应该经过主观努力可以达到。

第二,计划内容要具体明确。任务、指标(目的、要求)、措施(方法)、步骤(时限)等都要写得具体明确,便于执行、检查和落实。

第三,制订计划要有灵活性。订好的计划原则上应遵照执行,但在执行计划的过程中,如果发现有不符合客观情况的地方,或者客观情况发生变化,则应随时调整、修改计划,不要一成不变,机械执行。

第四,撰写计划时,语言要准确、简明。

四、幼儿园常用计划及例文

当前幼儿园教师的常用计划一般遵循这样的步骤:第一步,制订整个学期的班务教育教学计划;第二步,制订课程主题活动计划(一个学期通常进行2~3个课程主题,一个课程主题一般历时一到数月不等);第三步,制订每周活动计划;第四步,制订教学活动计划。

(一) 班级学期教育教学计划

每学期之初,幼儿教师应根据本学期全园教育教学计划,结合本班实际情况制订班级教育教学计划。幼儿园班级学期教育教学计划的内容主要包括:本班基本情况分析(班级总人数、男女幼儿各人数,幼儿身心健康、言语和认知发展、社会性、艺术潜质等方面的情况);本学期教育教学总目标和内容;具体教学活动目标及教育教学措施(五大领域教学活动、观察活动以及家长工作等)。

例文1

幼儿园中班2013—2014学年第一学期班务计划

苏州市高新区实验幼儿园　尚红艳

一、班况分析

我班目前共有33名幼儿,男生16人,女生17人,插班生3名,转学2人。经过小班阶段的适应,大部分幼儿能够较好地适应幼儿园的生活和学习,并掌握了基本的生活自理能力,孩子们的各项生活常规已基本形成,能主动地在餐前、餐后洗手,餐后漱口、擦嘴巴,基本能有条理地收拾餐具、折叠整理自己的被褥衣物;在日常活动中,幼儿喜欢操作,会和同伴一起分享自己的所见所闻;幼儿的大肌肉动作发展较平衡,能协调地钻爬、平衡,喜欢多种方法玩球,能正确拿勺子,孩子们喜欢使用剪刀,能沿着轮廓线进行剪撕。大部分孩子的学习兴趣越来越浓厚,爱思考、爱提问,喜欢参加学习活动,动手操作能力进一步提高;大部分孩子能够遵守集体规则,对同伴、家长、老师及客人有礼貌,能主动地与园内工作人员及客人打招呼,萱萱、钧钧等个别幼儿还能主动用英语向他人问好,能大胆地与他人交谈,在集体生活中许多孩子学会了谦让、等待,能和同伴友好相处,愿意与同伴分享,做事有始有终的行为习惯初步形成,并具有初步的自信心。通过一系列的主题活动、区角活动及游戏活动,幼儿的有意注意、有意记忆等水平有所增强。特别是在区角活动中,幼儿的责任感、行为的目的性、坚持性均得到了一定的锻炼和提高。

二、班级工作总目标

认真领会《幼儿园教育指导纲要》《幼儿园工作规程》的精神并根据我园教育科研工作的要求的精神,结合本班幼儿的实际特点、个别差异,尊重每位幼儿,尊重每位幼儿的发展规律,尽可能地促进每位幼儿身心全面发展。我们将以游戏为基本活动,保教并重,坚持以幼儿为主体,开展形式多样的教育教学活动,培养幼儿的自信心,鼓励幼儿主动参加各项活动;继续抓好幼儿的一日常规,进一步培养幼儿养成良好的生活行为习惯,在一日生活中,以多种方式引导幼儿认识、体验并理解基本的社会行为规则,学习自律,树立规则意识;结合日常生活,开展安全教育,提高自我保护的意识和能力;引导幼儿在人际交往中,懂得尊重他人,对人有礼貌,诚实、守信;培养幼儿积极主动参加各项体育活动,促进幼儿运动能力发展;培养幼儿的阅读兴趣,帮助幼儿掌握基本的阅读技能,形成良好的阅读习惯。

三、教育手段和具体措施

1. 教学活动

根据本班幼儿兴趣及实际发展水平,确立相应的教育目标和要求,选择既适合幼儿的现有水平,又有一定的挑战性的教育内容和贴近幼儿生活的教育形式,精心加以组织活动。如开展有关"我长大了""庆祝国庆""秋天的画报""快快慢慢""勇敢的我"等相关的主题活动探索,并在开展活动的过程中善于发现幼儿感兴趣又有助于拓展幼儿视野的事物和问题,进行"生成主题活动"。

2. 体育活动

在小班阶段,有个别幼儿经常迟到,没有按时参加晨间体育锻炼,进入中班后要争取家长的积极配合,保证幼儿能遵守作息制度,按时参加晨间锻炼,努力实现体育活动经常化、制度化,做到室内室外交替进行,保证幼儿每天两小时的户外活动、一小时的体育活动时间,坚持每天做好两操。根据幼儿的年龄特点和班级实际情况制作既牢固又实用的体育玩具,激发幼儿参加体育活动的兴趣。要继续根据本班幼儿的活动能力、体质状况,注意安排好体育活动的活动量和活动密度,对个别体质较弱的幼儿给予更多的关心和爱护。

3. 日常生活活动

通过游戏、儿歌、听音乐等形式来培养幼儿良好的常规,科学合理地安排一日活动;注重日常生活中的随机教育,对幼儿进行贴近生活的道德教育;运用鼓励、帮助等手段,加强常规的督促和养成;注重幼儿的日常交往,以关怀、接纳、尊重的态度与幼儿交往,耐心倾听,努力理解幼儿的想法与感受;重视盥洗、午睡等活动的指导,重视保教结合;在日常生活中引导幼儿开展民间游戏、阅读、饲养等各种形式的活动,也可以对主题活动进行延伸活动。

4. 环境创设

(1)区角创设:区域活动的内容和形式力求多样化,涵盖五大领域内容并建立合理的活动区规则,多提供半成品和非成品材料。

(2) 墙饰：将根据主题内容及幼儿的学习情况，与幼儿共同收集材料，布置相关的墙饰。

(3) 自然角：本学期重点引导幼儿进行种子发芽、种植，并饲养一些水生小动物，如乌龟、金鱼等，启发幼儿观察，感受动植物的生长变化，根据幼儿的需要，及时增添动植物，丰富自然角。

5. 观察

引导幼儿通过观察了解周围环境的变化，培养其耐心细致的良好习惯，指导幼儿学习科学观察的方法。设置观察角如饲养角、种植角、阅读角等，让幼儿的周围始终存在观察的内容。调动幼儿多种感官感知周围事物，根据主题活动、季节变化、科学活动的不同，创造丰富多彩的自然环境，提供生动有趣的观察对象，有目的、有计划地安排幼儿参观、观察活动。

6. 劳动

提高幼儿的自我服务的能力，学会扣纽扣、拉拉链、系鞋带、叠毛巾毯；培养幼儿勤于动手、动脑，高兴地去做力所能及的事情；重视良好劳动习惯的培养，如爱护公物、不随意乱扔物品、愿意为他人服务、学会做值日生等。在劳动中学会一些初步的劳动技能，体验劳动的艰辛和为大家服务的快乐，学会尊重他人的劳动成果。

7. 游戏

提供具有丰富刺激的环境，激发幼儿游戏的兴趣和主动性，在游戏中引导幼儿学会观察、比较、分析、综合等方法以及尝试通过多种途径来独立地发现问题和解决问题。继续做好游戏观察，了解幼儿的动作、语言、态度、情感及角色间的交往。分析幼儿游戏的水平，适时地给予帮助。在游戏中有目的、有计划地投放、变换和调整各类游戏材料，注意材料投放与幼儿发展水平的一致性与层次性。在游戏中根据幼儿的个性进行教育，要特别关心那些胆小、发展较慢的幼儿，让他们也能在游戏中表现自己，发展自己。

8. 家长工作

通过家访、家长会、家园联系手册、电话、便条、家园立交桥等多种形式，与家长沟通，倾听家长的意见与建议，耐心解答家长的问题，并记录、分析、改进工作，达到家园共育的目的。向家长展示半日活动，让家长了解孩子在幼儿园的表现，了解幼儿园的教学。发挥家长委员的作用，促进班级家长之间和联系与沟通，关注了解"家长沙龙"活动开展情况。

(二) 课程主题活动计划

当前幼儿园课程均以主题形式进行，因此课程主题计划成为幼儿园教学计划中最为常用的形式。其内容基于对主题内容的分析，结合本班幼儿情况，制订撰写该主题的目标、主题环境创设以及家长配合完成工作要求。并将该主题所涉及的周计划做初步的设定，安排好集体教学活动及分散教学活动的时间。

例文 2

幼儿园主题教学计划

主题名称：冬眠的秘密	
年龄班：中班	预设时间：二周(12.16—12.27)
主题说明	动物是孩子成长过程中的亲密伙伴，孩子们对动物世界感兴趣，有好奇心和求知欲。冬天来了，天气变冷，我们人类有各种各样保暖过冬的方法，而动物是怎样过冬的？它们有什么不同的过冬方式？这也是孩子们关注的话题。根据《指南》的理念，在分析了本班孩子的兴趣特点，思考了"动物过冬"的活动价值后，设计生成了"冬眠的秘密"主题活动。引导孩子了解不同的动物有不同的过冬方式(换皮毛、冬眠、储存粮食、飞往南方等)，促使孩子们积极主动地了解动物过冬的不同方式，使他们有了探索动物奥秘的愿望，加深了爱护动物的情感。

续表

主题目标		1. 了解动物的过冬方式,理解动物是如何过冬的,知道动物过冬主要有四种形式：(1)躲藏；(2)冬眠；(3)迁徙；(4)换毛。 2. 激发幼儿探索的积极性和热爱大自然和动物的情感。 3. 能够通过绘画学习,画出冬眠动物睡眠时的突出特征。 4. 创造性地想象蚂蚁过冬的有趣情景,激发幼儿对自然现象探究的兴趣。
自主性游戏活动	创造性游戏	1. 会根据自己扮演的角色,明确自己的分工和职责。 2. 丰富幼儿的生活经验,深化游戏主题,培养幼儿独立解决问题的能力。 3. 遵守游戏的规则,收放、整理玩具时做到迅速、有序、整齐。评价时能安静倾听老师对游戏的讲评,不随意插嘴,下次的游戏活动中能主动按照老师提出的要求游戏。
	区域活动	生活区：我认识的动物 科学区：动物分类（动物过冬方式分类） 美工区：冬眠的青蛙 益智区：动物之最 阅读区：野生动物奇遇记
环境创设		1. 让幼儿搜集自己喜爱的动物图书、动物图片和动物卡通头饰等,布置环境,制作活动操作材料。 2. 利用图书、多媒体等各种手段,观看冬天动物的视频、照片,了解幼儿感兴趣的动物,感受人类与动物之间的亲密关系。让幼儿扩大视野,走进动物王国,了解更多的动物。

（案例提供：苏州市高新区实验幼儿园　尚红艳）

（三）周工作计划

周工作计划是幼儿园教师较常用的计划形式,一般以表格形式呈现,张贴在家园联系栏以便家长能够了解本幼儿园的各项活动情况,且提前一周完成。内容涵盖了幼儿园一周全部工作,具体包括本周工作要求、家长工作、环境教育、日常生活教育、一周教学、游戏活动安排等。

（四）教学活动计划

教育教学活动是幼儿园每天半日中活动的组织形式。教育教学活动计划体现在教学中就是每节课的课时计划,即每节课的教案,要写明活动目标、活动准备、活动过程、活动延伸等内容。有些教育教学活动计划在末尾列出活动评价(反思)一项,以便课后记载教师的教育体会和经验教训,带有总结的性质,严格说已属于计划之外的范围。

【思考与练习】

1. 教育教学活动计划是幼儿教师专用的一种计划形式。请比较它与一般计划的异同。从教育教学活动计划的项目,找出对应计划"三要素"的项目,并说明它们之间的联系。
2. 根据所学写作知识,结合下园实际,制订一份幼儿园小班学期教育教学计划。
3. 请用表格形式填写一份周逐日教育教学计划表。

第二单元 总 结

一、总结概述

(一) 总结的定义

总结是党政机关、企事业单位、社会团体及个人对一定时间内完成的某项工作或某一阶段工作进行回顾和检查,并进行全面系统的分析、研究,从而明确已取得的成绩和经验,找出存在的问题和弊端,以指导今后工作的一种事务文体。

(二) 总结的特点

1. 自指性

总结是以本地区、本单位、本部门或本人为总结对象的,表现的是对自身实践活动本质的概括和认识。

2. 客观性

总结是对过去一定时期内的工作或活动进行的分析和研究,是在实践的基础上展开的,它的内容必须真实、客观地反映实际情况,不允许无中生有、主观臆造和任意虚构。

3. 实践性

总结必须按照"实践是检验真理唯一标准"的原则,正确地反映客观事物的本来面目,找出正反两方面的经验,得出规律性认识,这样才能达到总结的目的。

4. 指导性

总结是对过去的回顾与思考,其目的在于更好地指导今后的工作。通过对以往工作进行全面系统的检查和分析,从而更好地提高认识,把握规律,在今后的工作中做到扬长避短,纠正缺点和错误,将工作做得更好。

(三) 总结的类型

根据不同的分类标准,总结可分为不同的类型。

按范围分类,可分为班组总结、单位总结、行业总结、地区总结等。此外还有个人总结,但个人总结不属于公文的范畴。

按内容分类,可分为工作总结、教学总结、学习总结、科研总结、思想总结、项目总结等。

按时间分类,可分为月份总结、季度总结、半年总结、年度总结、一年以上的时期总结等。

按性质分类,可分为有全面总结、专题总结等。

二、总结的内容结构和格式

(一) 总结的内容结构

总结一般由标题、正文和落款三部分组成。

1. 标题

总结的标题通常有三种写法:一种是常用式标题,由单位、时限、内容和文种组成,如《××学校

2012年度工作总结》;第二种是一般文章的标题,如《享受快乐教研》;第三种是正副式标题,正标题高度概括出总结的基本经验,副标题则注明是什么单位关于什么问题的总结,如《更新观念整体推进,努力创新彰显特色——××市××中学推进综合实践活动课程的总结》。

2. 正文

总结的正文一般包括引言、主体和结语三个部分,分别写明基本情况、成绩与经验及问题与教训、今后的打算等几方面内容。

(1) 引言:引言主要用来概述基本情况,包括单位名称、工作性质、时代背景、指导思想,以及总结的目的、主要内容提示等。

(2) 主体:主体是总结的核心部分,其内容包括情况概述、成绩经验、问题教训、今后打算等方面。这部分一般篇幅较大,内容较多,应注意做到层次分明,条理清楚。

情况概述:将某一时间的基本情况(如时间、地点、背景、经过、主要做法和效果等)概述出来,给人以总体印象,同时对下文起总述、领起的作用。文字要力求简明精练。

成绩经验:这是正文的主体部分。成绩可分条列项写,以主要成绩为主,要写明具体表现在哪些方面,是如何取得的,一般要以数据和典型事例加以说明。基本经验一般要用具体材料来佐证。成绩和经验可交织写出。

问题教训:这一部分要结合工作中的实际情况,实事求是地分析工作中出现的失误或存在的不足,说明其造成的影响、损失,分析其根源何在,以取得理性认识。

今后打算:这一部分,可以针对存在的问题,提出今后改进的措施;也可以根据面临的新形势定任务,提出新的构想。

主体部分常见结构形态有以下三种:

① 纵式结构:按照事物或实践活动的过程安排内容。写作时常把总结所包括的时间划分为几个阶段,按时间顺序分别叙述每个阶段的成绩、做法、经验、体会。这种写法的好处是能清楚说明事物发展或社会活动的全过程。

② 横式结构:按事实性质和规律的不同,分门别类地展开内容,使各部分内容之间相互并列。这种写法的优点是条理清晰,层次分明。

③ 纵横式结构:安排内容时,既考虑到时间的先后顺序,体现事物的发展过程,又注意内容的逻辑关系,从几个方面进行总结。

(3) 结语:结语是正文的收束,应在总结经验教训的基础上提出今后的方向、任务和措施,表明决心,展望前景,篇幅不宜过长。有些总结在主体部分已经将这些内容表达过了,就不必再写结语。

3. 落款

在正文的右下方写上总结单位、部门名称或个人姓名及总结成文的日期。若单位名称已经在标题中注明,则落款部分可省去落款,只标明成文时间即可。

(二) 总结的格式

1. 条目式

就是把材料概括为要点,按一定的次序分为一、二、三等条,一项项地写下去。这种方法条理清楚,但往往欠紧凑。

2. 三段式

即从认识事物的习惯来安排顺序,先对总结的内容作概括性交代,表明基本观点;接着叙述事情经过,同时配合议论,进行初步分析;最后总结出几点体会、经验和存在问题。这种结构简单易学。

3. 分项式

即不按事件的发展顺序,而是把做的事情分几个项目,也就是几类,一类一项地写下去,每类问题又按介绍基本情况、叙述事情经过、归纳经验、问题的顺序写下来。这种方式较复杂,只有在总结涉及面广、内容复杂的情况下才采用。

当然,以上方式各有利弊,作为学前教育专业的学生要从自己实际出发去选用,也可创造其他形式。

三、写作总结应注意的问题

(一)实事求是

写总结的正确态度是实事求是,认真负责。写总结要防止几种情况:因领导让写,不得不写,写几行敷衍过去,这是不严肃的态度;把写总结当作吹嘘自己、捞取好处的机会,在总结里将小事说成大事,甚至捏造事实,弄虚作假;出于所谓的"谦虚",该写的不写,或是写了怕人讽刺就不写。这些都不是实事求是的态度。

(二)总结规律

如果只罗列几条成绩和缺点,那是不够的。要下功夫好好分析成绩是怎么得来的,缺点是怎么产生的,根本原因是什么,有哪些基本经验和教训,这样把规律性的东西弄清楚了,就能自觉地发扬成绩,克服缺点,使今后的工作或学习更上一层楼。这是写好总结的关键。

(三)抓住特点,突出重点

如果不分主次轻重,什么都写,势必导致什么都说不清楚,使人读了印象模糊。抓住了重点,还得具体地说明重点,不能笼统模糊。所以,除了概括性的说明外,最好还能配合一两个恰当的典型例子,做到点面结合。此外,列举一些数字,有时也很有必要,特别是百分比和前后左右对比的数字更能说明问题。

例文

××学校××年工作总结

××年,在××市委、市政府、××省教院和省、市教育主管部门的正确领导下,我校以科学发展观为指导,以改革创新为动力,以新校区建设为契机,以内涵发展、规模拓展为目标,以"建设、发展、安全、和谐"为年度主题词,紧紧围绕"办人民满意的学校、办人民满意的教育"这一宗旨,进一步解放思想,开拓创新,求真务实,埋头苦干,各项工作取得了新成绩,求得了新突破。

一、以建设一流学校为目标,积极搞好新校园建设

1. 科学制定"十一五"发展规划

××年底,学校以科学发展观为指导,慎对新挑战和新任务,紧紧抓住学校升格、易址南迁、与鲁艺资源整合等难得机遇,适时制定了"十一五"发展规划,××年3月份又将该规划提交教代会讨论通过,使全校明确了今后五年学校事业发展的总体目标。各部门也根据学校的总体规划,分别制定了师资建设规划、成人教育规划、招生规划、专业设置规划、课程设置规划、教科研规划等,使各项工作得到了积极推进、稳步提高。全校上下在精心策划"十一五"过程中,瞄准发展目标,积蓄发展后劲,加快发展进程,促进了我校各项事业持续、健康、和谐发展。

2. 全力推进新校园建设

我校新校园建设是市委、市政府××年重点实事工程之一,也是我校发展的新起点、新机遇,投资大,项目多,工期紧,标准高。××月××日,新校园建设一期工程在迟于其他三所进园学校两个月之后开工。经过全校上下,尤其是新校园建设指挥部同志7个多月的奋战,2 500名学生顺利进入新校园学习生活。在一期工程建设中,学校共投入1.8亿元,建成了教室、宿舍、餐厅66 000 m² 房建项目,道路、校门、球场等附属工程以及供水、供电、供气、供热、通讯、道路管网等基础设施也已基本完成。目前,二期工程图文信息中心、科技中心已经招标,艺术中心即将招标,将于春节前开始施工,在今年

秋学期投入使用。

二、以市场需求为导向,大力优化办学结构

1. 着力抓好招生工作

在市区教育资源整合的新的一轮竞争中,我校在稳定发展师范教育的同时,认真贯彻落实全国、全省职业教育工作会议精神,以市场需求为导向,以拓展办学空间为根本,进一步抢抓机遇,着力搞好招生工作,使以语言类为主的职业教育步入了发展的快车道。目前,在全体教职工的共同努力下,××年招收了2100多名新生,新开办了阿拉伯语、经贸英语、德英双语等专业,全校专业数达到26个,班级数比去年增加40多个,在校生人数达到5500人,达到历史之最。

2. 继续拓宽办学新路

××年,我校继续拓展办学空间,在先后与上海外国语大学、北京师范大学、延边科技大学和韩国江陵大学、新星大学、忠清大学、京畿大学建立了合作办学和姊妹友好学校关系之后,又成功地开展了一系列活动,进一步推动了友好关系的发展。目前,有31名韩语、日语老师在我校任教,其中外籍教师有21名。今年以来,韩国大学和我校均派出了学校领导、师生成功互访,我校还参加了市政府赴韩国招商引资活动,与一些大学签订了合作办学的意向。与此同时,日本折尾爱真大学也积极主动与我校洽谈,提出了合作办学的打算。这些中韩、中日文化交流活动,有效地提高了我校的知名度,为我校的进一步发展奠定了良好的基础。

3. 努力打造职教品牌

我校从××年开始招收韩语专业。目前该专业在校生人数达到2000人,占到在校生三分之一,使我校成了全国最大的韩语教学基地。经过三年多的打造,该专业成了我校的品牌专业。××年,首届三年制韩语班学生已全部就业,五年制班先后有70名学生被推荐到韩国知名大学和上海外国语大学继续深造。学校于××月下旬举办的首届韩国文化周活动,从一个侧面对韩语专业教学质量进行了一次成功的检阅。

4. 进一步加强成人教育

我校的成人教育着重对全市小学在职教师进行新课程改革、教育理念、教育方式、教学手段的培训,积极探索和充分发挥高等师范学校对基础教育的科研、示范、指导、促进的作用,努力提高小学教师水平和初等教育质量。我校充分利用设备、技术和师资等方面的优势,大力拓展成教市场,为社会提供更多更好的培训服务,使我校的成人教育成为全市职业技能培养的中心之一。学校积极承担了教育部实施的全国中小学教师教育技术能力建设计划,组织教师参加了教师教育技术能力培训与考试;积极承担了省教育厅实施的小学英语、计算机、美术等学科教师的培训任务,共有400多名教师参加培训。积极承担了市教育局组织的新教师上岗培训和小学校长、幼儿园园长、骨干教师培训,共有640多名同志参加培训。同时,面向社区,我们还举办韩语短训班、普通话等级培训和小数奥培训班,近千人参加了培训。成人教育的大力发展使寒、暑假成为繁忙的第三学期,增强了我校办学功能,也提高了经济效益和社会效益。

三、深入推进素质教育,努力谋求内涵发展

1. 树立"德育为先、以生为本"理念,着力提高学生道德素质

××年,我校进一步深入贯彻中共中央8号、16号文件精神,全面启动了素质教育工程。以"八荣八耻"为主线,大力弘扬以爱国主义为核心的民族精神和以改革创新为核心的时代精神,开展"知荣辱、树新风、别陋习"主题系列教育活动;结合纪念长征胜利60周年,组织了报告会、座谈会和参观等活动;乘着"五五"普法的东风,加强学生教育法规学习。团委、学生处和各部结合学生实际,开展"法在我心中"等主题教育活动,举办"预防青少年犯罪"和"远离毒品"图片展,鼓励学生走上街头开展法制宣传。充分发挥法制副校长、法制辅导员、关工委、派出所干警的作用,邀请他们为师生作了多场法制教育报告、道德教育讲座以及举办文明和谐沙龙;2100多名新生全部参加了军训活动;实施心理健康教育,利用多种方式开展心理健康咨询活动,着力培养学生健康人格;积极开展"人文×师,和谐校

园"创建活动,把这项活动的开展与创建省市文明单位活动紧密结合起来,有序地推进了文明班级、文明学生、星级宿舍、星级教室评比,全面提升了学生的人文道德素质;团委和各部全面启动了社团活动,从组织管理、活动创新、考核评估等方面进行了精心策划,学校还利用鲁艺淮剧专业资源,组建"淮剧票友会",组建鲁艺剧团,成立学校合唱队、舞蹈队、民乐队、戏剧队等,举办迎春晚会、社团活动展演等丰富的文化艺术活动;学校还组织学生开展"文化教育进社区"系列活动,如让他们担任社区主任助理,送文艺进社区以及和社区老干部、老党员一起学习政治理论等,受到了社区干部、群众的广泛好评……系列活动的开展,使广大学生在活动中展示了能力,提升了素质,极大地丰富了校园文化生活,德育实效显著。

2. 强化教学管理,切实提高教学质量

新的学年,面对"一校三区"教学现状,我们着力强化教学管理,制定了明确具体的年度工作目标,努力做到措施落实、责任落实。一是强化常规管理,基本达到了教学秩序稳定有序。在生源素质有所下降的情况下,经过努力,今年的"专转本"考试,我校学生录取率达到了92.3%,居全省前列;加强了职教类各专业的课程建设,对高职类八个专业(13个就业方向)的课程方案进行了进一步建构与完善;对职教类选修课进行了筛选整合,目前已初步形成五大系列38门选修课程。二是着力打造品牌专业和特色项目。在省首届五年制师范生美术书法作品比赛中,我校学生获一、二、三等奖共13个,一等奖数和获奖总数均为全省第一;2006年我校还获得了"省群众体育先进集体"称号。三是推进教科研工作。一抓课题研究,今年1个省级课题结题,8个校级课题结题,新申报批准了1个省级课题,4个市级课题;二抓师生的论文撰写,编印出版了《教师论文集》和《学生论文集》,《××师范》校刊也不断提高质量。四是扩大教科研基地。在我校原有的教科研网络基础上,我校五月份由学校牵头成立了有69所小学幼儿园参加的市初等教育研究会,为我市初等教育扩大了学术交流与教育科研的平台。

3. 以促进专业发展为主题,加强教师队伍建设

现代教育的理念、模式、方式、手段及课程的更新与改革对师资队伍提出更新更高的要求,加之我校升格,跨入高校系列,师资队伍能否适应形势和任务的要求,能否胜任教育教学科研工作,是关系到我校在教育市场竞争中能否立于不败之地的大问题。从师范教育改革的新趋势出发,围绕新课程改革,利用选派优秀教师参加培训、开展教师论坛活动、举办专家学者专题讲座、组织骨干教师课堂演示等形式,积极推进学校的课改工作,提高教师驾驭新教材的能力。严把教师入口关,聘用的新教师全部接受了考试和面试,并参加了市教育局的考核。新教师进校后,实行集中培训、青蓝结对,加大培养力度,迅速提高他们的业务素质。继续落实《教师教学工作考核办法》,组织全校性教学工作大检查活动,促进教学质量的提高。积极倡导"人人投身于教育科研,人人得益于教育科研"的理念,进一步完善《教科研管理条例》,抓好课题申报、研究、结题工作。评选了首批学科带头人。第一次参加了高校系列副教授、讲师评审。通过这些扎实有效的措施,使全体教师的创新意识、创新能力有了明显的增强,学生的文化、专业素质也有了较快的提高。

4. 注重细节,着力提升学校管理水平

学校逐步建立并完善了与高师体制相适应的各项管理制度,加强了对具体部门的监督和考核,实行岗位目标责任制和事故责任追究制。强化了班主任队伍建设,通过组织培训、观摩、专题研讨、经验交流等形式,提高班主任的整体素质和管理水平。全面实施了《学生常规管理考核方案》,加强对学生日常行为规范教育和班级日常管理工作的考核。坚持以生为本,在狠抓校内食堂安全卫生管理和宿舍文明规范创建以及问题学生转化工作的同时,狠抓校外周边环境治理、"四厅一吧一室"管理和交通安全教育,以多种形式的教育管理促进学生健康成长,使学生家长满意、放心。一年来,我校的安全事故发生率和学生违法犯罪率都实现了"零"的目标。

四、切实加强思想政治工作,努力提升学校形象

1. 加强学习,为改革发展奠定政治思想基础

一年来,面对学校发展的新形势和新任务,我们始终重视政治学习,用先进的理论武装头脑,指导

工作,提高水平。以认真贯彻党的十六届五中、六中全会精神和《江泽民文选》的学习为契机,深刻领会了构建和谐社会的科学内涵和重要内容,并联系学校面临的新形势、新机遇、新问题,引领广大干部、教师就我校事业发展如何主动适应基础教育改革及社会经济发展的要求进行广泛讨论:一是坚持把发展作为第一要务,为构建和谐校园创造雄厚的物质基础;二是坚持以人为本,更加高度关注教师的不断进步和学生的健康成长;三是坚持公平正义,让改革发展成果惠及全体师生员工;四是坚持以先进文化引领发展、打牢构建和谐校园的思想基础;五是坚持加强学校管理和行风建设,切实维护校园稳定;六是坚持最广泛、最充分地调动一切积极因素,形成凝心聚力、干事创业的新局面。不同层面的学习讨论增强了干部、教师安身立教的使命感和责任感。校领导班子也在听取群众提出的意见和建议的基础上,认真开展批评与自我批评,在武装头脑、指导实践、推动工作上取得了新成绩,牢固树立了科学发展观和正确的政绩观,促进了学校健康和谐发展。

2. 加强党建工作,充分发挥基层党组织的战斗堡垒作用

根据我校目前三个校区管理任务重、新校区建设压力大的实际情况,特别需要党员干部充分发挥主人翁精神,能够"分管一块,落实一块;负责一块,保证一块",为此,自××年4月至7月,校党委决定分三个阶段开展全校性的"创建共产党员示范岗"活动。通过该活动提高了领导干部的管理能力,提高了党员的政治思想素质,提高了学校的教育教学质量,提高了群众对党组织的认同度,落实了四个到位,即思想认识到位,规章制度到位,工作措施到位,检查督促到位;××年××月,以胡锦涛总书记提出的"八个为荣、八个为耻"荣辱观为指导,我们在广大师生员工中又开展了"知荣辱、立师德、铸师魂"的教育活动。要求广大党员、教职工努力做到:政治坚定、爱岗敬业、忠于职守、以德育人、积极探索、廉政从教、为人师表,不断提高教职工的业务素质和道德素质。这些活动的开展,也使党员的先锋模范作用得到进一步发挥,党支部的战斗堡垒作用得到进一步增强,有力地促进了学校的党建工作,有47名师生光荣地加入了党组织,6名同志被评为优秀党员,学校党委也被市委评为先进基层党委。

3. 进一步加强师德师风建设,努力提升师表形象

学校进一步完善师德师风建设的各项制度,制定了师德实施细则,实行了师德一票否决制度。学校将《××市师风建设十项禁令》和教育局对违规者的通报材料转发到部门、职工手中,供其学习,引起警戒,并加大督查力度。工会组织开展争创"文明职工""文明家庭""争创教工星级之家"等活动,继续开展"社会尊师重教,教师回报社会"活动。教学部门组织评教评学活动。学生处建立与学生家长联系制度。办公室建立行风评议制度,挂出师德师风意见箱,公布监督电话,召开座谈会,广泛收集校内外群众意见,保证了监督渠道的畅通。一年来,在争先创优活动中,有40名同志被考核为优秀工作者,还有20多人获得了各级各类表彰。

4. 加大扶贫、助学工作力度,扩大学校影响

学校派出2名教师参加市教育局组织的到××县的支教活动。有两名同志被市委组织部安排到社区挂职。党员同志结对帮扶两户城市困难家庭。学校减免了本校72名贫困生学费共86 400元,为420名家庭困难的职教生办理了每人千元的助学金,共42万元,确保了在校生不因贫失学。此外,还向市残联捐赠助残资金16 787元,向市红十字会捐款2万多元,向××县结对帮扶乡镇捐款3万元,向本校学生捐衣物210件。

五、加强党风廉政建设,着力塑造良好风气

开展党风廉政建设是党建工作的重中之重,每个党员,尤其是党员领导干部必须始终高度重视。在廉政建设方面,我们完善了以下工作:一是认真落实了党风廉政建设责任制。根据上级党委的有关部署和要求,制定了学校贯彻落实反腐倡廉"六个机制"的实施办法,从思想教育、制度规范、监督制约、查案惩处、干部保护、廉政责任等六个方面建立健全了工作机制。要求各部门领导正确认识和行使手中的权力,树立正确的人生观、价值观和权力观,强调权力只能为学校的发展服务、为全校师生服务,而不能成为谋取一己私利的工具。二是不断加强制度建设,建立了必要的制约机制和监督机制,

以保证廉政工作的实施。认真落实学校主要领导、分管领导的党风廉政建设责任,做到严于律己,以身作则,推动责任制的落实。通过落实议事决策制度、领导班子民主生活会制度、谈话诫勉制度、校务公开制度,以及召开座谈会听取教工意见、建议等方式,保证权力运行的为民、务实、清廉;通过明确各处室的这一责任主体的责任内容和要求,促进党风廉政建设责任制的进一步落实。三是坚持原则,严守职责,对损害国家利益、学校利益的行为进行坚决的斗争,决不因怕得罪人而退却半步。四是注意加强学校领导之间的沟通、交流,为廉政工作的开展创造良好的氛围。五是严格约束班子成员,不做有悖于党纪国法的事情。比如招生、收费、专升本的考试、入党等工作,从始至终都坚持公开、公平、公正原则。在学校基建和政府采购方面,认真执行国家的政策法规,坚持公开招标,保证了学校的健康有序发展。努力构建教育、制度、监督并重的惩治和预防腐败体系,加强对领导干部的制约监督;继续推进廉政文化进校园工作,把廉政文化建设工作纳入学校"十一五"规划和学期工作计划,一起部署,一起落实;积极开展教育行风建设,严格按照收费标准收费,杜绝了乱收费行为;努力加强教师职业道德建设,既管教又管导,关心每一个学生的健康成长,不向学生和家长谋取私利;认真做好信访工作,处理好来电、来信、来访,有效地化解各种矛盾;坚持招标、投标程序,开展工程竣工决算审计、基本建设全过程跟踪审计和专项资金审计;坚持开展领导干部经济责任审计,在对我校××—××年经济审计中,尚未发现学校领导班子及其成员有违党纪的行为和现象,受到了市审计局的充分肯定。由于我们注意加强领导班子的党风廉政建设,有力地促进了学校行风、政风的好转,因而得到了师生员工的广泛好评,被称为"团结的班子""有凝聚力、战斗力的班子""想干事、肯干事、能干事的班子"。

今年,在全校师生员工共同努力下,我校也获得了多个荣誉,除学校党委被市委评为先进基层党组织外,学校继续获得市级文明单位称号,还获得了省市群众体育先进单位、语言文字工作规范化示范学校、爱国卫生先进单位、模范职工之家等荣誉称号。学校团委工作、老干部工作、普法工作、师德工作、计划生育工作等分别受到了省市有关部门的表彰。在各学科的省市竞赛活动中,我校也一直名列前茅,取得了许多奖项。

回顾××年的工作,我们虽然取得了一些成绩,但也还存在着不少问题和不足,主要有:一是由于新校区建设时间急、任务重、人手紧,组织集体系统学习不够,对一些理论问题往往只是满足于表面的理解,钻研得还不够深透;二是目前的一校三区管理难度很大,加之新校区二期工程即将开工,学校人员分散,对步入高师后学校如何尽快适应新形势、新要求,走科学发展、内涵式发展之路,思考得还不够周全;三是对校园南迁,如何处理好教职工工作与生活的矛盾,解决好大家的后顾之忧问题,考虑得还不够到位;四是对年轻教师爱生奉献的教育和培训有待进一步加强,骨干教师的传、帮、带作用有待进一步发挥;五是学校管理还要进一步强化,各级干部的整体素质和能力有待进一步提高,思想作风有待进一步改进。××年,我们决心在××市委、市政府、省教院以及省市教育主管部门的正确领导下,同心协力,争先创优,为全面完成新校园建设任务,为努力构建优美、文明、安全、和谐的学校作出更大的贡献。

××××年××月××日

【思考与练习】

1. 请写一篇活动总结。

标题:"'中国梦'元旦联欢会活动总结"。情况概述:元旦联欢会的具体时间、地点、参加人员、主要节目、效果等。成绩:可从组织、内容、质量、反应等方面来总结此次联欢会成功的经验。问题教训:根据实际情况,实事求是地分析存在的问题与不足。今后的打算:提一些展望。落款:署名与日期。

2. 标题:"××学校××班 2012—2013 学年度第二学期班级工作总结"。基本情况:一学期班级各方面工作主要内容、主要成绩的概述。成绩经验:可从德、智、体、美、劳等方面分类总结取得的主要成绩并归纳出成功的经验是什么。问题教训:反思一下本班在开展各项活动中暴露出的主要问题。今后的打算:主要是针对不足提出今后的改进措施及努力方向。提出的设想要切实可行不能讲空话。

3. 试根据自己上月的学习情况写一份个人学习总结。

第三单元 演讲稿

【训练重点】

一、能归纳演讲稿的特点。
二、明确写作演讲稿的要求。
三、学会写演讲稿。

【写作引导】

一、演讲稿概述

演讲稿也叫演说辞，它是在较为隆重的仪式上和某些公众场合发表的讲话文稿。演讲稿是进行演讲的依据，是对演讲内容和形式的规范和提示，它体现着演讲的目的和手段。演讲稿是人们在工作和社会生活中经常使用的一种文体。它可以用来交流思想感情，表达见解和主张；也可以用来介绍自己的学习、工作情况和经验等；演讲稿具有宣传、鼓动、教育和欣赏等作用，它可以把演讲者的观点、主张与思想感情传达给听众以及读者，使他们信服并在思想感情上产生共鸣。

二、演讲稿的主要特点

第一，针对性。演讲是一种社会活动，是用于公众场合的宣传形式。它为了以思想、感情、事例和理论来晓谕听众，打动听众，"征服"听众，必须要有现实的针对性。所谓针对性，首先是作者提出的问题应该是听众最关心、最感兴趣、最想了解的问题，作者所作的评论和论辩要有雄辩的逻辑力量，要能为听众所接受并心悦诚服，这样，才能起到应有的社会效果；其次是写作时要根据不同场合和不同对象，为听众设计不同的演讲内容，要懂得听众有不同的对象和不同的层次，而"公众场合"也有不同的类型，面对不同的对象和不同的"场合"，一篇优秀的演讲稿必须做到对象分明，有的放矢。

第二，可讲性。演讲的本质在于"讲"，而不在于"演"，它以"讲"为主，以"演"为辅。由于演讲要诉诸口头，拟稿时必须以易说能讲为前提。如果说，纯文学作品主要通过阅读欣赏来领略其中的意义和情味，那么，演讲稿主要是通过"上口"和"入耳"来展现它的艺术魅力。一篇好的演讲稿对演讲者来说要可讲，对听讲者来说应好听。因此，演讲稿写成之后，作者最好能通过试讲或默念加以检查，凡是讲不顺口或听不清楚之处（如句子过长），均应修改与调整。

第三，鼓动性。演讲是一门艺术。演讲的目的是感动听众，说服听众，以情感人，激发共鸣，争取最佳宣传说服效果，没有鼓动性，就不成为演讲，政治演讲也好，学术演讲也好，都必须具备强烈的鼓动性。要做到这一点，首先要依靠演讲稿思想内容的丰富、深刻，见解精辟，有独到之处，发人深省，语言表达要形象、生动，富有感染力。如果演讲稿写得平淡无味，毫无新意，即使在现场"演"得再卖力，效果也不会好，甚至相反。

第四，整体性。演讲稿并不能独立地完成演讲任务，它只是演讲的一个文字依据，是整个演讲活动的一个组成部分。演讲主体、听众对象、特定的时空条件，共同构成了演讲活动的整体。撰写演讲稿时，不能将它从整体中剥离出来。因此，撰写演讲稿时首先要根据听众的文化层次、工作性质、生存环境、品位修养、爱好愿望来确立选题，选择表达方式，以便更好地沟通。其次，演讲稿不仅要充分体现演讲者独到、深刻的观点和见解，而且还要对声调的高低、语速的快慢、体态语的运用进行设计并加以标注，以达最佳的传播效果。另外，还要考虑演讲的时间、空间、现场氛围等因素，以强化演讲的现场效果。

第五，临场性。演讲活动是演讲者与听众面对面的一种交流和沟通。听众会对演讲内容及时作出反应：或表示赞同，或表示反对，或饶有兴趣，或无动于衷。演讲者对听众的各种反应不能置之不顾，因此，写演讲稿时，要充分考虑它的临场性，在保证内容完整的前提下，要注意留有伸缩的余地。要充分考虑到演讲时可能出现的种种问题，以及应付各种情况的对策。总之，演讲稿要具有弹性，要体现出必要的控场技巧。

三、演讲的类型

演讲的分类没有固定不变的规定，根据不同的分类标准可以把演讲稿分成不同的种类，但每次分类都必须采用同一种分类标准。一般有四种分类标准：

第一，按演讲内容，大致分为：政治演讲，包括竞选演说、就职演说、会议辩论、集会演说等；教育演讲，包括知识讲座、学术报告等；宗教演讲；经济演讲，包括商业广告演讲、投标介绍演讲等；军事演讲等。

第二，按演讲的目的，大致分为：娱乐性演讲、学术演讲、说服性演讲、鼓动性演讲、凭吊性演讲等。

第三，按演讲场所，大致分为：大会演讲、街头演讲、宫廷演讲、司法演讲、课堂演讲、教堂演讲、游说性演讲、巡回演讲、宴会演讲、广播演讲和电视演讲等。

第四，按演讲的功能，大致分为五种："能使人有所知"的演讲、"能使人有所信"的演讲、能"使人有所激"的演讲、"能使人有所动"的演讲、"能使人有所乐"的演讲。

四、演讲稿的写作要求

（一）了解对象，有的放矢

演讲稿是讲给人听的，因此，写演讲稿首先要了解听众对象：了解他们的思想状况、文化程度、职业状况如何；了解他们所关心和迫切需要解决的问题是什么，等等。否则，不看对象，演讲稿写得再花功夫，说得再天花乱坠，听众也会感到索然无味，无动于衷，也就达不到宣传、鼓动、教育和欣赏的目的。

（二）观点鲜明，感情真挚

演讲稿观点鲜明，显示着演讲者对一种理性认识的肯定，显示着演讲者对客观事物见解的透辟程度，能给人以可信性和可靠感。演讲稿观点不鲜明，就缺乏说服力，就失去了演讲的作用。

演讲稿还要有真挚的感情，才能打动人、感染人，有鼓动性。因此，它要求在表达上注意感情色彩，把说理和抒情结合起来。既有冷静的分析，又有热情的鼓动；既有所怒，又有所喜；既有所憎，又有所爱。当然，这种深厚动人的感情不应是"挤"出来的，而要发自肺腑，就像泉水喷涌而出。

（三）行文变化，富有波澜

构成演讲稿波澜的要素很多，有内容，有安排，也有听众的心理特征和认识事物的规律。如果能掌握听众的心理特征和认识事物的规律，恰当地选择材料，安排材料，也能使演讲在听众心里激起波澜。换句话说，演讲稿要写得有波澜，要靠内容的有起有伏，有张有弛，有强调，有反复，有比较，有照应。

五、演讲稿的写作技巧

演讲稿要有标题，写作时拟定标题就是给演讲稿起个名字。一个好标题有两个作用：一是概括反映内容,使人知道你讲的什么;二是鲜明,响亮,引起大家听演讲的兴趣。

(一)演讲稿标题的拟定

1. 标题要有内容

标题的内容必须与整个演讲稿的内容直接相关,或者必须揭示或涵盖演讲稿某一方面的内容。如马寅初的《北大之精神》告诉了人们演讲的主旨;蔡畅的《一个女人能干什么》则表现了演讲的内容;朱自清的《论气节》指出了讲述的对象;而彭德怀的《我们一定能够打胜仗》所示的是方向。

2. 标题要简短明快

即用于标题的字数不要太多,句子不要太长,意思要明白易懂。如果没有限制,标题就会拟得很长,成了纲要。所以标题要在有内容的前提下,越简短明快越好。像奥斯特洛夫斯基的《生活万岁》、陈独秀的《妇女问题与社会问题》、郭沫若的《科学的春天》都是好标题。标题不宜过短,若短到没什么内容就不好了。如《信念》《责任》等,就太宽泛。

3. 标题要表态,含情

演讲者对自己所讲的问题总是有自己的态度和情感的,并且常常是很明朗、很强烈的。把这种态度和情感渗透在标题里,标题就有表态、含情的作用了。如马克·吐温的《我也是义和团》、卢森堡的《在帝国议会讲坛的反战演说》、卓别林的《要为自由而战斗》、毛泽东的《反对党八股》、周恩来的《中美友好往来的大门终于打开了》等,都明确地表现了演讲者的态度和爱憎的情感。

以上几点是统一的、一致的。一个好的标题就能够符合这个要求,然而,初学演讲稿写作者常有以下缺点:

一是牵强,不确切。听起来文不对题,标题与内容没有必然联系。

二是太宽泛,不着边。听起来那标题的意思似有若无。如《我自信》《理想篇》《责任》等。

三是一般化,无新意。听起来耳熟,仿佛早已有之。如《什么是幸福》《把一切献给党》《谈谈德与才》《友爱是什么》等。

四是太怪僻,难理解。听起来不懂,想一想很费解。如《葡萄与大学生》《做一个有灵魂的人》《理想,命运与路的思考》等。我们说这类标题有毛病,是因为它给人的"第一印象"就模糊不清,不能给人提供任何信息。

演讲题目的确定是一门综合艺术。它要求作者观点鲜明,才思敏捷,文笔有独到之处。语言的修养有深邃的功夫,还要精雕细刻,精益求精,力求达到"一语天然万古新,豪华落尽见真淳"(元好问诗句)的境地。这些才智融合起才能想出好题目。

(二)立意技巧

立意即确立主题。是演讲者在演讲时所要表达的思想和观点,常被比喻为演讲的"灵魂""统帅"。演讲稿的题目和主题既有区别又有联系,题目是演讲稿立意的基础和范围,而立意却是作者对题目的主观的独特感受,同一个题目可以从不同的角度有不同的立意。演讲的立意和写文章一样,必须采取"意在笔先"的原则。一篇好的演讲稿的立意,必须符合如下要求。

1. 观点正确

这是指确立演讲主题、意向要符合客观规律,接近真理。要做到这一点,就要学习和掌握马克思主义和党的现行的方针、政策,不断提高自己的理论水平和政策水平。只有这样,演讲才能符合时代的需要,受到听众的欢迎。

2. 态度鲜明

所谓态度鲜明,就是说演讲的主题能明确表示爱什么,憎什么,赞成什么,反对什么,态度明朗,旗帜鲜明。如闻一多的《最后一次的讲演》,充满着对李公朴先生的爱和对国民党反动派的恨,这篇演讲当时起了轰动的效应,使在场的国民党特务不得不抱头鼠窜。如果缺乏态度鲜明这一点,人们就很难知道你到底说些什么,因而也就不能引起人们足够的重视,就会使演讲失去应有的作用。

3. 开掘深刻

所谓开掘深刻，就是要在演讲中能讲人所未讲，发人所未发的独到见解。正像我国著名电视主持人赵忠祥所说的那样："演讲家说出别人想说而没有说的话，因而博得听众的赞赏和欢迎，这固然是高明，然而，如果演讲家道出了别人想都没有想过的东西，甚至由于你的演讲，使原来不想干某件事情的听众后来想干了，这才是更大的高明。"

4. 以小见大

一滴水珠虽然渺小，但能折射出太阳的光芒。即使是现实生活中一些平凡的小事，对善于演讲的人来说，他也能挖掘出事物的真谛。李燕杰的演讲为什么受人欢迎？除了循循善诱之外，还不时举些日常生活中的例子，引导青年人去认识真理。如讲到人们看到爱因斯坦或托尔斯泰的画像，为什么会肃然起敬？那是因为他们的满头银发放射着智慧的光芒，额头深而又繁的皱纹标志着一生的丰功伟绩。相反，如果人云亦云，泛泛而谈，只会令人感到平淡乏味。

（三）选材技巧

选材，即选择材料。演讲虽然是说理性活动，但不能只是抽象的说理，而是借事说理、寓理于事，依靠翔实典型的材料加以佐证，增强理性说服力。演讲的材料十分广泛，包括名人名言，在群众中广泛流传的格言警句，生动感人的事例，生活和科学知识，以及图表、数字、图画或实物等。

材料的获得一般有两个途径：一是演讲者从自己平日的工作、生活中直接获取第一手材料。二是演讲者通过书籍、报纸杂志或网络媒体获取间接材料。

选择材料的基本要求：

一要围绕主题筛选材料。主题是演讲稿的思想观点，是演讲的宗旨所在。材料是主题形成的基础，又是表现主题的支柱。演讲稿的思想观点必须靠材料来支撑，材料必须能充分地表现主题，有力地支持主题。所以，凡是能充分说明、突出、烘托主题的材料就应选用，否则就舍弃，要做到材料与观点的统一。

二要考虑到听众的情况。听众的政治素质、社会地位、文化教养，以及心理需求等，都对演讲有制约作用，因而，选用的材料要尽量贴近听众的生活，这样，不仅容易使他们心领神会，而且听起来也会饶有兴味。一般而言，对青少年的演讲应形象有趣，寓理于事，举例要尽量选择他们所崇拜的人和有轰动效应的事；对工人、农民的演讲，要生动风趣、通俗浅显，尽可能列举他们周围的人和发生在他们中间的事作例子。而对知识分子的演讲，使用材料则必须讲究文化层次。

三要选择自己比较熟悉、确有见地的材料。选择现实中需要回答的问题，其着眼点是客观的需要，而这里考虑的是主观的可能。演讲稿写作的选材必须把需要和可能结合起来，才能做出正确的选择。古罗马演讲理论家贺拉斯曾说："你们从事写作的人，在选材的时候，务必选你们力能胜任的题材，多多斟酌一下哪些是扛得起来的，哪些是扛不起来的。假如你选择的事件是在你能力范围之内的，自然就会滔滔不绝，条理分明。"我们所说的选自己熟悉的、确有见地的题材，也就是"力能胜任的题材"，只有熟悉、形成一定的看法，才会讲得生动、充分、深透、清楚，这是被无数演讲者所证明了的真理。古今中外一切优秀的演讲辞，都是演讲者以熟悉而有见地的题材为线索构筑而成的，如古希腊伊索格拉底的《泛希腊集会辞》，此外，还要选择那些新颖的、典型的、真实的材料，使主题表现得更深刻、更有力。

（四）结构技巧

演讲稿的结构分开头、主体、结尾三个部分，其结构原则与一般文章的结构原则大致一样。但是，由于演讲是具有时间性和空间性的活动，因而演讲稿的结构还具有其自身的特点，尤其是它的开头和结尾有特殊的要求。

1. 开头

演讲的开头，也叫开场白。它在演讲稿的结构中处于显要的地位，演讲稿的开头如戏剧演出的"镇场"，它是演讲者与听众建立的第一座情感桥梁。好的开场白作用有三：第一，吸引听众的注意力，激发听众的好奇心;第二,概述你演讲的主要内容;第三,向听众阐明听你演讲的必要性。演讲稿的开头有多种方法,通常用的主要有如下几种。

(1) 开门见山,揭示主题。一般政治性的或者学术性的演讲稿都是开门见山,直接揭示演讲的中心。比如宋庆龄《在接受加拿大维多利亚大学荣誉法学博士学位仪式上的讲话》的开头:"我为接受加拿大维多利亚大学荣誉法学博士学位感到荣幸。"

运用这种方法,必须先明确把握演讲的中心,把要向听众揭示的论点摆出来,使听众一听就知道讲的中心是什么,注意力马上集中起来。但这种方法容易显得过于平淡、冷静,很难吸引人。

(2) 说明情况,介绍背景。比如恩格斯《在马克思墓前的讲话》的开头:"三月十四日下午两点三刻,当代最伟大的思想家停止思想了……——但已经永远地睡着了。"

这个开头对事情发生的时间、地点、人物作出了必要的说明,为进一步向听众揭示论题做准备。运用这种方法开头,一定要从演讲的中心论点出发,不能信口开河,离题万里,更要防止套话、空话,败坏听者的胃口。

(3) 提出问题,引起关注。

写演讲稿的开头,可根据听众的特点和演讲的内容,提出一些激发听众思考的问题,以引起听众的兴趣。这种问题应该新颖、独特,确实能促使听众去思考。如《珍惜生命把握今天》演讲的开篇是这样写的:"生命的意义是什么?是像某女生那样为恋人的背叛纵身一跳?还是像马加爵为同窗的争执而手刃九命?还是像某大学生那样为出人头地而贪污公款?还是虚度年华,今朝有酒今朝醉?"接连的问句一气呵成,一开始就把演讲推向高潮。

2. 主体

演讲稿在开头后要迅速转入主体,这是演讲的正文和核心部分,也是演讲稿的高潮所在,能否写好,直接关系到演讲的质量和效果,内容的安排,应注意以下几个问题。

(1) 确定结构形式。演讲稿的形式比较活泼,或旁征博引、剖析事理,或引经据典、挥洒自如,或层层深入,或就事论事。结构形式不管怎么样变化,都要求内容突出,问题说透,推理严密,层次清晰,情理交融。

(2) 认真组织好材料。演讲稿的理论依据和事实论据的组织安排要适当。首先必须保证例证的真实性、典型性。演讲稿不能太长,一般3分钟左右最好。内容要求言简意赅,起到画龙点睛的作用。

(3) 构筑演讲高潮。一个成功的演讲,不可能没有高潮。要体现三个特点:一思想深刻,态度明确,最集中体现演讲者的思想观点;二是感情强烈,演讲者的爱恶、喜怒在这里得到尽情宣泄;三是语句精练。如何构筑演讲高潮呢?

首先要注重思想感情的升华。必须在对某个问题有较为深刻全面的分析、论证,演讲者的思想倾向要逐渐明朗,听众也能逐渐领会演讲者的思想观点,并有可能与演讲者的思想感情产生共鸣,从而构筑高潮。

其次要注意语言的锤炼,使用排比反问等句式增加气势,也可借助名言警句把思想揭示得更深刻。

3. 结尾

结束语是演讲内容的自然收束,是演讲稿的有机组成部分。结尾给听众的印象,往往将代表整个演讲给听众的印象。言简意赅、余音绕梁的结尾能够使听众精神振奋,并促使听众不断思考和回味。而松散疲沓、枯燥无味的结尾则只能使听众感到厌倦,并随着时过境迁而被遗忘。怎样才能给听众留下深刻的印象呢?美国作家约翰·沃尔夫说:"演讲最好在听众兴趣到高潮时果断收束,未尽时戛然而止。"演讲稿的结尾没有固定的格式,或对演讲全文要点进行简明扼要的小结,或以号召性、鼓动性的话收束,或以诗文名言以及幽默俏皮的话结尾,但一般原则是要给听众留下深刻的印象。写结尾时常犯的毛病就是要么草草收兵,要么画蛇添足,要么就是套用陈词滥调,更有些人在本来已经讲完后,又唠叨几句"我讲得不好,请大家批评指正"之类的话,势必让人反感。

六、语言技巧

要把演讲者在头脑里构思的一切都写出来或说出来,让人们看得见,听得到,就必须借助语言这个交流思想的工具。因此,语言运用得好还是差,对写作演讲稿影响极大。要提高演讲稿的质量,不能不在语言的运用上下一番功夫。写作演讲稿在语言运用上应注意以下五个问题。

(一)要通俗易懂。演讲要让听众听懂

如果使用的语言讲出来谁也听不懂,那么这篇竞选演讲稿就失去了听众,因而也就失去了演讲的作用、意义和价值。为此,演讲稿的语言要力求做到通俗易懂。为了使演讲的语言通俗平易,我们须从以下几方面努力:

1. 演讲的语言要口语化。首先要解决思想认识问题。不要一动笔就往书面语言上靠,写完后自己照稿念一念,看看是否上口,然后把那些不适合演讲的书面语改为口语化的语言。其次,要注意选择那些有利于口语表达的词语和句式。双音节和多音节的词语比单音节的词语容易上口,而且也好听。如"我要写演讲稿时"就不如"当我要写演讲稿的时候"好听。演讲稿的"口语",不是日常的口头语言的复制,而是经过加工提炼的口头语言,要逻辑严密,语句通顺。

2. 演讲的语言要个性化。马克思曾经说过:"你怎么想就怎么写,怎么写就怎么说。"它告诉我们,不管"说"也好,"写"也好,都要用自己的语言,而不是别人的语言或现成的语言。

3. 要说自己的话。有些演讲者,爱使用一些"时髦"词,或是套话,或是从报刊、书籍上摘抄下来,生硬地拼在一起的话。这样的语言听起来挺"新鲜",究其实却内容干瘪,缺乏生活的真实。用自己的话讲,可能看起来很朴素、很普通,但却更真实自如、更富有吸引力。

(二)要准确朴素

准确,是指演讲稿使用的语言能够确切地表现讲述的对象——事物和道理,揭示它们的本质及其相互关系。作者要做到这一点,首先,要对表达的对象熟悉了解,认识必须对头;其次,要做到概念明确,判断恰当,用词贴切,句子组织结构合理。朴素,是指用普普通通的语言,明晰、通畅地表达演讲的思想内容,而不刻意在形式上追求辞藻的华丽。如果过分地追求文辞的华美,就会弄巧成拙,失去朴素美的感染力。

(三)要简洁明了

以最少的语言表达出最多的内容。要做到语言的简洁,必须对于自己要讲的思想内容经过认真的思考,弄清道理,抓住要点,明确中心。如果事前把这些搞清楚了,在演讲时至少不至于拖泥带水,紊乱芜杂。还要注意文字的锤炼和推敲并做到精益求精,一字不多,一字不易。

(四)要生动感人

好的演讲稿,语言一定要生动。如果只是思想内容好,而语言干巴巴,那就算不上是一篇好的演讲稿。广为流传的恩格斯、列宁、斯大林的演讲,毛泽东的演讲,鲁迅的演讲,闻一多的演讲,都是既有丰富深刻的思想内容,又有生动感人的语言。语言大师老舍说得好:"我们的最好的思想,最深厚的感情,只能被最美妙的语言表达出来。若是表达不出,谁能知道那思想与感情怎样好呢?"(《人物、语言及其他》)由此可见,要写好演讲稿,只有语言的明白、通俗还不够,还要力求语言生动感人。

怎样使语言生动感人呢?一是用形象化的语言,运用比喻、比拟、夸张等手法增强语言的形象色彩,把抽象化为具体,深奥讲得浅显,枯燥变成有趣。二是运用幽默、风趣的语言,增强演讲稿的表现力。这样,既能深化主题,又能使演讲的气氛轻松和谐;既可调整演讲的节奏,又可使听众消除疲劳。三是发挥语言音乐性的特点,注意声调的和谐和节奏的变化。

(五)要控制篇幅

演讲稿不宜过长,要适当控制时间。德国著名的演讲学家海茵兹·雷德曼在《演讲内容的要素》一文中指出:"在一次演讲中不要期望得到太多。宁可只有一个给人印象深刻的思想,也不要五十个让人前听后忘的思想。宁可牢牢地敲进一根钉子,也不要松松地按上几十个一拔即出的图钉。"所以,演讲稿不在乎长,而在乎精。

七、演讲稿的修改

从事任何文体的写作都要重视修改,认真修改,精心修改,写作演讲稿自然不能例外。例如,林肯在接到要他作演讲之后,在指挥战争的情况下,亲自起草演讲稿,并把演讲稿念给白宫的佣人听。直到演讲的前一天晚上,他还在旅馆的小房间里再次推敲、修改这篇演讲稿。再如,1883年3月14日,马克思与世长辞,恩格斯作了《在马克思墓前的讲话》的著名演讲。演讲草稿是这样开头的:"就在十五个月以前,我们中间大部分人曾聚集在这座坟墓周围,当时,这里将是一位高贵的崇高的妇女最后安息的地方。今天,我们又要掘开这座坟墓,把她的丈夫的遗体放在里边。"作者考虑后进行了修改,写成:"三月十四日下午两点三刻,当代最伟大的思想家停止思想了。让他一个人留在房里总共不过两分钟,等我们再进去的时候,便发现他在安乐椅上安静地睡着了——但已经是永远地睡着了。"两者比较,后者入题较快,演讲一开始就抒发了对逝者的无限敬爱和万分惋惜的心情,使现场的人们也沉浸在对马克思的缅怀与崇敬之中。正是这种认真的态度和精心的修改,才为恩格斯的每次演讲的成功提供了有力的保证。

例文

科技铺就飞天路

中国载人航天工程总设计师、中国工程院院士 王永志

各位来宾:

大家好!

2003年10月16日,是我们中华民族感到无比骄傲和自豪的日子。39年前的这一天,我国第一颗原子弹爆炸成功,一声东方巨响使中国人民在世界面前挺直了脊梁;39年后的今天,我国航天员杨利伟乘坐"神舟"五号飞船,遨游太空14圈后安全返回地面,中华民族实现了千年飞天梦想。回顾从"两弹一星"到载人航天的奋斗历程,我心潮激荡,感慨万千。

1992年9月21日,中央政治局常委在听取我们的论证汇报后,讨论了一个上午。一致认为,搞载人航天意义重大。江泽民同志说,今天就作个决定,要像当年抓"两弹一星"一样抓载人航天工程。要坚持不懈地、锲而不舍地把载人航天搞上去。

从那时起,我就被任命为中国载人航天工程总设计师。这是一个庞大的系统工程,总体上分为7大系统。我们遇到的第一个问题是走什么样的发展道路?是按照前苏联及美国人所走过的路从头走起,还是瞄准当时的先进水平跨越赶超?经过反复讨论,大家统一了认识,我们要力争一步到位。中国的飞船一上天,就要和国外搞了40年的飞船比翼齐飞,不相上下。

我们把赶超目标瞄准当时俄罗斯的"联盟—TM"号,这是当时世界上最好的经过两次改型的第三代飞船。我们坚持走中国特色的载人航天发展道路,自主创新,跨越发展,一起步就搞了3个舱段:推进舱、返回舱、轨道舱,设计了更先进、更完善的逃逸和救生系统。即便发生意外,也能让航天员安全回来,那是我们的国宝啊!

要跨越发展,就不能墨守成规,跟在别人的后面亦步亦趋。我们前几次发射无人飞船,没有进行动物试验。这是因为到2002年8月,世界各国的航天员已经有906人次上过天了,我们没有必要跟在人家后面走"猴子变人"的漫长试验过程。但是,人家的飞船能上人,不等于我们的飞船也能让中国的航天员平安返回。为此,我们搞了个"拟人代谢装置",能像人一样呼吸,吸入氧气,排出二氧化碳。我们利用无人飞船连续试验了几次,证明我们的飞船完全可以达到供氧要求和其他生存条件。

我们的航天英雄杨利伟胜利归来时,与他一块儿上天的轨道舱还在太空继续运行。它如同一颗

卫星,还在对地观测,继续做空间科学实验。更重要的是,下一步我们还可以用它搞太空交会对接。国外进行空间交会对接试验时,每次必须连续发射两艘飞船,一艘上去后,紧接着再发射一艘上去和它对接,而我们中国飞船的轨道舱可长期留轨运行,等待着与下一艘飞船对接。这样我们做一次对接试验只需发射一艘飞船,每次就省下一枚火箭和一艘飞船,还可少建一个发射工位。我们不就省钱了吗?发射一次就是好几个亿啊!俄罗斯飞控中心的技术主任巴丘卡耶夫听说后感叹:"都说中国人聪明,真是名不虚传啊!"

2001年4月,我到俄罗斯参加加加林上天40周年庆祝活动时,回母校莫斯科航空学院接受荣誉博士称号和杰出毕业生金质奖章。在这个仪式上我应邀介绍了中国载人航天工程的特点。我刚讲完,我当年的老师、联盟号飞船当年的总设计师米申院士就大声说:"你们都听到了吧,中国飞船不是'联盟'号,中国飞船就是中国飞船!"

载人航天,人命关天。我国搞载人航天工程,始终把航天员安全放在第一位。为此,我们大力提倡并要求全体研制队伍一定要强化载人意识。什么是载人意识?就是可靠第一、安全至上!经过科技人员刻苦攻关,我们采取的安全措施比世界其他载人航天器更周全、更完善。发射飞船的"长征"二号F型火箭可靠性达到0.97,而安全性达到了0.997。我与全体航天员座谈时说:"你们放心,我从中国的第一代运载火箭干起,研制了好几种火箭。我们现在用的火箭是最好的。而且,这次载人飞行,我们把所有能想到的安全措施都用上了,我们一定会对你们的生命负责。"

我们有一个强有力的指挥系统,会同设计师系统一起严把质量关。"神舟"三号飞船运到发射场不久,就发现有一个穿舱插座的一个点不通,拆下这个插座解剖检查后发现,插座设计存在根本性缺陷,是批次性问题。尽管飞船设计时每个信号都采用了双点双线的冗余措施,但是很难保证类似问题不再发生。于是,两位工程副总指挥、飞船总设计师和我一起,专程到生产厂家进行调查研究,认为这个问题不能放过,要重新设计、生产出符合要求的产品并全部更换。这个决心可不好下呀!飞船上一共使用了几十个插座,共有一千多个点,如果全部更换,飞船的发射至少要推迟3个多月。为此,指挥部专门向中央作了汇报,得到了中央的批准。这件事,极大地震动和教育了全体研制队伍。这也是我们真正树立载人意识的转折点。我曾对各系统的总设计师们说过:"第一艘飞船的乘员,应该是我们这些总设计师。我们什么时候敢坐飞船了,才能让航天员坐。"

"神舟"五号发射前,有的记者发现我在观看女足世界杯比赛,感到很吃惊。他们问我,你对飞船放心吗?是真没问题,还是有问题没有发现?我告诉他们,这次我是放心的,不出问题是符合规律的。

航天员返回是载人航天飞行的最后一个环节,而且是航天员罹难最多的阶段。今年年初,美国"哥伦比亚"号航天飞机就是在返回时失事的。为了保证航天员安全着陆,工程上马之初,我对原定的主着陆场进行考察后,想提出改址方案。但原方案已经过中央批准,我这个"马后炮"要不要放?我再三考虑,为了对国家负责,对载人航天工程负责,我如实作了汇报,建议改在人烟稀少的内蒙古草原,改小轨道倾角,使主着陆场能够位于飞船下点轨迹的"弧顶",增加飞船返回主着陆场的机会。这个方案最后得到批准。我又提出将飞船变轨时机由第14圈调整到第5圈,再加上应急轨道的设计,飞船每天都有返回主着陆场的机会。如果发生紧急情况,航天员还可以启动应急程序,驾驶着飞船自主返回。过去我们曾发射过一颗返回式卫星,由于返回程序出错飞走了,过了好几年它才回来。由此我联想到,如果飞船出了这种事,既然飞船上有人,我们就要发挥他的作用。于是,提出为航天员设计手控制动返回程序,让他们自己能控制飞船安全返回的要求。

我们还立足中国国情,研究制定了海上搜救对策。因为飞船发射后很快进入海洋上空,如果出现意外需要救生,我们面对的将是5 200公里范围的茫茫太平洋,形容"大海捞针"一点也不过分,我们必须在24小时内把返回舱捞回来,否则航天员有生命危险。美国当初派了3艘航空母舰,21艘舰船和126架飞机,动用了2.6万人;前苏联为了实施海上救生,布置了7艘舰船和110架飞机,动用4 500人。我们难以组织这么庞大的搜救力量。怎么办?我们的对策就是利用飞船自身的能力,控制飞船就近飞向预先设定的海上应急搜救圈。这样,定点等候的舰船很快就能找到,减少了搜救力量,提高了时效。这是中国特色的技术创新,世界上绝无仅有。

首次载人航天飞行成功,举国欢腾、群情振奋,这是对我们航天战线极大的鼓舞和鞭策。现在我们实现了载人航天"三步走"的第一步,第二步我们要实现航天员出舱行走、进行空间交会对接、建设空间实验室,第三步还要建造空间站。我们将继续开拓进取,不断向新的目标迈进,为开发太空资源、造福全人类作出更大贡献。

谢谢大家!

点评:这是一篇充满智慧、启人心智、感人肺腑的优秀演讲辞。其特点为:

感情真。"任它年华如流水,依旧豪情似大江。"通篇洋溢着爱我中华、强我中华的赤子之情,热爱科学、奋勇拼搏的豪迈之情,精益求精、珍视航天员生命的战友之情。

材料真。演讲者用亲身经历讲述了我国航天科技工作者自强不息、顽强拼搏、团结协助、开拓创新的感人事迹。如"载人航天工程总体发展规划的设定","拟人代谢装置的研制成功","太空交会对接的创造发明",无不真实地体现着科技工作者为国争光的雄心壮志。

语言真。演讲者是科学家,是"科技铺就飞天路"的开拓者,讲的是亲身经历的动人故事,抒发的是发自内心的赤子之情,没有华丽辞藻的堆砌,却处处表现出中国航天人特别能吃苦、特别能奉献、特别能公关、特别能战斗的载人航天精神。(蔡顺华提供)

【思考与练习】

1. 仔细阅读下面演讲稿,就选题、立意、选材、结构、语言等技巧进行简要分析和评价。

为了永恒的绿叶

李秀英

大家好,我演讲的题目是"为了永恒的绿叶"。记得还是在上学的时候,我就读到过印度诗圣泰戈尔那句令人怦然心动的名言,他说:"花的事业是甜蜜的,果的事业是珍贵的,但让我做叶的事业吧!因为叶子总是谦逊地垂着她的绿荫。"从那以后,为了心中那片绿叶,我一直孜孜以求,不懈探索。如今我真的成了一片绿叶——一名光荣的小学语文教师。

15年的教学生涯使我深深领悟到做一名真正的人民满意的教师应"智如泉涌",更应"人品高尚"!

为了"智如泉涌",我曾如饥似渴地钻进知识的殿堂,老教师的课听了一节又一节,名师经典读了一套又一套,专业笔记更是记了一本又一本……

看得多了,上课时常随意发挥,给学生上文学欣赏课,课上,我们"奇文共欣赏,疑义相与析"。止于欣赏还不够,我又教孩子们"篡改",甚至自己写。如学了《飞夺泸定桥》,我先填了一首《忆江南》:"忆泸定,四团战天险。桥险流急敌凶残,抢时夺桥志愈坚,英勇克敌顽!"

学生一看挺有意思,原来普通人也可以填词,有学生就和了一首《忆江南·泸定赞》:"忆从前,长征多艰难。泸定桥头英雄站,吓得敌人鼠狼窜。铁打英雄汉!"

一石激起千层浪。孩子们出乎意料地踊跃。有的仿《虞美人》来两句:应试教育知多少,考试何时了;有的仿《满江红》写两下:待从头,再上幼儿园,好好玩!

于是,我想:身处教室,心骛八极,语文课也;如饮醇酒,身心俱醉,语文课也;纵横驰骋,古今中外,语文课也。

……

2000年6月,这时我已是省教学能手,被市里推荐参加山西首届教学技能大赛。此次比赛规模空前,太原市几万名小学语文教师中只推荐了我一人参赛。压力就是动力!我憋足了劲儿准备拿个奖回来报答培育我的师长,牵挂我的学生,惦念我的亲人。谁知天有不测风云,我挚爱的母亲却突然患上了绝症。一向刚强的母亲知道我要参赛,竟然瞒着我。我知道消息后,她又坚决不让我请假看护,我含着眼泪准备课件……

有时候事儿总往一块儿凑,我那时是班主任还带着毕业班,离毕业考试也仅剩十四天,偏巧这时有个很有希望考上重点中学的叫刘洁的学生病倒了,高烧不退,无法上课,需要补课。怎么办?在家里,母亲就是我的天!我绝不能扔下母亲不管;要比赛,省会城市的荣誉系于我肩;上重点,是孩子和家长六年的期盼……和母亲说过此事,母亲说:"去吧,人家孩子一辈子的事,要补课你就去,就十几天,妈这儿没事的!"犹豫再三,我决定下班后给刘洁补课。

有段时间,灯光下常有我们交流的身影;夜色浓了,我才赶回母亲那儿陪侍一晚;比赛的事就在学校抽空挤时间……终于,刘洁顺利通过毕业考试,进入了市重点中学。一天,她拉着我的手说:"李老师,我真想喊您一声妈妈!……妈妈!"我的眼泪夺眶而出,不仅为孩子这声发自内心的呼唤,更因为我的妈妈……

当我忙完学生,忙完比赛,捧着四项一等奖和荣立省二等功、市一等功的证书回家给妈妈看时,妈妈已经……我没来得及和妈妈说上最后一句话,只看到了她老人家最后一缕游丝般的气息。我一句话也说不出来,任由眼泪奔涌肆虐……娘走儿想念啊,妈妈!您怎么连一句话都不给女儿留下?!

直到今天,直到我在键盘上打出这些话,直到现在,只要谈起妈妈,我依然忍不住泪如泉涌。愧疚啊!但,也是直到现在,我才明白了妈妈其实和我"说"了很多话,她把最宝贵的"遗产"——勤奋与爱留给了她的女儿,是"它"使我与学生用心沟通,是"它"使我在她老人家病重期间未落一节课,未向学校多提一个要求,不仅圆满完成毕业班任务,还获得了省技能赛的最高奖。

也正是这一段刻骨铭心的经历,才使我对神圣的讲台更加倾注心血,更加魂牵梦萦,更加流连忘返。

当所有这些经历化作每一堂课,并吸引了孩子们所有的目光;当师生常有思维碰撞,并有智慧的火花闪亮时,我好像忽然明白了,何谓"和谐课堂"!何谓"人民满意"的教师榜样!

2005年6月,我又被推荐参加全国第五届青年教师阅读教学观摩活动,我又荣获了一等奖。我在心里默默地第一个告诉母亲:女儿没有辜负您老人家的期望,女儿会用实际行动继续把母亲的"生命"延长!

有句歌词唱得真好:不经历风雨怎能见彩虹,没有人能随随便便成功。然而,站在新世纪的门槛上,站在时代的最前方,站在"人世间"的角度想,做一名优秀的人民满意的教师还应该有更为崇高的理想,绝不应满足于"智如泉涌""人品高尚",更应该感动身边人,带动一批人,旗帜鲜明地喊出来:要做教育家,不做教书匠!当然,也许你、我永远也成不了教育家,但至少——

为了永恒的绿叶,为了心中的理想,我们可以努力到皱纹爬满脸庞!

谢谢!

2. 设想以下情景写一份情景发言稿或演讲稿的提纲。

(1) 幼儿园新学期家长会发言稿。

(2) 实习生代表发言稿。

(3) 班会课期末学科代表发言稿。

(4) 班干部竞聘演讲稿。

3. 请就下列题目,依个人兴趣选择一个角色,发表三分钟的演说。

(1) 实习生向指导教师作自我介绍。

(2) 参加社团时的自我介绍及动机说明。

(3) 欢送学长(姐)毕业时的致词。

4. 请从下列未完成的句子中,选一个你喜欢的题目,先完成句子,再以它作为题目,写成一篇演讲稿,当众说出来。

(1) 微笑面对……
(2) 最令我难忘的……
(3) 那天我……
(4) 假如给我……
(5) 我的……梦

第四单元 教育小论文

一、教育小论文概述

(一) 教育小论文的含义

教育论文是教育科研工作者在对某一教育理论问题或实践问题开展研究并获得一定的结论之后,用来系统阐述研究过程及研究结论的文章。教育论文的主要特点是其学术性,而学术性又具体体现在两个方面:一是科学性,二是创新性。科学性是指研究者在论文中必须提出鲜明的观点,而且要对观点进行充分的论证,且论据确凿,论证逻辑严密;创新性是指提出的观点在理论上有新的突破,事实上有新的发现,方法上有新的改进,能够扩展或提高人们对事物的认识。

教育小论文是指尊重教育论文的基本特征、选题角度小、表达方式更灵活、篇幅大约在 1 500~3 000 字的论文。取其"小",是因为较小的角度、较灵活的形式、较短的篇幅,对初学论文写作者来讲比较容易把握。

《国家中长期教育改革和发展规划纲要》指出,要"努力造就一支师德高尚、业务精湛、结构合理、充满活力的高素质专业化教师队伍"。幼儿教师专业化发展离不开教育科研水平的提高,论文撰写的过程就是把对各种教育现象所做的思考、实践和探索,变成有规律可循的书面文字。因此,教育论文的写作能力已经越来越成为幼儿教师必不可少的基本功。

(二) 教育小论文的种类

广义的教育论文包括两大类:一类是特殊研究报告,包括教育调查报告、教育实验报告、行动研究报告、观察研究报告、个案研究报告等;另一类是一般教育科研论文,这一类教育论文可以划分为不同的类型,如经验型、理论型、综合型等。

目前,幼儿园工作中常用的教育小论文主要有以下两种。

1. 经验型小论文

经验型小论文是教师在教育、教学实践中直接获得的感性材料基础上总结出来的理性认识,是经验总结的理论升华。这类论文常常从"我"的经验、体会出发,抓住自己收获最大、认识最深、做法最有成效的一点,深入思考和发掘,揭示其本质和规律,形成自己独特的观点;并在经过论证之后,使原有"经验"转化为具有科学性的论文。其成文过程为:总结经验,选择经验,分析经验,论证经验。这一类小论文比较容易写,可以以"我""我们""笔者"为写作主体,是初学论文写作者较好的选择。例如《体育活动中教师的适宜指导》一文,论文的作者在长期的教育实践中,想方设法使所有幼儿都能主动地参与到体育活动中。经过深入思考,作者认为自己的成功根本在于正确发挥了教师适时、适度的指导作用,调动了幼儿参与游戏活动的积极性。作者在论文中主要是例证了怎样做才算是"适时""适度",同时也阐释了"适时""适度"等概念以及教师的指导作用、师幼关系等基本理论问题,引导读者理性思考,进而能够将"教师的适宜指导"迁移到其他教育活动中去。

2. 综合型小论文

综合型小论文往往是针对学前教育中的某一问题,既比较系统地阐述相关的理论,又具体阐述作者就此问题在实践上提出的新的措施、方法、思路。行文中一般不出现"我""我们"等。例如《科技教育中幼儿的有效探究》,作者通过"科技与幼儿的科技教育""探究在科技教育中的地位与作用""科技教育中有关幼儿探究需要澄清的几个问题"三个方面,从基本概念入手,逐层深入地论述了探究在幼儿科技教育中的意义,并具体阐述了怎样才能实现幼儿的有效探究。

随着科研方法的不断发展、研究人员的不断扩展,教育论文出现了新形式。

传统论文是以议论为主的,叙事少且为议论服务。近年来,适应教育改革的需要,广大一线教师边实践边研究,教育叙事研究、行动研究、个案研究日渐兴盛,体现在论文中就是叙事成分增多,"案例反思""实录分析"等随笔式样的教育小论文大量涌现。这种类型的小论文可以是先叙述一个或几个案例、一种或几种现象,然后集中进行分析;也可以是一边叙述案例、现象,一边进行分析。无论哪种写法都需要围绕一个中心问题,从典型现象中挖掘其本质,上升到理性的高度。

二、教育小论文的结构

教育科研论文的结构一般包括八个部分:题目、署名、摘要、关键词、序言、正文、结论与讨论、参考文献。教育小论文的结构可以简略些,经验型、随笔式的可以不写摘要、关键词;有时序言、结论与讨论也可以省略。

(一) 题目

教育小论文的题目一般不宜过大,即切入口要小。题目一般就是全文的中心论点,即作者对所选论题的基本观点,如《在积极有效的师幼互动中促进教师教育行为转化》《材料是幼儿操作活动的灵魂》。如果中心论点不宜用简洁的语言表述,题目中可以只提出论题,即作者所论述的基本问题,如《对幼儿美术教育误区的思考》《浅谈幼儿自主观察行为的特点与指导策略》;题目也可以用设问方式,如《如何选择幼儿科学活动的主题和内容》。

(二) 署名

署名者即文章的作者,如果是一人以上,则应按在撰写过程中贡献的大小依次排名。通常署名置于题目下方。署名是作为拥有著作权的声明,同时也是表明文责自负的承诺。必要时,署名之后还要附上署名者的所在单位、邮编、电话等联系方式。

(三) 摘要

摘要又可称为内容提要,一般位于题目、署名之后,正文之前,便于读者快速了解论文的主要内容,并便于检索。内容摘要应概括性阐述论文的主要观点和基本内容,篇幅控制在100～300字之间。摘要只能用第三人称来写,不能出现"我们""作者""本文"等作为摘要陈述的主语。不要在摘要中进行自我评价。

(四) 关键词

关键词是从论文的题目、小标题或正文中提取的能表现论文主题内容的具有关键意义的词或词组,通常3～6个。

(五) 序言

序言又称前言、绪言、引言,它往往放在正文之前,言简意赅。序言一般包括三个方面的内容:一是说明研究的背景和动机;二是说明研究的重点;三是概述研究的理论意义和现实意义。

(六) 正文

正文又称本论,它是论文的主体部分。在这一部分中作者应在显著的位置提出中心论点,一篇论文水平的高低,在很大程度上取决于论点有无真知灼见,有无创新突破。同时,要充分运用段中主句显示段旨,即段的中心意思,段中主句通常放在段首或段尾。另外,可以用小标题的形式提出分论点,从不同角度、不同层次支持、证明中心论点。教育小论文的本论主要有三种形式:(1)并列式结构,即围绕中心论题设立若干分论点,所有分论点与中心论题之间是垂直关系,分别论证中心论题。各分论点之间是平行的并列关系,使对中心论题的论证构成不同角度、不同侧面的论证格局。(2)递进式结构,即将对中心论题的论证分为若干层次,论述时层层展开,步步深入,直至最后形成结论。文章各个分论点之间呈现层层深入的递进关系,顺序不能互换。(3)综合式结构,即或以递进式为主,在论述过程中局部运用并列式结构;或以并列式为主,在论述过程中局部运用递进式结构。

正文中的论证应讲究方式和方法,既可以先明确提出论点再逐步展开论述,也可以先摆明各种论据再归结出论点。不管使用什么方法,论证的思维过程应清晰反映出来。

(七) 结论与讨论

结论是在正文的基础上得出的结语,是对研究成果的精确概括,在表述上要求措辞严谨。讨论则是从理论上对研究结果的含义和意义进行分析评论,既要突出本研究对以前研究的突破和创新,又应明确说明本研究还没有解决或没有完全解决的问题,并提出进一步研究的建议。

(八) 参考文献

这部分是论文的附加内容,为论文中引用的各种资料提供出处或来源,一是用来佐证资料的可靠性,二是表示对原作者研究成果的尊重,三是便于读者检索有关文献。其内容和顺序一般为:作者、书名/文章名、出版社(前注明所在城市)/刊名、出版年份/刊发年期、起讫页。

三、教育小论文写作应注意的问题

(一) 精心选择论题

论文是研究的结果,研究始于问题。我国著名哲学家张世英说:"能提出像样的问题,不是一件容易的事。说它不容易,是因为提出问题本身就需要研究;一个不研究某一行道的人,不可能提出某一行道的问题。也正是因为要经过一个研究过程才能提出一个像样的问题,所以我们也可以说,问题提的恰当了,这篇论文的内容和价值也就有几分了。这就是选题的重要性之所在。"

现实教育理论和实践中存在着大量的问题,但并非所有的问题都能成为教育小论文研究的论题。选题要有价值、有新意,要选择教育领域新出现的带有典型意义的问题,或能够对别人论述过的问题发表有别于众人又符合教育发展方向的观点,或是从一个新视角来分析、解决教育现实中的问题。选题不能过大过难,我们必须兼顾各种条件,发现那些既是必要的又有可能研究的问题,包括研究者的主观条件,如知识水平、研究能力、经验基础、特长爱好等,以及各种客观条件,如文献资料、人员、经费、时间等。

(二) 认真推敲题目

教育小论文题目在表述上有以下四个常见的问题:

(1) 题目太长。例如,《持之以恒地认真组织幼儿户外散步活动是教育幼儿亲近自然、热爱自然、适应社会的一种好形式》可以改为《幼儿户外散步活动的实践与收获》。

(2) 逻辑关系不清。例如,《在了解中感悟 在感悟中升华——关于幼儿园图书认知活动设计及情感教育的实践研究》实际要表达的是《从情感教育入手开展幼儿图书认知活动》。

(3) 用词不当,语句不通。例如,《让创造精神开遍废旧物园地》可以改为《利用废旧物品培养幼儿创新能力》。

(4) 文学色彩过浓。例如,《蓦然回首,那人却在灯火阑珊处——幼儿园德育途径探幽》改为《幼儿园德育途径的探索》即可。如果题目始终定不下来,那就说明你的论题、论点尚未明确,切不要匆忙下笔。可以说,确定题目的过程是对论题、论点再度推敲的过程。标题不宜过长,一般不超过20个字。较长的题目需要分两行写时,应注意不能把一个词或词组分隔开,分别写在上一行的末尾和下一行的开头。如果需要副标题对正标题进行补充、说明或限制时,则副标题应置于正标题之下另起一行,文字前面加破折号。

(三) 重视文献检索

文献是指记录了信息和知识的一切载体,包括书籍、报刊、手稿、音像等;检索就是查找、获取的意思。学前教育文献主要有以下三种:

(1) 学前教育研究书籍,包括专著、论文集、教科书、科普读物、工具书等。

(2) 学前教育报刊,如《学前教育》《学前教育研究》《中国幼儿教育周刊》等。

(3) 学前教育研究网站,如中国学前教育网 http：//www.pre-school.com.cn/,中国幼儿教师网 http：//www.yejs.com.cn/share.asp/deng 等。

要提高研究论文的质量,必须扩大视野,了解他人的研究成果,找到自己的准确定位,避免重复劳动,提高教育研究的科学性。但是切记,文献检索绝不是为了照搬照抄他人的研究成果,而是要逐步学会记录、加工、运用文献资料。

(四)行文严谨科学

在写作过程中,语言要科学、严谨,引用专家观点或他人的文字材料一定要忠实于原文,对事实论据的表述要准确、简洁。注意避免简单罗列材料,应该对精心选择出来的最具代表性的材料进行逐层分析,展开论证。成文后还要作严格的自我审阅,或征求他人意见,反复推敲修改。此外还要特别注意两点:一是文中直接引用的原话、字、词、句、段、标点均不可更改,全部引用,引文末的标点放在后引号里面,部分引用,只需将文字放在引号之内,标点是根据上下文的衔接而定的。二是文中大、小标题及其下子项符号的规范写法和一般顺序如下:

一、(汉字后用顿号)

(一)(括号内外不能再加顿号或圆点)

1.(阿拉伯数字后用圆点)

(1)(括号内外不能再加顿号或圆点)

可以越过某一层使用,但不可以颠倒顺序使用。

例文

帮助幼儿在生活和游戏中建构数学经验[①]

葛凤林　陈立(执笔)

摘要: 促进幼儿数学发展的一个重要的推动力是幼儿的实际需要,课堂教学在满足幼儿需要方面有很大局限性。生活和游戏是幼儿学习的基本方式,教师应善于在生活中发现和把握数学教育时机,在游戏中有目的地创造条件促进幼儿建构数学经验。

关键词: 幼儿　生活　游戏　数学经验

生活和游戏是幼儿学习的基本方式,因此,抓住生活和游戏中的时机帮助幼儿建构数学经验是我们引导幼儿在生活中学习,在学习中生活的主要方法。

一、生活中善于发现和把握数学教育时机

有专家指出:"促进数学发展的一个重要的推动力是各种实际需要,学习数学必须包括学会应用数学的观点和方法去发现和解决身边生动的实际问题,而不是把它们作为一种知识储备或教条。"而这一观点的实现决不能仅通过课堂传授式教学实现,必须密切结合幼儿生活,利用真实的问题情景,使幼儿产生学习数学、运用数学解决问题的需要,从而使数学教育真正起到为幼儿终身发展服务的作用。因此,挖掘生活中数学教育时机,学习解决生活中的问题,成为我们学习、贯彻《纲要》精神的一个落脚点。

案例一: 幼儿升入大班,在商量怎样做值日活动时,有的小朋友提出:"从周一到周五每天都有一组小朋友做值日,但是第六组哪天值日呢?"

---

① 节选自《学前教育》2006年第2期。

"第六组小朋友回家做值日吧!"

"让他们跟着其他组一起做。"

"把他们分到每组,一组放一个,第六组的小朋友应该可以。"

孩子们说法不一,最后,大家基本赞同了第三个建议。为了帮助幼儿理清分组的线索,记住分组的结果,教师边在黑板上画表格,边对照表格,用问题一步一步帮助幼儿整理经验:原来每组有几个小朋友?再加1个是几个?几个组加了小朋友?第六组几个人参加做值日?还剩几个?怎么办?幼儿一一做了回答,最后剩1人,大家决定让他替没来的小朋友做值日。这样直观清楚地呈现分配过程和结果,便于幼儿建构数学经验。(翟颖提供)

"做值日"是幼儿园很平常的生活环节,但却有许多数学教育时机。此例中教师利用分组做值日产生的组数与时间的现实矛盾,支持鼓励幼儿通过集体讨论充分发表各自的见解,积极想办法解决问题,使幼儿建构了相应的数学经验,学会了运用数学经验解决生活中的问题。

类似这样的问题情景就发生在幼儿一日生活的各个细小环节中,说明幼儿生活中确实蕴涵着丰富的数学教育时机和内容,只要教师心中有明确的教育目标,有对数学学科的了解,善于观察和思考,就能抓住教育的时机,支持并创造条件让幼儿大胆猜想、探索,适时帮助幼儿整理经验,幼儿就可以学会解决问题,获得主动发展。

二、游戏中有目的地创造条件促进幼儿建构数学经验

心理学指出:儿童对数理逻辑知识的掌握不是来自被操作对象本身,而是来自儿童的行动以及这些行动的协调。他们是通过活动、通过与材料的相互作用发现和建构数学关系的。游戏是幼儿认识世界的重要途径,也是帮助幼儿建构和积累数学经验的良好途径,因为无论是在室内还是室外游戏中,数学问题都是幼儿不断接触并经常遇到的。因此,教师只要善于观察,挖掘其中的教育时机,及时通过投放材料和有效指导,使幼儿在尝试探索和与材料、教师、同伴的互动过程中建构起相应的数学经验。

案例二:一段时间里,中一班幼儿萌发了在建筑区为自制的汽车搭建停车场的想法。教师积极支持并帮助他们提供了大量的材料(长短、宽窄不一和大小不同的正方形、长方形板材等),鼓励幼儿进行尝试探索。在了解了一些停车场停车的特点和不同停车场的结构基础上,孩子们根据汽车的大小、高矮进行了设计。有的设计成很大的一层,能停许多车;有的设计成2层、3层、4层,说是能省地方;有的设计只有一个口,有的是环形停车场,车能从任何一个地方进入。在实际建构过程中,幼儿遇到了很多问题:当他们发现因为车的大小、高矮等不同,一个停车场里放不下时,他们提出按照大小、颜色分开,再分层停放。分层要有汽车上下行驶的道,否则汽车只能"飞上去",这可是孩子们设计时没有想到的。于是,针对装扮成司机的教师提出的问题,他们赶紧想办法进行了调整,有的小心翼翼地撤掉一些不影响平衡的圆柱,有的把柱状积木往边上轻轻地挪。这样,许多小车都可以停进去了。孩子们高兴极了。(任京华提供)

经历了七八次不懈努力而搭建的停车场,让孩子们认识到:在保持平衡方面,两个圆柱支撑一个正方形,不如三个、四个更稳;在选择材料方面,运用比较测量的方式选择适宜长短、厚薄、高矮的积木进行搭建,如果不够,要想办法找合适的积木拼接;在空间方面,汽车怎样停可以节省空间……通过不断调整材料,满足搭建的需求,幼儿最终了解了汽车的大小、高矮与所用积木和空间的关系。幼儿不仅建构了数学经验,而且学会了解决问题,还养成了善于动脑、持之以恒、与他人合作等各种良好的学习品质。这种方式的学习对于幼儿来说,显然比在课堂上教师用现成的教具让幼儿比较认识的活动生动有趣得多。幼儿在一个游戏中所建构的数学经验,还可以迁移到其他游戏中。

面对由幼儿游戏需要产生的教育时机,如果教师能够给予支持鼓励,通过有目的地投放能够让幼儿不断运用数学经验去学习和解决问题的材料,适当地给予引导,幼儿就会在自然地参与解决问题、满足自己游戏需要的活动过程中,习得各种数学经验,同时感受到数学的重要和有趣。

三、让幼儿喜欢学数学、喜欢用数学

我们经过近两年的探索,使幼儿积累了许多数学经验。他们不仅在生活中喜欢谈论有关数学学

习的话题,而且也在悄悄地用所学的数学知识和数学方法解决自己遇到的生活中的问题,满足自己好奇、探索、想象、创造、生活等的需要。

案例三: 早晨来园,明明的妈妈很着急地对教师说:"翟老师,您快问问明明吧!这几天,他不知怎么了,总是吵着要用奶瓶喝水,特别奇怪,不给他,他就不喝。"听了这话,我也感到奇怪,可明明却在一边偷偷地笑。我问他:"明明,你笑什么呢?能告诉我吗?"明明理直气壮地说:"我用奶瓶喝水是因为我发现奶瓶上有刻度,也写着ml(毫升),我一看刻度就知道我每次喝了多少水。"听了他的话,明明的妈妈愣了愣,问:"你怎么认识刻度的?""我们在做泡泡液的时候认识的。"听了他的话,我既吃惊又欣喜,孩子可以把在科学活动中学到的数学知识运用到自己的生活中,从中了解到自己的饮水量,真了不起!(翟颖提供)

类似这样的例子还有许多:小班幼儿根据喝水时插的小花数量,自发地比较"谁喝水多",用测量的方式比较书中恐龙脖子的长短,测量桌子有多长等等。这些都说明幼儿数学意识、兴趣、经验的增强,也说明幼儿在生活、游戏中学习数学,更容易感受到数学的重要和有趣,更容易理解所学的数学知识,并将他们的经验运用于生活与游戏之中。我们的数学教育要实现为幼儿终身发展奠定基础这个目标。

点评:

这是一篇经验型的教育小论文,采用了案例——分析的形式。文章的题目就表明了作者的基本观点,围绕这一中心论点,作者提出了三个明确的分论点,呈并列式结构。在对每一个分论点的论证过程中,作者基本的写作思路是:先从理论上进行阐述,再叙述典型案例,然后对案例进行深入分析,最后归纳升华。

【思考与练习】

1. 每位同学走访1~3所幼儿园,就以下两大问题,通过亲自观察、询问孩子或向在园老师了解情况,自拟论文题目,然后分组讨论哪些题目是最值得研究探讨的。

(1) 幼儿日常行为习惯中存在的比较典型的问题。

(2) 教师在教育、教学中存在的比较典型的问题。

在分组讨论的基础上任选一题,先列提纲,然后试着写一篇1500字左右的小论文。

2. 阅读新近出版的学前教育杂志,从中任选一篇小论文,写一篇1000字左右的评析,重点评价论文的结构方法和对材料的选择分析这两方面的特点。

第五单元 自荐书

一、自荐书概述

(一) 自荐书的定义

自荐书是为了向有关单位、部门或领导推荐自己,借用书面形式,对自身的学业、能力、专长、意愿等进行展示的专用书信,目的是让对方了解自己、相信自己,以谋求某种职位或承担某项工作。

(二) 自荐书的形式

不知用人单位是否需要聘人的自荐求职;

获知用人单位公开招聘职位的自荐求职。

(三) 自荐书的特点

1. 真实性

自荐书必须客观、真实、准确地介绍自己的身份、学历、专长以及学习经历、工作经验等,不能夸大其词,弄虚作假,这样才能取信于用人单位。

2. 展现性

自荐书应该多方面、各角度地介绍自荐人的能力和风采,陈述有用的、有利的个人信息,争取树立良好的个人形象,例如学习经历、工作业绩、个人特长等;还有过去所接受的专业训练和专项培训与应聘工作的相关性等。

3. 精简性

自荐书应该以精练简明扼要为宜,尽量避免冗长啰唆,面面俱到。由于用人单位的时间和精力都比较有限,重点突出、条理清晰、语言简练的自荐书是用人单位比较乐意接受和欣赏的。

4. 个性化

自荐书既是个人能力的展示,也是自我的推荐,必须强调突出个人的"特、优、新"之处,以谋求在求职市场上脱颖而出。

二、自荐书的格式、结构、内容和写作要求

(一) 自荐书的格式和结构

(1) 标题:用"自荐书"三个字即可,一般没有其他种类的标题。

(2) 称谓:用人单位的名称或者用人单位领导的职务名称,一般在其前面冠以"尊敬的"等字样,以示尊重。

(3) 正文:

正文包括开头、主体和结尾。

开头部分主要包括问候语和写自荐书的目的两部分内容。

主体部分主要介绍自荐者的基本情况,包括年龄、学历、资历、就读学校、所学专业、主要特长、相关工作经历等。

结尾部分一般有两大内容，一是表达自己的求职愿望与要求，例如"希望贵校能给我一次展现自我的机会"等，二是祝颂语，如"此致敬礼""祝贵校事业蒸蒸日上"等。

4. 落款（署名）：自荐者的姓名、日期等。

（二）自荐书的内容

自荐书的主体可分为四个部分：说明求职缘由、展示自我、介绍条件和表明态度，另外在自荐书的最后还需附上相关详细个人资料（如个人简历、毕业证书及有关证件的影印件等）。

1. 说明阐述求职缘由

这一部分的内容主要是自荐者说明阐述自己的求职缘由。譬如刚毕业的为什么想要谋求这个职位，想跳槽的就要明确为什么要选择这家单位，想谋求某职位的就必须讲明自己的想法和理由。

2. 展示自我风采与能力

这部分内容需要使用简练生动的语言，概括介绍自己的学历、资历、专长、技术等。即将毕业的学生在介绍自己时，就要着重突出在校表现以及所取得的重要成果，例如所获得的奖学金或其他荣誉的次数及名目，担任的学生会工作及所取得的成就等，在校期间所从事过的社团活动和社会义务劳动等。还可以介绍自己在校期间所参加的考试或培训活动，所获得的资格证书或水平能力测试证书等。有一定工作经验的人在申请新职位时，就要突出自己的相关特长和优势，例如丰富的工作经验、在多年工作中积累出来的人脉资源、自己在这一领域的职业素养和能力等。

3. 介绍职位胜任条件

自荐者还应该详细了解职位或岗位要求，针对所申请单位或职位的相关需要，有的放矢地介绍自己所能胜任该职位或岗位的素质条件。

4. 对工作的看法及态度

自荐者应该表明自己对于该职位或岗位的态度和看法，彰显自己对于该工作的热爱之情。还可以简单阐述对单位的认识，以拉近与用人单位的距离。

此外，自荐者还应该在自荐书的最后附上相关的个人详细资料，包括个人简历、毕业证书及相关证件的影印件并注明份数，附上自己的联系电话、地址、电子邮箱、QQ账号等，以备用人单位及时联系本人。这些材料不仅让用人单位对自荐者有更具体的了解，增强自荐书的说服力和竞争力，还可以增强用人单位对自荐者的信任感。

（三）自荐书的写作要求

1. 实事求是，明确翔实

自荐书的内容要真实可信，实事求是，对自己的学历、资历、专长等的介绍不能弄虚作假，夸大其词。介绍自己的时候，内容应涉及全面，明确具体，实实在在。

2. 投其所好，满足需求

不同的用人单位有不同的人才需求，必须在充分了解对方需求的基础上，针对该单位的具体要求，有针对性地介绍自己，做到有的放矢。

3. 突出个性，凸显优势

自荐信是写给用人单位看的，是求职者为谋求特定工作岗位而写的。因此，在自荐过程中一定要突出自荐者的特殊优势，张扬有利的个性特征，争取在激烈的竞争中脱颖而出。

4. 谦虚真诚，不卑不亢

自荐者在介绍自己时，态度应该热切诚恳，但也不能过分自谦自贬，显得庸俗谄媚；既要生动感人，展现风采，又不能自高自大，张扬轻浮。

5. 语言礼貌通顺，格式规范

自荐信的语言讲究礼貌得体，明白流畅，简练准确，朴实大方。自荐信的格式必须符合规范，使用人单位能够一目了然。

例文

尊敬的领导：

　　您好！我是××高等师范学校学前教育专业××级的一名毕业生，怀着对贵校的尊重与向往，我真挚地写了这封自荐信，向您展示一个完全真实的我，希望园领导能够给我一次证明自我的机会。

　　从小我就十分喜欢与儿童相处，随着年龄的增长、认识的提高，我更萌发了要做一名优秀的幼儿教师的愿望，我认为幼儿教师是阳光下最灿烂的职业，怀着这样的理想和追求，我报考了××高等师范学校，并有幸成为该校一员。

　　我十分珍惜在校的学习时间，不断从各个方面完善自己。一方面，我刻苦攻读，认真学习，每个学期都以优秀的成绩完成规定学科的学习。我还利用课余时间积极参加各级各类的考级活动，已获得钢琴十级水平证书和书法四级证书，还通过了普通话水平等级测试，获一级乙等水平。

　　另外一方面，根据我的自身情况，我认为我对从事幼教也具有一定的优势。首先，就社会现状而言，当今的幼儿教师普遍都是女性，这就间接地影响到一些男孩的身心健康发展，从而缺少男性所特有的阳刚之气而趋向于女性化。所以，大力发展男性幼儿教师是一项非常重要的工作。

　　在思想上，我对现代幼儿教育方法也有一些自己的想法。我设想的教育方式是以发展儿童天性为基础，根据幼儿兴趣所选修的特定教育方法。如果园领导需要，我会详细地说明我的想法。幼儿园是幼儿从家庭迈向社会的一个小小驿站，也是幼儿走向社会的第一步，我们既要给予幼儿一定的约束、限制，同时也要让幼儿有一定的自由选择的机会，也就是让幼儿在自由的基础上遵守一定的日常生活规则。良好有效的规则，能使幼儿的天性得到自然表现，让幼儿有一定自由选择的权利和机会，最终促进幼儿身心的健康发展。

　　著名的革命家和教育家徐特立先生曾经说过："认真搞好幼儿教育是共产主义事业中最光荣的任务。"关爱孩子，就是关注民族和国家的未来！我相信，在老一辈教师的鼓励和帮助下，在自己努力下，我一定会成为一名优秀的幼儿教师！虽然我们未曾谋面，但请您相信，您的选择不会错！

　　最后，我真诚地希望园领导能够给我一次实现理想的机会，我相信我最后能否胜任这一职业靠的是实力而不是运气。同样，我也会为园里作出我最大的贡献。

　　祝贵校事业蒸蒸日上！

自荐人：×××
××××年××月××日

点评：这是一封应届幼师毕业男生的求职自荐书。其优点如下：
1. 态度诚恳，彰显自己对幼教事业的热爱。
2. 简明扼要地介绍了自己的专长和特长。
3. 突出自己作为男幼师生的优势，展现自己对该职位的理解和教学设想。
4. 语言流畅简明，明确翔实。全文条理清晰，诉求合理。

【思考与练习】

1. 自荐书正文写作需要注意哪些问题？
2. 根据自己所学专业、个人特长及持证数量、种类等情况，拟给某幼儿园写一封自荐书。

第六单元 小小说写作

一、小小说的历史发展概述

从20世纪80年代起,小小说作为一种独立的小说样式在中国经历了新兴、发展和繁荣的过程。如今,已成为当代中国文学的一方姹紫嫣红的艺术园地。

在我国,类似小小说的文体,可以溯源到上古的神话和传说。"精卫填海""夸父追日"等故事就散见在《山海经》等古籍中。简单的情节、粗疏的人物,已略显小说的基本元素。到了春秋战国时期,《庄子》《韩非子》《吕氏春秋》《战国策》等书中的寓言故事所讲述的事件、所勾勒出的人物,也已初具叙事状人的表现技巧,对后世的小说创作很有借鉴意义。至魏晋南北朝,志怪小说、志人小说的出现,体现了我国小说的最初形态。干宝的《搜神记》中《干将莫邪》记写巧匠莫邪为楚王铸成雄雌二剑后被楚王杀死,其子赤为父报仇;《紫玉韩重》记写吴王的小女紫玉和童子韩重相爱,吴王不许,紫玉愤恨而死,韩重痛哭墓前,紫玉灵魂出现,两人在墓中结为夫妇。故事完整,注意情节设置和人物刻画,已具有小小说的雏形。特别是南朝刘义庆的《世说新语》,书中的《刘伶病酒》《周处自新》《石崇和王恺争豪》《王蓝田性急》等,表现了很高的艺术造诣,人物描写形神兼备,声态宛然。《世说新语》不仅是我国古代笔记小说的上乘之作,同样也是小小说在古代初始阶段的杰出代表。唐代出现的"传奇",宋代出现的"话本",标志着小说创作已经走向成熟,而小小说仍然在不断向前发展。从唐代的《大唐新语》、宋代的《唐语林》,到清代的《今世说》《阅微草堂笔记》,都能读到微型艺术珍品。至于蒲松龄的《聊斋志异》的出现,表明我国古代的小小说达到创作的高峰。如《王子安》《崂山道士》《小猎犬》《向果》《口技》等,都只有四五百字,但这些作品语言简洁生动,表现手法丰富,在小小说的创作上有了新的开拓,对小小说的发展产生了很大的影响。

"五四"前后,随着新文化运动的蓬勃兴起,现代小说创作应运而生,鲁迅、叶圣陶、郁达夫、冰心等人写了许多优秀的小说作品,其中就有鲁迅的《一件小事》、叶圣陶《这也是一个人?》、郭沫若的《他》以及王任叔的《河豚子》等名篇。到了20世纪三四十年代,小小说的发展虽然不是那么明显,但在一些进步刊物上也有不少千字左右的作品出现,在我国现代小小说的发展史上留下珍贵的一页。新中国成立后,我国的小小说创作有了新的发展。五六十年代,不少刊物都开辟了"小小说""一分钟小说"等专栏,从一些侧面迅速、及时地反映了当时的社会生活。但由于当时种种社会原因的影响,小小说的创作很不景气。十年"文革"期间,则是一片荒芜。

作为一种真正的新兴的文体,小小说从萌生、发轫到今天的生机勃勃,硕果累累,实际上是在80年代以后的这些年里。随着改革开放的不断深入发展,现代社会的生活节奏日益加快,人们获得知识、接收信息、消遣娱乐的方式日益增多,小小说便以其精短适应了现代快节奏生活的需要,应运而生、应运而长了。这些年以来,小小说创作日益繁荣。一些著名小说作家积极提倡,身体力行,如林斤澜、王蒙、孟伟哉、高晓声、蒋子龙、冯骥才、刘心武、从维熙、叶文玲等专业作家创作了诸多有影响的小小说佳作。许多业余作者特别是青年作者也开始在小小说这块园地上展露才华,潜心创作,不断有优秀作品问世,受到人们的关注,也给小小说的创作带来了空前的繁荣。目前,小小说已经名正言顺地登上了文学的大雅之堂,并且成为广大读者喜闻乐见的文学形式。至2005年,小小说首次被列入"中国小说排行榜"。

国外小小说的兴盛对我国小小说的发展也有着很大的影响。特别是在19世纪以后,西方的小小说和其他长中短篇小说一样取得了同步的发展,涌现了一批卓有成就的作家和脍炙人口的小小说作品。匈牙利的卡尔曼、日本的芥川龙之介、法国的莫泊桑,都写下了大量的在文学史上值得一书的微型小说作品。俄罗斯是个盛产长篇小说的国家,但它的小小说创作自19世纪以来一直兴盛不衰。不少著名作家或带头创作或从理论上指导小小说创作,如屠格涅夫、契诃夫、高尔基、阿·托尔斯泰、左琴科以及阿勃拉莫夫、邦达列夫、古里阿和沃罗宁。在美国,著名短篇小说作家欧·亨利,用自己的创作实践把小小说的创作推向了一个艺术高峰。近年来,苏联的鲍·克拉夫琴科、匈牙利的沃尔克尼·依斯特万、日本的星新一、新加坡的彭飞等人的小小说作品相继被介绍到我国,对我国小小说有相当大的推进作用。

另外,这些年来,各文学期刊、各日报晚报专业报副刊,多有发表小小说者,有的报刊还设有小小说专栏,定期举办小小说评奖;有专发小小说的文学月刊,如《小小说月报》《百花园》;最值得称道的是,有两份专门选载小小说的选刊——《微型小说选刊》和《小小说选刊》,它们曾经都是月刊,近年都改成了半月刊,现在前者的月发行量已超过100万册,后者的月发行量也在50万册以上,这在目前纯文学刊物的发行量中是十分惊人的;此外,权威的《小说选刊》和《小说月报》,也都选载小小说;甚至其他文摘类报刊,如读者面很广的《读者》和深受青年读者喜爱的《青年文摘》,也选载小小说。因此完全可以这样说,除了广义概念上的散文之外,小小说是目前最受欢迎的文学体裁。

二、小小说写作

(一) 什么是小小说

小小说,亦称为微型小说,与短篇小说、中篇小说、长篇小说并列为小说的"四大家族"。小小说有不少名称,有的从字数上着眼,称为"千字小说""百字小说";有的从内容上考虑,称为"镜头小说""瞬间小说";有的从阅读时间上定名,称为"一分钟小说""一袋烟小说";有的从体积容量上测定,称为"袖珍小说""微型小说"。作家汪曾祺在《小小说是什么》一文中曾指出:"短篇小说的一般素质,小小说是应该具备的。小小说和短篇小说在本质上既相近,又有所区别。大体上讲,短篇小说散文的成分更多一些,而小小说则应有更多的诗的成分。小小说是短篇小说和诗杂交出来的一个新品种。它不能有叙事诗那样的恢宏,也不如抒情诗有那样强的音乐性。它可以说是用散文写的比叙事诗更为空灵,较抒情诗更具情节性的那么一种东西。它又不是散文诗,因为它毕竟还是小说。"[①]

小小说,既然是小说,就不同于小新闻、小通讯、小散文,它必须运用小说创作的一些规律,例如典型化、形象化等等;它既然是"小"的小说,篇幅上就不能长,必须是微型的,一般在千字左右;因此,它比短篇小说更精粹、凝练。小小说的特点,一是立意奇特,二是情节相对完整,三是结局出人意料;但它的最主要的特点,还是以小见大,以少胜多,文短意长。选材上,往往截取生活中的一个小小的片断;在布局上,不必求全,力求单纯;在表现手法上,多采用白描的手法,寥寥几笔,就使人物活起来;同时,讲究含蓄,使人读后回味无穷。

(二) 小小说的选材

小小说的选材应当是相当广泛的。一个巧妙的故事,人物性格的一个侧面,一个印象,一种意境,一个幻想,一幅生活场景,一段独具特色的对话……都可以成为小小说的题材。不过,虽然生活素材俯拾皆是,但并不是说只要把生活中听到、看到的写出来就可以了。要从平常的生活事件中找到可用之材,最重要的是"发现",即要有一种透视事物本质的眼光,要善于发现生活片断中所潜藏着的深刻意蕴。同时,要注重作者自己对生活的深切体验,表现出作者在生活的积淀中对人生、社会的感受和

[①] 《文艺学习》1986年第3期。

认识。如鲁迅的《一件小事》,由于他对车夫生活长期的观察和思索,才能从一件微不足道的"小事"中挖掘出表现劳动人民崇高精神的深刻的内涵。

(三)小小说的构思

小小说和其他小说一样,在生活的积累、题材的选择之后,就要精心考虑立意谋篇的构思过程。

首先,要重视立意。因为深刻、新颖、独特的立意,不仅反映了作者对生活题材的发现与开掘,而且能体现出"以小见大""一叶知秋"的艺术效果。立意要做到"深""新""奇"。所谓深,是指作者在作品中表现出比一般人对生活一种更深层次的认识;所谓新,是指作者有一种能在看似平常的生活中敏锐的观察力和思考力,能给读者以新的启迪;所谓奇,是指作者以奇特的构思、意想不到的寓意引起读者的重视和共鸣。例如《行走在岸上的鱼》这篇童话式的小说,作者巧用比拟手法,赋予红鲤人的思想和行为,让鱼在岸上行走,充满了作者大胆而新奇的想象,为我们展示了一幅耐人寻味的生活图景。小说通过让现实的东西变形,反映现实,批判现实,也超越现实,表达了作者鲜明的情感态度,赋予了作品深刻的思想意蕴。

其次,在艺术构思方面,情节的巧妙安排也是小小说实现以少胜多的重要环节。小小说的情节设置,既要考虑高度浓缩,又要注意情节的典型化,体现"一叶知秋"的艺术效果。除要求生动、真实、典型之外,还要特别注重情节的单一性。不能过分渲染,而是要简洁明快,单纯凝练。美国著名科幻作家弗里蒂克·布朗写的一篇被称为世界上最短的科学幻想小说:"地球上最后一个人独自坐在房间里,这时忽然响起了敲门声……"就写得十分别致而耐人寻味。马克·吐温的《丈夫支出账本中的一页》。全文只有七行字,却浓缩了长篇小说的全部情节。

> 招聘女打字员的广告费……(支出金额)
> 提前一星期预付给女打字员的薪水……(支出金额)
> 购买送给女打字员的花束……(支出金额)
> 同她共进的一顿晚餐……(支出金额)
> 给夫人买衣服……(一大笔开支)
> 给岳母买大衣……(一大笔开支)
> 招聘中年女打字员的广告费………(支出金额)

再次,要精心安排结构。小小说尽管短小,但结构也求完整。它不是靠情节的复杂取胜,而是要精心布局,做到主次分明,疏密有致,形成一个完整的艺术品。小小说不像一般小说那样完全具备开端、发展、高潮、结局等完整的格局,也不像一般小说具有人物、事件、环境等充足要素,往往只是其中的一个侧面、一个片断。所以,小小说只能在看似"不完整"的形态中体现"完整"的美学原则。因此,在结构安排上,或粗中有细,平中见奇;或设置转折,波澜起伏;或抑扬有致,相反相成。开头要使人"一见钟情"(或设置悬念或开门见山或曲径通幽),主体部分要么曲折生致(或一波三折或双线交叉或反复回环或前后对比或巧用抑扬),要么重旨复意(象征、双关、比喻、省略等)。请看法国哈巴特·霍利的《德军剩下来的东西》:

> 战争结束了,他回到了从德军手里夺回来的故乡,他匆匆忙忙地在路灯昏黄的街上走着。一个女人捉住他的手用吃醉了酒似的口气和他讲:"到哪儿去?是不是上我那里?"
> 他笑笑,说:"不。不上你那里——我找我的情妇。"他回头看了女人一下。
> 他们两个人走到路灯下。
> 女人突然嚷了起来:"啊!"
> 他也不由抓住了女人的肩头,迎着灯光。他的手指嵌进了女人的肉里。
> 他们的眼睛闪着光,他喊着:"约安!"把女人抱起来了。

这篇小小说不足两百字,却反映了战争给人类不仅带来肉体上的摧残,更为重要的是精神上的摧残。一个反法西斯战士在前线抗击德军,而他的恋人却在家乡被德军侮辱而堕落了。德国法西斯践踏过的法国剩下来的不仅仅是废墟、瓦砾,还有被践踏的灵魂。这篇精粹、独特的短篇之作,从表象看,选取的不过是街头即景;但是,从更深的是层面进行解读,可以说几乎囊括了一对情人大战前、大战中和大战后的全部故事。作品"以小见大",精心营造,体现出作家在其结构上的用心与智慧,给读者提供了充分的想象空间。

小小说构思的巧妙,还突出地表现在结尾上。小小说由于情节单纯,缺乏引人入胜的对发展过程的描写,大都是瞬间镜头的闪现和勾连,这种情节特点,决定了它在结尾上做文章,用出人意料的结局来完成结构的构架。出人意料又在情理之中的结尾是小小说的灵魂。结尾或画龙点睛,前后呼应,或戛然而止,含蓄隽永,或出人意料,扣人心弦。《窗》和《看护》的结尾就令人回味无穷。

(四)小小说的人物

刻画人物是小说的显著特点和基本任务,小小说也不例外。但基于小小说描写人物的片段性和即时性的特点,其人物塑造有着不同于一般小说的特点和规律。小小说往往只能突出描写人物性格的凝聚点和闪光点,即抓住人物少量而又传神的动作、语言、外貌、心理等,以简洁生动的笔墨,凸显人物的性格特征。要结合精选的情节和传神的环境描写表现人物性格的一个侧面。以澳大利亚小说家泰格特的《窗》为例,作者只是寥寥几笔写了不靠窗病人心理上发生的细微的变化,却揭示了善良的人性是如何一步步被邪恶所吞噬,小说结尾通过不靠窗病人"看到的只是光秃秃的一堵墙"与此前靠窗病人描述的公园美景形成强烈对比,两个人物的善良与丑恶灵魂跃然纸上,给读者以强烈的震撼。

(五)小小说的语言

作为一种独特的小说样式,小小说的语言运用也应有它的独特性。除了应遵循一般的文学语言要求(如准确性、鲜明性、生动性等特性)以外,还应有它自身的独特要求。基于小小说具有"瞬间艺术"的美学特征,总的来说,小小说语言必须惜墨如金,既要高度的简洁、凝练,又要高度的形象、传神,做到简练明了而又形神兼备。请看中国作家杨争光的小小说《干旱的日子》中的一段:

> 他把它们赶进了长枸树的那个沟岔。那里长几棵枸树。他甩一下鞭子,羊就自个儿往里走了。那真是些肠子一样的路:他看见它们像些白虫,在草丛里拱。他丢下它们,顺着沟往上爬,一直爬到土疙瘩那个地方。他听见几声羊叫从深处浮上来。他没往下看,他知道它们正在吃草。

> **点评**:这段文字有一种天然的来自语言本身的质感,不仅干净明畅,而且凝练传神,有意境,容量大。作者没有故意制造气氛,也没有直接写出陕北的山沟是什么形状,只写具体的实物和动作,但读者已经从中强烈地感觉到了山沟的气息,感觉到了那种特有的地理地貌,感觉到了人物认命而又栖惶的精神状态。

佳作赏析

看　护

蒋子龙

孤傲清高的庄教授,终于耐不住寂寞,不觉忿忿然了。他是名牌大学的名教授,到国外讲学时生了病,都未曾受到这般的冷落!高级知识分子名义上享受高级干部的待遇,可他这个"高知"怎么能跟对面床上的"高干"相比呢?人家床边老有处长、科长之类的干部侍候着,间或还有一两位年轻漂亮的女人来慰问一番。床头柜和窗台上堆满了高级食品,有6个小伙子分成3班昼夜24小时守护着他。医生、护士查病房也是先看那位财大势大的所谓王经理,后看他这个不是毫无名气的化学教授,如果检查经理的病情用半小时,检查他最多用10分钟。他的床边总是冷冷清清,儿子在几千公里以外搞他的导弹,女儿在国外上学,只有老伴每天挤公共汽车给他送点饭来,为他灌上一暖瓶热水。系里更是指望不上,半个月派人来探望他一次就很不错了。人一落到这步境地最没有用的就是学问、名气和臭架子。庄教授偏偏放不下他的身份,每天冲墙躺着,对王经理床边的一切不闻不问不看。鬼知道这位是什么经理?现在"公司",一两个人也可以戳起一块"公司"的招牌……

这一天,王经理突然病情恶化,医生通知准备后事。他床边围着的人就更多了,连气宇轩昂的刘副经理也来了,他不愿假惺惺地用些没用的空话安慰一个快死的人。先沉默了一会儿,然后说了几句很实在的话,询问经理有什么要求,还有什么不放心的事情,他对垂死者提出的所有问题都满口答应。该说的话都说完了,便起身告辞,着手去安排经理的后事。看护王经理的人忽啦都站起身,撇下病人,争先恐后地去搀扶刘经理,有的头前给开门,有的跟在身边赔笑,前呼后拥,甚是威风。刘副经理勃然大怒:

"我又不死,你们扶着我干什么?"

庄教授破例转过脸来,见孤零零的王经理奄奄待毙,两滴泪珠横着落在枕上,他庆幸自己是"高知"不是"高干"。知识和钢笔到死也不会背叛他。

> **点评**:这篇小小说通过对一个"高知"和一个"高干"同住一个病房,受到不同的"看护"即不同的社会待遇的描写,表达了作者对现实生活存在的不良风气和世俗偏见的批判,对人世间世态炎凉的嘲讽。情节虽然较为简单,而立意却非常深刻。在构思上,选取了两个耐人寻味的生活场景,通过"王经理"与"庄教授"住院时的冷热对比,以及"王经理"从住院到垂死时的前后对比,巧妙而自然地将深邃的思想内涵融于情节发展当中。作品语言简练、质朴而又生动、传神。例如结尾一句"知识和钢笔到死也不会背叛他",含蓄、隽永,给读者留下思考回味的空间。

永 远 的 蝴 蝶

陈启佑

那时候刚好下着雨,柏油路面湿冷冷的,还闪烁着青、黄、红颜色的灯光,我们就在骑楼下躲雨,看绿色的邮筒孤独地站在街的对面,我白色风衣的大口袋里有一封要寄给在南部的母亲的信。

樱子说她可以撑伞过去帮我寄信。我默默地点头,把信交给她。

"谁教我们只带来一把小伞哪。"她微笑着说,一面撑伞,准备过马路去帮我寄信。从她伞骨渗下来的小雨点溅在我眼镜玻璃上。

随着一阵拔尖的刹车声,樱子的一生轻轻飞起来,缓缓地,飘落在湿冷的街面,好像一只夜晚的蝴蝶。

虽然是春天,好像已是深秋了。

她只是过马路帮我寄信。这简单的动作却要教我终生难忘了,我缓缓睁开眼,茫然站在骑楼下,眼里裹着烫烫的泪水,世上所有的车子都停了下来,人潮涌向马路和中央,没有人知道那躺在街面的,就是我的蝴蝶。这时她只离我五公尺,竟是那么遥远。更大的雨点溅在我的眼镜上,溅到我的生命里来。

为什么呢?只带一把雨伞?

然而我又看到樱子穿着白净的风衣,撑着伞,静静地过马路了。她是要帮我寄信的,那,那是一封写给在南部的母亲的信,我茫然站在骑楼下,我又看到永远的樱子走到街心。其实雨下得并不大,却是一生一世中最大的一场雨。而那封信是这样写的,年轻的樱子知不知道呢?

妈:我打算在下个月和樱子结婚。

> **点评**:《永远的蝴蝶》是台湾著名作家陈启佑先生的一篇小小说。作品情节很简单,写的是一个凄美的爱情故事。在一个雨天,"我"的恋人樱子自愿帮"我"到马路对面去寄信。随着一阵拔尖的刹车声,樱子年轻的生命消逝了。就是这样一个简单至极的故事,却深深地拨动了每一个读者

的心弦,原因就在于作品巧妙而高超的表现艺术。其中有几点尤值得我们好好品味。一是作品以"雨"为线索,贯穿全文的始终。悲剧因"雨"而生,小说开篇写"雨",正是对不幸和灾难起因的一个交代。樱子遭遇不幸后,又写"更大的雨点溅在我的眼镜上,溅到我的生命里来","成为一生一世的一场雨"。显然,"雨"又成为泪水和痛苦的象征。同时,以"雨"贯穿全文,也造成笼罩全文的阴冷凄凉的氛围。二是作家善于反复运用细节。如三次写到"站在骑楼下",以此使"我"的情感思绪变化的脉络和层次更加清楚明显;两次写到樱子"穿着白色的风衣,撑着伞",这是对"我"的心理刻画,突出了樱子美丽清纯的形象,也表达了"我"对樱子永不磨灭的爱。三是直到作品的结尾处才告诉读者信的内容,这样构思,无疑加重了作品的悲剧色彩,让人哀痛欲绝,心不堪受。正因为作家善于谋篇布局,匠心独运,作品才有了很强的感染力。

窗

[澳大利亚] 泰格特

在一家医院的病房里,曾住过两位病人,他们的病情都很严重。这间病房十分窄小,仅能容下两张病床。病房有一扇门和一个窗户,门通向走廊,透过窗户可以看到外界。

其中一位病人经允许,可以分别在每天上午和下午扶起身来坐上一个小时。这位病人的病床靠近窗口。

而另一位病人则不得不日夜躺在病床上。当然,两位病人都需要静养治疗。使他们感到尤为痛苦的是,两人的病情不允许他们做任何事情借以消遣,既不能读书阅报,也不能听收音机、看电视……只有静静地躺着。而且只有他们两个人。噢,两人经常谈天,一谈就是几个小时。他们谈起各自的家庭妻小,各自的工作,各自在战争中做过些什么,曾在哪些地方度假,等等。每天上午和下午,时间一到,靠近窗的病人就被扶起身来,开始一小时的仰坐。每当这时,他就开始为同伴描述起他所见到的窗外的一切。渐渐地,每天的这两个小时,几乎就成了他和同伴生活中的全部内容了。

很显然,这个窗户俯瞰着一座公园,公园里面有一泓湖水,湖面上照例漫游着一群群野鸭、天鹅。公园里的孩子们有的在扔面包喂这些水禽,有的在摆弄游艇模型。一对对年轻的情侣手挽着手在树阴下散步。公园里鲜花盛开,主要有玫瑰花,但四周还有五彩斑斓、争相斗艳的牡丹花和金盏草。在公园那端的一角,有一块网球场,有时那儿进行的比赛确实精彩,不时也有几场板球赛,虽然球艺够不上正式决赛的水平,但有的看总比没有强。那边还有一块用于玩滚木球的草坪。公园的尽头是一排商店,在这些商店的后边闹市区隐约可见。

躺着的病人津津有味地听这一切。这个时刻的每一分钟对他来说都是一种享受。描述仍在继续:一个孩童怎样差一点跌入湖中,身着夏装的姑娘是多么美丽动人。接着又是一场扣人心弦的网球赛。他听着这栩栩如生的描述,仿佛亲眼看到了窗外所发生的一切。

一天下午,当他听到靠窗的病人说到一名板球队员正慢悠悠地把球击得四处皆是时,不靠窗的病人,突然产生了一个想法:为什么偏是挨着窗户的那个人,能有幸观赏到窗外的一切?为什么自己不应得到这种机会的?他为自己会有这种想法而感到惭愧,竭力不再这么想。可是,他愈加克制,这种想法却变得愈加强烈,直至几天以后,这个想法已经进一步变为紧挨着窗口的为什么不该是我呢。

他白昼无时不为这一想法困扰,晚上,又彻夜难眠。结果,病情一天天加重了,医生们对其病因不得而知。

一天晚上,他照例睁着双眼盯着天花板。这时,他的同伴突然醒来,开始大声咳嗽,呼吸急促,时断时续,液体已经充塞了他的肺腔,他两手摸索着,在找电铃的按钮,只要电铃一响,值班的护士就立即赶来。

但是,另一位病人却纹丝不动地看着。心想:他凭什么要占据窗口那张床位呢?

痛苦的咳嗽声打破了黑夜的沉静。一声又一声……卡住了……停止了……直至最后呼吸声也停止了。

另一位病人仍然盯着天花板。

第二天早晨,医护人员送来了漱洗水,发现那个病人早已咽气了,他们静悄悄地将尸体抬了出去,丝毫没有大惊小怪。

稍过几天,似乎这时开口已经正当得体。剩下的这位病人就立刻提出是否能让他挪到窗口的那张床上去。医护人员把他抬了过去,将他舒舒服服地安顿在那张病床上。接着他们离开了病房,剩下他一个静静地躺在那儿。

医生刚一离开,这位病人就十分痛苦地挣扎着,用一只胳膊支起了身子,口中气喘吁吁。他探头朝窗口望去。

他看到的只是光秃秃的一堵墙。

点评:这篇小说文字简洁,短小精悍,寓意深刻,读来确实耐人寻味。对这篇小说,不同读者可以作出不同的理解,如细细回味,也许可以悟出点人生哲理。

文题为"窗",线索为"窗",文眼同样是"窗"。一个十分窄小的病房,一扇门,一扇窗,其他一概从略。人物只有两个:靠窗的病人和不靠窗的病人,连姓名也没有交代。两个重病人在这狭小的天地里当然没有什么惊心动魄的斗争和错综复杂的纠葛,唯一的矛盾就是不靠窗的病人想得到靠窗的病床。正是透过微观世界中的这一矛盾,我们看到了善恶两个灵魂的猛烈撞击,那飞溅的点点星光中折射出了人生哲理、世态人情。临窗的病人虽身患重病,但他热爱生命,凭残剩的精力、羸弱的病体和满腔的热情极力想象,描绘出一幅幅优美的图景,以此来激励自己同病魔作顽强的斗争;同时也用生机勃勃的人类活动去点燃同伴奄奄一息的生命之火,激发病友的生之欲望,活之动力。在他心目中,窗是他们两人共同的财富,窗外的"春天"理应两人共同享有。而不靠窗的那位病人,虽然每天下午津津有味地听病友描述扣人心弦的球赛,浪漫的情侣散步……充分享受了这段美好时光,但他却不以此为满足,他还强烈地渴望占有那扇窗户。这虽然也是热爱生活的愿望使然,但其核心却是自私的。私心极度膨胀,最终导致采取见死不救的手段堂而皇之地取得靠窗的床位。然而,生活偏偏不肯饶恕他,他费尽心机得到的只是光秃秃的一堵墙。一扇窗户照出了两个灵魂,表现出两种截然相反的处世态度,揭示了人性的美与丑。

【思考与练习】

1. 简述创作小小说应该注意哪些问题,谈谈你在这方面的体会。

2. 续写小小说《书法家》的结尾。

书法比赛会上,人们围住前来观看的高局长,请他留字。

"写什么呢?"高局长笑眯眯地提起笔,歪着头问。

"写什么都行。写局长最得心应手的好字吧。"

"那我就献丑了。"高局长沉吟片刻,轻抖手腕落下笔去。立刻,两个劲秀的大字从笔端跳到宣纸上:"同意。"

人群里发出啧啧的惊叹声。有人大声嚷道:"请再写几个!"

高局长循声望去,面露难色地说:……

3. 简析《行走在岸上的鱼》的主题和艺术特色。

行走在岸上的鱼

蔡 楠

红鲤逃离白洋淀,开始了在岸上的行走。她的背鳍、腹鳍、胸鳍和臀鳍便化为了四足。在炙热的阳光和频繁的风雨中,红鲤细嫩的身子逐渐粗糙,一身赤红演变成青苍,漂亮的鳞片开始脱落,美丽的尾巴也被撕裂成碎片。然而红鲤仍倔强而执着地行走着,离水越来越远。

其实红鲤何尝不眷恋那清纯澄明的白洋淀水呢?那里曾是她的家园呀!那荷、那莲、那苇、那菱,甚至那叫不上名来的蓊蓊郁郁密密匝匝的水草,都让她充满了无尽的遐想。她和她的父辈母辈、兄弟姐妹在这一方碧水里遨游、嬉戏、生存,实在是一种极大的快乐啊!更何况红鲤是同类中最招喜爱最受羡慕最出类拔萃的宠儿呢!她有着与众不同的赤红的锦鳞,有着一条细长而美丽的尾巴,有着一身潜游仰泳的本领。因此红鲤承受着同类太多的呵护和太多的爱怜。

如果不是逃避老黑的魔掌,如果不是遇到白鲢,如果不是渔人们不停息地追捕,红鲤也许就平静地在白洋淀里生活了,直到衰老死亡,直到化为白洋淀里一朵小小的浪花。

厄运开始于那个炎热的夏天。天气干燥久无雨霖,白洋淀水位骤降,红鲤家族居住的明珠淀只剩下了半米深的水。红鲤家族不得不在一天夜里开始向深水里迁移。迁移途中,鲤鱼们遭到了一群黑鱼的袭击。那是一场心惊肉跳的厮杀。黑涛翻腾,白浪迸溅,红波激荡。鲤鱼们伤亡惨重。最后的结局是红鲤被黑鱼族头领老黑猎获,鲤鱼们才得以通行。

其实老黑早就风闻着垂涎着红鲤的美丽。因此老黑有预谋地安排了这次伏击战。老黑将红鲤俘获到他的洞穴。红鲤身上满布齿痕和伤口,晶莹剔透的眼睛没几天就暗淡了下去。红鲤忍受着、煎熬着,也暗暗地寻找着逃跑的机会。

中午是老黑最为倦怠的时刻。为逃避渔人的捕杀,老黑不敢出洞,常常是吃完夜间觅来的食物后便沉入梦乡。就是中午,红鲤悄悄地挣开老黑粗硬的尾巴和长须的缠绕,轻甩尾鳍,打一个挺儿便钻出了黑鱼洞,浮上了水面。红鲤望见了水一样的天空,望见了鱼一样的鸟儿,望见了树叶一样漂浮的渔船。老黑率领一群黑鱼一路啸叫追逐而来。红鲤急中生智,躲到了一只渔船的尾部。她看到渔船上那个头戴雨笠的年轻渔人甩出了一面大大的旋网,旋网在空中生动地画一个圆,便准准地罩住了黑鱼群。

红鲤扁扁嘴,一个猛子扎入深水,向远处游去。接下来的日子,红鲤开始了对红鲤家族的寻找。寻找一度成为红鲤生命的主题。在寻找中,红鲤的伤口发了炎,加之不易觅食,又饿又痛,终于昏倒在寻找的水道上。

这时,白鲢出现在红鲤的生死线上。白鲢将红鲤拖进了荷花淀。白鲢用嘴吮吸清洗红鲤的伤口,一口一口地喂她食物。红鲤便复苏在白鲢的绵绵柔情里。

荷花淀里多了一对亲密的俪影。红鲤红,白鲢白,藕花映日,荷叶如盖。红鲤和白鲢在无数个白天和夜晚听渔歌互答,看鸥鸟飞旋,享鱼水之欢。白鲢对红鲤说:"天空的鸟自由,也比不过我们呢,它们飞上天空,不知被多少猎枪瞄着呢!"红鲤提醒说:"我们也不自由呀,荷花淀外的渔船一只挨一只,人们各式各样的渔具,都在威胁着我们,说不定哪一天我们就会成为网中之鱼呢!"

果然,不幸被红鲤言中。一个午后,白鲢和红鲤出外觅食,兴之所至,便远离了荷花淀。他们穿过了一道又一道苇箔,绕过一条又一条粘网,闪过一支又一支鱼叉,快活地畅游、嬉戏。他们来到了一个细长而幽邃的港汊间。这时一只嗒嗒作响的渔船开过来,白鲢看见一柄长长的渔竿伸下,一个圆乎乎的铁圈拖着长长的电线冲他们伸来。白鲢用尾巴一扫红鲤,喊了声快跑,便觉一股电流划过,一阵晕眩,就失去了知觉。

红鲤亲眼目睹了白鲢被电船电翻打捞上去的经过。红鲤扎入青泥中紧贴苇根再不愿动弹。她陷入了绝望和恐惧之中。一个越来越清晰的念头强烈地震撼着她：离开这里，离开水，离开离开离开——

　　天黑了，一声炸雷响起，暴风雨来了。红鲤缓慢地浮上水面。暴雨如注，水面一片苍茫。红鲤一个又一个地打着挺儿，一个又一个地翻着跟头。突然又一阵更大的雷声，又一道更亮的闪电，红鲤抖尾振鳍昂首收腹，一头冲进了暴风雨，然后逆流而上，鸟一样跨过白洋淀，竟然飞落到了岸上。

　　那场暴风雨过去，红鲤便开始了岸上的行走。

　　此时红鲤的腹内已经有了白鲢的种子，可悲的是白鲢还不知道，他永远也不会知道了。为了白鲢，她也要在岸上走下去。

　　红鲤不相信鱼儿离不开水这句话。她要创造一个鱼儿离水也能活的神话，她要寻找一块能够自由栖息自由生活的陆地。

　　那个夏天过后，陆地上出现了一群行走着的鱼。

4. 以校园生活为题材，创作一篇小小说。

第七单元 散文写作

一、散文的含义与分类

散文是一种最灵活、自由的文体。它较之小说、剧本，有更迅速、广泛反映现实生活的作用，素有"文艺轻骑兵"之称。

散文的含义与范围，历来不尽相同，无论是西方还是中国，都经历了从广义到狭义的演变。中国古代散文的概念很宽泛，它是同韵文相对而言的，凡不押韵或不重骈偶的文章，统称之为散文，包括文学作品和非文学作品，范围甚广。

现代散文是指与小说、诗歌、戏剧文学并列的一种文学体裁。这个散文概念，就广义理解，包括了通讯、回忆录、传记、报告文学、杂文等，从狭义理解是指文学散文，又称为纯散文或美文。巴金在《谈我的散文》中说："只要不是诗歌，又没有完整的故事，也不曾写出什么人物，更不是专门发议论讲道理，却又不太枯燥，而且还有一点点感情，像这样的文章我都叫做'散文'。"散文是一种取材广泛、笔法灵便、篇幅短小、以记叙或抒情为主而又富有文采的写实性的文学样式。

散文按照内容和表达方式的不同，可以分为以下几类。

（一）叙事散文（记叙性散文）

这类散文以写人记事为主，它与小说的区别在于：它不需要完整的故事情节，而是截取几个生活片断，或是一两个场景，写人也比较简练概括，只是着重突出人物的某一侧面，而不需要塑造典型人物。散文写人叙事，常常把叙述、描写和抒情结合起来，直抒胸臆。如朱自清的《背影》、鲁迅的《藤野先生》等都是属于记叙性散文。

记叙性散文就其本质特征而言，是写作者的见闻和感受，大都属于真人真事，主要是写实而非虚构。例如鲁迅的《藤野先生》，写藤野缓慢而顿挫的讲课的声调，朴素的衣着，平易的作风，认真地给作者修改讲课记录，离别时赠送照片的惜别之情等，都是作者昔日与其交往时的真实的生活片断。尽管这些细节和片断是互不连贯的，但都有其内在联系，即表现了藤野先生朴素、诚恳、正直的品德，以及勤于钻研、一丝不苟的治学精神。散文就是摄取某些有特征性的生活细节或人生片断，勾勒出人物性格某一特点，并通过抒情议论表达作者的思想感情。

（二）抒情散文

这类散文主要是通过绘景状物来抒发主观情感。散文中的景和物都是作者抒情的依托，都是为作者抒发主观感受服务的。作者往往将所要抒发的情感具象化，运用比兴、象征、拟人等手法，或写景抒情，情景交融，或托物咏志，有所寄托，以达到抒情的目的。例如茅盾的《白杨礼赞》、杨朔的《茶花赋》、郁达夫的《故都的秋》，都属于抒情性散文。《故都的秋》描绘了北京秋天的景色，作者不着眼于名山胜景，而是选取了清晨品茗、槐树落蕊、秋蝉、秋雨、秋果等北国常见的事物来表现"色彩浓""回味永"的故都的秋色风韵，抒发了对具有深沉、幽远、浓烈、坚毅等品格的北国秋天的赞美之情，透露出人生的一种志趣，情景交融，韵味悠长。

总之，抒情散文是以抒发作者主观感情为主，而这种感情又必须借助具体事物，构成生动的形象来抒发。它较之其他散文,感情更浓烈,想象更丰富,语言也富有诗情画意。

(三) 议论(哲理)性散文

以发表议论为主的散文称为议论(哲理)性散文。它与抒情散文一样,侧重主观感受的抒发。不同的是议论性散文重于理智,抒情散文则重于感情。议论性散文,无须像一般议论文那样,用事实和逻辑来论理,它主要是用文学形象来说理,既要用情感人,又要以理服人;它熔形、情、理于一炉,合议理与文艺为一体。一般的杂文和随笔都属于议论性散文。不过杂文用形象说理,议论显得尖锐、辛辣,而随笔也夹有议理成分,但显得平和、亲切,更具有个人情感色彩。

散文体性不定,并且品类繁杂,以上只是一般的按照主要表达方式不同而作的分类。值得一提的是,由于时代发展的需要、文学观念的更新,促使文体进一步演变,有几种常见的散文体式,因数量多、个性较明显,所以有了自己的特定名称,并有日益独立于散文之外的趋势,如小品文、杂文、报告文学和纪实文学。若勉强归类,则小品文以其富于抒情意味可归入抒情散文,杂文是短小精悍的文艺性政论文,可归入议论散文,报告文学和纪实文学以其写实叙事特征可归入叙事散文。

二、散文的特征

(一) 篇幅短小,题材广泛

篇幅短小是散文的优良传统。古代散文名作,大都写得十分精练、隽永,不过三五百字。唐代柳宗元《永州八记》之一的《钴姆潭西小丘记》,只有四百余字,有叙事有议论,不仅写景细致生动,还表现了他抑郁的情怀,耐人寻味。宋人周敦颐的《爱莲说》更短,不过百余字。由于汉语的发展及内容的不同,现代散文的篇幅当然可以也应该比古代散文长一些,但我们不能无视散文的特点,任意拉长。现代散文短的千字左右,一般也不超过三千字。鲁迅的散文篇幅大都很短。篇幅短小并不等于不要丰富深邃的内容,而必须是尺幅千里,言微意深。这就是常说的短小精粹。

散文的"散"本来是指"不押韵"、非骈偶而言,但如果我们把它理解成"散漫随意",也未尝不切合散文的本性。这种散漫随意表现在题材上,就是散文的选材广泛、自由。小说和戏剧的选材仍有一定要求,如小说的材料需包含较丰满的人物形象和较完整的故事,戏剧的题材需要具备激烈的矛盾和紧张的冲突,这些标准都不是散文的必要条件。这样,散文的取材就获得了广泛的自由度,正如周立波在《散文特写·序言》中所说:"举凡国际国内的大事,社会家庭的细胞,掀天之浪,一物之微,自己的一段经历,一丝感触,一撮悲观,一星冥想;往日的凄惶,今朝的欢快,都可以移于纸上,贡献读者。"这句话概括了散文题材广泛、内容多样的特点。

散文可以选取重大题材,可以正面反映一些重要事件,如鲁迅的《为了忘却的记念》。散文更多的是选取"小"题材,在这方面散文更具有宽广的天地,一些看来平凡、细小的材料皆可入题,作家们往往把所写的人、物和事,放在广阔的时代背景下,从深处挖掘其思想意义,即能从浪花见激流,赋予"小"题材以"大"意义,如唐弢的《琐忆》、老舍的《想北平》。"以小见大"是散文的惯用笔法。

(二) 长于抒情,写真纪实

散文是长于抒情的一种文学体裁。其主要原因在于它形式灵活,作者可以根据表达的需要,随时运用抒情方式;它一般都采用第一人称,写"我"的所见所闻所感,在作者的叙写中,我们能直接听到作者的声音,感觉到他脉搏的跳动。这方面,除诗歌以外其他体裁是无法与之相比的。如果将散文同小说、戏剧文学、诗歌相比较,散文更接近于诗。散文虽然也写人记事,但它的任务不在于塑造典型人物,展开有头有尾的故事情节,它记写人物的生活片断,旨在抒发情感。散文写景状物更是有感而发,以抒怀写意。散文是主情的文学体裁,长于抒情是散文与小说、戏剧文学的区别所在。

散文与诗虽然都以抒情见长,两者的区别还是明显的。散文比较注重写实,多运用联想,诗歌更为空灵,更注重想象;散文比较随便自由,较少束缚,诗歌注重形式美、音乐性。将苏轼的词《念奴娇·赤壁怀古》与散文《前赤壁赋》、徐志摩的诗《再别康桥》和散文《我所知道的康桥》相比较,就可以分辨出其不同之处了。

散文是各种文学体裁中最讲究真实性的文体,这是散文最重要的特征。散文就其本质特性而言,都是写作者的所见所闻、所想所感。所以,一般来说,散文创作的主要支柱是写实而非虚构,散文所写的,应当实有其人,实有其事。周立波指出:"描写真人真事是散文的首要特征。""散文特写决不能仰仗虚构。它和小说、戏剧的主要区别就在这里。"①散文是作家和读者的正面交流,在这里,作者用赤裸的灵魂,最真诚地讲述他的见闻,倾吐他的心声。这不同于在小说中作家往往戴上假面具,穿上隐身衣,换用叙述人的口吻说话。鲁迅的《祝福》《故乡》中的"我"虽有鲁迅的影子,但我们绝不可把他看作鲁迅本人,他只是鲁迅安插的承担叙述任务的虚构人物。而散文《风筝》《藤野先生》里的"我",则可以大胆断定就是鲁迅本人。

当然,散文的写真纪实,毕竟不同于新闻的真实性,我们不能用新闻的真实性苛求于散文创作。因此,我们不妨对散文的真实性作较宽泛的理解,凡是忠实于自己的人格和个性,写自己有深切感受的人、物和事,真实准确地表达自己的思想和艺术感觉的散文,都不算逾越真实性的规矩。但如果把散文的基本支撑点放在虚构上,那散文也就失去了它的本色。

(三)形式灵活,语言优美

鲁迅先生说过:"散文的体裁,其实是大可以随便的。"②同其他文学样式相比,散文不仅取材比较自由随便,表达也是比较灵活自由的。同小说、戏剧相比,它不需要完整的故事情节,不需要塑造人物形象;同诗歌相比,它不特别讲究音韵声律,运笔随便,不受时空限制,跳跃性大。散文的"散",除包含无音韵、格律限制的"散"体语言这层意思外,还可以看作是对散文的表达方式的灵活性的概括。散文率性自然,没有形式格套,因而行文自如,像苏轼所说"吾文如万斛泉源,不择地而出","与山石曲折,随物赋形"③,"如行云流水,初无定质,但常行于所当行,常止于不可不止,文理自然,姿态横生"④。

散文行文的灵活自如表现在笔法和章法两方面。笔法上,散文自由运用叙述、描写、抒情、议论、说明等各种表达方式,可以正面表现,如琼瑶的《山的呼唤》;也可以寓托暗示,如郭沫若的《石榴》。在章法上,散文没有固定的结构法则。其结构中心多种多样,既可以人物为结构中心,如朱自清的《背影》;也可以典型细节为中心,如唐弢的《琐忆》;既可以景物为中心,如郭保林的《我寄情思与明月》;也可以象征性事物为中心,如巴金的《灯》、高尔基的《海燕》;还可以抽象的情思为中心,如余光中的《听听那冷雨》。结构形式也不拘一格,时空的转换、情绪的递进、认识的深化,都可以成为组织材料的依据。另外,散文的语言运用也是自由的。现代散文语言主要是现代汉语,但有时还可以兼用一些文言词语和文言句法,只要达到很好的表达效果就可以。例如鲁迅的散文中就有这样的语句:"惨象,已使我目不忍视;流言,尤使我耳不忍闻。"陶铸的《松树的风格》中有这样的句子:"松树的生命力可谓强矣!松树要求于人的可谓少矣!这是我每看到松树时油然而生敬意的原因之一。"这样的语言风格,便是排比对偶和夹带文言句法的综合运用。

优美的语言是散文美感的重要因素。散文的语言美首先表现为自然质朴,不事雕琢,话语方式里透露出作家的人格特征和个性;其次表现在写人叙事绘景状物,能把内情和外物、心声与天籁和谐地交融为一体,通过语言文字和色彩鲜明的画面传达出作家独特的感受和情趣。当然,优美的语言多种多样,应不拘一格。有的文字朴素,有的辞藻华丽,只要它们有充实的内容,能传达出作家真切的感受,就"淡妆浓抹总相宜"。优秀的散文家都十分注重锤炼语言,以形成鲜明的语言风格。鲁迅的《野草》、朱自清的《荷塘月色》、余光中的《听听那冷雨》、史铁生的《我与地坛》等都是现代汉语散文语言美的典范。

三、散文的创作

(一)写出蕴涵的意境

散文的意境在于立意。立意是散文意境的灵魂,如林纾所说:"文者唯能立意,方能造境。"只有发

---

① 周立波《散文特写选·序言》,人民文学出版社,1963年版。 ② 鲁迅《怎么写》,《鲁迅全集》第四卷,人民文学出版社,1956年版。 ③ 语出苏轼《文说》。 ④ 语出苏轼《答谢民师书》。

现并开掘出深刻而新鲜的"意",才能找到创造意境的核心。散文无巧妙的立意,便失去了生命。巧妙的立意还得需要用艺术形象所构成的画面去体现。形象构成的画面,使人产生联想和想象,从中体现出意境的美感。所以,散文需要调动多种艺术手段创造形象,构成有蕴涵与诗意的画面,移情入景,情景交融,这样才能写出动人的情趣和境界。当代散文家马丽华的《渴望苦难》是一篇颇富思辨意蕴的抒情散文,文章思路很清晰,由找到内心的动力是苦难,到探求苦难的含义,再探求为什么渴望苦难,最后归结到渴望苦难的目的是追求精神美。文章通过对比的手法和穿插哲理性的议论,为我们提出了一个"苦难美"的命题,立意切合实际,为什么很多教育专家提出要对中小学生实施"苦难教育",对大学生进行生存训练,从中可以寻找到满意的答案。

(二) 巧于布局

散文由于篇幅短小,笔法灵活,布局显得尤其重要。精巧的布局要把握住线索,写人记事、绘景状物都要抓住情感的脉络。同时,在布局中要把握住情感的变化,描述的详略、疏密,注意连接与组合,造成结构的波澜起伏、腾挪跌宕。散文看似自由随便,信手写来,其实要求作者缜密构思、巧妙布局。例如,沈从文的散文名作《箱子岩》以游记形式先后展开十五年间两次返乡的见闻,前一次重在记事,围绕着龙船竞渡,充分展示了湘西秀丽的山水及古朴的民风,后一次重在写人,以柴火堆为中心,写了一群正直善良又简单愚昧的乡下人如何自得其乐的场面。作者一方面沉浸在前文明时期湘西的人与自然交融的原生态生命景观之中,有一种归家的喜悦;另一方面,又对这种文明在现代文明的映照之下不可避免的衰败命运感到忧郁。在艺术手法上,通过山水画与人物画的统一,抒情性和哲理性的统一,语言的朴讷与传神的统一,以及文明人与乡下人的对比、对前后两次归乡的对比,在自然和人生、历史和现实的交织中勾勒出一幅绚丽多姿的湘西图画。

(三) 文美情真

"文美情真"指散文要抒发真情,讲究文采。

有人说,散文的灵魂是感情,是真情实感,这是很有道理的,因为散文这种文学样式是主情的。不论是记人叙事,还是写景状物,都要求笔者在真切感受的基础上经过提炼、凝聚而抒发感情,倾注胸臆。散文的抒情要求真挚动人、丰富细腻,同时,这种情感应当是健康向上的,应当有益于提高人的精神世界。《再忆萧珊》是巴金悼亡哀祭的精短文章,是一篇优秀的抒情散文,其动人之魅力就在一个"情"字上。本文重在抒发对亡妻的怀念之情,全部感情都蕴藏在梦境与幻觉里。写梦境,具象显现,作者的深情融化在对人物肖像、动作、语言的描写中;写幻觉,不断变换空间,配上梦醒后的情思痴想、彻夜不眠,那绵绵的怀念之意,铭心刻骨。巴金是一位诚实的文学巨匠,他总以自己的心声来感动读者的心弦,他的情,他的泪,浸透了每一个字。

散文注重文采,讲究美。

散文的美出于自然、朴实和明白的表达,而不是堆砌辞藻,雕章琢句。除此而外,散文还要求在自然之中透露出情韵。散文的语言常常是把主观抒写与客观描述融合起来,语言中蕴含着浓厚的情感色彩。看似普遍平常的描写,一经点染,静止的景物就充满了情趣。散文的用语还要讲究变化,具有节奏感,长短交错的句式、偶句奇句的运用能造成抑扬有致的抒情节奏,构成和谐的旋律。

佳作赏析

诗情画意塔影园

苏州幼儿师范高等专科学校　丁春锁

一幅梅雨江南阴沉图画的"窄"巷,撑着油纸伞在悠长、寂寞的小巷里踽踽独行的"瘦"诗人,似幻似梦投来太息般一瞥,飘然而至的那位"愁"姑娘。这是现代派象征主义诗人戴望舒的《雨巷》中所描绘的那种意境:一种凄清哀怨,恍惚迷离的意境。这种意境不仅20世纪30年代杭州大塔尔巷8号可以寻踪,21世纪的苏州的山塘街也可以觅迹,在山塘街845号,躺着一方安静的宅院——塔影园。

塔影园是明朝江南才子文徵明的重孙文肇祉所建,距今已有五百年的历史,1902年(光绪二十八年),清慈禧太后为表彰直隶总督兼北洋大臣李鸿章的功绩而重新修建,易名李公祠。现在挂着苏州高等幼儿师范学校的牌子,这就是我们的校园。

李公祠大门前的两侧是八字清水墙,中间是圆形蟠龙浮雕。只是门前的两尊青石狮子已无处可寻。站在百十米见方的院子中间远眺,可以看到虎丘塔的顶端,如果不是近处仪门的阻隔,会看到半个虎丘风景区的景致。最初的园主人造园时大概采用了园林惯用的造园方式——借景吧!在塔影园,小桥、流水、黛瓦,整个苏州水城的魅力在这里都会得到充分展示:在最北端的环山河、东边的新塘河和南端的山塘河,犹如一条柔而顾长的手臂把塔影园抱在怀里,一日之中,一年四季,你都会感受到一种氤氲,一种温馨。河的两岸,垂柳在冬日暖阳下迎风摇曳,你可以在这里寻觅到"绿柳才黄半未匀"的诗意,当迎春花盛开时,已过了"二月春风似剪刀"的早春了,这时候,柳丝下的河埠头,平静的河面上,时而有清洁船驶过,那是保洁工人在淘河里的垃圾;时而有画舫飘过,那是游人在赏景。其实塔影园的景致已融入了虎丘风景区的文化氛围之中,不用说各种知名不知名的小草铺绿了校园甬道和鹅卵石小路的两旁,也不用说金桂、银桂、蜡梅、芭蕉、银杏、玉兰等古树名花年年挂满美丽和芬芳;最有魅力的要算校园东北角的塔影池。据记载,明朝建园时,"凿地及泉,水涌成池,池成而塔影现",因虎丘塔的倒影在池中清晰可见,故取名"塔影池"。清晨,当你踏着温柔的春光走上那三曲石桥时,树边的鸟儿在学子们悠扬的琴声中欢歌,池里的鱼儿在优美的旋律中起舞。每当夕阳照怀,坐落于池边的那座亭子,恬静地俯视池里的落日塔影,你的脑海里会浮现出当年文肇祉轻抚须髯,悠然轻吟的那份镇定,那份闲逸。还有那块石鳌驮着的谕旨碑向学子诉说着李氏家族的功绩,让人感受到历史的沉淀和文化的厚重。

最妙的是下点小雨呀,池塘边,小桥边,树梢间,黛瓦上,假山旁,晶亮晶亮的雨珠,无声滋润着世之万物。鸟儿会从繁花嫩叶当中飞到屋檐下,花坛旁。看那一阵春风吹过,香樟叶簌簌落下,给大地织一层黄绿错综的毡子,踏上去松松的、软软的。那清脆的响声,一如你生活永远的轻松,一如你心里永远的清纯,一如你生命中恬淡的微笑。闭了眼,深深地吸一口,你会闻到那清清的叶香,混着嫩芽枯枝湿湿的泥土的气息。这时候,你才会体味到江南春雨的韵味,你才会从心里叹服塔影园的丰富和隽永。此时,你也成了风景的一部分。看吧,望山楼上檐下的那只喜鹊,抑或是虎丘山上的那只鹧鸪,忘了梳理自己的羽毛,直愣愣地凝望着你,在这春雨中欣赏你的忘情。此时此刻你会情不自禁地拾级而上,去找寻那种久已消逝的修竹山房,松风寝,鸳鸯楼,它们会是什么样子呢?风声雨声中你仿佛看到昔日园主挑灯夜读的情景。这情景和着今日莘莘学子悠扬的琴声、翩翩的舞姿,让你的思绪在历史和现实中徘徊。你会慨叹,世易时移,你会企盼学着园主和着松风就寝,那是何等的飘逸情怀啊!你终于明白:为什么千百年来,有那么多诗人,画家,不停地写,不停地画,都画不尽、写不完其中的美,因此你会体悟到一条重要的美学原则:美在发现,美在感悟。

在塔影园,你可以在塔影桥上看云,在紫薇花下读书,在草地上仰卧,在廊檐下听雨。这里的景观将动与静,古朴与现代融合在一起,国内外的专家学者和同行无不赞叹塔影园为"真山真水园中校,假山假水校中园"。幼师的学子也为在这片仙境学习而自豪,他们会用青春和梦想为之谱写灿烂的篇章。

这,就是山塘街边的塔影园,这就是苏州幼师的李公祠。

点评:本文写的是一座古老的宅院,而今为苏州幼师的塔影园。它是一篇写真写实的散文,作者的笔下,展现了塔影园的真实景象。然而,"一切景语皆情语",在写景的同时,自然而然地抒发了对这座园林、自己供职的校园的赞美和无比热爱之情。文章语言优美,恰当地采用了比喻、排比、拟人等多种修辞手法,使整个园林的景观栩栩如生,与此同时,感情也抒发得淋漓尽致。所写

景物中,大到虎丘塔、小桥、流水,小到一只小鸟、一片香樟叶,无不惟妙惟肖,描写细腻,颇有诗情画意,这些景物交织成一幅幅情景交融的画面,构成优美的意境。最巧妙之处在于开头并非直接写塔影园,而是以戴望舒的《雨巷》引入,将20世纪30年代江南狭窄的雨巷同当今的山塘街连在一起,以引起人们无限的遐想。有关"塔影园"来历的诠释,更使文章充满了一种神秘的色彩。读了本文,你会觉得被作者引入了一个奇幻迷离的世界,一路观山望景之后,园林的景色在你的脑海里留下了深刻的印象。

【思考与练习】

1. 什么是散文?简析散文的主要特征。
2. 有人说:散文注重写实,因此不允许有虚构成分。请你发表自己的看法。
3. 写作训练。

(1) 根据下面的材料,写一篇记叙文,题目自拟。

夏日的夜晚,院子里,梧桐树下……

啪!随着细微而清晰的一声爆裂,梧桐树的一块老皮剥落,露出了鲜嫩的新皮。

女儿对老树皮发出一串赞叹……

儿子对新树皮发出一串赞美……

父亲听着,看着,深有感触地说:"我希望人世间的一切都能像你们俩说的那样……"

要求:

① 对环境和气氛加以具体描述;
② 写出女儿、儿子的具体话语和父亲的话,写出人物的神态。

(2) "落叶"是自然界中常见的现象,有不少人写过它。在秋风萧瑟的季节,有人看到蜷曲、破败、黑黄、满是疮洞的枯叶,会莫可名状地想到一个"愁"字;有人看到火一般的枫叶,会从心里腾地涌起一股热潮……

请以"落叶"为题写一篇议论抒情性的散文。

第八单元　诗歌写作

一、诗歌概述

（一）诗歌与抒情

诗歌是文学的最高形式。"古老"的诗，最初和音乐、舞蹈结合在一起，后来逐渐独立出来。诗歌是用讲究韵律的语言和丰富的想象，含蓄地表现情感与思想的文体。其主要特点在于它的抒情性和语言的韵律性。

在相当长的历史时期里，西方文学理论更看重诗歌的叙事功能而不是它的抒情性。古希腊最早的叙事文学就是史诗，此后有文艺复兴时期但丁的《神曲》、17世纪弥尔顿的《失乐园》。叙事诗在西方文学中一直代表着诗的正宗，直到浪漫主义文学思潮的兴起，抒情诗的文学地位才有了变化。

抒情诗在中国的地位却和西方相反，诗的抒情性从一开始就受到人们的肯定。《尚书·尧典》中有"诗言志，歌咏言，声依永，律和声"①的说法，"言志"是指对内心情志的表达；"声依永""律和声"则是指诗歌的吟唱讲究声音的和谐优美，体现了诗歌语言讲究韵律的抒情特点。排除了原始诗歌活动中的巫术、神话因素，从中能够看到的就是诗歌表达理想愿望的抒情性。诗歌语言的一系列形式特点，如讲究韵律、节奏、声调，都与抒情性有着密切的关系。

诗的抒情性首先体现在对题材的选择和处理上。与其他抒情文类一样，诗歌一般很少对社会生活的形态、人们之间的联系以及事件发展的过程作广泛、细致的描绘。就像黑格尔所说的，诗所特有的对象或题材不是自然风光或人的外表形状，而是精神方面的旨趣，情感生活成为诗歌特有的内容。19世纪的英国批评家赫兹里特说："恐怖是诗，希望是诗，爱是诗，恨是诗；轻视，忌妒，懊悔，爱慕，奇迹，怜悯，绝望或疯狂全是诗。"②人情世态、山水风光等作为物象的客体往往失去或改变了原有的客观性质而成为诗人情感寄托的对象。这就是中国古代诗论常讲的借景言情、融情入景、托物言志。诗歌的上述特点使它可能更充分更自由地传达主体的审美感受，并唤起读者相应的情感反应和审美体验。

诗的抒情性不应作狭义理解。诗歌所表现的情感，是因为凝聚了诗人独特的人生体验和审美理解才获得了强烈的艺术感染力。对于诗歌来说，抒情并不意味着情感无节制的宣泄。相反，有成就的诗人都会通过不断提炼、升华自己的情感而使之获得更为普遍的审美意义。

诗歌对情感的表现需要丰富的想象来支撑，想象性成为诗的又一个显著特征。"诗歌是幻想和感情的白热化。"③虽说一切文学创作都少不了想象，但是对于叙事文类来讲，想象的腾飞还需顾及事件发展的逻辑和保留物象的自然形态，唯有诗歌才要求想象的"白热化"，给想象提供广阔的空间。就像陆机说的，"情瞳昽而弥鲜，物昭晰而互进"④。情感和想象不仅是诗的内容的构成要素，而且影响到

---

① 见郭绍虞主编《中国历代文论选》第一册，上海古籍出版社，1979年版，第1页。　②［英］赫兹里特著，袁可嘉译《泛论诗歌》，见《欧洲古典作家论现实主义和浪漫主义》，中国社会科学出版社，1980年版，第302页。　③ 同上书，第303页。　④ 陆机《文赋》，见郭绍虞主编《中国历代文论选》，1979年版，第1册，第170页。

诗歌的语言、结构和形式。

(二)诗的语言和结构

在各种文学样式中,诗歌对语言的要求最为讲究。人要撷取和提炼自己的审美感受,以理想的形象体系来表现,创造出饱含审美意蕴的意象和意境,也就相应地要求凝练而富于表现力、具有节奏和韵律的语言。诗是对日常语言的提炼乃至变异,诗要以尽可能经济的语句表达尽可能丰富的内容,使每个词都有极强的表现力,为了达到这个目的,诗歌甚至会使语言发生扭曲和变形。如李贺的《南山田中行》"鬼灯如漆点松花"一句,竟用黑色描绘灯光,"非言漆烛之灿明,乃言鬼火之昏昧,微弱如萤,沉黯如墨;……非谓烧漆取明,乃谓只如漆之黑而发光。想象新诡,物色阴凄,因旧词别孳新意,遂造境而非徒用典,其事与'烂如日月'大异"①。

诗歌对日常语言的"背离"还表现为对规范句法的"破坏"。在中国古代诗词中,主谓宾的位置相当灵活,诗人经常为了突出某个意象或造成某种特殊的语言效果而改变词序、句序、字词组合和句子结构,杜甫《秋兴八首》中的名句"香稻啄余鹦鹉粒,碧梧栖老凤凰枝"就是一个经常被人们提及的例子。若按一般的文法来讲,这两句分明不通;若说是倒装句,理解成"鹦鹉啄余香稻粒,凤凰栖老碧梧枝",又显得过于平铺直叙,毫无诗意。有研究者指出,这两句其实并不是写"鹦鹉啄稻""凤凰栖枝"之事,"乃在写回忆中的风物之美,'香稻'、'碧梧'都只是回忆中一份烘托的影像,而更以'啄余鹦鹉粒'和'栖老凤凰枝',来当作形容短句,以状香稻之丰,有鹦鹉啄余之粒;碧梧之美,有凤凰栖老之枝,以渲染出香稻、碧梧一份丰美安适的意象"②。

经过长期的创作实践和历史承传,形成了对诗歌在字数、句数、节奏、押韵、音调等方面的某些固定要求,如汉语诗歌对平仄的要求,英语诗歌对轻重音、长短音的要求,于是古代诗歌创作逐步走上了程式化的道路,形成了严格的格律。狭义上的中国古代诗歌分为古体诗和近体诗两种,唐代以前的古体诗,或称古风、古诗,除了押韵,并没有其他严格的格律要求。产生于齐梁,形成于唐代的近体诗,则在诗的字句、用韵、平仄、对仗等方面,都有严格精细的格律限制。后来兴起的词、曲等诗歌形式也有和近体诗相接近的格律要求,而且由于词牌、曲牌的多种多样,格律的要求更为复杂。而西方诗歌中的轻重音、长短音、音步、顿数等,也往往都有一定的格律限制。十四行诗就属于格律要求严格的诗歌样式。

诗歌具有与日常语言不同的特殊语言形态,而这些语言形式又关联着诗歌所要表现的思想感情,所以很难把诗转译成散文。其难主要不在于字面意义的传达,而在于节奏韵律、分行排列所带来的种种情感色彩和审美效果,如闻一多所说的诗歌语言形式所具有的绘画美、音乐美、建筑美,散文难以再现;诗的意蕴、情趣也因此会丧失许多。

19世纪末叶开始发展起来的自由诗不仅无视韵脚,而且连韵律追求对日常语言的"背离"和向日常语言的"回归"这一对矛盾,突出反映了诗歌既要格律形式,又不能陷入格律形式的矛盾境况。格律日趋精细无疑提高了诗歌艺术表现的水平,使之更为精巧,但同时又难免对诗思的自由表达造成一定的束缚。中国在律诗绝句盛行的时代,也还是有人写形式要求较为宽松的古体诗。到了"五四"时期,中国终于出现了自由诗取代格律诗的局面。中国新诗的发展破除了传统诗的格律,但新诗在走过了近百年的历程之后,今天仍未摆脱探索的困惑。反省新诗面临的矛盾与困惑,或许能帮助我们更深刻地理解诗歌。

与诗歌语言表现的上述特点密切相关,诗歌在结构上也有自己的特色。从表层结构上看,诗歌和其他文体明显不同的是诗的分行、分节排列;从深层结构看,诗歌追求跳跃式的结构形式;诗歌的结构可以既不遵循自然的时空顺序,也不遵循事理的逻辑循序,而是依照主体情感抒发的想象轨迹展开,其间许多省略、伸缩、交叉和颠倒,打破了按部就班的秩序,形成了跳跃式的结构,使诗歌形成了与其

---

① 钱锺书《管锥编》第2册,中华书局,1979年版,第782页。 ② 叶嘉莹《杜甫秋兴八首集说》,上海古籍出版社,1988年版,第56页。

他体裁迥然不同的文体面貌。

(三) 诗的意象和意境

中国古代诗学极为推崇意象,在诗歌理论中,意象是指那种蕴涵着特定意念,让读者得之于言外的艺术形象。其中的"意"大致指意念、意蕴,"象"指经过意念、意蕴点染的物象;"意象"即表意之象、寓意之象、见意之象。虽然某些意象在形态上也保留了对具体物象的描绘,但是其中所包蕴的丰富内涵却不是生活物象本身所具有的。如马致远《天净沙·秋思》中的诸种意象,主要是靠互相联系构成的意象群来表达特定的意念,从而也获得自身的意蕴。如最后一句"断肠人在天涯"构成的意象,可以说起到了画龙点睛的作用。由于和这一"断肠"的旅途征人或他乡游子相联系,由于"断肠"这一特定情境的规定,小令中所表现的种种景象才被涂抹上了一种苍凉悲凄的色调,充溢着耐人寻味的意蕴。如果没有这一句,作者所罗列的种种物象就不可能获得这种意蕴而成为具有感染力的艺术形象。

西方文论把意象视为诗人的主观意念与外界的客观物象猝然撞击后的产物,显然偏重于主观印象在意象构成中的作用。按照意象派诗人庞德的说法,"一个意象是在瞬间呈现出的一个理性和感情的复合体"①。艾略特提出诗人表达思想感情不能像哲学家或技巧不高明的诗人那样直接表达和抒发,而要找到一种"客观对应物",通过物体、情景、事件、掌故、引语等构成的意象体系来表达,即所谓的由意生象。李商隐《乐游原》表现的意象体现了这一过程:"向晚意不适,驱车登古原",写出了抒情主人公的心情不快。"夕阳无限好,只是近黄昏",不愉快的心情找到了"客观对应物",此刻的"夕阳""古原"都成为表现诗人心境的意象。当然,由意生象并不是意象创造的唯一模式,由象生意或意象共生在意象创造中也是常见的。杜甫的《春望》就是由"国破山河在,城春草木深"的景象触发了"感时""恨别"的情思,由这种情思生成了"花溅泪""鸟惊心"的意象,最终形成的意象"白头搔更短,浑欲不胜簪",则体现了意与象的并生。

意象的创造和运用并不完全取决于诗人个人,意象的生成和运用不仅要受民族的心理结构、文化背景和文学惯例的影响,而且还会受业已存在的诗歌意象体系的制约,甚至和人类共通的心理有关。天阴天晴,在古往今来的诗歌中都是和人物情绪的消沉抑郁或开朗高昂相联系的意象。根据心理学家和生理学家的研究,空气的潮湿程度和人的情绪之间确实有着一定关系。至于自然界的其他种种物象,诸如日升日落、月圆月缺、夏去秋来、冬尽春回、山岳摩天、江河入海,等等,自古至今,人类的情绪、心境无不与之相呼应,构成某种默契,从而形成普遍性的美感,具有荣格所说的原始意象的性质。它们在历代诗文中反复出现,延绵不绝,形成了不言自明的象征意义。在共同的自然环境、历史背景、文化传统基础上产生的意象体系,是一个民族的重要精神财富。一些艺术感染力很强的意象,往往被历代诗人一再袭用。因此,从纵的方面讲,意象有传承性;从横的方面讲,意象有普遍性。诗人在此基础上,或袭用旧的意象,或创造新的意象,用以表达自己独特的审美感受和理想。

意境是中国古典诗学的重要范畴,在西方文论里还难以找到一个与它相当的概念,意境应具备鲜明的生动性和艺术感染力。意境是指诗人的主观情意与客观物象相互交融而形成的一种艺术境界或审美境界,具有"境生于象而超乎象"的特点。近代学者王国维借鉴西方文艺理论,对传统的境界观念加以阐发,提出了许多独到的见解,被认为是意境理论的集大成者。他在《人间词话》开篇就提出"词以境界为上。有境界则自成高格,自有名句"②,把"境界"即意境看作创作和审美的最高标准。他说:"何以谓之有意境?曰:写情则沁人心脾,写景则在人耳目,述事则如其口出是也。"③可以说意境实际上是一种特殊的意象体系。在这种体系中,既有十分鲜明、富于启示性的生活景象的图画,又包含着十分丰富、可供思索体味的意蕴,二者有机融合所形成的和谐的艺术境界即意境。

意境的表意对于绘形来说具有积极的主导性,即根据主观意念对客观事物的面貌和性质作种种渲染和改造,对客观物象之间的联系作种种调整和虚构。除此以外,意境的表意一般还具有超越性和

---

① ② [美] 庞德著,郑敏译《回顾》,见戴维洛奇编《二十世纪文学评论》上册,上海译文出版社,1987年版,第108页。　③ 王国维《元剧之文章》,见郭绍虞主编《中国历代文论选》第4册,上海古籍出版社,1980年版,第390页。

哲理性的特点。所谓超越性,是指意境所包含的意蕴不但超越了具体物象,而且多有言外之意、弦外之音,言有尽而意无穷,留下了再三玩味体验的空间。和意象一样,意境具有创造的主观性、内涵的不确定性和感受的意会性。而且由于意境往往是由众多意象组成的,因而就在更大范围和整体上显示出这种特点。李商隐的那些《无题》诗之所以历来解说纷纭,莫衷一是,以致出现许多穿凿附会者,与意境的这个特点不无关系。现代的朦胧诗也有类似的效应。在对意象的感受意会中,在对这类作品的诵读把玩中,人们的审美创造欲望和能力往往得到了更高层次的满足。意境所包含的意蕴往往已不是或不仅仅是对具体事物的认识评价,而是对整个社会、人生、宇宙、历史的一种哲理性的感受和领悟,读者对于意境的感悟也常常会进入诗的哲理性层面,从而超越诗人的本意。

（四）诗歌的种类

1. 抒情诗与叙事诗

以诗歌的表现内容和表达方式作标准,诗歌可分为抒情诗和叙事诗。抒情诗是以作者的口吻抒发主观情绪情感的诗体。作者把社会生活做了"主观化"和"自我化"的处理,所有的诗歌意象都因经过了作者心灵的改造而出现个性化的变形,它没有完整的人物形象和事件过程,即使出现了少数人物形象和事件过程,也是作者寄寓强烈主观感情的形象片断。它一般篇幅短小,常常借助主观抒情的艺术手法创造情感强烈的自我形象。抒情诗在历史上形成的基本体式有山水诗、咏物诗、爱情诗、哲理诗等。叙事诗是以叙述者的口吻来刻画人物、叙述事件的诗体。与抒情诗相比,它有较完整的事件情节,能采用各种手法来描写人物;而与小说、戏剧、影视相比,它的情节比较单纯并跳跃较大,人物性格比较单一,使用的细节较少,叙述语言比较概括并充满激情。叙事诗人"不是在讲说一个故事,而是在歌唱一个故事"①。历史上已有定型的叙事诗其基本体式有史诗、诗剧、一般叙事诗等。

2. 格律诗与自由诗

以诗歌的表现形式作标准,诗歌可划分为格律诗、自由诗、民歌、散文诗等几类。

格律诗是依据固定的格式和严密的韵脚进行创作的诗体。这种诗体在每首诗的行数、每行诗的字数、某一个诗句的节奏和某一个词的声韵等方面都有不能任意违反的格式和章法。在诗歌诞生的初期,人们为了便于朗诵和吟唱,就通过某些特定的格律来构成诗歌语言的音乐性。在诗歌文体漫长发展历史中又区分出了古代格律诗和现代格律诗。古代的律诗、绝句以及词、曲就是古代格律诗的具体样式。一般律诗只有八句,绝句只有四句,它们都限定于固定的平仄韵律中,律诗的中间四句两联还有严格的对仗。词和曲更有固定的词牌和曲调,它们虽然句式长短不一,但句法的平仄格律比律诗和绝句有更严格的要求。这些严密的格式形成了诗歌一唱三叹、节奏和谐的音乐性。从诗歌文体特定的抒情性和音乐性来说,中国当代诗歌非常需要现代格律诗的充分发育和生长。现代格律诗在借鉴外国格律诗的成功经验和继承中国古代格律诗的优秀传统方面,有着深入探讨的广阔天地。

自由诗是与格律诗相对而言的。它特指在诗歌语言形式上不受格律限制的较为自由的诗体。每一行诗的字数、每一节诗的划分、每一篇诗的节奏和韵律都没有固定的格式。它一般是根据作者内在情感的起伏变化安排诗歌意象和诗歌语言的节奏旋律。

3. 民歌与散文诗

民歌是人民群众集体创作并能口耳相传的诗歌。民歌的形式生动活泼,它和自由诗一样不受固定样式和格律的拘束。诗歌语言具有浓厚的生活气息,经常使用比兴和夸张来创造诗歌意象,体现出想象丰富、简洁明快、易记易唱的诗歌风格。

散文诗是近现代才发展起来的兼有抒情诗和抒情散文特点的一种诗体。它是诗的某些表现性元素与散文的某些再现性元素的巧妙融合的产物。它采用散文的自由灵活的形式来传达精练内蕴的诗歌意象,它虽然不像诗歌那样分行排列和押韵,但它的语言仍然是具有内在的节奏感和音乐美。它在艺术手法上多采用暗喻和象征,在几百字的短小篇幅中,把诗情、画意、哲理融为情景交融的诗境。

---

① 何其芳《谈写诗》,见《作家谈创作》,花城出版社,1981年版。

（五）诗歌的特点

1. 集中概括的抒情

诗歌的艺术形象比起散文、小说来有一种高度集中与概括的特点。臧克家的《三代》（孩子/在土里洗澡/爸爸/在土里流汗/爷爷/在土里埋葬），用六行诗就概括了旧中国农民代代不可改变的悲剧命运。这种集中与概括，要求进入诗歌的人、事、景、物、理的必须是典型的、精练的，它们的艺术联结与组合是跳跃的、简约的。它没有小说形象的逼真性和散文形象的写实性，没有叙事性文学的那种情节枝蔓和场面环境。诗歌艺术形象的大部分资源来自诗歌作者的主观心灵，是诗歌作者主观感觉的具体化材料，体现了一种概括生活、超越生活、变形生活的表现性审美特征。

诗歌文体发展的历史证明诗歌是人类表达、宣泄情感的较好载体。诗歌作者在具体的写作过程中，以能否表达出主观情感为目的来选择和提炼诗歌意象，创立和设置诗歌意境，诗歌语言的种种使用技法也是为了更准确、更细致、更熨帖地抒情达意。离开了人类抒情的动机，诗歌就没有了产生和发展的动力。

诗歌形象抒发的情感从表现形态上看是具体的、个性化的，它直接源于诗歌作者个人的诗美体验。但优秀诗歌的审美品质却是在这种个性化的情感里集中概括了人类深层的情感状态和人性深层的情绪体验。不同时代的人们喜欢吟咏李商隐的爱情诗，是因为"相见时难别亦难，东风无力百花残"的诗歌意境概括了人类一种刻骨铭心的相思、痛摧肝肠的离别、生死不渝的忠贞这样的共同的情感体验。诗歌作者抒写的是"小我"的情感，但它走向人类"大我"的境界是诗歌艺术得以永久流传的根本原因。

2. 大胆神奇的想象

诗歌形象传达的情感虽然是概括的、典型的，但它在艺术表现上必定是具体的、形象的，诗歌艺术的关键就是将无形的情感化为有形的意象，将抽象的观念化为生动的具象，把作者的情感形象化。这种感情形象化是通过诗歌意象来具体实现的。诗歌意境的最小艺术单位就是一个诗歌意象。诗歌意象是作者的意中之象，是客观外界的人、事、景、物、理经过作者情感的孕育而重新创造出来的独特形象，它是一种带上了强烈的主观色彩但又与生活物象截然不同的能在人们头脑中用想象感知的具象。客观性、主观性、独特性、概括性的融合是它的基本特点。着眼于诗歌意象的数量来考察，一首诗可以是以一个意象为主来结构，也可以把多个意象并置结构。

不管是哪一种意象，诗歌作者需要运用大胆的、神奇的想象把它们组合为特定的诗歌意境。在大胆的、神奇的想象的作用下，诗歌意象的组合不像小说那样是一种体现因果关系的连贯式组合，也不像散文那样是一种突出作者个性的散跳式的组合。诗歌意象是一种突出作者情感的飞宕式组合。这种飞宕式组合，既没有时间线索来串联，也没有空间位置来依附，它完全根据作者抒情表意的需要来排列、组合意象。意象与意象之间有巨大的跳跃，意象与意象之间有快速的转换。这种飞宕式的组合形成了特定的诗歌意境。

3. 分行排列与精练优美的语言

诗歌意象在语言呈现方式上更有显著的特征。在语言的外观上，诗歌意象采用了行列的形式来展现形体。当代诗歌理论总结的诗歌语言的行列方式有：以闻一多的《死水》为代表的九字四顿的"整饬的行列"；以郭沫若的《天上的街市》为代表的或长或短的"参差的行列"；以贺敬之的《放声歌唱》为代表的"递进的行列"；以戴望舒的《雨巷》为代表的"回环的行列"。行列的形式产生了诗歌语言特有的节奏感和韵律美。在语言的内涵上，诗歌语言在物化意象时特别讲究精练的内蕴，它要通过大力度的炼字、炼句，以较小的篇幅来完美地容纳高度概括的内容。诗歌语言以这样的外观与内涵形成了区别于小说、散文的新奇优美的审美特征。

二、诗歌的写作

（一）捕捉和创造诗的形象

1. 诗用形象思维写作

别林斯基早就指出："哲学家用三段论法，诗人则用形象和图画说话，然而他们说的都是同一件事。"这就告诉我们,写诗要用形象思维。所谓用形象思维,首先指的是深入生活时,要对生活进行形象的感受,形象地体验生活、观察生活、分析生活。

进行形象思维,要在形象感受的基础上,善于进行形象的捕捉。艾青指出:"形象思维的活动,在于使一切难以捕捉的东西,一切飘忽的东西固定起来,鲜明地呈现在读者的面前,像印子打在纸上一样的清楚。"因此他说:"写诗的人常常为表达一个观念而寻找形象。"能捕捉到新颖的形象,也就有了写诗的素材。艾略特认为,创造形象就是"寻找思想的客观对应物"。一位年轻的诗人就把自己特别钟爱的一句诗"由于你的缺席,我怀着热望彻夜无眠"改为"你走了,街灯熄灭/那蓝白色的光芒掠过我的床前"。这一改将视觉和触觉融为一体,使诗句顿时生辉。诗是一种美的体验,而不是浅薄的哲学思想,也不是无聊琐事的堆砌。对于大多数诗人来说,形象是使作品生动起来的重要方法。正如诗人米勒·威廉姆斯所说的那样,"让它如电影般一幕幕流过"。

需要强调的是,诗中的诗人形象和景物形象都是为表现情感、情绪、情趣服务的。诗的情感性重于形象性,离开抒情需要去胡乱堆砌形象,只能损害诗歌。

2. 诗是"想象的表现"

别林斯基说:"在诗中想象是主要活动力量。创作过程只有通过想象才能完成。"艾青说:"没有想象就没有诗","诗人最重要的才能就是运用想象"。诗人的想象和科学家的想象不同。培根指出:"诗是一门学问,在文学的韵律方面大部分有限制,但在其他方面极端自由,并且和想象有关系。想象因为不受物质规律的束缚,可以随意把自然分开的东西联合,把联合的东西分开。这就造成了不合法的配偶和离异。"我们写诗,既要对生活特征观察得很精确,而同时又不缺乏把这些特征加以变化的勇气。

(二)巧妙地进行诗的构思

1. 诗的灵感

写诗要有发现、捕捉诗歌意象和诗歌灵感的能力。

诗歌意境的最小艺术结构单位是一个意象。诗歌的写作常常是从作者对生活中某个人、事、景、物、理产生了独特的诗美体验而获得的第一个意象开始的。诗歌创作的灵感就是诗歌作者对情感能够具象化、主观情志能够文字化的一种突然顿悟和把握。无形的情绪突然有了有形的形象,抽象的观念突然有了具象,这使得诗歌作者的心理结构和语言结构有了豁然的改组更新。这种诗歌的写作灵感有短暂性、突变性和不可重复的特点。长期艰苦的文学修养和积极努力的艺术构思是诗歌写作灵感得以爆发的基础。

诗歌灵感出现后,应迅速准确地将灵感体验到的内容及时地意象化;灵感体验意象化后,应及时准确地将意象化为诗语和诗句。这就是诗歌写作"灵感寻象寻言"的三阶段。相当多的人不能完成这个三阶段的写诗过程。有的人虽有灵感体验,但未能及时地将诗美体验化为诗歌意象;有的人在脑海里虽然形成了诗歌意象,但不能及时准确地将诗歌意象词语化、文字化,这样一首诗仍然活跃在作者的脑海里而不能成形。因此,发现诗美、体验诗美、传达诗美是一个诗歌作者应该具备的心理结构和语言能力。这种心理结构和语言能力不是天生的,虽然它与人的诗歌天赋有一定的关系,但主要还是可以通过后天的学习和训练来培养、提高。初学诗歌写作,反复学习、吟咏优秀诗歌,排除一些日常生活的功利内容,静心地投入感情去咀嚼生活,努力培养一种把抽象情感有形化、把内心体验意象化、把内心意象词语化的感受能力和表达能力,使"灵感寻象寻言"的诗歌写作三阶段顺利地连接和实现。

2. 诗的构思

诗歌构思十分重要。关于诗的构思的内容,黑格尔认为,诗所特有的对象或题材不是自然风景或是人的外表形状,而是精神方面的旨趣。诗是一种精神活动,它只为提供内心观照而工作。诗的构思方式是内心体验。黑格尔认为,诗人应对人类生活和世界万象起同情共鸣,深入体验,使它们深刻化和明朗化。遵循这个构思方法,在写作抒情诗时,由于抒情的真正源泉就是创作主体(诗人自己)的内心生活,诗人应该只表现单纯的心情和感想,而无须就外表形状去描述具体外在情境。

诗歌构思的过程包括以下的内容。

提炼诗情。就是从一般感受中寻觅显示一般感受的独特感受,从共同感受中寻觅表现共同感受的具体感受。如艾青的《自由》。

选取角度。抒发诗情应选择合适的角度。一般地讲,有两个大角度。一是直抒胸臆,诗人直接站出来抒情,如闻一多的《口供》。用这个角度写诗,应忌空泛,要创造出鲜明的个性化的诗人形象,否则容易直露。另一个角度是象征寄托,借物寄情,借人表意,借景写感,如臧克家的《老马》。

布局谋篇。诗的开头、结尾怎么写,各部分之间如何组成有机的整体,需要认真考虑。这就要思索:在这首诗中,用什么把诗情串联起来?郭小川认为,一般抒情诗,"总是以情绪(感情)的变化的层次来贯穿的"。

写诗应该重视诗歌构思的技巧。郭小川主张:"没有新的构思,没有新的创造,就不要动笔。"因此,构思必须做到新、奇、巧。总结前人的经验,以下一些技法是可以借鉴的。

(1) 巧妙化用古诗。化解是对古典诗词曲(包括题意、掌故、用典)的点化、演绎或衍生。如诗歌《布谷》:

> 扫墓的路上不见牧童/杏花村的小店改卖了啤酒/你是水墨画也画不出来的/细雨背后的那种乡愁

这四句是化解杜牧《清明》诗。牧童、杏花村、酒家统统都为作者的乡愁做潜在服务,特别是"改卖了啤酒",这一改,把原来很容易落入套路的古意,提至现代生活层面,其间隐藏了多少无声感喟。

(2) 通感营构诗意。如诗歌《收割阳光》:

> 土地芬芳的诱惑/植于农谚之上/日子不会生锈/镰刀锋利如初/现代钢铁铸就的古典姿势/依然明朗……

在诗中,"土地""诱惑"是多味的,有着令人心旷神怡的芬芳;"农谚"是一方沃土,"诱惑"在拔节;"日子"与"镰刀"仿佛孪生兄弟,不分你我,不论彼此。诗歌运用通感的修辞手法,使诗意在各种感觉中洋溢,让诗歌诗意盎然,也向读者暗示了某种象征意味:在农人的生命中,镰刀的挥舞涵盖了生命的全部。

(三) 精心锤炼诗歌的语言

"诗实际是一种语言",诗歌写作中用于传达诗歌意象的不是人们日常生活中熟悉的语言,而是一种新奇的精美的变形语言。诗人只有对实用语言加以"破坏""改造",如艾略特所说那样"扭断语法的脖子",才能使之成为诗的语言。像"黑夜过去了就是光明"这样一个意思,如果平白地直说出来,会令人觉得淡然无味,臧克家反复寻思,最后才把它写成:"黑夜的长翼底下,/伏着一个光亮的晨曦。"初学诗歌写作最大的障碍就在于这种诗歌语言能力的贫弱。可以从下面几条途径来训练、提高诗歌语言的能力。

1. 双关

双关是一个词或一个句子暗含有两种含义。它经常采用谐音、同字,关注双重事物或两件事。如《当风来时》:

> 零下的异国 我的记忆里/有许多加不成晴朗的负数

"零下"一词一方面指气候冷冽程度,另一方面指心理、心境、心态的冻结状态。气候和心态都在负数以下,负数相加还是负数,双重相克,表达很深的苦。

2. 转品

转品是根据相关语境,故意转变其中某些词的词性(品性),如名词转化为动词,形容词转化为名词,量词转化为形容词等。如《大瘦山》:

> 卓文君死了二十个世纪/春天还是春天/还是云很天鹅,女孩子们很孔雀/还是云很潇洒,女孩子们很四月

此例是名词转为形容词,它有两个好处:由于名词被"涂上"形容词油彩,故它的内涵大大增加了

联想空间;由于副词"很"后面"硬要"跟上名词,在这汉语语法背后就省却了一大串状语成分,句子显得格外洗练。云很天鹅,是指云像天鹅一样,可有各种联想形态,如外形上的蓬松、颜色上的纯白、运行上的飘逸;女孩子很孔雀,也是指女孩子们像孔雀一样,可有各种联想形态,如色彩的绚丽、神态的骄傲、心理上的争艳。

3. 易位

易位是指根据诗情发展需要,大胆改变规范语法中的句子成分的本来位置,各种形态的倒装句,是易位的主要表现。如《啊,太真》:

> 有一个字,长生殿里说过/向一只玲珑的耳朵/就在那年,那年的七夕

这也是作者余光中常用的句型,浓厚的欧化倒装——具有某种待续的效果。如果恢复正常语态,则是"有一个字,我曾向一只玲珑的耳朵,在长生殿里说过",效果就寡味多了。

佳作细读

怎样细读现代诗歌——以顾城的《远和近》为例

华中师范大学文学院　魏天无

这里说的现代诗歌,泛指以现代性追求为价值取向,具有现代主义文学倾向的诗歌。现代汉语诗歌发展到今天,从内在的精神指向来看,仍属于现代诗歌的范畴,或有延续,或有深入,或有反拨。

现代诗歌形态多样,流派纷呈。读者的趣味不同,进入作品的方式也有差异。宽泛地说,古今中外,都有以品评鉴赏为主要内容的细读诗歌的方法。中国古典诗话诗论中,对于诗歌用字、声律、句法、结构等方面细致入微的推敲、咀嚼,随处可见,令人回味。不过,作为西方现代文学批评中的一个专门术语,"细读"(close reading)是英美新批评派(The New Criticism)倡导的批评方法之一,对现代文学批评特别是诗歌批评产生了重要影响。大约在80年代后期,新批评理论被系统地译介到国内,有意识地用细读法解读现代汉语诗歌,成为当时诗歌批评的一个显著特征。90年代后期以来,细读重新受到关注,特别是在学院里,被当作训练、培养学生文学批评素养、能力的基本手段。以细读为主、师生共同围绕若干现代汉语诗歌进行讨论的课程,也成为中文系研究生的热门选修课。

下面,我们将以顾城的《远和近》为例,运用细读的基本原则,具体看看细读是怎样进行的;然后,简要介绍细读的含义、特征,以及运用于现代汉语诗歌解读时存在的问题;最后,综合借鉴其他批评方法,对细读作延伸、拓展。

《远和近》只有6行25个字:

> 你
> 一会看我
> 一会看云
>
> 我觉得
> 你看我时很远
> 你看云时很近　　　　(据《顾城诗选》)

为便于讨论,我们先提出三个问题,再逐一分析:一是这首诗传达的是怎样的一种情感?诗中的"你"和"我"是怎样的一种关系?二是"远"和"近"在诗中有怎样的意味?三是在语境中,"云"有何意蕴?

关于第一个问题。从直感上说,这是一首表达"你"与"我"之间特殊感情的诗,两人的关系具有特定性。首先从建行的特征看,全诗仅6行,其中"你"字单占一行,显然有突出、强调的意思。另外我们

知道,在朗读(默读)诗歌时,单占一行的字会引起较长时间的停顿,这种停顿本身也是一种突出、强调:既突出"你"在全诗中的位置,也突出"你"在"我"心目中的地位。其次,全诗6行中,有4行是两两对应的,只在个别地方换字。这使得"你"和"我觉得"两行无形中形成呼应。这种呼应,既是由建行特征引发的读者对诗行排列的视觉感应,也是一种心理暗示:暗示"我"的一切感觉("觉得")是以"你"为中心的。

如果觉得上述解读比较勉强的话,我们试着重新排列一下诗行:
你一会看我
一会看云

我觉得你看我时很远
你看云时很近

很明显,重新排列诗行后,诗的表意功能没有变化,但"表情"功能则弱化了许多。因为:(1)取消单独占行后,无论从视觉上还是心理上,"你"和"我觉得"的呼应关系都不复存在。(2)由于单独占行而在读者那里引起的对"你",包括对"我觉得"的突出、强调作用也消失了;朗读或默读时的停顿时间自然也缩短了许多。而且,从表义层说,"我觉得"其实是多余的;因为在语境中,肯定是"我"而不是其他人"觉得"。假设重新排列诗行后,删去"我觉得"三个字,对表义不会有什么影响:

你一会看我
一会看云

你看我时很远
你看云时很近

甚至某种程度上,诗的语言显得更加简洁。那么,诗人为什么要强调"我觉得"? 如果从作品自身着眼,除了要在诗行结构上形成呼应外,诗人也借此传递"你"和"我"之间非同一般的关系。(3)"你"一会看"我"、一会看云的举动,也许是漫不经心的,没有什么微言大义,但"我"却十分在意"你"的一举一动;不仅在意,而且敏感,是从瞬间的动作和飘忽的眼神中,捕捉到"你"的隐蔽的感情信息。诗人为我们展示了两个——也是两个人的——世界:一个是"你"的。对此,诗人只是客观描摹"你"的举动,没有掺入任何"我"的主观因素。第一节中,"你"是一个独立的、不受干扰的存在,行为也是自在的。另一个当然是"我"的,是"我"的心理世界,是"我"对"你"的自在世界的感受,是某种介入。"我觉得"之后凸显的是"我"的自主世界,很主观,甚至相当武断。因为不论"你"赞同还是反对,也不论"你"的看是有意的还是无意的,只要"我觉得"是这样就够了。这一方面表明"我"对"你"的一点一滴的在乎,也说明"我"对自己内心感受的看重。这两个世界,一个自在,一个自主,同样的平等、独立,同样的值得尊重。当然,作为此诗的"抒情者",诗的重心是落在"我觉得"之后,演绎出两个彼此独立的世界之间一场无声的内心冲突。由此也进一步证明,"我觉得"无论在诗的结构还是含蕴上,都是不可或缺的。

综上分析,我们对第一个问题的解答是:《远与近》是一首表达恋情的诗,既单纯又复杂。

关于第二个问题。在分析"远"和"近"的意味之前,首先明确,它们是"我觉得"的结果,来自"我"的内心感受,也可以说是一种直觉;是"我"赋予"你"看的举动的,也就是说,没有"我"的"觉得","你"看"我"和看"云"的举动无以显现,"远"和"近"的差异更无从谈起。前面说过,诗的第一节保持了"你"的世界的独立性、自在性,没有掺入"我"的任何主观因素;而第二节则纯然是"我"对"你"的举动的主观感觉,是"我"的心理活动的呈现。所以,"远"和"近"表达的不是物理距离,而是心理距离。从物理距离说,"你"看"我"是近的,"你"看"云"是远的,但从心理距离说正好相反——诗意往往是从违反常识、常理的地方开始的,是对日常生活经验的"陌生化"。物理距离一般来说是恒定的、可以度量的,心理距离则是模糊的、不可度量的。不过,这并没有超越常识、常理的范畴。关键在于,用来作"远"和

"近"比较的两方是不"对等"的、异质的——一个是人,一个是自然物象,表面上似乎不存在可比性,除非诗人将云拟人化。但诗中对"云"没有作任何修辞处理,也没有任何修饰性的界定。那么,"我"和"云"怎么比较?此外,为什么是"云"而不是其他的自然物象,成了"我"的对立面?这个问题先提出,下面分析"云"的意蕴时再讨论。

"远"和"近"是心理距离,本就模糊,只可意会;诗人又加上程度副词"很",固然有音节上的考虑(将单音词变为双音词,更和谐上口),却使这种心理距离变得越发模糊。但从另一个角度看,有了"很"之后,读者对"你"——"我"与"你"——"云"之间差距的感受,仿佛更为明晰,也仿佛更为强烈,虽然依旧无法量化。这是诗带给我们的很难言说的奇异感受。

如果结合诗的语言特点,全诗使用的是最单纯的人称代词、名词和动词,是汉语中最基本、最常用的词汇,几乎没有修饰,但却使用了两个副词:一是表示时间的"一会",一是表示程度的"很"。表示程度加深、加强的副词"很",实际上有"越来越"的含义,本身有"动"的趋向,有"绵长"的意味。它将"一会看"这种视觉上的短暂,转化为心理感觉上的绵远悠长。同时,"远"与"近"这两个词的语音与语义也有着奇妙的联系:"远"的第三声(悠长),"近"的第四声(短促),与它们各自的语义非常吻合。声调与语义的协调,是汉语特有的,古诗中的例子很多。倘若不是出现在诗歌中,我们可能不会知觉到这种联系;正是诗歌唤醒、挽救了我们对语言、对一个一个字的敏锐感知。

下面解读第三个问题:关于"云"的意蕴。

按照庞德关于"意象"(image)的定义,即"在一刹那间呈现出来的理智与情感的复合物",云是这首诗唯一的意象。而按照艾略特的说法,云是诗人找到的抒发情感的"客观对应物"(objective correlative):"表达情感的唯一的艺术方式便是为这个情感寻找一个客观对应物,换言之,一组物象,一个情境,一连串事件被转变成这个情感表达的公式。于是,这些诉诸感官经验的外在事物一旦出现,那个情感便立刻被呼唤出来了。"他认为"诗不是放纵情感,而是逃避情感",一方面是说诗人没有什么纯粹的个人情感或个性可言,另一方面是说,诗人不能在诗中直接宣泄情感,而要通过发现"客观对应物"来间接表达;直接宣泄造成情感的单一,间接表达则会引起读者的想象和联想。"意象"和"客观对应物"这两个概念都强调物象的重要性,但后者比前者的包容性要大一些,不只是一个,而可能是一组;不只是物象,也包括情境或事件。

如果用中国传统诗论术语,云可称"诗眼",是理解全诗的关键所在。正是在这里,诗人为我们留下联想和想象的开阔空间。我们阅读时,第一步尽可以联想形容云的状貌、习性、特征的相关词汇,然后大致分一下类。例如:飘忽不定,变幻无常;自由自在,无拘无束;洁白,纯净;宁静,高远,等等。第二步,我们需要动用更多的阅读经验,不限于诗歌的,因为云在各种文字典籍中,同时被赋予了许多文化寓意,诸如神秘、浪漫、唯美、虚无等。

回到前面提的第二个问题,即为什么是"云"而不是其他的自然物象,成为"我"的对立面?我们可以说,"云"和"我"是在象征意义上形成对比:云象征着别处的、梦幻的生活,"我"象征着此在的、世俗的生活;云的飘逸、自由、纯洁等象征含义,会反过来暗示"我"所代表的生活是呆板、拘束、沉闷、浑浊的。因此,"近"与"远"表达的,是"你"对超越世俗生活之上(云在上端)的理想生活境界的渴望和追求;或者说,"你"对如此的生活境界有着一种天然的、出自本能的亲近感,而对"我"则越来越疏远。

小结一下上述细读的结论:(1)诗在情感指向上:恋情——恋人(单纯而复杂)。(2)诗中"远"与"近"的意味:物理距离——心理距离(模糊而清晰)。(3)诗中"云"之意蕴:灵——肉(平常而非常)。因此,这首诗的"主题"可理解为现实/理想、实在/欲望、精神/物质的对立和冲突,即灵与肉的对立和冲突。歌德说:"每个人都有两种精神:一个沉溺在爱欲之中,/执拗地固执着这个尘面。/另一个则猛烈地要离去尘面,/向那崇高的灵的境界飞驰。"(《浮士德》)这是一种文学母题,会以各种方式出现在不同国度、不同时代的诗歌中。

但这样的理解可能失之简单,因为这一切是"我觉得"的,不一定符合"你"的主观意愿。1985年,旅法艺术家、也是诗人和批评家的熊秉明,曾以萨特的存在主义哲学观念,专门分析过这首诗(《论一首朦胧诗》),其中特别提到"看"是人与人之间最基本的、重要的接触方式。依据他的解释,我们再来分析一下"看云"的举动。看云实际上看的是什么?看的是内心的幻象:"你"看云——"你"看的是自己内心的幻象。那么,"我"看的是云,还是"你"?都不是,"我"看的是"你"看云的这个不经意间的举动。准确地说,"我"其实是看"你"看云——"我"看的也是自己内心的幻象:"你"就是"我"内心的一个幻象;因为"你"好像是"我"从前的影子,是另一个"我"。"我"对这个"我",既陌生又熟悉。毋宁说,"你"在"我"的眼中和心中,是一个未曾受到尘世污染的"真人",一个生活在自己幻想世界里的人,依然葆有对于未来的美好憧憬,而不知世途的险恶和残忍——"你"对云的"近(亲近)"是天然、本真的,是每一个不谙世事的人在人生的特定阶段都会有的诗意的梦。而我们可以体会到"我"在"远"与"近"的比照中所流露的淡淡的忧虑和不安,这既来自"你看我时"的"很远",其实更多的是来自"我"明了"你"的这种天性、本性最终的结果,但又不忍心去戳破——所以,"我"只是静静地看,静静地想,静静地承担内心的微澜。

云这个意象极单纯,极平常,但它使一首小诗获得了极大的情感和意蕴上的张力。在阅读过程中,它实际上调动了我们两方面的经验:一是我们自己的生活经验,每个人都或多或少地有过对云的观察和感悟。一般人在两种情况下看云,一是在不谙世事或涉世不深的童年少年时代,云寄托了向往,给予了愉悦;一是进入社会之后,人只有在摆脱了世俗羁绊,有闲情逸致的时候,才会坐下来静静看云。这两种情况都说明天上的云与地上的生活是对立的、完全不同的。二是我们储备的阅读经验,即在长期阅读中积累的对有关云的各种文化含蕴的理解。那些在文学经典中经常出现的意象,如"月""秋""蝴蝶"等,往往携带大量的"文化信息"和诗性因素。后者积累的厚薄,有时直接影响我们对诗的阅读能力的深浅。

【思考与练习】

1. 请以"乡愁"为话题写一首诗。
2. 诗歌长于抒情,但不乏叙述的功能,请以《王贵与李香香》为例分析叙事诗的审美特征。

图书在版编目(CIP)数据

语文教程/苏艳霞,丁春锁主编. —3版. —上海:复旦大学出版社,2023.7
ISBN 978-7-309-16789-4

Ⅰ.①语… Ⅱ.①苏… ②丁… Ⅲ.①学前教育-语文教学-幼儿师范学校-教材 Ⅳ.①G613.2

中国国家版本馆 CIP 数据核字(2023)第 055033 号

语文教程(第三版)
苏艳霞　丁春锁　主编
责任编辑/查　莉

复旦大学出版社有限公司出版发行
上海市国权路 579 号　邮编:200433
网址:fupnet@fudanpress.com　http://www.fudanpress.com
门市零售:86-21-65102580　团体订购:86-21-65104505
出版部电话:86-21-65642845
上海丽佳制版印刷有限公司

开本 890×1240　1/16　印张 18.5　字数 547 千
2023 年 7 月第 3 版第 1 次印刷

ISBN 978-7-309-16789-4/G·2486
定价:58.00 元

如有印装质量问题,请向复旦大学出版社有限公司出版部调换。
版权所有　侵权必究